L'Église des Origines dans les

Actes des Apôtres

et dans leurs Écrits

Achevé d'imprimer le 19 mars 1981
sur les presses de l'Institut Saint-Gaétan à Vicence (Italie)
pour le compte de l'Apostolat des Éditions à Paris

Reg. Éd. n° 758 — Dépôt légal 1er trimestre 1981

Henri GALBIATI

L'Église des Origines dans les
Actes des Apôtres
et dans leurs Écrits

Texte français des Actes, des Épîtres et de l'Apocalypse
extrait de « VOTRE BIBLE »

traduit par François Amiot,

révisé par Charles Augrain, Daniel Sesboüé,
Robert Tamisier

Deuxième édition
revue et améliorée

APOSTOLAT DES ÉDITIONS ÉDITIONS PAULINES INSTITUT ST-GAÉTAN

L'original de ce livre a été publié aux *Éditions Saint-Gaétan* de Vicence (Italie) sous le titre *La Chiesa delle origini negli ATTI DEGLI APOSTOLI e nei loro scritti.*

Textes scripturaires extraits de *VOTRE BIBLE* publiée par **l'Apostolat des Éditions** et **Éditions Paulines.**

Traduction et adaptation pour le public français par le *P.M. Du Buit op.*
Photographies de Paul Acquistapace.

Nihil obstat
Paris, le 20 novembre 1976
F. Tollu cens. dep.

Imprimatur
Paris, le 21 novembre 1976
E. Berrar, vic. épis.

Apostolat des Éditions, 48, rue du Four. F. 75006 PARIS
ISBN 2-7122-0145-0

Éditions Paulines, 3965 est, boul. Henri-Bourassa,
MONTRÉAL H1H 1L1 CANADA
ISBN 2-89039-745-9

Dépôt légal 1er trimestre 1981
Bibliothèque nationale du Québec
Bibliothèque nationale du Canada

AVANT-PROPOS

Ce nouveau livre du MIMEP* porte un titre un peu long : « L'Église des origines, dans les Actes des apôtres et dans leurs écrits. » C'est qu'il vise deux buts en même temps :

a) faire connaître l'histoire, la vie et la doctrine de l'Église primitive à l'âge apostolique

b) faire entendre dans leur contexte historique les enseignements des apôtres, et spécialement ceux qui sont proposés aux fidèles dans les lectures bibliques de la liturgie.

L'ouvrage contient donc :

1. Le Livre des Actes des apôtres en entier, avec de courtes notes explicatives au bas de chaque texte.

2. Des morceaux choisis de toutes les Épîtres et de l'Apocalypse. Tous les Écrits apostoliques sont donc représentés par les extraits les plus aptes à donner le sens de l'histoire concrète et à en éclairer la doctrine. Ces extraits, parfois difficiles à comprendre, sont expliqués par les textes en italique qui font le lien entre eux.

3. Le cadre historique résulte de la répartition des textes en trois grandes périodes. Chaque livre est introduit au moment de l'Histoire où il a été écrit. Toutefois, pour ne pas couper trop souvent le fil du Livre des Actes, les Épîtres de saint Paul ont été rassemblées en quatre groupes : celles du 1er voyage missionnaire, celles du 2e voyage, celles de la captivité à Rome, et les Épîtres pastorales. Chaque groupe est présenté après la section narrative qui s'y rapporte.

Les explications en italique mettent en évidence les principaux moments de l'histoire.

L'Introduction donne quelques renseignements généraux sur l'empire romain, utiles à beaucoup de lecteurs. Il suffira ensuite d'une allusion ou d'un simple renvoi.

* MIMEP : abréviation pour *Misit me evangelizare pauperibus* (Luc **4**,18).

Cet ouvrage est donc le troisième d'une suite dont les deux premiers ont reçu un accueil inespéré : *l'Évangile de Jésus* et *l'Ancien Testament, histoire des hommes que Dieu sauve.* Pour l'illustration et la cartographie, nous avons suivi les mêmes règles. Les collaborateurs de l'Association MIMEP n'ont ménagé ni leur temps ni leurs énergies pour retrouver les sites visités autrefois par saint Paul, et ils sont heureux de pouvoir fournir sur ce point une documentation complète et de première main. Quelques figures ornementales ou symboliques ont été empruntées à l'art chrétien antique.

A qui ce livre est-il destiné ? D'abord au peuple chrétien qui depuis la réforme liturgique entend souvent lire à l'église des extraits des Epîtres de saint Paul, et aimerait avoir une idée plus précise des Galates, des Thessaloniciens, des Philippiens auxquels l'Apôtre s'adressait. Dans ce livre, il verra surgir de la grisaille du passé ces communautés chrétiennes vivantes, ferventes, turbulentes même parfois. Il verra la vie nouvelle selon l'évangile se réaliser dans le concret de l'histoire, dans l'accomplissement du devoir quotidien par des hommes libres ou esclaves, des aristocrates ou des marchands, en plein cœur des capitales tumultueuses ou des cités provinciales de l'empire romain, chacune avec son caractère typique si fortement marqué.

Mais ce livre est fait aussi pour l'enseignement. Au niveau secondaire (premier cycle), les jeunes pourront suivre avec intérêt les aventures et les circonstances concrètes qui mettent en valeur le message doctrinal.

Et celui-ci sera mieux compris également à un niveau plus élevé. En effet, entre les mains d'un professeur compétent, il serait un auxiliaire précieux pour les cours d'instruction religieuse car tous les passages d'importance théologique, sur lesquels s'appuie une théologie biblique du Nouveau Testament, ont été reproduits ici.

Un tel ouvrage ne veut bien entendu en aucun cas supplanter le Nouveau Testament. Il a été écrit à la fois au service de la Parole de Dieu dont il offre un choix, et du peuple de Dieu, invité à goûter cette Parole plus en profondeur dans un exposé plus complet.

Mgr Henri GALBIATI
Docteur ès-sciences bibliques

TABLE DES MATIÈRES

INTRODUCTION

INTRODUCTION

LE NOUVEAU TESTAMENT

On appelle Nouveau Testament cette partie de la Révélation écrite (la Bible) qui se situe entre la naissance de Jésus et la fin des temps apostoliques. Ceux-ci durèrent selon l'opinion courante aussi longtemps que vécut le dernier des apôtres. Mais il est plus prudent de dire : aussi longtemps que vécurent ceux qui avaient connu les apôtres, et qu'un écrit antique appelait déjà « les hommes apostoliques ».

Le mot « testament », venu du latin, traduit trop littéralement le grec. Il s'agit plutôt du contrat de la Nouvelle Alliance, offerte par Dieu aux hommes à travers le sacrifice de son Fils Jésus-Christ. Mais, puisqu'il y a une mort, et ensuite un départ, on peut parler en un sens de « testament » : document de ce qui ne recommencera plus jamais (Luc **9**,31.51 ; et Hébreux **9**,16-17).

Le Nouveau Testament comprend :

Les Évangiles, souvenirs de la vie et des paroles de Jésus, transmis par les apôtres et les évangélistes.
Les Épîtres, écrites aux Églises par Paul, Pierre, Jean et d'autres.
Les Actes, histoire des apôtres, écrite par Luc.
L'Apocalypse, révélations sur l'avenir du monde et de l'Église, et encouragements des chrétiens dans leurs épreuves.

VIE DE L'ÉGLISE

ANNÉES	30	64	70	96
VIE DE JESUS	TRADITIONS ORALES :	MARC	LUC MATTHIEU ACTES	JEAN
PREDICATION	LETTRES DE PAUL JACQUES PIERRE		JUDE	JEAN
PROPHETIE	PROPHETIES DES CHRETIENS :			APOCALYPSE

Schéma chronologique du Nouveau Testament. Tout provient de Jésus-Christ, par différentes voies.

Les plus anciens documents sont les Épîtres, inspirées par l'Esprit de Jésus pour rappeler et adapter l'essentiel de son message.

Les traditions détaillées sur sa vie et son enseignement restent plus longtemps transmises oralement ; elles sont mises par écrit dans les quatre Évangiles, quand la doctrine est déjà fixée.

Les traditions historiques des églises sont établies en même temps, mais par un seul auteur, Luc, au lieu de quatre.

Les prophéties de Jésus sur la fin des temps sont développées par les prophètes chrétiens, et citées dans l'Apocalypse.

I. LA SITUATION GÉNÉRALE

Les apôtres de Jésus prêchèrent d'abord l'Évangile dans l'Empire romain qui couvrait alors tout le bassin de la Méditerranée. Ils commencèrent en 30 ap. J.-C., et continuèrent, secondés par des disciples très proches, jusqu'aux dernières années du 1er siècle.

Dans l'histoire romaine, la période qui va de Tibère (14-37) à Trajan (98-117) couvre donc largement l'âge du Nouveau Testament. L'Empire était alors au comble de sa splendeur et de sa prospérité et tout près d'atteindre sa plus grande extension territoriale. Romain du point de vue politique, il était grec par la culture. Même dans la capitale, beaucoup de gens ne parlaient pas le latin mais le grec, devenu la langue internationale de ce temps-là.

Carte de l'empire romain sous Auguste (Rome, via dei Trionfi). La foi chrétienne trouva son premier champ de diffusion dans ce vaste territoire.

La Palestine, pays de Jésus, faisait partie de la province impériale de Syrie, tout en jouissant d'un régime particulier, sous les rois hérodiens comme sous les procurateurs romains.

Un grand réseau routier réunissait les villes principales entre elles et avec Rome. Les voyages étaient devenus plus faciles et contribuaient au développement culturel et commercial.

L'Autel de la Paix d'Auguste (Ara Pacis), consacré sur le Champ de Mars, en l'an 9 av. J.-C., pour célébrer la paix qui régnait sur tout l'empire.

LES EMPEREURS ROMAINS AU TEMPS DU NOUVEAU TESTAMENT

ANNÉE

14 *Tibère César* succéda à Auguste dont il était le fils adoptif. Pendant les dernières années de son règne, Jésus fut crucifié et l'Église naquit.

37 *Caligula,* neveu de Tibère, se laissa aller, à la fin de sa vie, à des actes de folle férocité. Il fut le premier empereur à réclamer pour lui-même les honneurs divins, ce qui inquiéta beaucoup les Juifs (39 ap. J.-C.).

41 *Claude,* qui fut en partie victime de la corruption de la cour, lui succéda. C'est lui qui promulgua l'édit des années 48-50 qui bannissait les chrétiens de Rome.

54 *Néron,* empereur à dix-sept ans, se souilla bientôt par une suite de crimes horribles. Il rendit les chrétiens responsables d'un incendie qui avait ravagé Rome ; les apôtres Pierre et Paul périrent dans cette persécution (64 à 67 ap. J.-C.).

Les Juifs de Palestine se révoltèrent en 66. Néron se suicida pour échapper à un soulèvement populaire des Romains, en 68. *Galba, Othon, Vitellius,* se succédèrent en une seule année.

Tibère César (14-37 ap. J.-C.)

Néron (54-68 ap. J.-C.)

68 *Vespasien* fut élu par l'armée d'Orient, occupée à réprimer la révolte juive. Son fils Titus acheva la répression ; Jérusalem et son temple furent détruits en 70.

Vespasien, homme aux mœurs simples, rétablit l'honnêteté et la bonne administration dans son empire.

79 *Titus,* « les délices du genre humain » comme dit l'historien latin Suétone, faillit épouser la princesse juive Bérénice (voir Act. **25,**23). Il avait permis aux Juifs de rétablir leurs écoles rabbiniques à Jamnia en Palestine, vers 75.

81 *Domitien,* cadet de Titus, gouverna avec plus de rigueur. Il lança contre les chrétiens la première persécution vraiment générale ; celle de Néron n'avait guère dépassé la ville de Rome.

96 *Nerva,* élu par le Sénat romain, ne régna que deux ans.

98 *Trajan,* fils adoptif de Nerva, donna à l'empire sa plus grande extension. Ses méthodes de gouvernement, excellentes, furent imitées par ses successeurs jusqu'en 193, dernier siècle heureux de l'Antiquité païenne.

Vespasien (69-79 ap. J.-C.)

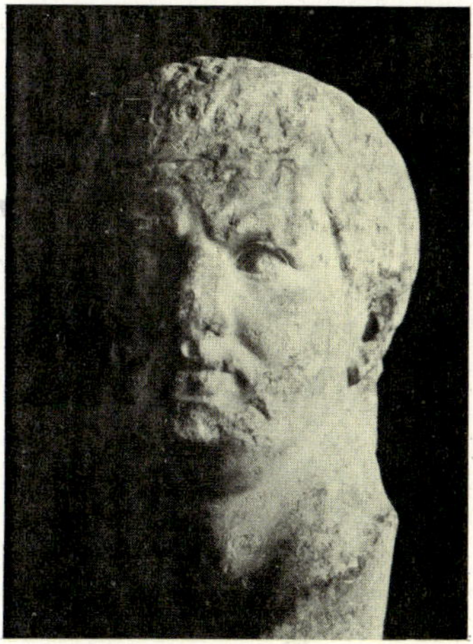

Titus (79-81 ap. J.-C.)

Au temps du Christ et des apôtres, le bassin médi
origine et leur histoire. Mais ils étaient réunis politi
de Rome.

néen comprenait des peuples différents par leur
nent et administrativement sous l'unique Empire

L'HELLÉNISME

Alexandre le Grand représenté comme Zeus-Ammon.

Trois siècles avant la naissance de Jésus, Alexandre le Grand avait conquis un empire qui rassemblait tous les pays d'Orient connus en ce temps-là : Macédoine, Grèce, Syrie, Perse, Égypte. Il en était devenu le souverain, adoré comme un dieu. Les peuples qu'il réunissait différaient en tout : genre de vie, coutumes, religions. Pour mieux les dominer, Alexandre voulut les fondre en un seul peuple et une seule culture, la grecque.

Cette dernière se répandit en effet au temps de ses successeurs, dans tout l'Orient à l'exception de la Judée où le peuple conserva sa propre culture, non toutefois sans subir l'influence hellénique.

Les meilleurs hommes de la Grèce se dispersèrent dans les nouveaux royaumes d'Asie mineure, de Syrie, d'Égypte. Ils donnèrent une grande impulsion à l'activité économique et culturelle. Tout le bassin de la Méditerranée orientale vit alors fleurir une nouvelle civilisation qui prenait comme modèle celle de la Grèce classique. C'est pourquoi on l'appelle la civilisation *hellénistique*. On peut la définir par le culte de l'art et par un intérêt spécial pour la formation philosophique, surtout pour les problèmes moraux et religieux.

Les Romains s'emparèrent de la Grèce en 144 av. J.-C. Mais la

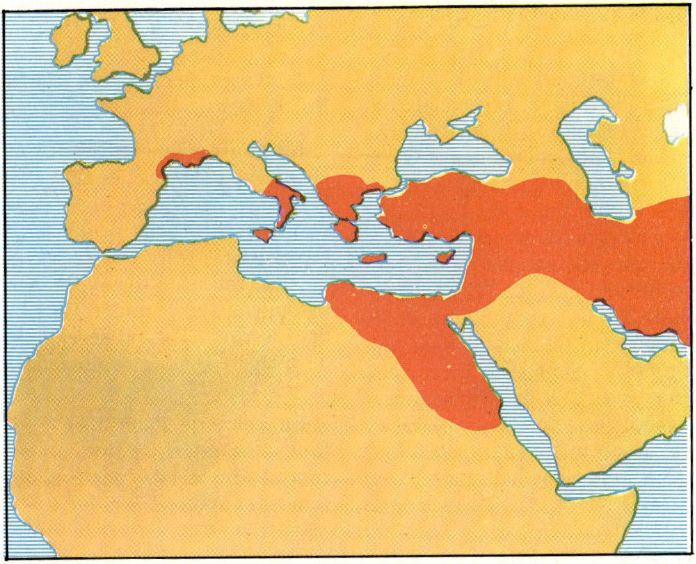

L'hellénisme vers 300 av. J.-C.

culture du pays vaincu fit à son tour la conquête du vainqueur. C'est ainsi qu'elle s'étendit à Rome pour rayonner sur les pays occidentaux déjà passés dans le domaine romain.

L'unification politique favorisait l'unification religieuse. Elle rendit possible le métissage des cultes locaux, ce qu'on a appelé le *syncrétisme*. Par exemple : le Zeus grec fut assimilé au Jupiter latin, Héra devint Junon, et Aphrodite fut identifiée à Vénus. En même temps, la religion acquit un caractère plus intime et plus profond : les hommes sentaient plus intensément les problèmes de la vie morale et de la destinée au-delà de la mort. Ils étaient ainsi mieux préparés à recevoir le message de Jésus, diffusé par les apôtres.

SITUATION RELIGIEUSE AUX TEMPS APOSTOLIQUES

L'empire romain se montra dans l'ensemble respectueux des cultes locaux. Il les favorisa même en contribuant à la construction des temples et en leur faisant des dons. Le résultat le plus concret de cette politique fut que les peuples adhérèrent facilement à l'idée impériale. Le culte de la déesse Rome et de l'Empereur fut instauré dans tout l'Empire, comme un cérémonial civique auquel participaient seulement les notables. Mais au siècle suivant, il fut imposé à tous comme un signe indispensable de loyauté et ce fut l'occasion de nombreuses persécutions contre les chrétiens.

L'imagination des anciens Grecs avait divinisé les forces de la nature et les sentiments de l'homme. Ils avaient peuplé leurs croyances religieuses d'un nombre infini de divinités. Elles habitaient sur le mont Olympe dont la cime, souvent enveloppée de nuages, semble se confondre avec le ciel.

En voici quelques-unes qu'il faut connaître pour mieux comprendre certains passages des Actes des apôtres.

Ankara, ruines du temple de la déesse Rome.

DIVINITÉS PAÏENNES CITÉES AU LIVRE DES ACTES

Jupiter ou *Zeus,* père des dieux et souverain des hommes. Du haut de l'Olympe, il gouvernait le temps, mais il ne dédaignait pas de visiter la terre sous une apparence humaine (n° 39).

Jupiter ou Zeus.

Mercure ou *Hermès,* était le messager des dieux et le dieu de l'éloquence (n° 39).

Artémis d'Éphèse.

Artémis d'Éphèse était une divinité orientale, protectrice de la fécondité. Sa statue, tombée du ciel, disait-on, était conservée au temple d'Éphèse. Les Grecs l'avaient identifiée à Artémis, ou Diane, déesse de la chasse et des animaux. Son culte connut une très grande diffusion : il était arrivé à Rome dès le IIIe siècle avant J.-C. (n° 64).

LES JUIFS DANS L'EMPIRE ROMAIN

La longue série de catastrophes qui s'était abattue sur Israël depuis le VIe siècle av. J.-C., avait obligé beaucoup de Juifs à s'expatrier. Au début de l'ère chrétienne, ils étaient dispersés en grand nombre dans l'Empire romain et dans les royaumes voisins d'Orient. Tous considéraient Jérusalem comme leur vraie patrie et leur unique centre religieux.

Dans les grandes villes, ils organisaient une communauté autour de la Synagogue. La foi des ancêtres gardait vivante leur conscience d'appartenir à un peuple élu à qui Dieu avait fait de grandes promesses.

Ce phénomène historique a été appelé la *diaspora,* d'un mot grec qui veut dire : *dissémination* et qui évoque à la fois l'idée de disperser et de semer.

La dispersion des Juifs parmi les païens.

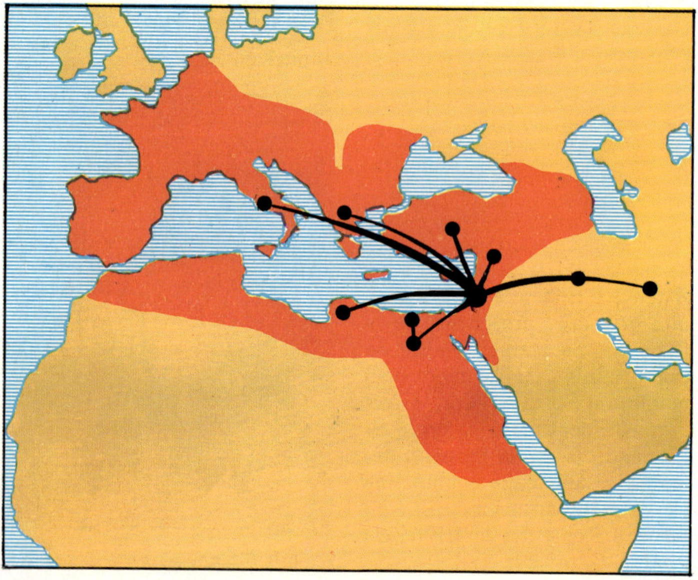

LA DIASPORA ET LA DIFFUSION DU CHRISTIANISME

La prédication des apôtres s'adressait d'abord aux communautés de la diaspora. Beaucoup de Juifs acceptèrent la nouvelle doctrine et devinrent disciples du Christ, au risque d'être rejetés de leur synagogue. Ainsi naquirent les premières églises chrétiennes, qui s'ouvrirent ensuite, et de bonne heure, aux païens.

Mais l'harmonie entre les nouveaux chrétiens fut souvent troublée par la question suivante : était-il indispensable de passer par le judaïsme pour devenir chrétien ? La solution de principe à ce problème fut donnée au Concile de Jérusalem (nos 42 et 43).

La diffusion rapide du christianisme a quelque chose de merveilleux aux yeux de l'historien. Sans aucun doute, elle fut favorisée par la situation générale : la paix romaine, la facilité relative des communications, la diaspora juive ; ajoutons-y la condition inhumaine des pauvres et des esclaves à qui s'adressait la Bonne Nouvelle.

Mais il y avait aussi d'immenses difficultés : diversité des traditions locales, différence des niveaux culturels, et même décadence des croyances religieuses qui avaient atteint des formes aberrantes, au moins dans les grandes villes.

Malgré cela, l'historien romain Tacite rapporte que, 30 ans après la mort du Christ, « Néron fit mourir une foule immense de chrétiens ».

Restes d'une inscription trouvée à Corinthe. On peut lire : « ...AGÔGÉ ÉBR... » En complétant, on traduit : « Synagogue des Hébreux. »

II. LES PERSONNAGES

LES APÔTRES

Simon-Pierre. Simon naquit à Bethsaïde, sur les bords du lac de Galilée. Il était marié à Capharnaüm où il vivait de la pêche. Jésus fut souvent l'hôte de sa maison ; il lui donna le surnom de Pierre et le désigna comme le futur chef des apôtres.

Après la Pentecôte, Pierre assuma fidèlement ce rôle à Jérusalem, puis à Antioche, enfin à Rome où il fut martyrisé sous Néron en 64 ap. J.-C. C'est le seul des apôtres qui ait un successeur direct en la personne du Pape, évêque de Rome. Les autres transmirent globalement leur autorité au collège des évêques.

Dès le premier siècle, l'Évangile est porté par les extrémités du monde atteint par la navigation.

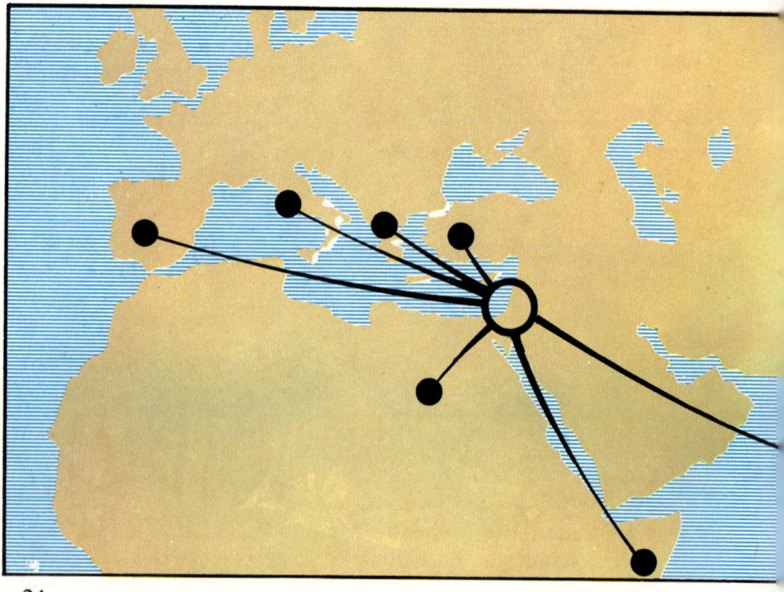

Jean, fils de Zébédée, né en Galilée, écouta d'abord la prédication de Jean-Baptiste qui l'envoya auprès de Jésus. Il fut pour son maître le disciple préféré, spécialement proche. Après la Pentecôte, le livre des Actes le présente comme le second de Pierre (nos 7 ; 8 ; 9 ; 22 ; voir aussi no 91).

Suivant la tradition dominante, il prêcha en Asie et devint enfin le chef de l'église d'Éphèse, où il écrivit son évangile et ses trois épîtres (voir p. 387).

Il serait mort paisiblement, à un âge très avancé, sous le règne de Trajan, donc vers 104, mais certaines églises orientales célèbrent son martyre sans nous en préciser les détails.

On lui attribue souvent le livre de l'Apocalypse, mais beaucoup de savants chrétiens n'étaient pas de cet avis dans l'antiquité, tant le style de ce livre diffère de celui de l'évangile (voir p. 397).

ôtres ou leurs successeurs immédiats, jusqu'aux
insi s'affirmait déjà l'universalité du christianisme.

Jacques, fils de Zébédée, dit le Majeur, fut l'un des trois préférés de Jésus, avec son frère et Simon-Pierre. Il fut le premier des Douze à subir le martyre (n° 33).

André était le frère de Simon-Pierre qu'il fit connaître à Jésus. Il avait été disciple du Baptiste, comme Jean.

D'après la tradition, il évangélisa les bords de la mer Noire, fonda l'église de Byzance (Constantinople), et fut martyrisé à Patras en Grèce où ses reliques sont vénérées.

Philippe, né à Bethsaïde comme Pierre et André, fut un autre disciple du Baptiste, appelé de très bonne heure à suivre Jésus. Il n'y a pas de tradition claire à son sujet.

Thomas surnommé Didyme, « le jumeau », avoua sa difficulté à croire que Jésus était vraiment ressuscité, jusqu'au jour où il le vit lui-même.

D'après la tradition, il évangélisa la Mésopotamie et la Perse, et s'en alla jusqu'en Inde où son tombeau est vénéré par l'église de langue syriaque.

Barthélemy est peut-être le même personnage que Nathanaël, nommé par saint Jean dans son évangile.

Matthieu, percepteur à Capharnaüm, fut appelé par Jésus et le suivit aussitôt. C'est le seul dont le nom se reconnaisse dans un ancien document juif, sous la forme *Matthaï.*

D'après la tradition chrétienne, il prêcha aux Juifs de Palestine et de Syrie, et il écrivit pour eux un évangile en langue araméenne dont on retrouve la trace dans nos évangiles actuels.

On pense que ses disciples rédigèrent plus tard l'Évangile qui porte son nom, en s'aidant du travail que Marc avait fait entretemps.

Jacques fils d'Alphée était probablement le même que Jacques « frère de Jésus », c'est-à-dire membre de la même famille. Celui-ci fut chef de l'église de Jérusalem après le départ de Pierre (nos 33 et 42). Paul le mentionne, avec Pierre et Jean, comme « une colonne de l'Église » (n° 91). Il fit rédiger une épître qui s'adresse surtout aux chrétiens d'origine juive (n° 163).

Il fut mis à mort à Jérusalem sur l'ordre du grand prêtre Hanan II, en l'an 62 (p. 329). Ses reliques sont vénérées à Compostelle en Espagne.

Simon le zélé, passionné pour le service de Dieu, appelé aussi le **Cananéen,** était natif de la côte syro-libanaise où le vieux nom de Canaan survivait encore. Ces deux adjectifs constituent un jeu de mots en langue orientale.

Jude ou Thaddée, frère de Jacques, n'est pas mieux connu. Une épître lui a été attribuée (n° 173). Il aurait évangélisé les Phéniciens et subi le martyre non loin de Beyrouth.

Matthias, disciple de Jésus depuis le début, prit place dans le groupe des Douze après l'Ascension, pour remplacer le traître Judas (n° 3).

Tombeau de saint Thomas à Madras, en Inde.

Ruines du tombeau traditionnel de saint Luc à Éphèse.

PERSONNAGES APOSTOLIQUES

En plus des douze apôtres, le Nouveau Testament nomme bien d'autres personnages dont voici les principaux.

Paul de Tarse appelé l'Apôtre des nations à cause de son zèle infatigable et de ses longs voyages. Il ne connut pas le Seigneur pendant sa vie mortelle et, pour cette raison, les Actes ne lui donnent pas le titre d'apôtre. Mais il était en droit de le revendiquer puisque Jésus ressuscité lui était apparu et l'avait pris à son service (nos 24 ; 81 ; 89).

Vous trouverez plus loin un résumé de sa vie.

Marc l'évangéliste s'appelait en hébreu Jean. Sa famille habitait Jérusalem et les chrétiens se réunissaient dans sa maison (no 33). Il se peut que Jean-Marc, tout jeune encore, ait suivi Jésus de près (**Marc 14,**51).

Il se joignit par la suite à Paul, puis à Barnabé (nos 37 ; 38 ; 44). On les retrouve ensuite à Rome auprès de Paul (nos 134; 139).

D'après la tradition, il y resta avec Pierre, et mit par écrit son évangile à l'usage des Romains

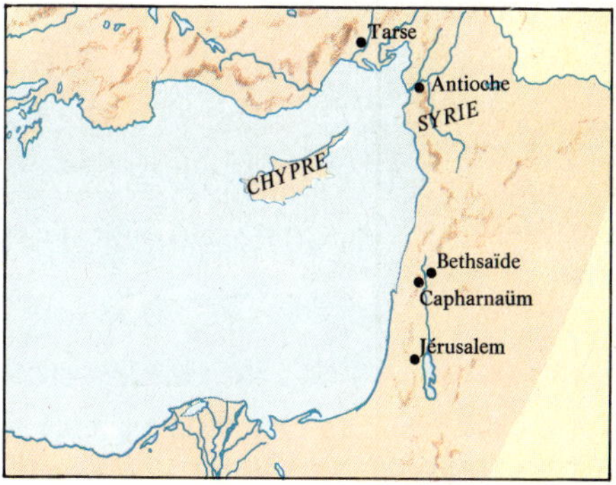

Quelques endroits remarquables associés à Paul et Barnabé.

(n° 172). On pense aujourd'hui qu'il n'acheva son travail qu'après la persécution de 64.

L'église d'Égypte s'honore de l'avoir eu pour premier évêque. Ses reliques sont vénérées à Venise qui a pris justement pour emblème le lion de saint Marc.

Barnabé était un lévite, né à Chypre, mais installé à Jérusalem quand il adhéra à la foi chrétienne (n° 11). Il devint l'un des premiers dans cette église qui l'envoya auprès des frères d'Antioche (n° 32). Il faut admirer la confiance avec laquelle il accueillit la conversion de Paul et le présenta aux apôtres (n° 26), puis à l'église d'Antioche (n° 32). Ils firent ensemble un voyage (nos 36 à 40) et Barnabé aida encore Paul à faire admettre les résultats inattendus de sa prédication (nos 41 à 43).

Tarse, ville natale de saint Paul : une ancienne arche romaine, reste d'un aqueduc.

VIE DE SAINT PAUL

Comme d'autres personnages du Nouveau Testament, Paul portait deux noms, l'un hébreu : *Saul,* et l'autre latin : *Paul.* Sa famille possédait en effet la citoyenneté romaine, alors rarement distribuée. Elle habitait Tarse en Cilicie, ville commerçante et poste stratégique d'importance. Nous pouvons l'imaginer riche, instruite, et d'une solide piété juive.

Saul était encore jeune quand il monta à Jérusalem pour y étudier la loi juive avec le meilleur maître de l'époque, Gamaliel (n° 118). Son zèle lui valut la confiance des autorités qui le chargèrent de poursuivre les chrétiens en Palestine et jusqu'à Damas (n° 24). C'est là que le Ressuscité lui apparut et *le saisit* (Philippiens **3,**12). Rien ne fait penser que saint Paul ait rencontré Jésus pendant sa vie mortelle.

Les Actes des apôtres racontent longuement ses voyages, entrecoupés d'aventures nombreuses, dont un terrible naufrage. Paul arriva enfin à Rome pour y être jugé.

La suite est moins claire. On sait qu'il avait l'intention d'aller jusqu'en Espagne (n° 114). D'après ses dernières lettres, il revint en Orient, fut arrêté à Troie sur les Dardanelles et emprisonné de nouveau (n° 156). Il subit le martyre sous Néron, probablement en 67. La tradition le vénère au lieu dit les Trois-Fontaines, en latin *Aquae salviae.*

L'église Saint-Paul-des-Trois-Fontaines près de Rome.

NOMS ETHNIQUES ET RELIGIEUX

Adorateurs de Dieu, nom donné par les Juifs de langue grecque à des étrangers qui adhéraient au monothéisme mais ne voulaient pas s'obliger à toute la Loi de Moïse. Les Adorateurs fréquentaient les synagogues. Plusieurs d'entre eux acceptèrent avec joie l'Évangile du Christ (nos 47 ; 49).

Barbares, terme de mépris employé par les Grecs pour tous les hommes et tous les peuples qui ignoraient leur langue. Le « barbare » n'est pas forcément un méchant homme, c'est un ignorant qui ne sait ni se tenir bien ni raisonner juste (nos 98 ; 138).

Craignant Dieu, terme calqué sur l'hébreu désignant les mêmes personnes que « adorateurs » ; on le rencontre seulement au début des Actes (nos 28 ; 30 ; 38) (voir : **Prosélytes**).

Chrétiens, surnom inventé à Antioche, et employé plutôt par des étrangers au Christ (nos 32 ; 126 ; 171). Il veut dire « disciple du Christ ».

Frères est le nom que les fidèles de Jésus se donnaient les uns aux autres (nos 3 ; 26 ; 30 ; 32 et très souvent chez saint Paul).

Gentils, mot évité par les traducteurs modernes parce que difficile à comprendre. Il vient du latin *gentiles* et veut dire : « hommes des nations » (autres qu'Israël). Voir **Païens.**

Grecs. Dans le Nouveau Testament, ce mot ne désigne pas spécialement un habitant de la Grèce, mais tout homme de religion et de culture hellénistique.

Hébreux. Mot peu employé dans le Nouveau Testament où il désigne les Juifs qui n'avaient pas oublié la langue de leurs ancêtres (nos 16 ; 88 ; 117 ; 118).

Hellénistes, nom donné aux Juifs dispersés qui avaient perdu l'usage de leur langue nationale. Ils avaient leur traduction de la Bible, encore en usage chez les chrétiens orientaux. Même ceux qui étaient revenus à Jérusalem faisaient figure d'étrangers (nos 16 ; 26).

Israélites, nom donné à tous les descendants du patriache Israël ou Jacob, Hébreux ou Hellénistes ; c'est le plus courant dans le Nouveau Testament. Ils sont fidèles à la Loi de Moïse, croient au Dieu unique qui s'est révélé aux ancêtres, et s'efforcent d'aller à Jérusalem, au moins une fois l'an, en pèlerinage. Ils espèrent fermement que Dieu délivrera et réunira leur peuple dans la paix.

Juifs. Prononciation déformée du vieux français « judéen » : habitant de la Judée. Au temps du Nouveau Testament, ce nom s'étendait à toute la Palestine. Dans les langues anciennes comme dans les modernes, il n'y a pas de nuance précise entre les mots « Juif » et « Israélite ».

Prosélytes, nom donné par les Juifs aux étrangers qui adhéraient complètement à la Loi de Moïse. Les prosélytes étaient instruits, circoncis et baptisés dans un bain de purification. On ne les rencontre que dans les débuts du livre des Actes (nos 4 ; 17 ; 38).

Païens. En français, ce mot désigne les hommes qui ignorent le Dieu unique révélé à Abraham, qui ne sont donc ni juifs, ni chrétiens, ni musulmans. Dans le Nouveau Testament, il remplace le terme de « gentils » pour désigner ceux qui ne sont pas juifs. Mais quelquefois, ces non-juifs sont des chrétiens ! Presque toutes les traductions sont ambiguës dans les passages où il en est question (ex. Romains **11**,13).

Saints, autre terme sous lequel les chrétiens se désignaient les uns les autres (nos 24 ; 27 ; 70 ; 85 ; 106 ; 112 ; 114 ; 132 ; 134 ; 135 ; 140 ; 141 ; 142 ; 150 ; 173 ; 193 ; 199).

Samaritains, descendants des anciennes tribus israélites du nord, mêlés de peuples divers depuis la prise de Samarie par les Assyriens, en 721 av. J.-C. Au temps du Nouveau Testament, ils recevaient la Loi de Moïse comme loi de Dieu, mais ils offraient leurs sacrifices sur une montagne de leur pays. Les Juifs les méprisaient autant que les païens (nº 21).

Scythes. Peuple aujourd'hui disparu qui habitait au nord de la mer Noire. Ils passaient pour les pires des Barbares (nº 138).

III. LES LIVRES

LES ACTES DES APÔTRES

Ils sont dans le prolongement logique du troisième évangile. Ils ne cherchent pas tant à nous donner les biographies de Pierre ou de Paul qu'à montrer comment les témoins de Jésus-Christ ont porté sa parole, sous l'action de l'Esprit Saint, depuis Jérusalem jusqu'à Rome.

L'auteur, Luc, était un Grec d'Antioche, converti au judaïsme avant d'être gagné au Christ. Ce fut un fidèle collaborateur de Paul.

Pour écrire ses deux livres, il a puisé, selon ses propres paroles, à des sources sûres et à des souvenirs personnels (Évangile selon Luc, **1**,14). Il a donc regroupé les témoignages des anciens chrétiens de Jérusalem et d'ailleurs avec ceux des compagnons de saint Paul dont il était. On reconnaît ces derniers passages à l'emploi du pronom « nous » (n°s 45-46 ; 65-69 ; 116 ; 127-130).

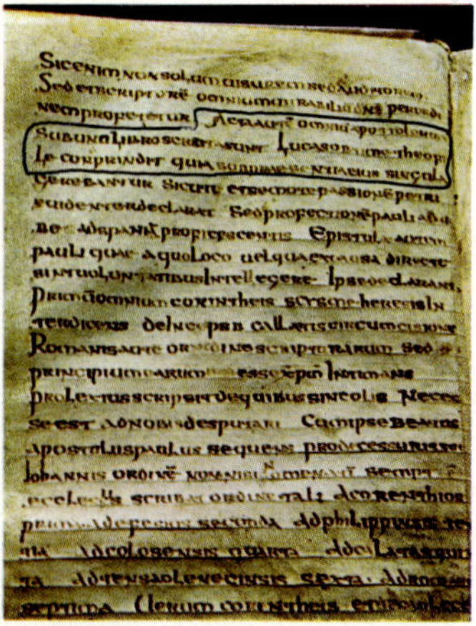

Le Canon de Muratori donne une liste du NT. établie à la fin du IIe s. Sur cette page on lit en latin : « Les Actes des apôtres ont été écrits par Luc. »

Date et lieu de la composition

On pense souvent que le livre fut achevé à Rome, pendant la première captivité de saint Paul, ce qui expliquerait sa conclusion hâtive (n° 131). Mais on peut donner une autre raison : le livre s'achève quand l'Évangile est arrivé, de la Ville sainte à Rome, porté par un témoin direct du Ressuscité.

Il est alors plausible de situer la composition définitive de l'œuvre de Luc, Évangile et Actes, un peu après la ruine de Jérusalem (70 ap. J.-C.) ; ce qui permet aussi d'expliquer certains détails de l'Évangile selon Luc.

LES ÉPÎTRES

Paul a écrit treize lettres aux Églises qu'il avait fondées, ou qu'il voulait visiter, ainsi qu'à ses propres lieutenants. Elles répondaient à diverses circonstances. Seules les lettres aux Romains et aux Éphésiens sont, d'un bout à l'autre, des enseignements doctrinaux.

Comme toutes les lettres qui nous restent de ce temps-là, celles de saint Paul commencent par une adresse : le nom de l'expéditeur et celui des destinataires. A la fin, une dernière salutation s'accompagne de messages pour tel ou tel ami, et les compagnons de Paul y prennent leur part. Souvent il indique ses projets de voyage et ces détails nous permettent de situer une épître dans sa vie.

Les lettres étaient dictées, comme tous les écrits, mais quelquefois Paul ajoutait quelques lignes de sa main en marque d'affection et en guise de signature (nos 60 et 87).

L'épître aux Hébreux et les autres lettres apostoliques sont bâties sur le même plan, mais les allusions personnelles y sont réduites à presque rien.

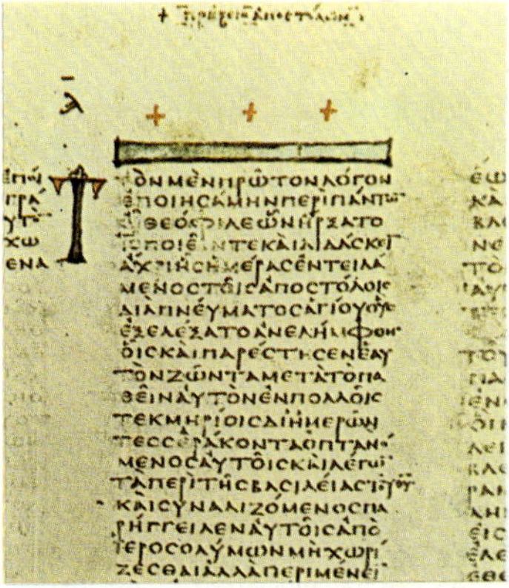

Première page des Actes des apôtres, dans le Codex du Vatican, écrit sur parchemin au IVe siècle.

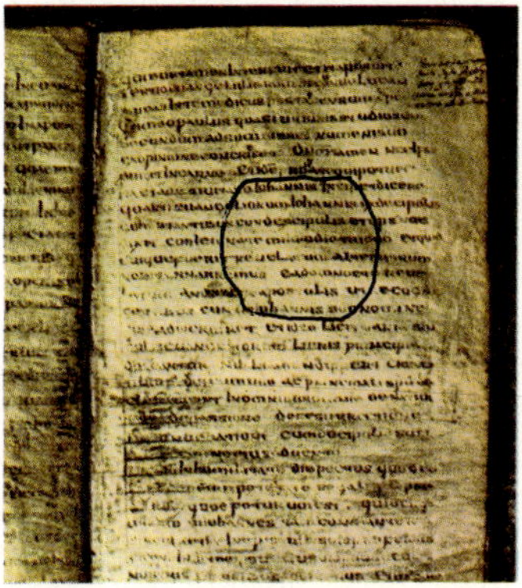

Une autre page du Codex de Muratori, où sont décrites les œuvres de saint Jean. La copie de ce document date du VIIIe siècle, un peu avant Charlemagne.

PAPYRUS ET PARCHEMIN

On faisait le *papyrus* avec la moelle de roseaux d'Égypte, entrecroisés et aplatis ensemble. C'était un matériau économique, mais peu solide. On trouve tout de même dans le désert d'Égypte une grande quantité de papyrus, conservés grâce au climat sec. Ils nous montrent comment on écrivait à l'époque du NT.

Pour les ouvrages précieux, on utilisait de la peau, plus résistante. De toute façon, les pages étaient cousues les unes à la suite des autres et enroulées sur deux bâtons. Le scribe écrivait avec de l'encre, au moyen d'un roseau taillé en pointe et fendu comme nos plumes d'acier. Les ateliers étaient équipés de tables et de sièges, mais il fallait quelquefois écrire à la volée, sur ses genoux. Rédiger ou copier un livre entier supposait un travail considérable.

Quant au *parchemin,* c'est une peau de mouton ou de chèvre spécialement travaillée, blanche et solide, encore utilisée chez nous au Moyen Âge.

On inventa, en même temps, de coudre les feuilles par le milieu, comme nos cahiers : ce sont les *codices* (pluriel de *codex*).

Nous possédons toute la Bible sur des *codices* en parchemin, datant du IVe et du Ve siècle.

Papyrus du IIe siècle, conservé à la Bibliothèque ambrosienne de Milan.

Détail du même papyrus : vous pouvez voir les fibres entrecroisées et apprécier la netteté de l'écriture.

IV. LA DIFFUSION DU CHRISTIANISME

Le livre des Actes nous présente l'histoire de l'Église primitive et confirme, par les faits, l'universalité du salut : la foi nouvelle se répand sous l'influence de l'Esprit autour de la figure de Jésus-Christ réellement ressuscité.

On peut diviser cette époque en trois phases.

1° - *Phase judéo-chrétienne, années 30 à 44 ap. J.-C.*

A la Pentecôte, Pierre présente la foi nouvelle aux Juifs et aux prosélytes venus de tous les pays du monde célébrer cette fête à Jérusalem.

Le christianisme rayonne dans les régions voisines ; des païens y entrent. A Césarée, Pierre fait tomber la barrière qui séparait Juifs et païens, et qui s'opposait à la prédication chrétienne.

L'Église s'écarte peu à peu du judaïsme national.

2° - *Phase pagano-chrétienne, années 44 à 64.*

Persécutés à Jérusalem, les nouveaux fidèles s'enfuient.

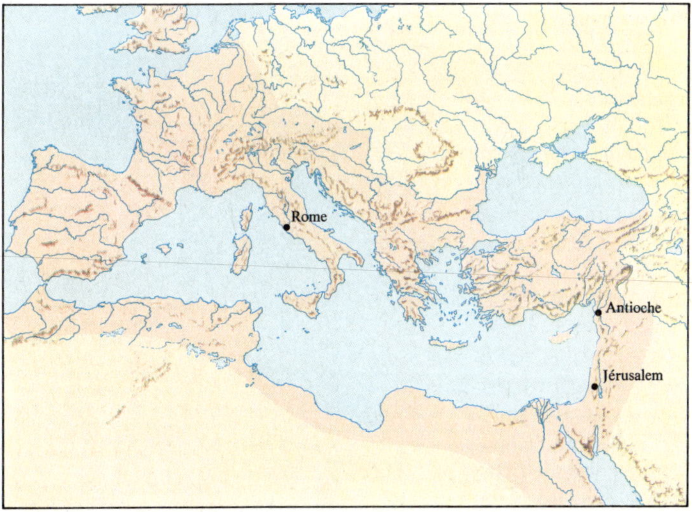

De Jérusalem, le christianisme gagna Antioche et enfin Rome.

Antioche devient le centre d'où rayonne le christianisme. Pierre s'y établit.

Paul est le personnage le mieux connu de cette période. A partir d'Antioche, ses voyages le conduisent de plus en plus loin et les païens prennent donc une place prépondérante dans son apostolat. En 61, il arrive à Rome où Pierre le rejoindra.

L'église judéo-chrétienne est liée par son conservatisme et tenue en otage par les Juifs. Son rôle dans l'évangélisation diminue. Mais elle conserve et adapte les souvenirs de Jésus de Nazareth.

3° - *Avancée du christianisme à partir de 64.*

Le martyre des deux grands apôtres Pierre et Paul fait de Rome la nouvelle cité sainte (64 à 67 après J.-C.). La ruine de Jérusalem et de son temple disperse l'église judéo-chrétienne qui se réduit à très peu de chose (70 ap. J.-C.). Autour de 80, les Juifs se relèveront mais dans un refus définitif de la nouvelle foi. Elle rayonnera, pendant des siècles, à partir des églises de langue grecque.

Symbole chrétien retrouvé à Éphèse, grande Église remontant à l'âge apostolique.

CHRONOLOGIE DE L'ÂGE APOSTOLIQUE

ANNÉE	EMPEREURS ROMAINS	PROCURATEURS ET ROIS EN PALESTINE	ANNÉE ap. J.-C.	ÉVÉNEMENTS
14	TIBÈRE-CÉSAR			
		PONCE-PILATE	26	
			30	Pâque et Pentecôte
			36	
				36 Martyre d'Étienne Conversion de Paul
		MARULLUS	36	
37				Paul en Arabie
37	CALIGULA			
				39 Paul à Jérusalem
41			41	
		LE ROI AGRIPPA 1er	41	
41	CLAUDE			
				42 Martyre de Jacques fils de Zébédée
			44	
		C. FADUS	44	
				45
			46	
		TIBÈRE ALEXANDRE	46	Premier voyage missionnaire de Paul
			48	48
		V. CUMANUS	48	
				49 Concile de Jérusalem

ANNÉE	EMPEREURS ROMAINS	PROCURATEURS ET ROIS EN PALESTINE	ANNÉE ap. J.-C.		ÉVÉNEMENTS
				50	Deuxième voyage de Paul
			52	52	Lettres aux Thessaloniciens
		A. FELIX	52		
54				53	Troisième voyage de Paul Lettres aux Galates » aux Philippiens (?) » aux Corinthiens
54	NÉRON				
				58	Lettre aux Romains
				58	Arrestation de Paul à Jérusalem, captivité à Césarée
			60	60	
		PORCIUS FESTUS	60	60	Voyage vers Rome
				61	Captivité à Rome
				61	Lettres aux Philippiens, (?) Colossiens, Éphésiens, à Philémon Lettre de Jacques
			62	62	Martyre de Jacques
		L. ALBINIUS	62		
				63	Pierre arrive à Rome 1re Épître de Pierre
				63	Nouveaux voyages de Paul
	incendie de Rome		64	64	1re à Timothée, Tite
		G. FLORUS	64	64	Persécution de Néron Arrestation de Paul 2e à Timothée
				65	Évangile de Marc
			66		

ANNÉE	EMPEREURS ROMAINS	PROCURATEURS ET ROIS EN PALESTINE	ANNÉE ap. J.-C.	ÉVÉNEMENTS
		Révolte juive	66	
			67	Martyre de Paul
			67	L'Epître aux Hébreux
68				
68	GALBA - OTHON - VITELLIUS			
	VESPASIEN		69	
				L'Évangile de Luc
		Ruine de Jérusalem	70	Les Actes
79		Fin de la guerre juive : Prise de Massada	73	
79	TITUS			L'Évangile de Matthieu
81		Rupture entre juifs et chrétiens	80	2e Épître de Pierre
				Épître de Jude
				L'école johannique à Éphèse
				L'Évangile et les lettres de Jean
		Persécution générale des chrétiens	95	
81-96	DOMITIEN		96	L'Apocalypse

COMMENT SE SERVIR DE CE LIVRE

Le titre de notre livre montre bien ce que nous avons voulu réaliser : une histoire de l'Église du Ier siècle, basée sur la lecture complète des Actes des Apôtres et enrichie d'une large anthologie des Écrits apostoliques : Épîtres et Apocalypse.

Ces témoins du Nouveau Testament ont donc été insérés à leur place dans le déroulement historique, suivant l'ordre chronologique le plus communément admis par les savants. Il s'ensuivra que les épîtres de saint Paul ne seront pas représentées dans l'ordre habituel des éditions, qui commencent simplement par la plus longue (l'Épître aux Romains) et finissent par la plus courte (Philémon).

L'histoire de l'Église primitive se divise en trois parties :

1° De 30 à 44 ap. J.-C., le centre d'intérêt principal est à Jérusalem, mais la foi s'étend jusqu'à Antioche. Le titre courant sera donc :

L'Église depuis Jérusalem jusqu'à Antioche

2° De 45 à 64 ap. J.-C., le centre d'intérêt principal est Paul, apôtre des païens, ses voyages, ses lettres, sa captivité et son arrivée finale à Rome. Cette partie se subdivise en cinq, plus petites, et la teinte bleue indique à quel endroit on se trouve :

1er voyage	**2e voyage**	3e voyage	procès	captivité

3° De 64 à 100 ap. J.-C., l'Église se développe dans l'empire romain. Des liens de plus en plus serrés réunissent les Églises locales. Les questions particulières qui s'étaient posées ici ou là, les intuitions personnelles de Paul à tel ou tel moment de sa vie, se rassemblent dans une synthèse. Les institutions locales se stabilisent en même temps que la doctrine se constitue.
De toute manière, l'Église s'unifie. C'est elle qui devient le centre d'intérêt principal dans les écrits qui vont maintenant trouver leur place. Le titre courant sera donc :

L'Église dans l'empire romain

Le titre courant porte aussi, placé de la manière convenable, le nom du livre dont on lit les extraits, par exemple :

1er voyage	2e voyage	**3e voyage : LETTRE AUX ROMAINS**

parce que l'Épître aux Romains a été écrite pendant le 3e voyage de saint Paul.

Chacun des écrits apostoliques est précédé d'une courte introduction en italique. D'autres introductions sont mises en tête des trois grandes parties de notre ouvrage et donnent les renseignements utiles.

I - L'ÉGLISE DE JÉRUSALEM DE L'ASCENSION AU MARTYRE DE SAINT JACQUES
(30 à 44 après J.-C.)

Après la résurrection de Jésus, ses disciples commencent ensemble une vie nouvelle de prière et de fraternité, de liberté et de courage. Ce sont les effets de l'Esprit de Dieu venus sur eux.
Leur communauté grandit à Jérusalem sous la conduite des douze apôtres. Au milieu du judaïsme, elle fait figure d'une secte parmi les autres.
Mais bientôt, les chrétiens de langue grecque affirment leur autonomie par rapport à l'autorité sacerdotale : Étienne, leur porte-parole, est mis à mort et les hellénistes sont dispersés.
Cette persécution est la cause, involontaire mais providentielle, de la diffusion du christianisme : en Samarie, en Syrie et jusqu'à Antioche sa capitale. Quelques païens entrent dans l'Église.
En même temps, Paul se convertit au Christ et se prépare à devenir le héros de la seconde partie des Actes.

Jérusalem vue du sud-ouest. L'emplacement traditionnel du Cénacle est à gauche du lecteur, celui du Temple est au milieu, sous la grosse coupole ; les murs crénelés situent la grande esplanade bâtie par Hérode. En avant, les petites maisons blanches ont la même silhouette que dans le passé. Le mont des Oliviers s'élève à droite de la photo.

I. L'Église naît

1 Prologue
(Actes **1**,1-2)

[1]J'ai raconté dans mon premier livre, ô Théophile (1), tout ce que Jésus a fait et enseigné depuis le début [2]jusqu'au jour où, après avoir donné, par l'Esprit Saint, ses instructions aux apôtres qu'il avait choisis, il fut enlevé au ciel.

(1) Suivant une habitude de son temps, saint Luc s'adresse à un personnage imaginaire dont le nom veut dire « l'Ami de Dieu ». Le livre des Actes est une suite de l'Évangile.

2 La dernière apparition de Jésus
(Actes **1**,3-12 ; l'Ascension)

[3]C'est à eux aussi qu'avec de nombreuses preuves il s'est montré vivant après sa passion, leur apparaissant pendant quarante jours et les entretenant du Royaume de Dieu.

[4]Au cours d'un repas, il leur ordonna de ne pas quitter Jérusalem, mais d'y attendre l'accomplissement de la promesse du Père, « que vous avez, dit-il, apprise de moi : [5]Jean a baptisé dans l'eau, mais vous, vous serez baptisés dans l'Esprit Saint d'ici peu de jours. » [6]Ceux-ci, étant réunis, lui demandèrent : « Seigneur, est-ce maintenant que tu vas rétablir le Royaume pour Israël ? » [7]Il leur répondit : « Ce n'est pas à vous de connaître les temps ni les moments que le Père a fixés de sa propre autorité, [8]mais vous recevrez la force du Saint-Esprit qui descendra sur vous, et vous serez mes témoins à Jérusalem, dans toute

Le mont des Oliviers, vu de la mosquée d'Omar, sur l'emplacement du Temple.
Ils retournèrent alors du mont dit des Oliviers, qui est près de Jérusalem, à la distance qu'il est permis de parcourir le jour du sabbat (Actes **1**,*12).*

la Judée et la Samarie, et jusqu'aux extrémités de la terre. »
9 A ces
mots, devant leurs yeux, il fut élevé, et une nuée le déroba à leur vue.
10 Comme ils tenaient leurs yeux fixés au ciel, tandis qu'il s'en allait,
voici que leur apparurent deux hommes vêtus de blanc
11 qui leur
dirent : « Galiléens, pourquoi restez-vous là à regarder le ciel ? Ce
Jésus qui vient d'être enlevé au ciel du milieu de vous reviendra de la
même manière que vous l'avez vu s'en aller vers le ciel. »

12 Ils retournèrent alors à Jérusalem du mont dit des Oliviers, qui est
près de Jérusalem, à la distance qu'il est permis de parcourir le jour du
sabbat (1).

(1) C'est la longueur de la promenade permise le jour du sabbat pour un juif pieux, attentif à respecter le commandement du repos : un peu moins d'un kilomètre.

Dans cette dernière apparition, Jésus ressuscité fait voir à ses apôtres que sa vraie place est dans la gloire divine dont le ciel, le nuage, l'envoi des anges, sont des symboles.

L'histoire des apôtres commence pour eux à ce moment avec la mission qu'ils ont clairement reçue. C'est le thème du livre des Actes tout entier; il justifiera le développement du christianisme dans les siècles suivants. Déjà sont tracées les grandes lignes qu'on retrouvera continuellement dans les mouvements de l'Église primitive.

Les apôtres seront témoins de ce qu'ils ont vu. *C'est l'ordre du Seigneur et cela restera un caractère essentiel de leur physionomie. Mais leur témoignage ne sera pas fondé seulement sur le fait humain d'avoir vu, il leur faut attendre que l'Esprit Saint* les revête de puissance.

La Pentecôte est donc annoncée, elle sera le point de départ effectif. La force d'expansion de la nouvelle communauté sera l'Esprit Saint. Il apparaîtra dans ce livre comme le personnage principal, non seulement à la Pentecôte, mais dans toutes les manifestations de la vie chrétienne. C'est Lui qui dirige réellement l'Église, c'est de Lui qu'elle tire son autorité, c'est à Lui qu'elle se réfère constamment.

Les paroles du Seigneur fixent les étapes de l'Évangile dans tout l'univers. Le livre des Actes nous le fera voir, annoncé d'abord aux Juifs de Jérusalem fidèles à la Loi, puis aux Samaritains schismatiques et marginaux, et enfin à toutes les nations. Les limites étroites de la religion et du légalisme juifs seront élargies, et définitivement éclatées.

La ligne de conduite indiquée par Jésus sera suivie par les apôtres (Voir spécialement les nos 30; 38; 51).

Cette petite construction située au sommet du mont des Oliviers a été bâtie par les Croisés ; on reconnaît les arcades gothiques. La coupole a été ajoutée par les musulmans qui vénèrent cet endroit. Il y eut, autrefois, une grande église chrétienne tout autour.

3 Les apôtres complètent leur nombre
(Actes **1**,13-26 ; tableau de l'Église)

13 Une fois arrivés, ils montèrent dans la chambre haute où ils
demeuraient. C'étaient Pierre, Jean, Jacques, André, Philippe et
Thomas, Barthélemy et Matthieu, Jacques, fils d'Alphée, Simon
le Zélote et Jude, frère de Jacques. 14 Tous persévéraient d'un même
cœur dans la prière, avec quelques femmes dont Marie, la mère de
Jésus, et avec ses frères.

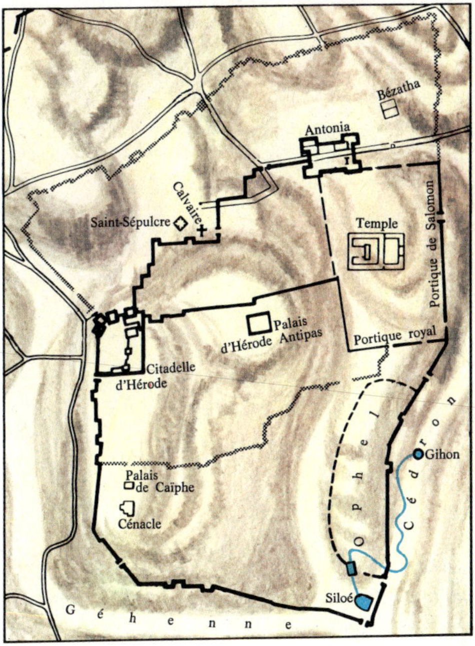

Plan de la ville de Jérusalem au temps de Jésus.

Ce monastère grec occupe le site d'Hakeldama, au bord de la vallée de la Géhenne.

15 En ces jours-là, Pierre se leva au milieu des frères — ils étaient
réunis au nombre d'environ cent vingt personnes — et leur dit :
16 « Frères, il fallait que s'accomplît ce que l'Esprit Saint a prédit dans
l'Écriture, par la bouche de David, au sujet de Judas qui s'est fait le
guide de ceux qui ont arrêté Jésus. 17 Il était l'un des nôtres et avait reçu
sa part de notre ministère. 18 Cet homme a acquis un champ avec le
salaire de son crime et, étant tombé la tête en avant, il s'est déchiré par
le milieu du corps et toutes ses entrailles se sont répandues. 19 Le fait est
si connu de tous les habitants de Jérusalem que le champ a été appelé,
dans leur langue, Hakeldama, c'est-à-dire champ du sang. 20 Or il est
écrit au livre des Psaumes (1) :

> *« Que son campement devienne désert, et que personne ne l'habite ;*

et encore :

> *Qu'un autre prenne sa charge.*

21 Il faut donc que parmi ceux qui ont été nos compagnons durant
tout le temps que le Seigneur Jésus a vécu parmi nous, 22 depuis le
baptême de Jean jusqu'au jour où il a été enlevé d'auprès de nous, il y
en ait un qui devienne avec nous témoin de sa résurrection. » 23 On en
présenta deux, Joseph dit Barsabbas, surnommé Justus, et Matthias.
24 Ils firent alors cette prière : « Seigneur, toi qui connais tous les cœurs,
montre lequel des deux tu as choisi 25 pour prendre dans le service de
l'apostolat la place que Judas a quittée pour s'en aller à la sienne. »
26 On tira au sort, et le sort tomba sur Matthias, qui fut associé aux
onze apôtres.

(1) Voir Psaumes **69**,26 et **109**,8.

La figure de l'Église commence à se dessiner : elle est fondée véritablement sur douze témoins de Jésus. Au milieu de leur collège Pierre fait figure de chef. Témoigner *sera l'essentiel de leur rôle, et pour le remplir en vérité, il faut qu'ils aient personnellement vu les événements, et entendu les paroles du Christ, mais il importe surtout que le fait de sa Résurrection soit attesté par ces hommes mêmes qui l'ont connu durant sa vie mortelle. Par ce miracle, en effet, Jésus s'est révélé comme l'envoyé de Dieu ; en témoigner, c'est garantir l'authenticité de sa mission tout entière.*

Cette manière de comprendre

Quartier du mont Sion à Jérusalem. La tradition y situe le Cénacle où Jésus fit la Cène du Jeudi saint ; les disciples continuèrent à se réunir en ce lieu où selon la tradition, Marie, sa Mère « s'endormit dans le Seigneur » quelques années plus tard. Il y eut là une très grande église ancienne. La Basilique de la Dormition de la Vierge a été bâtie au début du siècle sur son emplacement.

l'Église ne sera plus développée dans la suite des Actes. Saint Luc semblera perdre de vue les apôtres, il se limitera vite à Pierre et à Jean, puis à Paul seul. Matthias, élu pour compléter le nombre de douze (celui des tribus d'Israël) ne sera plus mentionné.

On pourrait en être surpris, mais cela s'explique par le but visé : saint Luc ne veut nous donner ici ni une biographie des apôtres ni une histoire complète de l'Église primitive mais seulement nous montrer le développement du témoignage chrétien jusqu'à Rome, centre du monde connu alors. (Voir l'Introduction p. 12).

4 L'Esprit vient
(Actes **2**,1-13 ; la Pentecôte)

1 Le jour de la Pentecôte (1) étant arrivé, ils étaient tous réunis dans le
même lieu. 2 Soudain vint du ciel un bruit semblable à celui d'un coup
de vent impétueux, qui remplit toute la maison où ils se tenaient. 3 Et il
leur apparut, semblables à du feu, des langues qui se partageaient ; il
s'en posa une sur chacun d'eux. 4 Ils furent tous remplis de l'Esprit
Saint et se mirent à parler d'autres langues, comme l'Esprit les faisait
s'exprimer.
5 Or il y avait, parmi les Juifs séjournant à Jérusalem, des hommes
pieux venus de toutes les nations qui sont sous le ciel. 6 Au bruit qui se
produisit, la foule accourut, et elle fut bouleversée de ce que chacun les
entendait parler sa propre langue. 7 Stupéfaits et émerveillés, ils
disaient : « Tous ces gens qui parlent ne sont-ils pas Galiléens ?
8 Comment donc les entendons-nous chacun dans notre langue
maternelle ? 9 Parthes, Mèdes, Élamites, habitants de la Mésopotamie,
de Judée et de Cappadoce, du Pont et de l'Asie, 10 de Phrygie et de
Pamphylie, d'Égypte et du territoire de Lybie voisin de Cyrène,
Romains résidant ici, 11 Juifs et prosélytes, Crétois et Arabes, nous les
entendons proclamer dans nos langues les merveilles de Dieu. » 12 Tous
étaient stupéfaits et, ne sachant que penser, se disaient les uns aux
autres : « Qu'est-ce que cela signifie ? » 13 Mais d'autres disaient en se
moquant : « Ils sont pleins de vin doux ! »

(1) Le mot Pentecôte veut dire « le 50e jour » (après la Pâque). Ce jour-là, les Juifs célébraient le don de la Loi au Sinaï et la venue de l'Esprit sur les Prophètes, *dans le vent et le feu.* (Exode **19**,16-25 et Ézéchiel **1**,4; **2**,2).

La chapelle du Cénacle à Jérusalem, reconstruite en style gothique au XIVe siècle. On y vénère le lieu de la Cène et de la Pentecôte.

La descente de l'Esprit Saint sur les apôtres réalise la promesse que leur a faite Jésus avant son Ascension. Le miracle de la Pentecôte est l'événement de la fondation de l'Église, son acte de naissance. On ne peut plus parler de celle-ci comme d'une entreprise purement humaine. Les apôtres deviennent les instruments de l'Esprit Saint, ils agissent sous sa conduite. La vision des langues de feu signifie qu'ils ont reçu de lui le pouvoir de prononcer des paroles divines. Dans la suite nous verrons que l'Esprit est le principe vital de la communauté : dans sa vie intérieure (n° 12), dans les choix décisifs pour son expansion (n° 30) ; dans les réponses aux difficultés qui naîtront de cette expansion (n° 42).

Nous voyons aussi s'affirmer l'universalité du message chrétien. Saint Luc l'exprime sous une forme littéraire solennelle, en énumérant les pays dont les représentants sont là, attirés par la fête juive. La liste fait une large place à l'Orient et s'étend à l'Asie Mineure et à l'Afrique méditerranéenne, laissant vide l'espace qui sera parcouru par saint Paul. Mais on reste dans le cadre du judaïsme : tous ces hommes venus de loin sont juifs ou prosélytes.

Cour intérieure du Cénacle ; la chapelle est au premier étage, à demi cachée derrière l'arbre.

5 Pierre parle à son peuple
(Actes **2**,14-41 ; premier discours)

14 Pierre, debout avec les Onze, prit la parole et s'exprima en ces
termes : « Hommes de Judée et vous tous qui habitez Jérusalem,
comprenez bien ceci et prêtez l'oreille à mes paroles. 15 Ces gens ne sont
pas ivres, comme vous le pensez, car il n'est que la troisième heure du
jour (1). 16 Mais c'est ici l'accomplissement de ce qui a été dit par le
prophète Joël.

17 Dans les derniers jours, dit Dieu, *je répandrai de mon Esprit sur*
tout homme ;
vos fils et vos filles prophétiseront,
vos jeunes auront des visions
et vos vieillards des songes.
18 *Oui, sur mes serviteurs et sur mes servantes je répandrai en ces*
jours-là de mon Esprit et ils prophétiseront.
19 *Je ferai paraître des prodiges en haut dans le ciel*
et des signes en bas sur la terre :
du sang, du feu et des tourbillons de fumée.
20 *Le soleil se changera en ténèbres*
et la lune en sang,
avant que vienne le jour du Seigneur,
le jour grand et éclatant.
21 *Alors quiconque invoquera le nom du Seigneur sera sauvé* (2).

22 « Hommes d'Israël, écoutez ces paroles : Jésus de Nazareth, cet
homme que Dieu a accrédité auprès de vous par les miracles, les
prodiges et les signes qu'il a opérés par lui au milieu de vous, comme
vous le savez, 23 cet homme qui a été livré conformément au dessein
arrêté et à la prescience de Dieu, vous l'avez cloué à la croix et mis à
mort par la main des impies. 24 Or Dieu l'a ressuscité, le délivrant des
douleurs de la mort, parce qu'il n'était pas possible qu'il fût retenu en
son pouvoir. 25 David dit en effet à son sujet :

Je voyais constamment le Seigneur devant moi,
car il est à ma droite, afin que je ne chancelle pas.
26 *Aussi mon cœur est-il dans la joie et ma langue dans l'allégresse,*
et ma chair aussi reposera dans l'espérance.
27 *Car tu n'abandonneras pas mon âme dans le séjour des morts*

et tu ne permettras pas que ton Saint voie la corruption.
28 *Tu m'as fait connaître des chemins de vie ;*
tu me rempliras de joie en me montrant ton visage (3).

29 « Mes frères, qu'il me soit permis de vous le dire sans détour : le
patriache David est mort, il a été enseveli et aujourd'hui encore son
tombeau est parmi nous. 30 Mais, étant prophète et sachant que Dieu
lui avait promis avec serment de faire asseoir sur son trône un de ses
descendants, 31 c'est la résurrection du Christ qu'il a prévue et
annoncée en disant qu'il n'a pas été *abandonné dans le séjour des
morts et que sa chair n'a pas vu la corruption.* 32 C'est ce Jésus que Dieu
a ressuscité, et nous en sommes tous témoins. 33 Exalté par la droite de
Dieu et ayant reçu du Père l'Esprit Saint qui avait été promis, il l'a
répandu, ainsi que vous le voyez et l'entendez. 34 David, en effet, n'est
pas monté aux cieux, mais il dit lui-même :
Le Seigneur a dit à mon Seigneur : Assieds-toi à ma droite,
35 *jusqu'à ce que j'aie fait de tes ennemis un escabeau pour tes*
pieds (4).
36 Que toute la maison d'Israël sache donc avec certitude : Dieu l'a
fait Seigneur et Christ, ce Jésus que vous avez crucifié. »
37 Ils eurent le cœur transpercé en entendant ces paroles, et ils dirent
à Pierre et aux autres apôtres : « Frères, que nous faut-il faire ? »
38 Pierre leur répondit : « Repentez-vous ; que chacun de vous se fasse
baptiser au nom de Jésus-Christ pour le pardon de ses péchés, et vous
recevrez le don du Saint-Esprit. 39 Car c'est pour vous qu'est la
Promesse, pour vos enfants et pour tous *ceux qui sont au loin,* en aussi
grand nombre que les appellera le Seigneur notre Dieu. » 40 Et par
beaucoup d'autres paroles il les adjurait et les exhortait, en disant :
« Sauvez-vous du milieu de cette génération perverse ! » 41 Ceux donc
qui accueillirent sa parole furent baptisés, et ce jour-là trois mille
personnes environ s'adjoignirent aux disciples.

(1) La troisième heure se compte à partir du lever du soleil, il est donc à peu près neuf heures du matin.

(2) Voir Joël **3**,1-5 ; (3) Psaume **15**,8-11 ; (4) Psaume **109**,1.

Saint Luc rapporte plusieurs discours de saint Pierre (ici et nos 8; 9; 14). Ils sont bâtis sur le même plan à peu près : ils partent d'un événement qui vient de se passer, font appel aux souvenirs laissés par Jésus dans son peuple, ils les éclairent à la lumière de l'Ancien Testament, et enfin l'apôtre y témoigne de la résurrection de son maître.

Ce plan est accessible à des Juifs de Jérusalem, contemporains immédiats de Jésus : l'Ancien Testament y est vu dans la perspective messianique qui leur est familière. Souvent les événements révèlent toute la portée des prophéties anciennes. De leur côté les prophéties font voir que le Christ mort et ressuscité était voulu, préparé, annoncé par Dieu. Il n'arrive pas comme un intrus dans son propre peuple.

Ainsi se dessine l'Histoire du Salut, telle que Dieu l'a voulue et réalisée, telle qu'il la présente maintenant aux hommes. Elle arrive à son terme : Jésus est le Messie promis et il donne l'Esprit Saint à ses fidèles. L'ancienne Alliance n'est pas abolie mais accomplie.

Il appartient à chacun d'y entrer par un acte de foi repentante qui se concrétise dans le baptême. Par ce moyen Dieu remet les péchés de qui veut croire, et lui donne l'Esprit Saint.

6 Ils partageaient tout
(Actes **2**,42-47)

42 Ils persévéraient dans l'assiduité à l'enseignement des apôtres,
l'union mutuelle, la fraction du pain et les prières. 43 La crainte était
dans tous les esprits, car beaucoup de prodiges et de miracles
s'opéraient par les apôtres. 44 Tous les croyants vivaient ensemble et
mettaient tout en commun. 45 Ils vendaient leurs propriétés et leurs
biens et en partageaient le produit entre tous, selon les besoins de
chacun (1). 46 Chaque jour, ils étaient d'un même cœur assidus au
Temple ; ils rompaient le pain dans leurs maisons et prenaient leur
nourriture dans la joie et la simplicité de cœur, 47 louant Dieu et ayant
la faveur de tout le peuple. Et le Seigneur augmentait chaque jour le
nombre de ceux qui étaient sauvés.

(1) La communauté des biens est entièrement libre et volontaire (n° 12). Elle est le fruit de la foi, de l'amour pour le Seigneur, de l'espérance des biens éternels du Royaume de Dieu.

II. Premières poursuites et premier martyre

Effets des premières persécutions

Comme on l'a vu, les fidèles du Christ vivaient dans l'ambiance du judaïsme et sous son autorité religieuse. Ils passaient pour une secte parmi d'autres (p. 114 et n° 122).

La réaction vint surtout de l'aristocratie sacerdotale qui, déjà responsable de la mort de Jésus, se sentait accusée par la prédication des apôtres. Les Sadducéens s'en tenaient à une interprétation étroite de la Loi de Moïse et niaient la résurrection. (Voir : l'Évangile de Jésus p. 23 et 272, l'Ancien Testament p. 187 § 12).

Ils intervinrent donc, avec des menaces et des coups. Leur action provoqua deux résultats chez les fidèles :

D'abord, ils comprirent de plus en plus clairement leur propre foi et s'écartèrent du judaïsme officiel. Celui-ci de son côté, entendant les discours de Pierre et les interrogatoires des chrétiens n'en restait pas à un jugement vague, mais prenait conscience de plus en plus de la portée de la nouvelle foi.

Un autre résultat de la persécution fut de disperser les disciples, de les éloigner de Jérusalem, et de leur faire porter le message de Jésus à d'autres peuples, en Judée et en Samarie.

7 **Un impotent est guéri**
(Actes **3,**1-10 ; miracle de la Belle Porte)

1Pierre et Jean montaient au Temple pour la prière de la neuvième
heure (1). Or il y avait un homme impotent de naissance qu'on était en
train de transporter et qu'on déposait chaque jour à la porte du Temple
appelée la Belle (2), pour demander l'aumône à ceux qui entraient au
Temple. 3Voyant Pierre et Jean sur le point d'y entrer, il leur demanda
l'aumône. 4Pierre le fixa des yeux, ainsi que Jean, et lui dit : « Regarde-

Cet escalier et ses arcades médiévales recouvrent l'emplacement de la Belle Porte du Temple. La mosquée d'Omar (où Dôme de la Roche) se dresse sur l'emplacement même du Temple.

nous. » 5Lui les regardait attentivement, s'attendant à recevoir d'eux
quelque chose. 6Pierre lui dit : « De l'argent ou de l'or, je n'en ai pas,
mais ce que j'ai, je te le donne : au Nom de Jésus-Christ le Nazaréen,
lève-toi et marche ! » 7Et, le prenant par la main droite, il le fit lever ;
aussitôt ses pieds et ses chevilles s'affermirent. 8D'un bond il fut debout
et il marchait ; il entra avec eux au Temple, marchant, gambadant et
louant Dieu. 9Tout le peuple le vit marcher et louer Dieu. 10On le
reconnaissait : c'était bien lui qui était assis, pour demander l'aumône,
à la Belle Porte du Temple. Et on était rempli d'effroi et de stupeur par
ce qui venait de lui arriver.

(1) La neuvième heure (trois heures de l'après-midi) était celle où l'on faisait l'holocauste du soir. Ensuite le prêtre entrait porter l'encens dans le Temple pendant la prière des Juifs. A sa sortie, il les bénissait de la part de Dieu.

(2) La Belle Porte était richement ornée d'or, d'argent et de bronze, elle donnait accès à la première cour du Temple proprement dit, le Parvis des femmes.

8 Pierre parle
(Actes **3**,11-26)

11Comme il ne lâchait pas Pierre et Jean, tout le peuple accourut vers
eux au portique dit de Salomon, saisi d'étonnement.
12A cette vue, Pierre adressa la parole au peuple : « Hommes
d'Israël, pourquoi vous étonner de cela ? Pourquoi tenir les yeux fixés
sur nous, comme si c'était par notre propre puissance ou notre piété
que nous avons fait marcher cet homme ? 13Le Dieu d'Abraham,
d'Isaac et de Jacob, le Dieu de nos pères, a glorifié son serviteur Jésus,
que vous avez livré et renié devant Pilate, alors qu'il jugeait devoir le
relâcher. 14Mais vous, vous avez renié le Saint et le Juste ; vous avez
réclamé la grâce d'un meurtrier, 15et vous avez fait mourir le Prince de
la vie. Mais Dieu l'a ressuscité des morts ; nous en sommes témoins.
16Et grâce à la foi en son Nom, ce Nom a rendu la force à l'homme que
vous voyez et connaissez ; c'est la foi qui vient de lui qui a valu à cet
homme la guérison parfaite, en présence de vous tous.

L'esplanade qui entoure le Temple, bâtie sur les fondations d'Hérode. La foule s'y rassembla pour entendre parler Pierre après la guérison d'un impotent. La Belle Porte est sur la droite, invisible sur cette photo.

17« Maintenant, frères, je sais bien que vous avez agi par ignorance,
comme du reste vos chefs. 18Ce que Dieu avait annoncé par la bouche
de tous les prophètes, que son Christ devait souffrir, il l'a ainsi
accompli. 19Repentez-vous donc et convertissez-vous, pour que vos
péchés soient effacés, 20afin que viennent de la part du Seigneur des
moments de consolation et qu'il envoie celui qui vous a été destiné, le
Christ Jésus. 21Le ciel doit le garder jusqu'à l'époque du renouvel-
lement de toutes choses, dont Dieu a parlé dès les temps anciens par la
bouche de ses saints prophètes. 22Moïse a dit en effet : *Le Seigneur
notre Dieu vous suscitera d'entre vos frères un prophète comme moi ;
vous l'écouterez dans tout ce qu'il vous dira.* 23*Quiconque n'écoutera
pas ce prophète sera exterminé du milieu du peuple* (1). 24Tous les
prophètes d'ailleurs, depuis Samuel et ses successeurs, tous ceux qui
ont parlé, ont annoncé aussi ces jours-là. 25Vous êtes, vous, les fils des
prophètes et de l'alliance que Dieu a conclue avec vos pères, quand il a
dit à Abraham : *En ta descendance seront bénies toutes les familles de
la terre* (2). 26C'est pour vous d'abord que Dieu a ressuscité son
serviteur et l'a envoyé pour vous bénir, en détournant chacun de vous
de ses iniquités. »

(1) Deutéronome **18**,18-19. (2) Genèse **22**,18.

9 Pierre et Jean passent devant le tribunal
(Actes **4**,1-22)

1Tandis qu'ils parlaient au peuple, survinrent les prêtres, le
commandant du Temple et les sadducéens (1), 2mécontents de ce qu'ils
endoctrinaient le peuple et annonçaient en la personne de Jésus la
resurrection des morts. 3Ils se saisirent d'eux et les jetèrent en prison
jusqu'au lendemain, car c'était déjà le soir. 4Parmi les auditeurs du
discours, beaucoup embrassèrent la foi, et le nombre des fidèles s'éleva
à environ cinq mille hommes.

5Le lendemain, leurs chefs, les anciens et les scribes s'assemblèrent à
Jérusalem, 6ainsi qu'Anne le grand prêtre, Caïphe, Jean, Alexandre et
tous les membres des familles pontificales. 7Faisant comparaître
devant eux les apôtres, ils les interrogèrent : « Par quel pouvoir et au
nom de qui avez-vous fait cela ? » 8Alors Pierre, rempli de l'Esprit

Jérusalem. Cet antique escalier romain descendait des environs du Cénacle jusqu'au Cédron. Jésus et ses apôtres l'ont emprunté très souvent.

Saint, leur dit : « Chefs du peuple et anciens, 9 puisque nous sommes
aujourd'hui interrogés sur le bien fait à un infirme, sur la manière dont
il a été guéri, 10 sachez-le bien, vous tous et tout le peuple d'Israël : C'est
au Nom de Jésus-Christ le Nazaréen, que vous avez crucifié et que Dieu
a ressuscité des morts, c'est par lui que cet homme est là, devant vous,
en pleine santé. 11 C'est lui *la pierre rejetée* par vous, *les bâtisseurs, et*
qui est devenue la pierre angulaire (2). 12 Il n'est de salut en aucun
autre, car il n'y a pas sous le ciel d'autre Nom donné aux hommes par
lequel nous devions être sauvés. »

13 Voyant l'assurance de Pierre et de Jean et constatant que c'étaient
des hommes ordinaires et sans instruction, ils en étaient étonnés. Ils les
reconnaissaient comme d'anciens compagnons de Jésus, 14 et, voyant
debout auprès d'eux l'homme qui avait été guéri, ils ne trouvaient rien
à répliquer. 15 Leur ayant ordonné de sortir du Sanhédrin, ils se mirent
à délibérer entre eux : 16 « Qu'allons-nous faire de ces gens-là ?
disaient-ils. Qu'un miracle insigne ait été accompli par eux, cela est
évident pour tous les habitants de Jérusalem, et nous ne pouvons pas le
nier. 17 Mais afin que la chose ne se répande pas davantage parmi le
peuple, défendons-leur avec menaces de parler désormais en ce nom-là
à qui que ce soit. » 18 Ils les rappelèrent et leur interdirent absolument
de parler et d'enseigner au nom de Jésus.

19 Pierre et Jean leur répliquèrent : « S'il est juste aux yeux de Dieu de
vous obéir plutôt qu'à Dieu, à vous d'en juger. 20 Quant à nous, nous ne
pouvons pas ne pas parler de ce que nous avons vu et entendu. »
21 Après avoir réitéré leurs menaces, ils les relâchèrent, ne sachant, à
cause du peuple, comment les punir, car tous rendaient gloire à Dieu
de ce qui venait d'arriver. 22 L'homme guéri ainsi miraculeusement
avait en effet plus de quarante ans.

(1) Parmi les Sadducéens, on retrouve Anne et Caïphe connus dans les évangiles. Ils avaient le droit de faire la police à Jérusalem et ses environs, et le commandant du Temple était le chef de leur troupe.

(2) Psaume **117**,22.

10 Les fidèles prient dans l'épreuve
(Actes **4**,23-31)

23 Une fois relâchés, ils revinrent vers les leurs et racontèrent tout ce
que les grands prêtres et les anciens leur avaient dit. 24 A ce récit, ils
n'eurent qu'une seule voix pour dire à Dieu : « *Maître, c'est toi qui as*
fait le ciel et la terre et la mer et tout ce qui s'y trouve ; 25 C'est toi qui as
dit par l'Esprit Saint et par la bouche de notre père David, ton servi-
teur :

Pourquoi les nations se sont-elles agitées en tumulte
et les peuples ont-ils formé de vains complots ?
26 *Les rois de la terre se sont soulevés*
et les princes se sont ligués ensemble
contre le Seigneur et contre son Christ (1).

27 « Oui, c'est vraiment une ligue qu'Hérode, Ponce-Pilate, avec les
nations et les peuples d'Israël, ont formée dans cette ville contre ton
saint serviteur Jésus, consacré par ton onction. 28 Ils ont ainsi accompli
tout ce que ta main et ta volonté avaient décidé d'avance.
29 Maintenant, Seigneur, considère leurs menaces et donne à tes
serviteurs d'annoncer en toute assurance ta Parole ; 30 étends la main
pour que s'accomplissent des guérisons, des miracles et des prodiges,
par le nom de ton saint serviteur Jésus. »

31 Leur prière achevée, le lieu où ils étaient assemblés trembla ; ils
furent tous remplis du Saint-Esprit, et ils annonçaient la parole de
Dieu avec assurance.

(1) Psaume **2**,1-2.

11 Ils n'avaient qu'un seul cœur
(Actes **4**,32-37)

32 La multitude de ceux qui avaient cru n'avait qu'un cœur et qu'une
âme ; nul ne se considérait comme le propriétaire de ce qu'il possédait,

mais tout était commun entre eux. [33]Avec beaucoup de force, les apôtres rendaient témoignage à la résurrection du Seigneur Jésus, et une grande grâce était sur eux tous. [34]Il n'y avait pas d'indigents parmi eux, car tous ceux qui possédaient des champs ou des maisons les vendaient [35]et venaient en déposer le prix aux pieds des apôtres. On donnait alors à chacun selon ses besoins. [36]Joseph, surnommé par les apôtres Barnabé — ce qui veut dire fils de consolation — lévite, Chypriote de naissance, [37]possédait un champ. Il le vendit, apporta l'argent et le déposa aux pieds des apôtres.

12 **Deux tricheurs**

(Actes 5,1-11 ; Ananie et Saphire)

[1]Un homme du nom d'Ananie, d'accord avec sa femme, Saphire, vendit une propriété, [2]et avec sa complicité détourna une partie du prix. Il apporta le reste et le déposa aux pieds des apôtres. [3]Pierre lui dit : « Ananie, pourquoi Satan a-t-il rempli ton cœur au point que tu aies menti à l'Esprit Saint et détourné une partie du prix de ton champ ? [4]Quand il t'appartenait encore, n'avais-tu pas le droit de le garder et, l'ayant vendu, le prix n'en restait-il pas en ta possession ? Comment as-tu pu concevoir pareil dessein ? Ce n'est pas aux hommes que tu as menti, mais à Dieu. » [5]A ces paroles, Ananie tomba et expira. Tous les témoins furent saisis d'une grande frayeur. [6]Les jeunes gens vinrent envelopper le corps et l'emportèrent pour l'enterrer.

[7]Il s'était écoulé environ trois heures quand sa femme arriva sans savoir ce qui s'était passé. [8]Pierre lui adressa la parole : « Dis-moi, est-ce bien tel prix que vous avez vendu le champ ? » « Oui, c'est tel prix », répondit-elle. [9]Pierre répliqua : « Pourquoi vous êtes-vous entendus pour mettre à l'épreuve l'Esprit du Seigneur ? Voici que les pieds de ceux qui ont enterré ton mari sont à la porte. Ils vont t'emporter aussi. » [10]Au même instant, elle tomba à ses pieds et expira. Les jeunes gens qui rentraient la trouvèrent morte. Ils l'emportèrent et l'enterrèrent près de son mari. [11]Ce fut une grande frayeur dans toute l'Église et parmi tous ceux qui apprirent cet événement.

La Porte dorée, porte orientale du Temple, vue de l'extérieur. Aujourd'hui fermée, elle donnait sur le portique de Salomon où se réunissaient les premiers chrétiens (Actes 5,12). Au premier plan, les stèles d'un cimetière musulman.

13 De plus en plus de fidèles
(Actes **5**,12-16)

12Beaucoup de miracles et de prodiges s'opéraient parmi le peuple par les mains des apôtres. Ils se réunissaient d'un commun accord sous le portique de Salomon (1). 13Personne d'autre n'osait se joindre à eux, mais le peuple les louait hautement. 14Le nombre de ceux qui croyaient au Seigneur ne cessait d'augmenter, une multitude d'hommes et de femmes, 15au point qu'on apportait dans les rues les malades et qu'on les plaçait sur des lits ou des civières afin qu'au passage de Pierre son ombre au moins couvrît quelqu'un d'entre eux. 16On venait même en foule des villes voisines de Jérusalem, portant des malades et des gens tourmentés par des esprits impurs, et tous étaient guéris.

(1) Le portique de Salomon bordait le côté oriental de la grande esplanade du Temple.

Ruines de Salamine, ancienne ville de Chypre, patrie de Barnabé.

La mosquée El-Aqsa, bâtie sur les fondations des portiques sud du Temple d'Hérode. Au premier plan, des chapiteaux et des bases de colonnes, restes des monuments antiques.

14 Tous les apôtres passent en jugement
(Actes 5,17-33)

[17]Alors intervint le grand prêtre avec tout son parti, c'est-à-dire la secte des sadducéens. Remplis de jalousie, [18]ils se saisirent des apôtres et les jetèrent dans la prison publique. [19]Mais, pendant la nuit, l'ange du Seigneur ouvrit les portes de la prison, les fit sortir [20]et leur dit : « Allez, tenez-vous dans le Temple et annoncez au peuple toutes ces paroles de vie. » [21]Obéissant à cet ordre, ils entrèrent au Temple dès le point du jour et se mirent à enseigner. Cependant le grand prêtre arriva avec ceux de son parti. Ils convoquèrent le Sanhédrin, tout le Conseil des anciens d'Israël et envoyèrent chercher les apôtres à la prison. [22]Mais les gardes, étant allés à la prison, ne les y trouvèrent pas. Ils revinrent et firent leur rapport en ces termes : [23]« Nous avons trouvé la prison soigneusement fermée et les sentinelles aux portes, mais quand nous avons ouvert, nous n'avons trouvé personne à l'intérieur. »

[24]A ces mots, le commandant du Temple et les grands prêtres furent dans une grande perplexité au sujet des apôtres, se demandant ce que cela voulait dire. [25]Mais quelqu'un, survenant, leur donna ce renseignement : « Voici que les hommes que vous avez mis en prison sont dans le Temple et ils instruisent le peuple. » [26]Alors le commandant du Temple partit avec ses agents et ramena les apôtres, sans violence toutefois ; car ils avaient peur d'être lapidés par le peuple. [27]Les ayant amenés, ils les firent comparaître devant le Sanhédrin, et le grand prêtre les interrogea : [28]« Nous vous avions formellement interdit d'enseigner en ce nom-là, dit-il, et voilà que vous avez rempli Jérusalem de votre doctrine ; vous voulez donc faire retomber sur nous le sang de cet homme ! » [29]Pierre et les apôtres répondirent : « Il faut obéir à Dieu plutôt qu'aux hommes. [30]Le Dieu de nos pères a ressuscité Jésus, que vous, vous aviez tué en le suspendant au gibet. [31]Dieu l'a exalté par sa droite comme Chef et Sauveur, pour donner à Israël le repentir et le pardon des péchés. [32]Nous sommes témoins de ces choses, nous et l'Esprit Saint que Dieu a donné à ceux qui lui obéissent. » [33]Ces paroles les mirent en fureur, et ils voulaient les faire mourir.

Beth-Shéarim, en Galilée. L'escalier, au second plan, descend dans un grand cimetière souterrain où l'on a retrouvé les tombes de rabbins juifs célèbres. Parmi eux, des descendants du Gamaliel dont parle le livre des Actes.

15 Un vrai pharisien les défend
(Actes **5**,34-42 ; discours de Gamaliel)

34 Mais un membre du Sanhédrin se leva, un pharisien du nom de Gamaliel (1), docteur de la Loi respecté de tout le peuple. Il ordonna de faire sortir ces hommes un instant, 35 et déclara : « Hommes d'Israël, prenez garde à ce que vous allez faire à l'égard de ces gens-là. 36 Il y a quelque temps a paru Theudas qui se donnait pour un personnage ; quatre cents hommes environ s'étaient ralliés à lui ; il a été tué, et tous ses partisans ont été défaits et réduits à rien. 37 Après lui a paru Judas le Galiléen, à l'époque du recensement ; il entraîna le peuple à sa suite ; lui aussi a péri, et tous ses partisans ont été dispersés. 38 Maintenant, je vous le dis, ne vous occupez plus de ces gens-là et laissez-les. Car si cette entreprise ou cette œuvre vient des hommes, elle se détruira d'elle-même. 39 Mais si elle vient de Dieu, vous ne pourrez pas détruire ces gens-là. Ne risquez pas de vous trouvez en guerre contre Dieu. »

Ils se rangèrent à son avis. 40 Ayant rappelé les apôtres, ils les firent battre de verges, puis leur défendirent de parler au nom de Jésus et les relâchèrent. 41 Quant à eux, ils se retirèrent de devant le Sanhédrin tout joyeux d'avoir été jugés dignes de subir des outrages pour le nom de Jésus. 42 Et chaque jour, dans le Temple et dans les maisons, ils ne cessaient d'enseigner et d'annoncer le Christ Jésus.

(1) Gamaliel était le chef d'un courant modéré qui appliquait avec tolérance et sagesse la Loi et la tradition pharisienne. C'est lui qui instruisit saint Paul (n° 118).

Deux autres personnages connus des historiens : Judas le Galiléen, qui se proclama Messie et souleva le peuple contre les Romains, à l'occasion d'un recensement, probablement en 6 ap. J.-C. Ce mouvement ne s'éteignit pas tout à fait, mais les événements racontés ici se placent dans un moment de calme relatif. Theudas, qui joua un rôle plus effacé. Tous deux prêchaient la révolte armée, au nom du messianisme terrestre qu'espéraient la majorité des Juifs, surtout dans le milieu rural.

16 Nouveaux chrétiens, nouveau service
(Actes **6**,1-7 ; les hellénistes et leurs diacres)

1 En ces jours-là, le nombre des disciples augmentant, les Hellé-
nistes (1) se mirent à murmurer contre les Hébreux parce que leurs
veuves étaient négligées dans les distributions quotidiennes. 2 Les Douze
convoquèrent donc l'assemblée des disciples et leur dirent : « Il n'est
pas convenable que nous délaissions la parole de Dieu pour le service
des tables. 3 Cherchez donc parmi vous, frères, sept hommes de bonne
réputation, remplis de l'Esprit de sagesse, et nous les chargerons de cet
office. 4 Pour nous, nous nous consacrerons à la prière et au service de la
parole. » 5 Cette proposition plut à toute l'assemblée, et on choisit
Étienne, homme plein de foi et de l'Esprit Saint, Philippe, Prochore,
Nicanor, Timon, Parménas et Nicolas, prosélyte d'Antioche. 6 On les
présenta aux apôtres qui, après avoir prié, leur imposèrent les mains.
7 Et la parole de Dieu se répandait ; le nombre des disciples augmentait
considérablement à Jérusalem, et une grande foule de prêtres se sou-
mettaient à la foi.

(1) Sur les hellénistes, voir l'Introduction p. 18 et pp. 34-35. Ils étaient nombreux à Jérusalem, près du tiers d'après certains documents archéologiques. Mais ils faisaient figure d'étrangers et se réunissaient dans leurs propres synagogues, où ils priaient et lisaient la Bible en grec. Beaucoup devaient être assez pauvres, sans propriétés en ville ni aux environs, vivant de petits métiers ou de secours. Et ils ne parlaient couramment ni l'araméen ni l'hébreu.

L'Église, encore réunie à Jérusalem, a déjà ouvert ses portes : les hellénistes ont respiré l'air de la culture hellénistique. Leurs vues sont plus ouvertes que celles des Juifs de Palestine. Leur tendance à sortir des limites étroites du nationalisme ne va pas tarder à se dessiner.

Les sept qui sont choisis pour s'occuper de leurs frères portent des noms grecs. Leur service charitable s'appelle en cette langue *diaconia,* d'où nous avons tiré le mot *diacre.*

Les apôtres leur imposent les mains (nos 36; 132; 148). Déjà le diaconat est une fonction sacrée, un *ordre.*

Étienne sera le premier martyr du Christ et l'occasion d'une persécution plus grave que les autres, qui va disperser les chrétiens parmi les peuples. Paul entrera bientôt en scène.

17 Le procès d'Etienne au Sanhédrin
(Actes 6,8-15)

8Étienne, plein de grâce et de force, opérait des prodiges et de grands miracles parmi le peuple. 9Quelques membres de la synagogue dite des Affranchis, des Cyrénéens, des Alexandrins et d'autres de Cilicie et d'Asie entrèrent en discussion avec Étienne, 10mais ils ne pouvaient tenir tête à la sagesse et à l'Esprit qui inspiraient sa parole. 11Alors ils subornèrent des gens qui déclarèrent : « Nous l'avons entendu proférer des paroles blasphématoires contre Moïse et contre Dieu. » 12Ils ameutèrent ainsi le peuple, les anciens et les scribes. Se jetant sur lui, ils se saisirent de sa personne et le conduisirent au Sanhédrin. 13Là ils produisirent de faux témoins qui dirent : « Cet homme ne cesse de tenir des propos contre le Lieu saint et contre la Loi. 14Nous l'avons, en effet, entendu dire que Jésus, ce Nazaréen, détruira ce Lieu et changera les coutumes que Moïse nous a transmises. » 15Tous ceux qui siégeaient au Sanhédrin avaient les yeux fixés sur Étienne ; son visage leur parut semblable au visage d'un ange.

18 Le discours d'Etienne
(Actes 7,1-53)

1Le grand prêtre demanda : « En est-il bien ainsi ? » 2Étienne répondit : « Mes frères et mes pères, écoutez.

« Le Dieu de gloire apparut à notre père Abraham lorsqu'il était en Mésopotamie, avant de s'établir à Harran, 3*et lui dit : Sors de ton pays et de ta famille et va dans le pays que je te montrerai* (1). 4Alors il quitta le pays des Chaldéens et s'établit à Harran. De là, après la mort de son père, Dieu le fit émigrer dans ce pays que vous habitez maintenant. 5Il ne lui donna dans ce pays aucune propriété, pas même où poser le pied ; mais il promit de le lui donner en possession ainsi qu'à sa postérité après lui, bien qu'il n'eût pas d'enfant. 6Voici ce que Dieu déclara : *Sa postérité séjournera en terre étrangère ; on la réduira en servitude et on la maltraitera pendant quatre cents ans. 7Mais la nation à laquelle ils auront été asservis, je la jugerai, moi, dit Dieu. Après cela ils en sortiront pour m'adorer* en ce lieu-ci (2). 8Puis il donna à

Au temps des Pharaons : Égyptiens et esclaves étrangers au travail. (Tombe thébaine du XVe s. av. J.-C.).

Statuette en bronze du bœuf Apis, image du dieu-soleil Râ, VIIe s. av. J.-C. Tous les anciens adoraient les astres et les Égyptiens leur associaient des animaux. Les Israélites étaient purifiés de l'idolâtrie, mais leur dévotion envers le Temple avait quelque chose de superstitieux.

Abraham l'alliance de la circoncision ; c'est ainsi qu'ayant engendré
Isaac, il le circoncit le huitième jour (3), et de même Isaac pour Jacob,
et Jacob pour les douze patriaches.
9 « Les patriaches, jaloux de Joseph, le vendirent pour être emmené
en Égypte. Mais Dieu était avec lui. 10 Il le délivra de toutes ses
épreuves ; *il lui fit trouver grâce* et lui donna la sagesse *devant Pharaon,*
roi d'Égypte, qui l'établit gouverneur de l'Égypte et de toute sa maison.
11 *Survint une famine dans tout le pays d'Égypte et de Canaan* et une
grande détresse ; nos pères ne trouvaient pas de quoi se nourrir.
12 Jacob, apprenant qu'il y avait des vivres en Égypte, y envoya nos pères
une première fois ; 13 la seconde fois, Joseph se fit reconnaître par ses
frères, et Pharaon apprit l'origine de Joseph. 14 Joseph envoya alors
chercher Jacob son père et toute sa parenté, au nombre de soixante-
quinze personnes. 15 Jacob descendit en Égypte, où il mourut, ainsi que
nos pères. 16 Ils furent transportés à Sichem et déposés dans le tombeau
qu'Abraham avait acheté à prix d'argent des fils d'Emmor à Sichem.
17 « A mesure qu'approchait le temps où devait s'accomplir la
promesse jurée par Dieu à Abraham, le peuple s'accrut et se multiplia
en Égypte, 18 jusqu'à l'avènement dans ce pays d'un autre roi qui ne
connaissait pas Joseph. 19 Ce roi, agissant perfidement envers notre
race, opprima nos pères jusqu'à leur faire exposer leurs nouveau-nés
pour les empêcher de vivre. 20 A cette époque naquit Moïse ; il était
beau aux yeux de Dieu. Il fut nourri trois mois dans la maison de son
père. 21 Quand il eut été exposé, la fille de Pharaon le recueillit et le fit
élever comme son enfant. 22 Ainsi Moïse fut instruit dans toute la
sagesse des Égyptiens ; il était puissant en paroles et en œuvres.
23 « Quand il eut atteint l'âge de quarante ans, le désir lui vint de
visiter ses frères, les enfants d'Israël.
24 « Voyant qu'on maltraitait l'un d'entre eux, il prit sa défense et
vengea l'opprimé en frappant l'Égyptien. 25 Ses frères, pensait-il,
comprendraient que par sa main Dieu leur apportait le salut ; mais ils
ne le comprirent pas. 26 Le lendemain, il en trouva qui se battaient et il
cherchait à les mettre d'accord : « Mes amis, leur dit-il, vous êtes
frères ; pourquoi vous maltraiter l'un l'autre ? » 27 Mais celui qui
maltraitait son compagnon le repoussa en disant : *Qui t'a établi chef et*
juge sur nous ? 28 *Veux-tu me tuer comme tu as tué hier l'Égyptien ?* (4)
29 A ces mots Moïse s'enfuit, et alla se réfugier au pays de Madian, où il

Le massif du Sinaï, vu du haut du Djebel Moussa, montagne de Moïse.
Il reçut les paroles de vie pour nous les transmettre (Actes 7,*38).*

eut deux fils.
30« Quarante ans plus tard, *au désert du mont* Sinaï, *un ange lui
apparut dans la flamme d'un buisson en feu* (5). 31Moïse fut saisi
d'étonnement à la vue de cette apparition. Comme il s'approchait pour
mieux voir, la voix du Seigneur se fit entendre : 32*Je suis le Dieu de tes
pères, le Dieu d'Abraham, d'Isaac et de Jacob.* Moïse, tout tremblant,
n'osait regarder. 33Alors le Seigneur lui dit : *Ote les sandales de tes
pieds, car le lieu où tu te tiens est une terre sainte.* 34*Oui, j'ai vu
l'affliction de mon peuple qui est en Égypte; j'ai entendu son
gémissement et je suis descendu pour le délivrer. Viens donc
maintenant, que je t'envoie en Égypte.*
35« Ce Moïse qu'ils avaient renié en disant : *Qui t'a établi chef et
juge?* c'est lui que Dieu envoya comme chef et rédempteur, par
l'entremise de l'ange qui lui était apparu dans le buisson. 36C'est lui qui
les fit sortir d'Égypte, en opérant des prodiges et des miracles au pays
d'Égypte, à la mer Rouge et au désert, pendant quarante ans. 37C'est ce
Moïse qui dit aux enfants d'Israël : *Dieu vous suscitera d'entre vos
frères un prophète comme moi.* 38C'est lui qui, lors de l'assemblée au
désert, était avec l'ange qui lui parla sur le mont Sinaï, ainsi qu'avec
nos pères ; lui qui reçut les paroles de vie pour vous les transmettre.

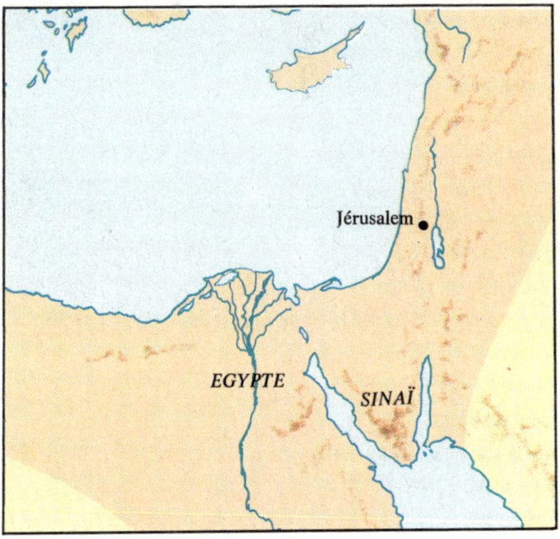

Dans son discours au Sanhédrin, Étienne résume l'histoire sainte, depuis l'Égypte jusqu'à Jérusalem.

Vue aérienne de Jérusalem, prise à l'aplomb du mont des Oliviers. Au fond, les tours de la ville moderne. Au milieu, le dôme de la Roche. En avant, le mur d'enceinte médiéval sur les soubassements antiques.
David trouva grâce devant Dieu et demanda la faveur d'élever une demeure pour le Dieu de Jacob. Mais ce fut Salomon qui lui bâtit une maison (Act **7**,*46-47).*

39 Nos pères refusèrent de lui obéir et le repoussèrent. Retournant de
cœur en Égypte, 40 ils dirent à Aaron : *Fais-nous des dieux qui
marchent devant nous, car ce Moïse qui nous a fait sortir du pays
d'Égypte, nous ne savons ce qu'il est devenu.* 41 Ils fabriquèrent en ces
jours-là un veau d'or ; ils offrirent un sacrifice à cette idole, et firent une
fête en l'honneur de l'œuvre de leurs mains. 42 Mais Dieu se détourna et
les abandonna au culte de l'armée céleste, comme il est écrit au livre
des prophètes :

M'avez-vous offert des victimes et des sacrifices
pendant quarante ans au désert, maison d'Israël?
43 *Vous avez porté la tente de Moloch,*
l'étoile du dieu Rompha,
ces idoles que vous aviez faites pour les adorer.
Aussi je vous déporterai au-delà de Babylone (6).

44 « Nos pères au désert avaient la Tente du témoignage, ainsi que
Dieu l'avait ordonné en disant à Moïse de la construire selon le modèle
qu'il avait vu. 45 Nos pères, l'ayant reçue, l'introduisirent, sous la
conduite de Josué, dans le pays conquis sur les nations que Dieu chassa
devant nos pères ; elle y subsista jusqu'à l'époque de David. 46 Celui-ci
trouva grâce devant Dieu et demanda la faveur d'élever une demeure
pour le Dieu de Jacob. 47 Mais ce fut Salomon qui lui bâtit une maison.
48 Et pourtant le Très-Haut n'habite pas dans des temples faits de main
d'homme, ainsi que dit le prophète :

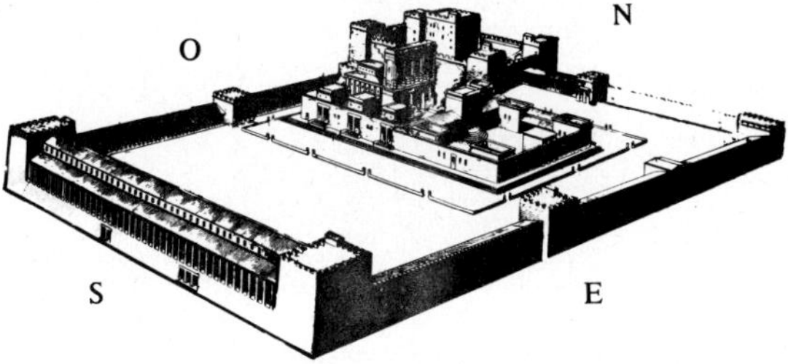

Maquette du Temple à l'époque du Nouveau Testament : à gauche le portique royal appelé aussi basilique d'Hérode ; à droite (côté est), le portique de Salomon où se réunissaient les chrétiens ; au milieu, le Temple entouré de ses parvis ; au fond (derrière le Temple) la forteresse Antonia où se tenait la garnison romaine.

Jérusalem. Dans la vallée du Cédron (ou de Josaphat), hors les murs, côté est, se situe le lieu traditionnel du martyre de saint Étienne. L'église orthodoxe, à droite, en perpétue le souvenir.

49 *Le ciel est mon trône*
et la terre l'escabeau de mes pieds.
Quelle maison me bâtirez-vous, dit le Seigneur,
et quel sera le lieu de mon repos?
50 *N'est-ce pas ma main qui a fait tout cela?* (7)

51 « Nuques raides, cœurs et oreilles incirconcis, vous résistez
toujours à l'Esprit Saint ! Tels furent vos pères et tels vous êtes.
52 Lequel des prophètes vos pères n'ont-ils pas persécuté ? Ils ont tué
ceux qui prédisaient la venue du Juste, celui-là même que vous venez de
trahir et de mettre à mort, 53 vous qui avez reçu la Loi par le ministère
des anges et ne l'avez pas observée. »

(1) Genèse **12**,1 suiv. (2) Genèse **15**,13 suiv. (3) Genèse **17.** Voir l'histoire des patriarches en Genèse **21-25.** (4) Exode **2**,14. (5) Exode **3.** (6) Voir Amos **5**,25-27. Moloch était une divinité phénicienne à qui on immolait des victimes humaines. (7) Isaïe **66**,1.

19 Le premier martyr du Christ
(Actes **7**,54-60)

54 En entendant ces paroles, la rage leur déchirait le cœur et ils
grinçaient des dents contre lui. 55 Mais lui, rempli de l'Esprit Saint et
les yeux fixés au ciel, vit la gloire de Dieu et Jésus debout à la droite de
Dieu. 56 « Voici, dit-il, que je vois les cieux ouverts et le Fils de l'homme
debout à la droite de Dieu. »
57 Poussant alors de grands cris, ils se bouchèrent les oreilles et tous
ensemble se précipitèrent sur lui. 58 Puis, l'entraînant hors de la ville, ils
le lapidèrent (1). Les témoins avaient déposé leurs vêtements aux pieds
d'un jeune homme appelé Saul. 59 Tandis qu'on le lapidait, Étienne
priait en ces termes : « Seigneur Jésus, reçois mon esprit. » 60 Puis, il
fléchit les genoux et cria d'une voix forte : « Seigneur, ne leur impute
pas ce péché ! » En disant cela, il s'endormit.

(1) Selon la Loi de Moïse, un blasphémateur devait être lapidé en présence de ceux qui avaient témoigné contre lui en justice et devaient lui jeter la première pierre (Deutéronome **17**,7). De cette façon, ceux qui parlaient contre un accusé se savaient publiquement responsables de sa mort.

La Palestine aux temps apostoliques.
Sidon
Tyr
Mt Hermon
ITURÉE
Césarée de Philippe
BATANÉE
PHÉNICIE
GALILÉE
Capharnaüm
Bethsaïde
Magdala
Lac de Galilée
Tibériade
Cana
Mt Thabor
Mt Carmel
Nazareth
Naïn
Yarmouk
Cison
Megiddo
DÉCAPOLE
Césarée-sur-Mer
Pella
SAMARIE
Samarie
Farah
Jourdain
Yabboq
Mt Garizim
MER MÉDITERRANÉE
Joppé
Ephrem
PÉRÉE
Philadelphie
Désert syro
Jéricho
Jérusalem
Béthanie
Cédron
JUDÉE
Bethléem
Mer Morte
Machéronte
Arnon
Hébron
Bersabée
0 10 20 30 40 50 Km
IDUMÉE
Désert du Négeb

III. Premières missions. Conversion de saint Paul

Les missions de Philippe et de Pierre

Tombant sur l'Église de Jérusalem, la persécution en éloigne les fidèles du Christ. Et dans toutes les villes, les villages où ils vont, ils témoignent de l'événement nouveau.

Le premier voyage que saint Luc nous fait connaître est celui de Philippe en Samarie (nº 21). Mais ce n'est pas seulement la persécution qui répand l'évangile. Peu après, la force intérieure de l'Esprit Saint conduit Philippe sur les routes du sud (nº 23).

L'histoire de la conversion de Saul, ou Paul, nous apprend qu'il y avait des chrétiens à Damas. Ils devaient avoir assez d'influence pour que les autorités de Jérusalem envoient quelqu'un dans cette ville pour les ramener enchaînés (nº 24). De son côté, Pierre porte sa parole sur la côte méditerranéenne, à Lydda et à Joppé (nº 27).

L'Église gravite toujours autour de Jérusalem où résident de façon habituelle les Douze, au moins les principaux d'entre eux.

Saul, converti, se sent poussé à y venir. De la cité sainte, le christianisme, stimulé par l'Esprit Saint, affirme en actes son caractère universel, qui sera confirmé par la vision de Pierre à Césarée (nº 29).

20 **Persécution à Jérusalem**
(Actes **8**,1-3)

1Or Saul approuvait le meurtre d'Étienne. Une violente persécution
éclata ce jour-là même contre l'Église de Jérusalem. Tous, à l'exception
des apôtres, se dispersèrent dans les campagnes de Judée et de
Samarie. 2Des hommes pieux cependant ensevelirent Étienne et firent

sur lui de grandes lamentations. [3]Quant à Saul, il ravageait l'Église ; perquisitionnant dans les maisons, il en arrachait hommes et femmes et les jetait en prison.

21 Mission de Philippe en Samarie
(Actes 8,4-8)

[4]Les fidèles qui avaient été dispersés parcouraient le pays, annonçant la bonne nouvelle de la Parole. [5]C'est ainsi que Philippe, qui était descendu dans une ville de Samarie, y prêchait le Christ. [6]Unanimes, les foules se montraient attentives à la prédication de Philippe en apprenant et en voyant les miracles qu'il opérait. [7]D'un grand nombre de possédés en effet les esprits impurs sortaient en poussant de grands cris ; beaucoup de paralytiques et de boiteux furent guéris. [8]Il y eut grande joie dans cette ville.

Un vieux caravansérail sur la route de Jérusalem à Sichem, le Khan Lubban. Au temps du Nouveau Testament, les Samaritains habitaient les environs de Sichem, près du mont Garizim où ils avaient leur sanctuaire. Mais Samarie était une cité païenne.

22 Apôtre contre magicien
(Actes **8**,9-25)

9 Or un homme du nom de Simon (1) se trouvait déjà dans la ville ; il
pratiquait la magie et émerveillait le peuple de Samarie. Il se donnait
pour un grand personnage 10 et tous s'attachaient à lui, du plus petit au
plus grand. « Cet homme, disaient-ils, est la Puissance de Dieu, celle
qui s'appelle la Grande. » 11 Ils s'attachaient à lui parce que depuis
longtemps ils étaient émerveillés par ses tours de magie. 12 Mais, quand
ils eurent cru à Philippe qui leur annonçait le Royaume de Dieu et le
nom de Jésus-Christ, hommes et femmes se firent baptiser. 13 Simon
crut aussi et fut baptisé. Il ne quittait plus Philippe et s'émerveillait des
miracles et des grands prodiges qui s'accomplissaient.

14 Apprenant que la Samarie avait reçu la parole de Dieu, les apôtres
qui étaient à Jérusalem y envoyèrent Pierre et Jean. 15 Ceux-ci
descendirent chez les Samaritains et prièrent pour eux, afin que le
Saint-Esprit leur fût donné. 16 Car il n'était encore tombé sur aucun
d'eux ; ils avaient seulement été baptisés au nom du Seigneur Jésus.
17 Pierre et Jean leur imposèrent les mains et ils reçurent l'Esprit Saint.

18 Lorsque Simon vit que l'Esprit était donné par l'imposition des
mains des apôtres, il leur offrit de l'argent. 19 « Donnez-moi ce pouvoir
à moi aussi, leur dit-il, afin que celui à qui j'imposerai les mains reçoive
l'Esprit Saint. » 20 Mais Pierre lui répondit : « Périsse ton argent avec
toi, puisque tu as pensé acquérir le don de Dieu à prix d'argent. 21 Tu
n'as ni part ni héritage en tout ceci, car ton cœur n'est pas droit devant
Dieu. 22 Repens-toi de ta méchanceté et prie le Seigneur de te
pardonner, s'il est possible, cette pensée de ton cœur ; 23 car tu es, je le
vois, dans une source d'amertume et dans les liens du péché. » 24 Simon
répondit : « Priez vous-mêmes le Seigneur pour moi, afin qu'il ne
m'arrive rien de ce que vous venez de dire. » 25 Eux donc, après avoir
rendu témoignage et annoncé la parole du Seigneur, retournèrent à
Jérusalem en évangélisant de nombreux villages samaritains.

(1) Les chrétiens d'autrefois ont appelé « simonie » le crime de faire commerce des choses saintes.

A peine sortis du pays juif, les apôtres se heurtent aux sciences occultes et ils semblent d'abord un peu naïfs à leur égard, mais ils apprendront vite à quoi s'en tenir (nos 37 ; 46 ; 63). Cette situation a duré des siècles, donnant lieu à de nombreuses légendes dont Simon le magicien est souvent le héros.

Aïn-ed-Dirwé, la fontaine où la tradition célèbre le baptême de l'Éthiopien.
Il fit arrêter le char. Tous deux descendirent dans l'eau, Philippe et l'eunuque, et Philippe le baptisa (Actes **8**,*38).*

23 Du haut Nil aux eaux du baptême
(Actes **8**,26-40)

26 Un ange du Seigneur parla à Philippe en ces termes : « Lève-toi
et va vers le midi, sur la route qui descend de Jérusalem à Gaza ; elle
est déserte. » 27 Il se leva et partit. Et voici qu'un Éthiopien, un
eunuque (1), haut fonctionnaire de Candace, reine d'Éthiopie, et
surintendant de tous ses trésors, était venu pour adorer à Jérusalem.
28 Il s'en retournait, assis sur son char, et lisait le prophète Isaïe.
29 L'Esprit dit à Philippe : « Avance et rejoins ce char. » 30 Philippe y
courut, entendit l'Éthiopien qui lisait le prophète Isaïe et lui dit :
« Est-ce que tu comprends vraiment ce que tu lis ? » 31 L'autre
répondit : « Comment le pourrais-je, si personne ne me guide ? » Et il
invita Philippe à monter s'asseoir près de lui. 32 Le passage de l'Écriture
qu'il lisait était celui-ci :

Comme une brebis il a été mené à la boucherie,
et comme un agneau muet devant le tondeur,
il n'a pas ouvert la bouche.
33 *C'est dans l'humiliation que sa condamnation a été consommée.*
Sa postérité, qui la racontera ?
Car sa vie a été retranchée de la terre (2).

34 S'adressant à Philippe, l'eunuque lui dit : « Je te prie, de qui le
prophète dit-il cela ? De lui-même ou de quelqu'un d'autre ? »
35 Philippe prit alors la parole et partant de ce passage de l'Écriture, lui
annonça Jésus. 36 Chemin faisant, ils arrivèrent à un point d'eau, et
l'eunuque dit : « Voici de l'eau ; qu'est-ce qui empêche que je sois
baptisé ? » 37 Philippe répliqua : « Si tu crois de tout ton cœur, cela est
possible. » Et il répondit : « Je crois que Jésus-Christ est le Fils de

(1) On appelait souvent eunuques les fonctionnaires des palais royaux. Candace était le titre d'une reine du haut Nil (République du Soudan), ce mot se prononçait à peu près : Ka-N' Daké. On appelait alors *Éthiopiens* tous les noirs indistinctement.

(2) Isaïe **53**,7 suivants.

Les vieux murs de Damas, sur leurs fondations antiques. Au temps du Nouveau Testament, Damas était une ville autonome dans l'empire romain, mais les Juifs de Jérusalem s'y étaient assuré certains droits sur leurs propres sujets, ils pouvaient les faire arrêter et ramener de force. En temps de paix, on laissait les maisons empiéter sur les murs de la ville, comme vous le voyez ici ; c'est ainsi que Paul put s'évader.

Dieu » (1). [38]Il fit arrêter le char. Tous deux descendirent dans l'eau, Philippe et l'eunuque, et Philippe le baptisa. [39]Dès qu'ils furent remontés de l'eau, l'Esprit du Seigneur enleva Philippe, et l'eunuque ne le vit plus. Mais il continua sa route tout joyeux. [40]Quant à Philippe, il se trouva à Azot, d'où, continuant sa route, il évangélisait toutes les villes où il passait, jusqu'à ce qu'il arrivât à Césarée.

(1) Le verset 37 n'existe pas dans les meilleurs manuscrits grecs, c'est une addition. Nous y lisons une très ancienne formule de l'acte de foi des chrétiens.

24 Le Christ retourne Saul son adversaire

(Actes **9**,1-19a ; conversion de saint Paul)

[1]Cependant Saul, ne respirant toujours que menaces et meurtre contre les disciples du Seigneur, alla trouver le grand prêtre [2]et lui demanda des lettres pour les synagogues de Damas, afin que s'il y trouvait des membres de cette secte, hommes ou femmes, il les amenât enchaînés à Jérusalem. [3]Chemin faisant, comme il approchait de Damas, une lumière venant du ciel resplendit soudain autour de lui. [4]Tombant à terre, il entendit une voix qui lui disait : « Saul, Saul, pourquoi me persécutes-tu ? » [5]Il demanda : « Qui es-tu, Seigneur ? » Et lui : « Je suis Jésus que tu persécutes. [6]Mais relève-toi, entre dans la

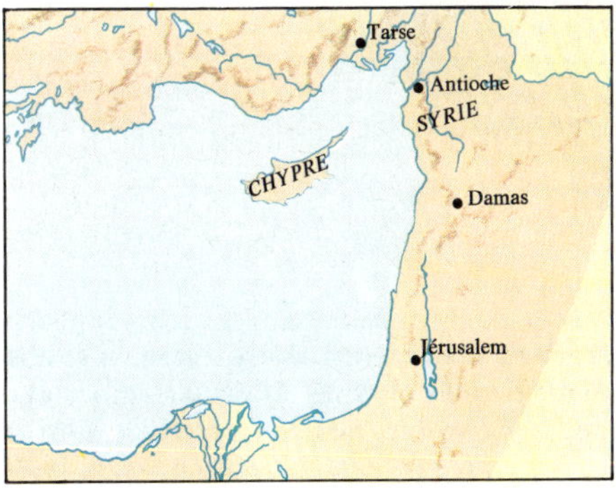

De Jérusalem à Damas. En arrivant près de cette ville, Saul fut converti par l'intervention directe du Christ.

Anciens thermes romains à Tarse, la ville natale de saint Paul.
Saul parlait aussi et discutait avec les Hellénistes, mais ceux-ci cherchaient à le tuer. Les frères, l'ayant su, le conduisirent à Césarée et le firent partir pour Tarse (Actes **9,***29-30).*

ville, et là on te dira ce que tu dois faire. » 7 Ses compagnons de route
s'étaient arrêtés, stupéfaits : ils entendaient bien la voix, mais ne
voyaient personne. 8 Saul se releva de terre, et, bien qu'il eût les yeux
ouverts, il ne voyait rien. On le prit donc par la main et on le conduisit à
Damas. 9 Il y resta trois jours, privé de la vue, sans prendre ni
nourriture ni boisson.

10 Or il y avait à Damas un disciple du nom d'Ananie. Le Seigneur lui
dit dans une apparition : « Ananie ! » Il répondit : « Me voici,
Seigneur. » 11 Le Seigneur lui dit : « Pars, va dans la rue Droite et
demande dans la maison de Judas un nommé Saul de Tarse. Voici qu'il
est en prière 12 et il a vu dans une apparition un homme du nom
d'Ananie qui entrait et lui imposait les mains afin qu'il recouvre la
vue. » 13 Ananie répondit : « Seigneur, j'ai appris de plusieurs tout le
mal que cet homme a fait à tes saints à Jérusalem, 14 et il a ici pleins
pouvoirs des grands prêtres pour enchaîner tous ceux qui invoquent ton
nom. » 15 Le Seigneur lui répondit : « Va, car cet homme est pour moi
un instrument de choix, pour porter mon nom devant les païens, les
rois et les enfants d'Israël. 16 Et je lui montrerai, moi, tout ce qu'il doit
souffrir pour mon nom. »

17 Ananie partit donc, entra dans la maison et imposa les mains à
Saul, en disant : « Saul, mon frère, le Seigneur, ce Jésus qui t'est
apparu sur le chemin par où tu venais, m'envoie pour que tu recouvres
la vue et que tu sois rempli de l'Esprit Saint. » 18 Des sortes d'écailles lui
tombèrent aussitôt des yeux et il recouvra la vue. Il se leva et fut
baptisé ; 19 puis il prit de la nourriture et les forces lui revinrent.

A la suite de la première persécution, saint Luc nous présente celui qui sera, plus tard, le plus grand apôtre des païens, le propagandiste le plus actif de l'universalité de l'Église et le personnage principal de la deuxième partie du livre. Mais pour le moment, Jérusalem reste le centre de l'Église.

Cet épisode est si important qu'il sera évoqué encore à deux reprises (nos 103 et 110). Le Christ y intervient directement et continuellement. Saint Paul a toujours déclaré que son expérience équivalait à celle des Douze qui avaient vu Jésus ressuscité les envoyer dans le monde. Il s'est considéré comme apôtre, témoin du Christ ressuscité, et ayant reçu de Lui la mission d'évangéliser les nations.

Les murs de Damas, rebâtis en style antique à l'endroit qui commémore la fuite de saint Paul. En arrière des tours se trouve une petite chapelle.

25 Saul prêche le Christ à Damas
(Actes **9**,19b-25)

[19b]Il passa quelques jours avec les disciples qui étaient à Damas [20]et se mit aussitôt à prêcher dans les synagogues que Jésus est le Fils de Dieu. [21]Tous ceux qui l'entendaient étaient stupéfaits et disaient : « N'est-ce pas lui qui à Jérusalem persécutait ceux qui invoquent ce nom, et n'est-il pas venu ici tout exprès pour les amener enchaînés aux grands prêtres ? » [22]Mais Saul se fortifiait de plus en plus et confondait les Juifs habitant Damas, démontrant que Jésus est bien le Christ.

[23]Après un temps assez considérable, les Juifs se concertèrent pour le tuer. [24]Mais Saul eut connaissance de leur complot. On gardait même les portes jour et nuit, afin de le tuer. [25]Alors ses disciples le prirent de nuit et le descendirent dans une corbeille le long du rempart.

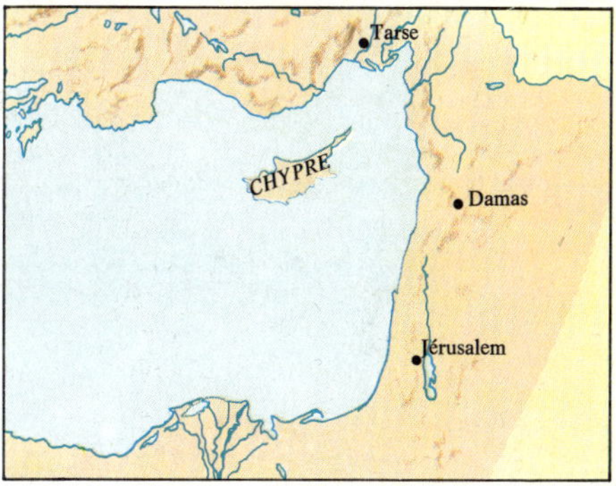

La jeunesse de Paul se déroule autour de Tarse, de Jérusalem, de Damas.

26 Saul passe à Jérusalem
(Actes **9**,26-30)

[26]Arrivé à Jérusalem (1), Saul cherchait à se joindre aux disciples. Mais tous avaient peur de lui, ne croyant pas qu'il fût devenu disciple.

[27]Alors Barnabé, le prenant avec lui, le conduisit aux apôtres. Il leur raconta comment, sur le chemin, il avait vu le Seigneur qui lui avait parlé, et comment, à Damas, il avait prêché avec assurance au nom de

Joppé, aujourd'hui Jaffa. A droite du minaret, on vénère la maison de Simon le corroyeur où Pierre eut sa grande vision.
Un corroyeur travaille les peaux brutes, métier malodorant qu'un pharisien aurait qualifié d'impur.

Jésus. [28]Dès lors, Saul allait et venait avec eux dans Jérusalem et prêchait avec assurance au nom du Seigneur. [29]Il parlait aussi et discutait avec les Hellénistes, mais ceux-ci cherchaient à le tuer. [30]Les frères, l'ayant su, le conduisirent à Césarée et le firent partir pour Tarse.

(1) Dans sa lettre aux Galates, Paul dira qu'il a d'abord passé trois ans en Arabie. Saint Luc omet ce détail, sans importance à ses yeux. L'Arabie s'étendait alors jusqu'aux portes de Damas, dans les semi-déserts rocailleux qu'on appelle le Djebel Druse et le Ledja.

27 Une mission de saint Pierre

(Actes **9**,31-43 ; à Lydda et à Joppé)

[31]Or l'Église était en paix dans toute la Judée, la Galilée et la Samarie ; elle s'édifiait et marchait dans la crainte du Seigneur, et elle progressait par la consolation du Saint-Esprit.

[32]Il arriva que Pierre, qui circulait partout, descendit aussi chez les saints qui habitaient Lydda. [33]Il y trouva un homme du nom d'Énée, couché sur une civière depuis huit ans ; c'était un paralytique. [34]Pierre lui dit : « Énée, Jésus-Christ te guérit ; lève-toi et fais toi-même ton lit. » Et aussitôt il se leva. [35]Tous les habitants de Lydda et du Saron le virent et se convertirent au Seigneur.

[36]A Joppé il y avait parmi les disciples une femme nommée Tabitha, ce qui se traduit par Dorcas ; elle était riche des bonnes œuvres et des aumônes qu'elle faisait. [37]En ces jours-là, elle tomba malade et mourut. Après l'avoir lavée, on la déposa dans la chambre haute. [38]Comme Lydda est près de Joppé, les disciples, ayant appris que Pierre s'y trouvait, lui dépêchèrent deux hommes avec cette prière : « Viens chez nous sans retard. » [39]Pierre partit aussitôt avec eux. A son arrivée, on le fit monter dans la chambre haute, toutes les veuves en larmes firent cercle autour de lui, lui montrant les tuniques et les manteaux que faisait Dorcas lorsqu'elle était avec elles. [40]Pierre fit sortir tout le monde, se mit à genoux et pria ; puis, se tournant vers le corps, il dit : « Tabitha, lève-toi. » Elle ouvrit les yeux et, voyant Pierre, se mit sur

L'église Saint-Pierre à Jaffa.

son séant. 41 Il lui donna la main et la fit lever. Puis il appela les saints
et les veuves et il la leur présenta vivante. 42 Le fait fut connu de tout
Joppé et beaucoup crurent au Seigneur. 43 Pierre demeura quelque
temps à Joppé chez un certain Simon, qui était corroyeur.

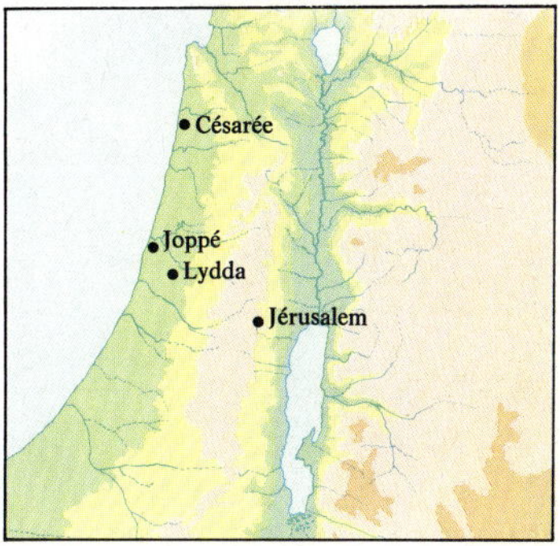

Voyage de saint Pierre. Lydda, aujourd'hui Lod, est l'aéroport de Tel-Aviv; Joppé, Jaffa ou Yafo, en est le vieux quartier pittoresque.

28 Dieu parle au Romain Corneille
(Actes **10**,1-8)

1 Il y avait à Césarée un homme du nom de Corneille (1), centurion
dans la cohorte appelée Italique. 2 Il était pieux et craignait Dieu, ainsi
que tous les siens, il faisait beaucoup d'aumônes au peuple et priait
Dieu sans cesse. 3 Un jour, vers la neuvième heure, il eut une
apparition ; il aperçut distinctement un ange de Dieu qui entrait chez
lui et l'appelait : « Corneille ! » 4 Les yeux fixés sur lui, saisi d'effroi, il
s'écria : « Qu'y a-t-il, Seigneur ? » L'ange lui répondit : « Tes prières et
tes aumônes sont montées devant Dieu et il s'en est souvenu. 5 Et

(1) Cornélius est un nom latin typique. A cause du centurion, des chrétiens l'ont pris comme prénom ou comme nom de famille.

Césarée était la résidence habituelle du gouverneur ou procurateur romain, avec sa garnison. Corneille en était l'un des centurions. Il *craignait Dieu* (voir pp. 32-33).

Une rue du vieux Jaffa.

maintenant, envoie des hommes à Joppé et fais venir un certain Simon, surnommé Pierre ; [6] il loge chez un certain Simon, corroyeur, dont la maison est près de la mer. »

[7] Dès que fut parti l'ange qui venait de lui parler, il appela deux de ses serviteurs et un soldat pieux, de ceux qui lui étaient attachés ; [8] après leur avoir tout expliqué, il les envoya à Joppé.

29 Dieu instruit son apôtre
(Actes **10**,9-16)

[9] Le lendemain, comme ils étaient en route et approchaient de la ville, Pierre monta sur la terrasse, vers la sixième heure (1), pour prier. [10] Or il eut faim et voulut manger. Pendant qu'on préparait son repas, il tomba en extase. [11] Il vit le ciel ouvert et un objet en descendre, une sorte de grande nappe, retenue par les quatre coins et s'abaissant vers la terre. [12] Il y avait dedans tous les quadrupèdes et les reptiles de la terre et les oiseaux du ciel. [13] Une voix lui dit : « Debout, Pierre, tue et mange. » [14] Pierre répondit : « Certainement pas, Seigneur, car je n'ai jamais rien mangé de souillé ni d'impur (2). » [15] Mais la voix s'adressa de nouveau à lui : « Ce que Dieu a déclaré pur, ne l'appelle plus souillé. » [16] Cela se répéta jusqu'à trois fois, et aussitôt l'objet fut remporté au ciel.

(1) La sixième heure correspond à midi.

(2) La Loi de Moïse considérait comme impurs plusieurs animaux dont il était interdit de manger la chair. (Lévitique **11**,1 suiv.). Les peuples qui le faisaient étaient considérés comme impurs eux aussi, comme si, de ce fait, ils avaient été contaminés. (Êtes-vous bien sûr qu'un mangeur de vers de terre, ou de limaces soit quelqu'un de propre ? Êtes-vous tellement différents des Juifs d'autrefois ?)

30 L'Esprit Saint achève la leçon
(Actes **10**,17-48 ; le baptême de Corneille)

[17] Tandis que Pierre se demandait ce que pouvait signifier l'apparition qu'il venait de voir, voici que les hommes envoyés par Corneille, qui s'étaient informés de la maison de Simon, se présentèrent à la porte. [18] Ils appelèrent et demandèrent si c'était là que logeait Simon,

Ruines de Césarée maritime. Hérode en avait fait le premier port de son royaume et les procurateurs romains s'y étaient installés. La ville resta prospère jusqu'en plein Moyen Âge.

surnommé Pierre. 19 Comme Pierre était toujours à réfléchir sur
l'apparition, l'Esprit lui dit : « Voici trois hommes qui te cherchent.
20 Lève-toi, descends et pars avec eux sans hésiter, car c'est moi qui les
ai envoyés. » 21 Pierre descendit vers ces hommes et leur dit : « Me voici,
je suis celui que vous cherchez ; quel motif vous amène ? » 22 Ils
répondirent : « Le centurion Corneille, homme juste et craignant Dieu,
à qui toute la nation juive rend bon témoignage, a été averti par un
ange saint de te faire venir chez lui et d'écouter tes paroles. » 23 Pierre
les fit donc entrer et leur donna l'hospitalité.

Le lendemain, il se mit en route avec eux, et quelques-uns des frères
de Joppé l'accompagnèrent. 24 Il arriva à Césarée le jour suivant.
Corneille les attendait ; il avait convoqué ses parents et ses amis
intimes. 25 Comme Pierre entrait, Corneille, allant à sa rencontre,
tomba à ses pieds et se prosterna. 26 Mais Pierre le releva en disant :
« Lève-toi ; moi aussi, je ne suis qu'un homme. » 27 Et, tout en s'entre-
tenant avec lui, il entra. 28 Il trouva un grand nombre de personnes
réunies et leur dit : « Vous savez qu'il est interdit à un Juif de
fréquenter un étranger ou d'aller chez lui. Mais Dieu vient de
m'apprendre à ne regarder aucun homme comme souillé ou impur.
29 C'est pourquoi, sans faire de difficulté, je suis venu à votre appel. Je
vous demande donc pour quel motif vous m'avez fait venir. »

30 Corneille répondit : « Il y a juste quatre jours, j'étais en prière dans
ma maison à la neuvième heure, et voici qu'un homme en vêtements
resplendissants se présenta devant moi. 31 " Corneille, me dit-il, ta
prière a été exaucée et on s'est souvenu auprès de Dieu de tes aumônes.
32 Envoie donc quelqu'un à Joppé et fais venir Simon, surnommé Pierre.
Il loge dans la maison du corroyeur Simon, près de la mer. " 33 Je t'ai
aussitôt envoyé chercher, et tu as bien fait de venir. Maintenant donc,
nous voici tous en présence de Dieu pour entendre tout ce qui t'a été
prescrit par le Seigneur. »

34 Alors Pierre prit la parole et dit : « En vérité, je reconnais que Dieu
est absolument impartial, 35 et qu'en toute nation celui qui le craint et
pratique la justice lui est agréable. 36 Il a envoyé sa Parole aux enfants
d'Israël, annonçant la bonne nouvelle de la paix par Jésus-Christ, lui
qui est le Seigneur de tous. 37 Vous savez ce qui s'est passé dans toute la
Judée à partir de la Galilée, à la suite du baptême que Jean a prêché :
38 comment Dieu a oint Jésus de Nazareth d'Esprit Saint et de

Ruines d'un temple à Césarée, probablement celui d'Auguste. C'était une ville mixte où Juifs, Samaritains et païens se côtoyaient.
Alors Pierre prit la parole et dit : « En vérité, je reconnais que Dieu est absolument impartial, et qu'en toute nation celui qui le craint et pratique la justice lui est agréable (Actes **10**,*34-35). »*

puissance, lui qui a passé faisant le bien et guérissant tous ceux qui
étaient tombés au pouvoir du diable, car Dieu était avec lui. 39 Et nous,
nous sommes témoins de tout ce qu'il a fait dans le pays des Juifs et à
Jérusalem, lui qu'ils ont fait mourir en le suspendant au gibet. 40 Mais
Dieu l'a ressuscité le troisième jour et lui a donné de se manifester,
41 non pas à tout le peuple, mais aux témoins choisis d'avance par Dieu,
à nous qui avons mangé et bu avec lui après sa résurrection d'entre les
morts. 42 Il nous a ordonné de prêcher au peuple et d'attester que c'est
lui qui a été établi par Dieu juge des vivants et des morts. 43 Tous les
prophètes rendent de lui ce témoignage : tout homme qui croit en lui
reçoit par son Nom la rémission de ses péchés. »

44 Pierre parlait encore quand l'Esprit Saint tomba sur tous ceux qui
écoutaient la Parole. 45 Tous les fidèles circoncis venus avec Pierre
étaient stupéfaits que le don du Saint-Esprit se fût répandu aussi sur
les païens ; 46 ils les entendaient en effet parler en langues et glorifier
Dieu. Alors Pierre reprit la parole : 47 « Peut-on refuser l'eau du
baptême à ceux qui ont reçu l'Esprit Saint tout comme nous ? » 48 Et il
ordonna de les baptiser au nom de Jésus-Christ. Alors ils le prièrent de
rester encore quelques jours.

La conversion de Corneille est un événement fondamental dans l'Église primitive, elle inaugure et justifie la prédication aux païens. Elle tient donc une place prépondérante dans la construction du livre des Actes : deux récits et une allusion (nos 29; 31; 42).

On peut supposer que des païens avaient déjà eu accès dans l'Église. Un problème difficile à résoudre se posait alors ; pour devenir chrétien, fallait-il d'abord devenir juif, c'est-à-dire subir la circoncision ? Sous l'influence de l'Esprit Saint, la force expansive de la nouvelle foi poussait les fidèles du Christ à sortir du légalisme juif, dans une vision largement universelle. Leur conscience de dépasser l'ancienne Alliance, basée sur la circoncision, mûrissait : le salut messianique et l'Esprit Saint pouvaient être reçus par la simple foi au Christ (nos 30 et 31).

La première Église, éclairée par l'Esprit et guidée par Pierre, prit donc cette importante décision. Du point de vue doctrinal, c'était la première étape vers la conscience de l'universalité du salut chrétien, qui serait pleinement reconnue au Concile de Jérusalem (no 42). Mais l'application pratique ne serait parfaite qu'après la discussion entre Pierre et Paul à Antioche (no 92).

31 Pierre s'explique à Jérusalem
(Actes **11**,1-18)

1 Cependant les apôtres et les frères habitant la Judée apprirent que
les païens avaient accueilli, eux aussi, la parole de Dieu. 2 Lorsque
Pierre remonta à Jérusalem, les fidèles circoncis lui firent des
reproches : 3 « Tu es entré chez des incirconcis, lui dirent-ils, et tu as
mangé avec eux ! » 4 Pierre se mit alors à leur exposer la suite des faits.
5 « J'étais, dit-il, en prière dans la ville de Joppé, quand je vis, en
extase, cette apparition : un objet descendant du ciel, une sorte de
grande nappe qui, retenue par les quatre coins, venait jusqu'à moi. 6 Le
regard fixé sur elle, je la considérai et j'y vis les quadrupèdes de la terre,
les bêtes sauvages, les reptiles et les oiseaux du ciel. 7 Et j'entendis une
voix qui me disait : " Debout, Pierre, tue et mange. " 8 Je répondis :
" Certainement pas, Seigneur, car rien de souillé ni d'impur n'est
jamais entré dans ma bouche. " 9 La voix du ciel se fit entendre une
seconde fois : " Ce que Dieu a déclaré pur, ne l'appelle pas souillé. "
10 Cela se répéta jusqu'à trois fois, puis tout fut à nouveau retiré dans le
ciel.
11 « Or, au moment même, trois hommes se présentèrent à la maison
où nous étions, envoyés vers moi de Césarée. 12 L'Esprit me dit d'aller
avec eux sans hésiter. Les six frères que voici vinrent avec moi, et nous
entrâmes dans la maison de l'homme en question. 13 Il nous raconta
comment il avait vu l'ange se présenter dans sa maison et lui dire :
" Envoie chercher à Joppé Simon, surnommé Pierre ; 14 il te dira des
paroles qui t'apporteront le salut, à toi et à tous les tiens. " 15 Or, à
peine avais-je commencé de parler que l'Esprit Saint tomba sur eux,
tout comme sur nous au commencement. 16 Je me suis alors rappelé
cette parole du Seigneur : Jean a baptisé dans l'eau, mais vous, vous
serez baptisés dans l'Esprit Saint. 17 Si donc Dieu leur a accordé le
même don qu'à nous pour avoir cru au Seigneur Jésus-Christ, qui
étais-je, moi, pour m'opposer à Dieu ? 18 Ces paroles les calmèrent, et ils
glorifièrent Dieu en disant : « Ainsi donc, Dieu a accordé aux païens
aussi le repentir qui conduit à la Vie ! »

32 La première grande Eglise de l'étranger
(Actes **11**,19-30 ; Antioche)

19 Cependant ceux qu'avait dispersés la persécution survenue à
l'occasion d'Étienne allèrent jusqu'en Phénicie, à Chypre et à Antioche,
n'annonçant la Parole qu'aux seuls Juifs. 20 Il y en eut toutefois parmi
eux quelques-uns, originaires de Chypre et de Cyrène, qui, venus à
Antioche, s'adressèrent aussi aux Grecs et leur annoncèrent la Bonne
Nouvelle du Seigneur Jésus. 21 La puissance du Seigneur les assistait, et
le nombre fut grand de ceux qui crurent et se convertirent au Seigneur.
22 Cependant la nouvelle de ces événements parvint aux oreilles de
l'Église de Jérusalem qui envoya Barnabé à Antioche. 23 Lorsqu'il arriva
et qu'il vit la grâce de Dieu, il se réjouit ; il les exhorta tous à rester du
fond du cœur attachés au Seigneur, 24 car c'était un homme de bien,
rempli de l'Esprit Saint et de foi. Une foule considérable adhéra ainsi
au Seigneur.

25 Puis Barnabé partit chercher Saul à Tarse 26 et, l'ayant trouvé,
l'amena à Antioche. Ils se joignirent pendant une année entière à
l'Église, et ils instruisirent une foule considérable. Ce fut à Antioche
que les disciples reçurent pour la première fois le nom de chrétiens.

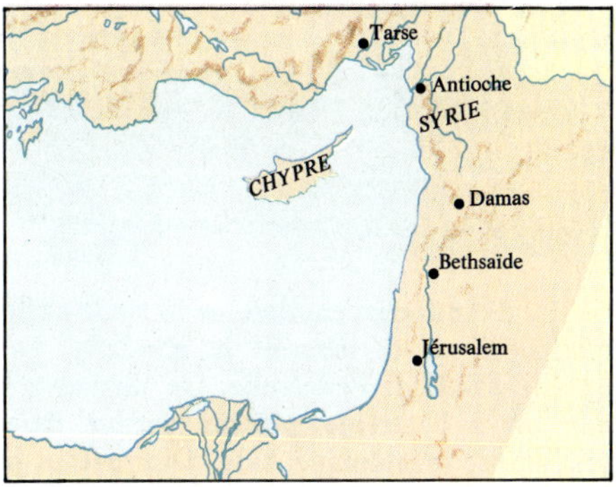

Situation d'Antioche, jadis capitale d'un grand royaume gréco-syrien, puis, au temps du Nouveau Testament, capitale de la province de Syrie. L'autorité de son gouverneur s'étendait, indirectement, jusqu'à la frontière d'Égypte d'un côté, jusqu'à l'Euphrate, de l'autre.

Le site d'Antioche, capitale de la Syrie antique. La vue est prise de la montagne où se dressait la citadelle. La ville moderne n'occupe qu'une partie de l'ancienne. On distingue bien le fleuve Oronte. La mer est à l'extrême gauche, perdue dans la brume. La ville est totalement musulmane, sauf deux petites paroisses, l'une orthodoxe, l'autre catholique.

27 A cette époque, des prophètes descendirent de Jérusalem à
Antioche. 28 L'un d'eux, nommé Agabus, intervint et, sous l'action de
l'Esprit, annonça qu'il y aurait une grande famine dans tout l'univers.
Elle eut lieu, en effet, sous Claude. 29 Les disciples décidèrent donc
d'envoyer, chacun selon ses moyens, des secours aux frères qui
habitaient la Judée. 30 Ce qu'ils firent, en les adressant aux presbytres
par l'entremise de Barnabé et de Saul.

Dans les cryptes de la basilique du Vatican : le Christ remet les clefs de l'Église à saint Pierre.

L'église Saint-Jacques-des-Arméniens, à Jérusalem, conserve le souvenir de Jacques fils de Zébédée, frère de Jean. Il fut le premier des douze apôtres qui mourut pour le Christ.
Hérode fit mourir par le glaive Jacques, le frère de Jean (Actes **12,2***).*

IV. Expulsés de Jérusalem

33 Martyre de Jacques et délivrance de Pierre
(Actes **12**,1-19)

[1]A cette même époque, le roi Hérode (1) se saisit de quelques
membres de l'Église pour les maltraiter. [2]Il fit mourir par le glaive
Jacques, le frère de Jean. [3]Voyant que cela était agréable aux Juifs, il fit
arrêter aussi Pierre. On était aux jours des Azymes. [4]Il le fit donc saisir
et mettre en prison, le donnant à garder à quatre escouades de quatre
soldats chacune ; il avait l'intention de le faire comparaître devant le
peuple après la Pâque. [5]Pierre était donc gardé dans la prison, et
l'Église ne cessait d'adresser pour lui des prières à Dieu.

[6]La nuit même avant sa comparution fixée par Hérode, Pierre
dormait entre deux soldats, lié de deux chaînes ; des sentinelles devant
la porte gardaient la prison. [7]Soudain l'ange du Seigneur apparut et le
cachot fut inondé de lumière. L'ange, frappant Pierre au côté, l'éveilla :
« Lève-toi vite ! » lui dit-il. Les chaînes lui tombèrent alors des mains.
[8]L'ange ajouta : « Mets ta ceinture et chausse tes sandales. » Ce qu'il
fit. Il lui dit encore : « Mets ton manteau et suis-moi. » [9]Il sortit et le
suivait, mais il ne se rendait pas compte que ce qui s'opérait par l'ange
était réel ; il croyait avoir une vision. [10]Ils passèrent un premier poste de
garde, puis un second et arrivèrent à la porte de fer qui donne sur la
ville : elle s'ouvrit d'elle-même devant eux. Ils sortirent et s'engagèrent
dans une rue. Aussitôt l'ange le quitta. [11]Pierre, revenu à lui, se dit
alors : « Maintenant je comprends : le Seigneur a réellement envoyé son
ange et il m'a arraché à la main d'Hérode et à tout ce qu'attendait le
peuple juif. »

12 Puis, s'étant reconnu, il se dirigea vers la maison de Marie, mère de
Jean surnommé Marc, où une assez nombreuse assemblée était réunie
et priait. 13 Il heurta à la porte du vestibule, et une servante, nommée
Rhodé (2), s'approcha pour écouter. 14 A peine eut-elle reconnu la voix
de Pierre que, dans sa joie, au lieu d'ouvrir, elle courut à l'intérieur
annoncer que Pierre était devant la porte. 15 « Tu es folle », lui
dirent-ils ; mais elle maintenait fermement que c'était vrai. Et eux de
dire : « C'est son ange. » 16 Cependant Pierre continuait à frapper. Ils
ouvrirent donc et, en l'apercevant, furent stupéfaits. 17 De la main il
leur fit signe de se taire et il leur raconta comment le Seigneur l'avait
tiré de la prison. Et il ajouta : « Faites-le savoir à Jacques et aux
frères. » Puis il sortit et s'en alla dans un autre lieu.
18 Au lever du jour, l'émoi fut grand parmi les soldats : qu'était donc
devenu Pierre ? 19 Hérode le fit rechercher, et, ne l'ayant pas découvert,
soumit les gardes à un interrogatoire et ordonna de les exécuter. Puis il
descendit de Judée à Césarée où il séjourna.

(1) Cet Hérode s'appelait en latin Agrippa. C'était le petit-fils du grand Hérode du début des Évangiles (Matthieu **2**,1 et Luc **1**,1), et le neveu d'Hérode Antipas, tétrarque de Galilée, celui auquel on fait le plus souvent allusion et qui prit part au jugement de Jésus (Luc **3**,1 et **23**,8). En 41, l'empereur Claude lui donna toute la Judée et en fit le dernier roi des Juifs. Ses rapports avec le Temple et avec les pharisiens étaient bons. Voir le tableau généalogique p. 280.

(2) Rhodé : en français Rose.

34 La mort du roi incrédule
(Actes **12**,20-23)

20 Hérode était très irrité contre les Tyriens et les Sidoniens. Mais
eux, d'un commun accord, se présentèrent devant lui. Après avoir
gagné Blastus, le chambellan du roi, ils sollicitèrent la paix ; leur pays
en effet tirait sa subsistance de celui du roi. 21 Au jour fixé, Hérode,
revêtu de ses habits royaux et assis sur une estrade, les haranguait. 22 Et
le peuple l'acclamait : « C'est la voix d'un dieu et non d'un homme ! »

23 A l'instant même, l'ange du Seigneur le frappa, parce qu'il n'avait pas rendu gloire à Dieu. Et il expira, rongé par les vers (1).

(1) Un historien juif de l'époque relate le même fait un peu différemment. Il est probable que le roi mourut d'une cause naturelle, une maladie foudroyante. Mais ces récits montrent que le petit peuple n'était pas tellement sûr de la rectitude religieuse de son roi. Certains indices prouvent qu'il n'avait pas tort.

35 Saul et Barnabé retournent à Antioche

(Actes **12**,24-25)

24 Cependant la Parole de Dieu croissait et progressait. 25 Barnabé et Saul, leur mission remplie, quittèrent Jérusalem, ramenant avec eux Jean, surnommé Marc.

Conclusion de la première partie

L'Église de Jérusalem

L'Église naît à Jérusalem, au sein du judaïsme dont elle est le développement historique dans le plan de Dieu.

Pour Israël, cette ville sainte est le centre idéal de la religion, elle contient le seul temple où Dieu accepte que sa présence soit honorée d'une façon particulière. Là plus qu'ailleurs, les autorités se sentent dépositaires de la Loi et de sa parfaite observance. Au temps du Nouveau Testament, la juste préoccupation de conserver intacte et pure la révélation divine a fait évoluer la religion officielle en un conservatisme légaliste rigide. Les sectes se distinguent les unes des autres par leurs interprétations de la Loi; malgré leurs divergences, on y retrouve la trame unique de la tradition; elles y ajoutent toujours, mais n'en retranchent jamais rien. C'est donc sous cet angle que fut considérée la naissance de la nouvelle communauté chrétienne.

Saint Luc nous la présente étroitement insérée dans le judaïsme. Elle participe à la liturgie du Temple. Elle se distingue seulement par des prières, des instructions, des repas communs. Mais à première vue, ces rites ressemblent à ceux des autres sectes. Les Douze, *témoins de la résurrection de Jésus, sont les colonnes de cette Église. L'Esprit de Dieu, envoyé d'en haut par le Père et le Fils, en est la force intérieure qui a déjà commencé à faire éclater le légalisme.*

L'ouverture se fait en trois temps. D'abord les juifs hellénistes, circoncis et fidèles à la Loi; puis les Samaritains, circoncis mais peu fidèles; enfin les étrangers encore en petit nombre. Les hellénistes sont les plus actifs, provoquent les chocs les plus violents avec les autorités (n° 17), et le malaise s'étend chez les hébraïsants.

Sous l'influence de pharisiens modérés comme Gamaliel, les Juifs sont prêts à accepter les chrétiens comme une de leurs sectes. Mais-ils ne peuvent admettre l'universalisme des hellénistes, (ni plus tard celui de Paul) car ils y voient la destruction du judaïsme même. Un compromis finira par s'établir, mais avec des secousses qui obligeront les plus actifs des apôtres et des évangélistes à quitter la ville sainte.

Le roi juif Agrippa donne un coup de barre du côté conservateur. Les historiens montrent qu'il choisit les grands prêtres dans la famille qui avait servi Hérode, famille restée célèbre pour la violence de son gouvernement. Le roi se pose en défenseur du traditionalisme et poursuit avant tout les Douze contre qui les Sadducéens avaient une vieille rancune (p. 59).

Cette persécution cesse avec la mort du roi, mais l'Église a été jetée hors de Jérusalem que Pierre a dû quitter. On le trouvera plus tard à Antioche, capitale de la Syrie et troisième ville de l'empire romain.

Dans la ville sainte reste Jacques, cousin du Seigneur, estimé des Juifs pour son amour de la Loi. Jérusalem passe au second plan dans le déroulement de l'histoire chrétienne.

Mais il nous en reste plus que le souvenir d'un passé révolu ! Saint Luc fait de cette Église un modèle idéal : vie commune, prière intense, assiduité à l'enseignement, courage devant les hommes, docilité à l'Esprit, autant de rares et belles qualités ! Les Églises fondées par saint Paul donneront un autre spectacle...(nos 70 à 88).

De siècle en siècle, la vie « à la manière des apôtres » a attiré des chrétiens qui ont tout quitté, famille, métier, indépendance, pour suivre le Christ selon le modèle de Jérusalem (voir Matthieu **19,***27-30).*

Quand les Douze se sont dispersés, l'église-mère est pour ainsi dire morte, mais l'Esprit la suscite de nouveau chaque fois qu'il en fait renaître l'attrait sur les amis de Jésus. Et notre dernière espérance garde de fait le nom de Jérusalem (n° 209).

II - LES MISSIONS DE SAINT PAUL DE LA SYRIE JUSQU'À ROME

(44 à 64 après J.-C.)

Nous entrons dans la période la mieux connue de l'Église antique. Au récit des Actes vont s'ajouter de nombreux détails fournis par les épîtres de saint Paul.
C'est maintenant lui le héros principal et tout va s'organiser autour de ses aventures :

1er voyage apostolique à Chypre et en Asie Mineure.

2e voyage jusqu'en Europe : Macédoine et Grèce.
Paul écrit alors ses deux premières épîtres.

3e voyage : Paul visite à nouveau toutes ses Églises et rédige quatre grandes lettres.

Revenu à Jérusalem, il est arrêté et passe deux années à Césarée, en *procès* avec les représentants du grand prêtre. Il se fait conduire à Rome, c'est le *4e voyage,* et là, Paul écrit les quatre Lettres de la Captivité.

Les païens entrent en grand nombre dans les nouvelles Églises, il s'ensuit des difficultés avec les chrétiens nés dans le judaïsme.
Les épîtres pauliniennes en donnent les solutions de principe, toujours valables.

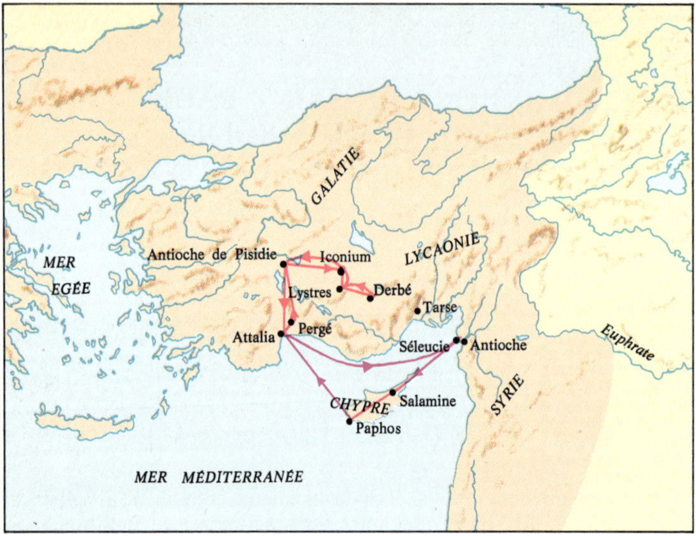

Carte du premier voyage apostolique de Paul, avec Barnabé. Partis d'Antioche, ils s'embarquent à Séleucie avec Marc, le futur évangéliste. Ils traversent Chypre, de Salamine à Paphos, résidence du proconsul romain, où ils séjournent.
Ils reprennent la mer pour Attalia et Pergé. Marc renonce à continuer. Paul et Barnabé s'engagent dans la région des montagnes et des lacs de Pamphylie et arrivent sur le plateau intérieur, à Antioche de Pisidie, capitale de la région. La colonie juive y est nombreuse et prospère. Paul y prêche le Christ.
De là, les routes sont faciles jusqu'à Iconium (aujourd'hui Konieh, chef-lieu de la province), Lystres et Derbé. On pourrait alors rejoindre Tarse et Antioche par le défilé des Portes ciliciennes (p. 134). Pour une raison inconnue (mauvaise saison ou insécurité des routes ?), Paul et Barnabé reviennent sur leurs pas et regagnent la Syrie par mer.

I. Le premier voyage missionnaire et ses suites

La révélation extraordinaire que Paul a reçue, et la diffusion rapide de la foi chrétienne chez les païens d'Antioche, lui font comprendre quel champ d'action s'ouvre chez les peuples étrangers. Il ne va pas se limiter longtemps à ceux qui vivent dans l'entourage juif, mais il ira plus loin. Les merveilleux résultats qu'il obtient posent de plus en plus la question de savoir comment recevoir dans l'Église ces nouveaux convertis (n° 41). Le problème sera résolu au premier Concile de Jérusalem (n° 42) qui est la conclusion de ce premier voyage selon le plan du livre des Actes.

36 L'Esprit envoie Barnabé et Saul
(Actes **13**,1-3)

1 Il y avait alors à Antioche, dans l'Église de cette ville, des prophètes
et des docteurs : Barnabé, Simon surnommé le Noir, Lucius de Cyrène,
Manahem, qui avait été élevé avec Hérode le tétrarque, et Saul.
2 Comme ils célébraient le culte du Seigneur et jeûnaient, l'Esprit Saint
dit : « Mettez-moi à part Barnabé et Saul pour l'œuvre à laquelle je les
ai appelés. » 3 Alors, après avoir jeûné et prié, ils leur imposèrent les
mains et les congédièrent.

37 A Chypre
(Actes **13**,4-12)

4 Eux donc, envoyés par le Saint-Esprit, descendirent à Séleucie, d'où
ils firent voile vers Chypre. 5 Arrivés à Salamine, ils prêchaient la parole
de Dieu dans les synagogues des Juifs. Ils avaient aussi Jean comme
auxiliaire. 6 Ils traversèrent toute l'île jusqu'à Paphos, où ils trouvèrent
un magicien et faux prophète juif, du nom de Bar-Jésus, 7 qui vivait

Le port d'Antalya, l'ancienne Attalia, où Paul et Barnabé passèrent à deux reprises au cours du premier grand voyage.

dans l'entourage du proconsul Sergius Paulus, personnage de grande
intelligence. Ce dernier fit appeler Barnabé et Saul et manifesta le désir
d'entendre la parole de Dieu. 8 Mais Élymas le magicien — tel est le
sens de ce nom — leur faisait opposition, cherchant à détourner de la
foi le proconsul. 9 Alors Saul, appelé aussi Paul, rempli de l'Esprit
Saint, fixa son regard sur lui et 10 lui dit : « Toi qui es rempli de toutes
sortes de fourberies et de scélératesses, fils du diable, ennemi de toute
justice, tu ne cesseras donc pas de te mettre en travers des voies droites
du Seigneur ! 11 Eh bien ! voici maintenant sur toi la main du Seigneur.
Tu vas être aveugle et pour un temps tu seras privé de la vue du soleil. »
A l'instant même, d'épaisses ténèbres tombèrent sur lui, et il tournait
de tous côtés, cherchant qui lui donnerait la main. 12 A la vue de ce
prodige, le proconsul crut, vivement frappé de la doctrine du Seigneur.

38 A Antioche de Pisidie

(Actes **13**,13-52)

13 Paul et ses compagnons s'embarquèrent à Paphos et gagnèrent
Pergé en Pamphylie. Mais Jean les quitta et s'en retourna à Jérusalem.
14 Eux, poussant au-delà de Pergé, arrivèrent à Antioche de Pisidie. Ils
entrèrent à la synagogue le jour du sabbat et y prirent place. 15 Après la
lecture de la Loi et des Prophètes, les chefs de la synagogue leur firent
dire : « Frères, si vous avez quelques mots d'exhortation à dire au
peuple, parlez. » 16 Paul se leva, fit signe de la main et dit :

« Israélites, et vous qui craignez Dieu, écoutez. 17 Le Dieu de ce
peuple, d'Israël, a fait choix de nos pères et il a fait grandir ce peuple
durant son exil au pays d'Égypte. Puis, par la force de son bras il les en
a fait sortir (1), 18 et pendant près de quarante ans les a nourris au
désert. 19 Ensuite, après avoir exterminé sept nations au pays de
Canaan, il les mit en possession de leur pays (2) ; 20 cela dura quatre
cent cinquante ans environ. Après cela, il leur donna des juges,
jusqu'au prophète Samuel. 21 Ils demandèrent alors un roi, et Dieu leur
donna pendant quarante ans Saül, fils de Cis, de la tribu de Benjamin.
22 Après l'avoir rejeté, il leur suscita comme roi, David, à qui il rendit ce
témoignage : *J'ai trouvé David,* fils de Jessé, *homme selon mon cœur,*

L'Aqueduc romain qui amenait l'eau à Antioche de Pisidie, bâtie deux siècles et demi plus tôt par Antiochus III, roi de Syrie, qui y avait établi une colonie de Juifs de Jérusalem.

qui accomplira toutes mes volontés (3). 23 C'est de sa descendance que
Dieu, selon sa promesse, a suscité pour Israël un Sauveur : Jésus. 24 Dès
avant sa venue, Jean avait prêché un baptême de repentir à tout le
peuple d'Israël. 25 Comme il arrivait au terme de sa course, Jean disait :
« Je ne suis pas celui que vous pensez ; mais voici que vient après moi
quelqu'un dont je ne suis pas digne de délier les sandales. »

26 « Frères, vous qui êtes issus de la race d'Abraham, et vous qui
craignez Dieu, c'est à vous que s'adresse ce message de salut. 27 Car les
habitants de Jérusalem et leurs chefs ont méconnu Jésus ainsi que les
oracles des Prophètes qui se lisent chaque sabbat : ils les ont accomplis
en le condamnant. 28 Sans avoir rien trouvé en lui qui méritât la mort,
ils ont demandé à Pilate de le faire périr. 29 Après avoir pleinement
réalisé tout ce qui était écrit de lui, ils le descendirent du gibet et le
mirent au tombeau. 30 Mais Dieu l'a ressuscité des morts. 31 Pendant
plusieurs jours, il est apparu à ceux qui étaient montés avec lui de la
Galilée à Jérusalem et qui sont maintenant ses témoins auprès du
peuple.

32 « Et nous, nous vous annonçons la Bonne Nouvelle : la promesse
faite à nos pères, 33 Dieu l'a accomplie pour nous, leurs enfants, en
ressuscitant Jésus, ainsi qu'il est écrit au psaume deuxième : *Tu es mon
fils, je t'ai engendré aujourd'hui* (4). 34 Que Dieu l'ait ressuscité des
morts et qu'il ne doive pas retourner à la corruption, c'est ce qu'il a
déclaré : *Je vous accorderai les promesses sacrées assurées à David* (5).
35 C'est pourquoi il dit encore ailleurs : *Tu ne permettras pas que ton
Saint voie la corruption* (6). 36 Or David, après avoir pendant sa vie servi
les desseins de Dieu, est mort, a été réuni à ses pères et a vu la
corruption. 37 Mais celui que Dieu a ressuscité n'a pas vu la corruption.

38 « Sachez-le donc, frères, c'est par lui que vous est annoncée la
rémission des péchés, et de toutes les impuretés dont vous n'avez pu
être justifiés par la Loi de Moïse, 39 en lui, tout homme qui croit en est
justifié. 40 Prenez donc garde qu'il ne vous arrive ce qui est dit dans les
Prophètes :

> 41 *Regardez, contempteurs,*
> *soyez dans la stupeur et disparaissez !*
> *Car je vais, de vos jours, accomplir une œuvre*
> *que vous ne croiriez pas si on vous la racontait* (7). »

42 A leur sortie, on leur demanda de reprendre ce sujet le sabbat

suivant. 43Et, à l'issue de cette réunion, beaucoup de Juifs et de pieux
prosélytes suivirent Paul et Barnabé qui, dans leurs entretiens, les
exhortèrent à rester fidèles à la grâce de Dieu.
44Le sabbat suivant, presque toute la ville s'assembla pour entendre
la parole de Dieu. 45A la vue de ces foules, les Juifs furent remplis de
jalousie, et ils répliquaient par des blasphèmes à ce que disait Paul.
46Pleins d'assurance, Paul et Barnabé dirent alors : « C'est à vous
d'abord que devait être annoncée la parole de Dieu ; mais puisque vous
la repoussez et que vous vous jugez vous-mêmes indignes de la vie
éternelle, voici que nous nous tournons vers les païens. 47Car le
Seigneur nous l'a ainsi ordonné :

Je t'ai établi pour être la lumière des nations,
pour porter le salut jusqu'aux extrémités de la terre (8). »

48A ces mots, les païens se réjouirent et glorifièrent la parole du
Seigneur, et tous ceux qui étaient destinés à la vie éternelle
embrassèrent la foi.

49La parole du Seigneur se répandait dans tout le pays. 50Mais les
Juifs montèrent la tête aux dames dévotes de haut rang et aux notables
de la ville ; ils provoquèrent une persécution contre Paul et Barnabé et
les chassèrent de leur territoire. 51Ces derniers, ayant secoué contre eux
la poussière de leurs pieds, se rendirent à Iconium. 52Cependant les
disciples étaient remplis de joie et de l'Esprit Saint.

(1) Exode **6**,6. (2) Deutéronome **7**,1. (3) 1 Samuel **13**,14. (4) Psaume **2**,7. (5) Isaïe **55**,3. (6) Psaume **16**,10. (7) Habacuc **1**,5. (8) Isaïe **49**,6.

Ce discours est composé autrement que ceux de saint Pierre. C'est l'exemple d'une prédication à des Juifs de l'étranger qui n'ont par conséquent aucun souvenir de Jésus.

Il faut donc commencer par un point commun : l'histoire sainte. Le nom de David réveille l'espérance du Christ qui doit descendre de lui (v. 22). Vient alors un résumé d'évangile, qui s'achève par la résurrection de Jésus (vv. 23-31). Quelques passages des prophètes montrent qu'un Christ mort et ressuscité était annoncé et préparé selon le plan de Dieu. C'est lui qui peut remettre les péchés, il faut l'accepter par la foi, et sans retard.

39 Iconium, Lystres, Derbé
(Actes **14**,1-20)

1A Iconium, ils entrèrent de même dans la synagogue des Juifs et parlèrent de telle manière qu'une multitude de Juifs et de Grecs embrassèrent la foi. 2Mais les Juifs demeurés incrédules excitèrent et irritèrent les païens contre les frères. 3Paul et Barnabé firent néanmoins là un assez long séjour, pleins d'assurance dans le Seigneur, qui rendait lui-même témoignage à la prédication de sa grâce par les miracles et les prodiges qu'il accomplissait par leurs mains. 4La population de la ville se divisa : les uns tenaient pour les Juifs, les autres pour les apôtres. 5Comme les païens et les Juifs, avec leurs chefs, se disposaient à les maltraiter et à les lapider, 6ils en eurent connaissance et cherchèrent refuge dans les villes de Lycaonie, Lystres, Derbé et le pays d'alentour. 7Là aussi ils annoncèrent l'Évangile.

8Or il y avait à Lystres un homme paralysé des jambes, impotent de naissance et qui n'avait jamais marché. 9Il écoutait assis la parole de Paul. Celui-ci, fixant sur lui son regard et voyant qu'il avait assez de foi

Bas-relief romain représentant un sacrifice.

Les restes de l'antique cité de Lystres en Lycaonie, près de l'actuelle Hatonsaray. Lystres fut la patrie de Timothée, disciple préféré et collaborateur de Paul (nos 45 et 153-154).
Les ruines des anciennes villes, recouvertes de sable, prennent souvent cette forme caractéristique : une colline plate sur le dessus, avec des pentes égales.

pour être guéri, [10]lui dit d'une voix forte : « Lève-toi, tiens-toi droit sur
tes pieds. » D'un bond l'homme se dressa et se mit à marcher.
[11]A la vue de ce que Paul venait de faire, la foule éleva la voix et dit
en lycaonien : « Les dieux, sous une forme humaine, sont descendus
parmi nous ! » [12]Et ils appelaient Barnabé « Zeus » et Paul « Hermès »,
parce que c'était lui qui portait la parole. [13]Le prêtre du
Zeus-de-devant-la-ville, amena aux portes des taureaux enguirlandés
et, de concert avec la foule, il voulait offrir un sacrifice. [14]L'ayant
appris, les apôtres Barnabé et Paul déchirèrent leurs vêtements et se
précipitèrent vers la foule en criant : [15]« Amis, que faites-vous là ? Nous
aussi, nous sommes des hommes, de même nature que vous ; et nous
vous prêchons d'abandonner ces vaines idoles pour vous tourner vers le
Dieu vivant *qui a fait le ciel, la terre, la mer et tout ce qu'ils renferment.*
[16]Dans les générations passées il a laissé toutes les nations suivre leurs
voies [17]sans cesser pour autant de se rendre témoignage, répandant ses
bienfaits, vous dispensant du haut du ciel pluies et saisons fertiles,
rassasiant vos cœurs de nourriture et de joie (1). » [18]A grand-peine
purent-ils par ces paroles empêcher la foule de leur offrir un sacrifice.
[19]Alors survinrent d'Antioche et d'Iconium des Juifs qui rallièrent les
foules, lapidèrent Paul et le traînèrent hors de la ville, le croyant mort.
[20]Mais comme les disciples se rassemblaient autour de lui, il se releva et
rentra dans la ville. Le lendemain, il partit pour Derbé avec Barnabé.

(1) Nous trouvons dans ce discours le genre d'argumentation dont Paul se servait avec les païens. Dans la pensée populaire d'alors, le grand problème était de savoir comment Dieu se manifeste dans le monde. A partir de cette idée courante, l'apôtre annonce la révélation historique de Dieu en Jésus-Christ.

40 Retour à Antioche
(Actes **14**,21-28)

[21]Quand ils eurent évangélisé cette ville et fait un assez grand
nombre de disciples, ils retournèrent à Lystres, Iconium et Antioche.
[22]Ils fortifiaient le cœur des disciples, les exhortant à persévérer dans la
foi et leur disant : « Il nous faut passer par beaucoup de tribulations
pour entrer dans le royaume de Dieu. » [23]Ils établirent dans chaque
Église des presbytres par l'imposition des mains et, après avoir prié et
jeûné, ils les confièrent au Seigneur en qui ils avaient cru. [24]Traversant
ensuite la Pisidie, ils vinrent en Pamphylie, [25]annoncèrent la parole à

Un abreuvoir près du site de l'antique Derbé.

Pergé, puis descendirent à Attalia. 26 De là ils firent voile vers Antioche, d'où ils étaient partis, confiés à la grâce de Dieu pour l'œuvre qu'ils venaient d'accomplir. 27 Dès leur arrivée, ils convoquèrent l'Église et racontèrent tout ce que Dieu avait fait avec eux et comment il avait ouvert aux païens la porte de la foi. 28 Ils firent là un séjour assez long avec les disciples.

41 Surprise des vieux chrétiens
(Actes **15,**1-5)

1 Certaines gens, descendus de Judée, enseignaient aux frères : « Si vous ne vous faites pas circoncire selon la coutume de Moïse, vous ne pouvez pas être sauvés. » 2 Il s'ensuivit une polémique et une discussion assez vive entre eux et Paul et Barnabé. On décida que Paul, Barnabé et quelques autres frères monteraient à Jérusalem auprès des apôtres et des presbytres pour traiter cette question. 3 Eux donc, après avoir été escortés par l'Église, traversèrent la Phénicie et la Samarie, racontant la conversion des païens et causant ainsi une grande joie à tous les frères. 4 Arrivés à Jérusalem, ils furent reçus par l'Église, les apôtres et les presbytres, et ils racontèrent tout ce que Dieu avait fait avec eux. 5 Mais des membres de la secte pharisienne qui avaient embrassé la foi intervinrent et déclarèrent qu'il fallait circoncire les païens et leur prescrire d'observer la Loi de Moïse.

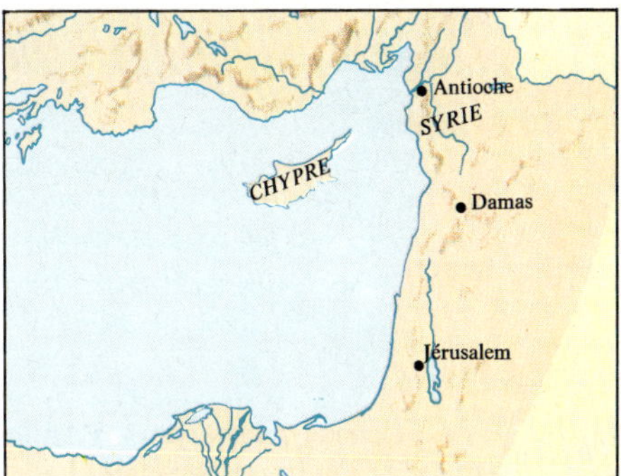

La Syrie, d'Antioche à Jérusalem.

La plage de Séleucie, ancien port d'Antioche, aujourd'hui Magharagik. Barnabé et Paul y embarquèrent et y débarquèrent souvent.

42 Concile à Jérusalem
(Actes **15**,6-21)

6 Les apôtres et les presbytres se réunirent pour examiner la question.
7 Comme les esprits s'échauffaient, Pierre se leva et leur dit : « Vous
savez, frères, que dès les premiers jours, Dieu m'a choisi parmi vous
pour que les païens entendent de ma bouche la parole de l'Évangile et
embrassent la foi. 8 Or Dieu, qui connaît les cœurs, a témoigné en leur
faveur en leur donnant l'Esprit Saint tout comme à nous. 9 Il n'a fait
aucune différence entre eux et nous, puisqu'il a purifié leurs cœurs par
la foi. 10 Pourquoi donc maintenant tenter Dieu en imposant aux
disciples un joug que ni nos pères ni nous-mêmes n'avons eu la force de
porter ? 11 Aussi bien croyons-nous que c'est par la grâce du Seigneur
Jésus que nous sommes sauvés, de la même manière qu'eux. »

12 Toute l'assemblée fit alors silence, et l'on écouta Barnabé et Paul
raconter tous les miracles et les prodiges que Dieu avait accomplis par
eux chez les païens.

13 Quand ils eurent achevé, Jacques prit la parole : « Frères,
écoutez-moi. 14 Siméon vous a raconté comment dès le début Dieu a
visité les païens pour se choisir parmi eux un peuple consacré à son
Nom. 15 Ce dessein s'accorde avec les paroles des prophètes, puisqu'il
est écrit :

16 *Après cela je reviendrai,*
et je relèverai la tente de David qui était tombée.
Je relèverai ses ruines
et je la redresserai,
17 *afin que le reste des hommes recherche le Seigneur,*
ainsi que toutes les nations sur lesquelles mon nom est invoqué,
dit le Seigneur 18 *qui fait ces choses, connues de lui de toute*
éternité (1).

19 J'estime donc qu'on ne doit pas inquiéter ceux des païens qui se
convertissent à Dieu. 20 Qu'on leur prescrive seulement de s'abstenir
des souillures des idoles, de la fornication, des viandes étouffées et du
sang. 21 Car, depuis les temps anciens, Moïse a dans chaque ville ses
prédicateurs, puisqu'on le lit dans les synagogues tous les jours de
sabbat. »

(1) Voir Amos **9**,11-12. Jacques accepte le principe posé par Pierre et Paul, il y ajoute seulement des suggestions pratiques. Il propose les règles que la Loi de Moïse exigeait des étrangers domiciliés en Israël. Si les chrétiens venus de l'extérieur les acceptent, ils ne gêneront pas leurs frères juifs. *La souillure des idoles* consiste à participer de près ou de loin à leur culte, (même en mangeant la viande qui a été sacrifiée dans leurs temples). *La fornication,* c'est toute espèce d'immoralité sexuelle. Ces deux lois s'imposent à l'évidence. La troisième concernant *le sang* et *les viandes étouffées,* est de celles auxquelles les *juifs* tiennent encore beaucoup de nos jours (Lévitique **1**,5) : elle consiste à manger la viande d'un animal qui n'a pas été complètement saigné.

Le problème a été soulevé par des chrétiens de Judée, venus de leur propre initiative (n° 43). Ils pensent que le Messie, Jésus, est chargé de faire observer la loi de Moïse, qu'il leur confie ce devoir, et qu'à la fin des temps, il jugera les hommes en conséquence. Mais non! Pierre l'a bien dit : le Seigneur Jésus est venu faire grâce aux pécheurs, Juifs ou étrangers (v. 11).

Mais il faut du temps pour qu'un Concile soit compris et mis en pratique, et ces questions pèseront lourd, surtout dans les églises que saint Paul va fonder sur le message de liberté qu'il a reçu (nos 89 à 97).

Selon le plan du livre des Actes, c'est tout de même ce Concile qui a donné à Paul une pleine liberté de principe.

43 Décision des apôtres
(Actes **15**,22-35)

22 Alors les apôtres et les anciens, ainsi que l'assemblée entière, décidèrent de choisir quelques-uns d'entre eux pour les envoyer à Antioche avec Paul et Barnabé : Jude, surnommé Barsabbas, et Silas, des personnages qui avaient autorité parmi les frères. 23 Ils les chargèrent de la lettre suivante :

« Les apôtres et les anciens, vos frères, aux frères d'origine païenne qui sont à Antioche, en Syrie et en Cilicie, salut! 24 Nous avons appris que quelques-uns des nôtres, sans aucun mandat de notre part, vous ont troublés par leurs propos et ont bouleversé vos âmes. 25 Nous avons décidé d'un commun accord de choisir et de vous envoyer des délégués avec nos bien-aimés Barnabé et Paul, 26 des hommes qui ont voué leur

vie au Nom de notre Seigneur Jésus-Christ. 27 Nous vous envoyons donc
Jude et Silas qui vous donneront de vive voix les mêmes instructions.
28 L'Esprit Saint et nous-mêmes avons décidé (1) de ne vous imposer
aucun fardeau au-delà de ce qui est nécessaire : 29 vous abstenir des
viandes immolées aux idoles, du sang, des viandes étouffées et de la
fornication. De tout cela vous ferez bien de vous garder. Adieu. »

30 Ayant pris congé, les délégués descendirent à Antioche où ils
convoquèrent l'assemblée et remirent la lettre. 31 On en fit la lecture et
tous se réjouirent de l'encouragement qu'elle apportait. 32 Jude et Silas,
qui étaient eux-mêmes prophètes, exhortèrent les frères et les
affermirent par un long discours. 33 Ils restèrent quelque temps, puis les
frères les renvoyèrent en paix vers ceux qui les avaient délégués. 34 Silas
toutefois trouva bon de rester et Jude partit seul (2). 35 Quant à Paul et
Barnabé, ils demeurèrent à Antioche, enseignant et annonçant avec
beaucoup d'autres la bonne nouvelle de la parole du Seigneur.

(1) Ces mots : *l'Esprit Saint et nous-mêmes avons décidé...* ont servi de formule officielle aux Conciles œcuméniques quand il fallait définir la foi.

(2) Le v. 34 manque dans un grand nombre d'excellents manuscrits.

Carte du deuxième voyage de saint Paul, avec Sylvain. D'Antioche, ils passent par Tarse et franchissent le défilé des Portes ciliciennes pour gagner le plateau intérieur d'Anatolie.
Ils visitent à nouveau les Églises fondées au cours du premier voyage, depuis Derbé jusqu'à Antioche de Pisidie. Là, l'Esprit leur interdit d'aller vers le nord, en Bithynie. Ils se dirigent à l'ouest et arrivent à Troie, ou Troas, sur les Dardanelles.
Une vision décide Paul à franchir le détroit : il débarque en Macédoine et s'engage sur la Via Egnatia, la voie romaine qui court de l'Adriatique au Bosphore, équipée pour les longs courriers et les marchands. Il fait deux séjours de longue durée à Philippes et à Thessalonique.
Il reprend la route, s'engage en Achaïe, ou Grèce proprement dite, s'arrête à Athènes et, plus longuement à Corinthe. Il y fonde une Église vivante et turbulente. Il écrit aussi les deux lettres aux Thessaloniciens, premiers textes du NT.
Paul enfin revient en Palestine en touchant terre à Éphèse.

II. Le deuxième voyage de Paul

Paul se met en route, pour ce deuxième voyage, à la lumière du Concile de Jérusalem qui vient d'éclairer les incertitudes sur la conversion des païens. L'ordre du Christ est que l'évangile soit porté « jusqu'aux extrémités du monde ».

Deux points sont à signaler. Saint Luc dit expressément que le voyage est guidé par l'Esprit Saint qui conduit Paul jusqu'en Europe, foyer de la prestigieuse civilisation hellénique (nº 45). Il n'en faut pas moins affermir les églises en les visitant une deuxième fois (nº 44). Pour la même raison, Paul adressera des Lettres aux communautés livrées à elles-mêmes, et d'abord aux Thessaloniciens (nº 54).

A la fin de sa tournée, il montera visiter l'église de Jérusalem avant de rejoindre son point de départ (nº 53).

C'est un moment d'activité exceptionnellement intense, où vont prendre naissance de grandes églises du monde grec.

44 Paul mène le voyage
(Actes **15**,36-41)

36 Quelque temps après, Paul dit à Barnabé : « Retournons donc
visiter les frères dans toutes les villes où nous avons annoncé la parole
du Seigneur, pour voir où ils en sont. » 37 Barnabé voulait emmener
aussi Jean, surnommé Marc. 38 Mais Paul n'était pas d'avis de prendre
pour compagnon quelqu'un qui les avait quittés en Pamphylie et
n'avait donc pas été à l'œuvre avec eux.

39 Il s'ensuivit un dissentiment si vif qu'ils se séparèrent. Barnabé prit
avec lui Marc et s'embarqua pour Chypre. 40 Paul, de son côté, choisit
Silas et partit, recommandé par les frères à la grâce du Seigneur. 41 Il
parcourut la Syrie et la Cilicie, affermissant les Églises.

Le défilé des Portes ciliciennes, par où l'on entre en Asie Mineure à partir de la Syrie.

45 C'est l'Esprit qui conduit
(Actes **16**,1-10)

[1]Il se rendit ensuite à Derbé et à Lystres. Il y avait là un disciple
nommé Timothée, fils d'une juive devenue croyante et d'un père grec.
[2]Les frères de Lystres et d'Iconium lui rendaient bon témoignage. [3]Paul
décida de l'emmener avec lui. Il le prit et le circoncit à cause des Juifs
qui se trouvaient dans ces contrées, car tous savaient que son père était
grec. [4]Dans les villes où ils passaient, ils notifiaient et recommandaient
d'observer les décrets portés par les apôtres et les presbytres de
Jérusalem. [5]Les Églises s'affermissaient dans la foi et croissaient en
nombre de jour en jour.
[6]Ils traversèrent la Phrygie et le pays de Galatie, car l'Esprit Saint les
avait empêchés d'annoncer la parole en Asie. [7]Parvenus aux confins de
la Mysie, ils se disposaient à entrer en Bithynie, mais l'Esprit de Jésus
ne le leur permit pas. [8]Ils traversèrent donc la Mysie et descendirent à
Troas.
[9]Pendant la nuit, Paul eut une apparition : un Macédonien, debout,
lui adressait cette prière : « Passe en Macédoine et viens à notre
secours ! » [10]Aussitôt après cette apparition, nous cherchâmes à nous
rendre en Macédoine, certains que Dieu nous appelait à y annoncer
l'Évangile (1).

(1) Au verset 10 commence une section où l'auteur dit « nous » et qui continuera jusqu'à **16**,17. On pense généralement que Luc entra à ce moment-là dans l'entourage de Paul (Introduction p. 35).

Troas était la célèbre ville de Troie, aujourd'hui Hissarlik, sur les Dardanelles.

46 Arrivée en Europe
(Actes **16**,11-40)

[11]Embarqués à Troas, nous fîmes voile droit vers Samothrace, et le
lendemain vers Néapolis. [12]De là, nous gagnâmes Philippes, ville
principale de cette partie de la Macédoine, et colonie romaine. Nous
passâmes quelques jours dans cette ville. [13]Le jour du sabbat, nous
nous rendîmes au-delà des portes, au bord d'une rivière où nous
pensions qu'était un lieu de prière. Nous étant assis, nous adressâmes

Kavalla, l'antique Néapolis, l'un des ports de la Macédoine, par où Paul entre en Europe pour la première fois.

la parole aux femmes qui y étaient réunies. 14 Dans l'auditoire, il y avait
une femme nommée Lydie, une marchande de pourpre de la ville de
Thyatire, qui adorait Dieu. Le Seigneur lui ouvrit le cœur et la rendit
attentive à ce que disait Paul. 15 Elle reçut le baptême avec toute sa
famille et elle nous adressa cette invitation : « Puisque vous me
reconnaissez fidèle au Seigneur, venez demeurer dans ma maison. » Et
elle nous y contraignit.

16 Un jour où nous allions au lieu de prière, nous rencontrâmes une
jeune esclave possédée d'un esprit de divination, qui procurait de
grands profits à ses maîtres par ses oracles. 17 Elle se mit à nous suivre,
Paul et nous, en criant : « Ces hommes sont les serviteurs du Dieu
Très-Haut ; ils vous annoncent la voie du salut. » 18 Ainsi fit-elle
pendant plusieurs jours. Excédé, Paul se retourna et dit à l'esprit : « Je
te l'ordonne au nom de Jésus-Christ : Sors de cette femme ! » Et à
l'instant même il sortit.

19 Ses maîtres, voyant s'évanouir leurs espoirs de gain, se saisirent de
Paul et de Silas, les traînèrent sur la place publique devant les
magistrats 20 et les conduisirent aux préteurs. « Ces gens-là, dirent-ils,
jettent le trouble dans notre cité ; ce sont des Juifs 21 qui prêchent des
coutumes qu'il ne nous est permis, à nous, Romains, ni d'accepter ni de
suivre. » 22 La foule s'ameuta contre eux, et les préteurs, ayant fait
arracher leurs vêtements, ordonnèrent de les battre de verges. 23 Après
les avoir roués de coups, on les jeta en prison avec ordre au geôlier de
faire bonne garde. 24 Ayant reçu pareille consigne, celui-ci les mit dans
le cachot intérieur et leur fixa les pieds dans les ceps.

25 Vers le milieu de la nuit, Paul et Silas priaient et chantaient les
louanges de Dieu ; les prisonniers les écoutaient. 26 Soudain il y eut un
tremblement de terre si violent que la prison fut ébranlée jusqu'aux
fondations. Au même instant, toutes les portes s'ouvrirent et les liens de
tous les prisonniers se détachèrent. 27 Le geôlier, réveillé en sursaut, vit
les portes de la prison ouvertes ; croyant les prisonniers évadés, il tira
son épée et allait se tuer. 28 Mais Paul cria d'une voix forte : « Ne te fais
pas de mal ; nous sommes tous ici. »

29 Le geôlier demanda de la lumière, accourut et tomba tout
tremblant aux pieds de Paul et de Silas. 30 Puis, les ayant fait sortir, il
leur dit : « Seigneur, que faut-il que je fasse pour être sauvé ? » 31 Ils
répondirent : « Crois au Seigneur Jésus, et tu seras sauvé, toi et ta

Ruines de Philippes en Macédoine. Le souterrain qui s'ouvre à droite est vénéré comme la prison où saint Paul passa une nuit.

famille. » 32 Et ils lui annoncèrent la parole du Seigneur, ainsi qu'à tous
ceux de sa maison. 33 Le geôlier les prit avec lui à cette heure même de
la nuit, il lava leurs plaies et il fut baptisé aussitôt avec tous les siens.
34 Puis il les fit monter chez lui, leur servit à manger, et il se réjouit avec
toute sa famille d'avoir cru en Dieu.

35 Le jour venu, les préteurs envoyèrent les licteurs dire au geôlier :
« Relâche ces gens-là. » 36 Le geôlier transmit ces paroles à Paul : « Les
préteurs envoient dire de vous relâcher ; partez donc et bonne route ! »
37 Mais Paul leur répliqua : « Ils nous ont fait battre de verges
publiquement et sans jugement, nous, des citoyens romains (1), et ils
nous ont jetés en prison. Et maintenant ils nous feraient sortir en
cachette ! Ah ! mais non ; qu'ils viennent en personne nous libérer ! »
38 Les licteurs rapportèrent ces paroles aux préteurs qui furent effrayés
en apprenant qu'ils étaient citoyens romains. 39 Ils vinrent donc leur
parler et les élargirent, en les priant de quitter la ville. 40 Une fois sortis
de prison, ils se rendirent chez Lydie, revirent et exhortèrent les frères,
puis s'en allèrent.

(1) Philippes était une colonie d'anciens soldats romains qui se sentaient obligés par les lois religieuses de leur métropole. La municipalité y était organisée à la romaine, la justice rendue par des « préteurs » et exécutée par des « licteurs ».

Paul se réclame d'un privilège des citoyens romains qui ne devaient pas être battus de verges, à moins d'avoir été condamnés à mort par un jugement régulier (Lex Porcia, 248 av. J.-C.). Ce privilège permettra à l'apôtre de faire appel à César par-dessus la tête du gouverneur de Palestine (nos 119 à 124).

47 Thessalonique, une capitale
(Actes 17,1-9)

1 Après avoir traversé Amphipolis et Apollonie, ils arrivèrent à
Thessalonique, où les Juifs avaient une synagogue. 2 Selon sa coutume,
Paul alla les y trouver, et, durant trois sabbats, il discuta avec eux à
partir des Écritures ; 3 il leur expliquait et leur démontrait que le Christ
devait souffrir et ressusciter des morts ; « et le Christ, disait-il, c'est ce
Jésus que je vous annonce. » 4 Quelques-uns d'entre eux se laissèrent
convaincre et se joignirent à Paul et Silas, ainsi qu'une multitude de

Verria, l'antique Bérée, est une petite ville agricole et commerçante, située sur les basses pentes du mont Olympe d'où elle domine la plaine.

Grecs adorateurs de Dieu et bon nombre de dames de qualité (1).
5Les Juifs, pleins de jalousie, recrutèrent des vauriens de la lie du
peuple, provoquèrent des attroupements et répandirent l'agitation
dans la ville. Ils se portèrent à la maison de Jason, cherchant Paul et
Silas pour les traduire devant le peuple. 6Ne les ayant pas trouvés, ils
traînèrent Jason et quelques frères devant les politarques (2), en
vociférant : « Ces individus qui ont mis le monde entier sens
dessus-dessous, les voilà maintenant ici, 7et Jason les a reçus chez lui.
Tous ces gens-là contreviennent aux décrets de César en prétendant
qu'il y a un autre roi, Jésus. » 8Ces clameurs inquiétèrent la foule et les
politarques,9et ce n'est qu'après avoir exigé une caution de Jason et
des autres qu'ils les laissèrent aller.

(1) Saint Paul ne renonce pas à s'adresser d'abord aux Juifs. Il rencontre à la synagogue des Grecs adorateurs de Dieu qui formeront le noyau de l'église locale.

(2) Les « Politarques », chefs de la ville, étaient les magistrats municipaux de Thessalonique.

48 A Bérée de Macédoine
(Actes **17**,10-15)

10Les frères firent aussitôt partir de nuit Paul et Silas pour Bérée.
Dès leur arrivée, ils se rendirent à la synagogue des Juifs. 11Ceux-ci
avaient des sentiments plus nobles que ceux de Thessalonique ; ils
reçurent la parole avec beaucoup d'empressement, examinant chaque
jour les Écritures pour voir si tout était exact. 12Beaucoup d'entre eux
embrassèrent la foi, ainsi que des femmes grecques de haut rang et des
hommes en assez grand nombre.
13Mais quand les Juifs de Thessalonique surent que Paul avait
annoncé aussi à Bérée la parole de Dieu, ils vinrent là encore agiter et
troubler les foules. 14Alors les frères firent aussitôt partir Paul dans la
direction de la mer, tandis que Silas et Timothée restèrent là. 15Ceux
qui accompagnaient Paul le conduisirent jusqu'à Athènes ; puis ils s'en
retournèrent avec l'ordre pour Silas et Timothée de le rejoindre au plus
vite.

Athènes, la grande place de l'Agora vue du haut de l'Aréopage. Au fond de la place, le temple du roi mythologique Thésée. Dans les villes grecques, l'Agora était la place du marché et des grandes réunions publiques. Sur l'Aréopage, ou Colline d'Arès (dieu de la guerre), un tribunal jugeait les cas difficiles, spécialement en matière religieuse.

49 Chez les philosophes d'Athènes
(Actes **17**,16-21)

16 Tandis que Paul les attendait à Athènes, son esprit était bouleversé
à la vue de cette ville remplie d'idoles. 17 Il discutait donc à la synagogue
avec les Juifs et les prosélytes, et, tous les jours, sur l'agora avec les
premiers venus. 18 Quelques philosophes épicuriens et stoïciens
s'entretenaient aussi avec lui. Les uns disaient : « Que peut bien
vouloir dire ce perroquet ! » D'autres : « On dirait que c'est un
prêcheur de divinités étrangères » ; car il annonçait Jésus et la
résurrection. 19 Ils le prirent donc avec eux et le menèrent devant
l'Aréopage, en disant : « Pourrions-nous savoir quelle est cette doctrine
nouvelle que tu prêches ? 20 Car ce sont des propos étranges que tu nous
fais entendre ; nous voudrions savoir ce qu'ils peuvent signifier. »
21 Tous les Athéniens, en effet, et les étrangers qui résidaient chez eux
passaient le plus clair de leur temps à dire ou à écouter les dernières
nouveautés.

Vue prise du haut de l'Acropole. Derrière les autobus, la tête rocheuse de l'Aréopage qu'une pente boisée prolonge à droite ; au second plan et à droite, l'agora, aujourd'hui en friche ; au fond, la ville moderne.

L'Acropole d'Athènes, et ses Propylées, vus de l'Aréopage dont la tête rocheuse apparaît au premier plan.
Une Acropole était à la fois la Citadelle et le Lieu saint d'une cité grecque. On y montait pour les grandes cérémonies. En cas de guerre, on devait la défendre jusqu'à la dernière goutte de sang.

50 Discours à l'Aréopage
(Actes **17**,22-34)

22 Debout au milieu de l'Aréopage, Paul dit : « Athéniens, je vois que
vous êtes à tous égards les plus religieux des hommes. 23 Parcourant en
effet votre ville et observant vos monuments sacrés, j'ai même trouvé un
autel avec cette inscription : *Au Dieu inconnu.* 24 Précisément, ce que
vous adorez ainsi sans le connaître, je viens, moi, vous l'annoncer.
25 « Le Dieu qui a fait le monde et tout ce qu'il renferme, lui qui est le
Seigneur du ciel et de la terre, n'habite pas des temples faits de main
d'homme. Il n'est pas non plus servi par des mains humaines, comme
s'il avait besoin de quelque chose, lui qui donne à tous la vie, le souffle
et toutes choses. 26 D'un seul être, il a fait sortir tout le genre humain et
l'a fait habiter sur toute la surface de la terre, il a déterminé les époques
précises et les frontières de son habitat, 27 afin que les hommes
cherchent Dieu, si toutefois ils peuvent le trouver en tâtonnant. Non
qu'il soit loin de chacun de nous, 28 car c'est en lui que nous avons la
vie, le mouvement et l'être, comme l'ont dit certains de vos poètes :
" Oui, nous sommes aussi de sa race (1). "
29 Ainsi donc, si nous sommes de la race de Dieu, nous ne devons pas
penser que la divinité soit semblable à de l'or, à de l'argent ou à de la
pierre, travaillés par l'art et le génie de l'homme. 30 Mais voici que Dieu,
ne tenant pas compte de ces temps d'ignorance, fait maintenant savoir
aux hommes qu'ils aient tous et partout à se repentir, 31 car il a fixé un
jour où il doit juger le monde avec justice par un homme qu'il a désigné
et accrédité auprès de tous en le ressuscitant d'entre les morts. »
32 Quand ils entendirent parler de résurrection des morts, les uns se
moquèrent, d'autres dirent : « Nous t'entendrons là-dessus une autre

(1) Citation du poète Aratus, dans ses « Phénomènes ». On trouve des expressions semblables dans l'hymne à Zeus du stoïcien Cléanthe, elles étaient passées dans la philosophie populaire. Comparer avec le n° 39 : le discours à l'Aréopage est rédigé avec plus de soin mais sur la même ligne générale. Une bonne partie de la sagesse grecque est donc reconnue assimilable par la révélation chrétienne. Il est vrai que les stoïciens devaient peut-être quelque chose au judaïsme.

Saint Paul ne heurte son auditoire qu'aux derniers mots, quand il leur annonce Jésus-Christ, *un certain homme ressuscité des morts.*

Corinthe, ruines du temple d'Apollon. Au temps de saint Paul, Corinthe, était une très grande ville de commerce, d'industrie et de plaisir où se pressait une foule d'immigrés, d'esclaves, d'affranchis, d'hommes libres. Un proconsul romain y siégeait.

fois. » 33 C'est ainsi que Paul se sépara d'eux. 34 Quelques personnes
cependant s'attachèrent à lui et embrassèrent la foi ; parmi eux il y
avait Denys l'Aréopagite, une femme nommée Damaris, et d'autres
encore.

51 **Paul chez les immigrés de Corinthe**
(Actes **18**,1-11)

1 Ensuite Paul quitta Athènes et vint à Corinthe. 2 Il y trouva un Juif
nommé Aquilas, originaire du Pont, qui venait d'arriver d'Italie avec sa
femme Priscille, à la suite d'un édit de Claude qui ordonnait à tous les
Juifs de s'éloigner de Rome (1). Il se lia avec eux 3 et, comme il exerçait
le même métier, il demeura chez eux, et ils travaillaient ensemble ; ils
étaient en effet de leur métier fabricants de tentes. 4 Chaque sabbat, il
discourait à la synagogue et s'efforçait de convaincre Juifs et Grecs.
5 Quand Silas et Timothée furent arrivés de Macédoine, Paul
s'adonna entièrement à la prédication, attestant aux Juifs que Jésus est
le Christ. 6 Mais devant leur opposition et leurs blasphèmes, Paul
secoua ses vêtements et leur dit : « Que votre sang retombe sur votre
tête, j'en suis innocent, et désormais, c'est vers les païens que j'irai. »
7 Et, se retirant de là, il alla chez un nommé Titius Justus, homme
adorant Dieu, dont la maison était contiguë à la synagogue. 8 Crispus,

Croix sculptée sur une antique église grecque. Paul, à Corinthe, ne voulut prêcher que le Christ en croix.
Je ne suis pas venu vous annoncer le témoignage de Dieu, en me prévalant d'une supériorité de parole ou de sagesse. J'ai jugé que je ne devais savoir parmi vous que Jésus-Christ, et Jésus-Christ crucifié (1 Cor ***2****,1-2).*

chef de la synagogue, crut au Seigneur avec toute sa famille et beaucoup de Corinthiens qui avaient entendu Paul croyaient et se faisaient baptiser.
9 Une nuit, le Seigneur apparut à Paul et lui dit : « N'aie pas peur, parle sans hésiter ; 10 je suis avec toi et personne ne mettra la main sur toi pour te faire du mal, car j'ai un peuple nombreux dans cette ville (2). » 11 C'est ainsi qu'il y resta un an et six mois, enseignant parmi eux la parole de Dieu.

(1) L'historien Suétone rapporte que l'empereur Claude chassa de Rome les Juifs « qui étaient en agitation continuelle à cause de Chrestos » (chap. 25). « Chrestos » est une déformation du grec Christos, Christ. Cette décision fut prise entre 48 et 50 de notre ère.

(2) C'est la seule fois où le Christ encourage son apôtre à rester dans une ville depuis qu'Il lui avait dit de quitter Jérusalem (nº 118). Corinthe, rebâtie après une ruine totale, était peuplée d'immigrants venus de partout, souvent comme esclaves. Paul se doutait de toutes ces difficultés auxquelles feront allusion ses épîtres aux Corinthiens. Mais Jésus qui aimait les pécheurs et mangeait avec eux invite son apôtre à rester chez eux.

52 Le proconsul romain déclare non-lieu
(Actes **18**,12-17)

12 Sous le proconsulat de Gallion (1) en Achaïe, les Juifs se soulevèrent tous ensemble contre Paul et l'amenèrent au tribunal 13 en disant : « Cet individu cherche à persuader les gens d'adorer Dieu d'une manière contraire à la Loi. » 14 Paul allait prendre la parole, quand Gallion dit aux Juifs : « S'il s'agissait d'un délit ou d'un grave méfait, je vous écouterais, ô Juifs, comme de raison. 15 Mais puisqu'il s'agit de discussions sur une doctrine, des mots, des noms et sur votre Loi, cela vous regarde ; je ne veux pas, moi, en être juge. » 16 Et il les renvoya du tribunal. 17 Tous se saisirent alors de Sosthène, le chef de la synagogue, et se mirent à le battre devant le tribunal, sans que Gallion s'en souciât.

(1) Gallion, frère du philosophe latin Sénèque, fut proconsul d'Achaïe (ou de Grèce) en 51 et 52. Le passage de Paul devant son tribunal nous donne une date très précise pour tout ce second voyage. Gallion décida qu'il n'y avait pas matière à procès.

53 Retour à Antioche, par Jérusalem
(Actes **18**,18-22)

18 Paul resta encore assez longtemps à Corinthe. Puis il prit congé des frères et fit voile vers la Syrie avec Priscille et Aquilas. Il s'était fait raser la tête à Cenchrées, en vertu d'un vœu (1) 19 Ils arrivèrent à Éphèse ; là Paul quitta ses compagnons pour se rendre à la synagogue où il s'entretint avec les Juifs. 20 Ceux-ci lui demandèrent de rester plus longtemps, mais il n'y consentit pas. 21 Il prit congé d'eux en disant : « Je reviendrai chez vous une autre fois, s'il plaît à Dieu. » Puis il quitta Éphèse. 22 Ayant débarqué à Césarée, il monta à Jérusalem saluer l'Église, et descendit à Antioche.

(1) Nous ne savons pas pourquoi Paul avait fait ce vœu, mais nous voyons qu'il ne méprisait pas les dévotions juives. Le vœu de « nazir » exigeait qu'on s'abstienne de boire du vin et de la bière, et qu'on ne se coupe pas les cheveux (Nombres **6**,1-21).

Restes de la tribune d'où le proconsul romain rendait ses jugements ; c'est de là que Gallion renvoya Paul en liberté.

LE TEXTE DES ACTES REPREND AU N° 61

Le port de Salonique, vu du haut de la citadelle. Autrefois comme de nos jours, il desservait l'intérieur de la péninsule des Balkans dont il était la porte sur la mer.

III. Les Lettres du deuxième voyage

Extraits de la première Lettre aux Thessaloniciens

La Macédoine et sa capitale, Thessalonique.

Thessalonique, aujourd'hui Salonique, est une ville de commerce, un port qui communique avec l'intérieur par une large vallée. Les Romains en avaient fait une étape de la Via Egnatia, la route pavée qui traversait de l'Adriatique au Bosphore; les courriers et les voyageurs y circulaient en toutes saisons, d'Italie en Orient. C'était le siège du proconsul de Macédoine.

Saint Paul y avait passé quelques mois pendant son deuxième voyage (n° 47). Ayant dû partir en hâte, il laissait bien des questions à éclairer ou à confirmer. Ses collaborateurs, Sylvain et Timothée, étaient restés en arrière (nos 44; 45; 48). Préoccupé tout de même, l'apôtre avait envoyé son disciple faire une fois de plus la navette (n° 56). Ainsi tous les membres de l'équipe avaient pu signer (nos 51 et 54). Cette lettre a donc été envoyée de Corinthe, entre l'automne 51 et le printemps 52. Il y avait beaucoup de choses à se dire : des mots d'amitié et des explications, les nouveaux chrétiens n'ayant pas bien compris que la Résurrection et le Retour du Christ sont des mystères qui intéressent tous les hommes.

Compléter ainsi par écrit l'évangélisation faite de vive voix, se révélera une méthode efficace. C'est pourquoi Paul écrira des lettres jusqu'à la veille de son martyre.

Depuis la Pâque de Jésus, vingt et un ans se sont écoulés, à peine plus, et voici le premier document écrit. L'Évangile, en effet, était encore transmis de vive voix, et personne n'avait encore pensé à en faire un livre. Le Nouveau Testament commençait.

Les vieux quartiers de Salonique, l'ancienne Thessalonique. La première lettre envoyée dans cette ville par saint Paul date de 51 ou 52, c'est le plus ancien document écrit de la foi chrétienne.

54 Adresse
(1 Thessaloniciens **1**,1-10)

1 Paul, Silvain et Timothée à l'Église des Thessaloniciens qui est en
Dieu le Père et dans le Seigneur Jésus-Christ. A vous grâce et paix.
2 Nous rendons de continuelles actions de grâce à Dieu pour vous
tous quand nous faisons mention de vous dans nos prières. 3 Nous nous
rappelons constamment devant Dieu notre Père, les œuvres de votre
foi, les labeurs de votre charité et la fermeté de votre espérance en notre
Seigneur Jésus-Christ. 4 Nous savons bien, frères aimés de Dieu, que
vous êtes de ses élus, 5 car notre prédication de l'Évangile ne vous a pas
été faite seulement en paroles ; elle a été accompagnée de miracles,
d'effusion de l'Esprit Saint et d'une pleine assurance. Vous savez en
effet comment nous nous sommes conduits parmi vous pour votre bien.
6 Et vous-mêmes êtes devenus nos imitateurs et ceux du Seigneur,
recevant la Parole parmi bien des épreuves, avec la joie que vous
donnait l'Esprit Saint. 7 Vous êtes ainsi devenus un modèle pour tous
les croyants de Macédoine et d'Achaïe. 8 De chez vous, en effet, la
parole du Seigneur a retenti non seulement en Macédoine et en Achaïe,
mais la renommée de votre foi en Dieu s'est répandue partout, si bien
que nous n'avons pas besoin d'en parler. 9 Tous racontent à notre sujet

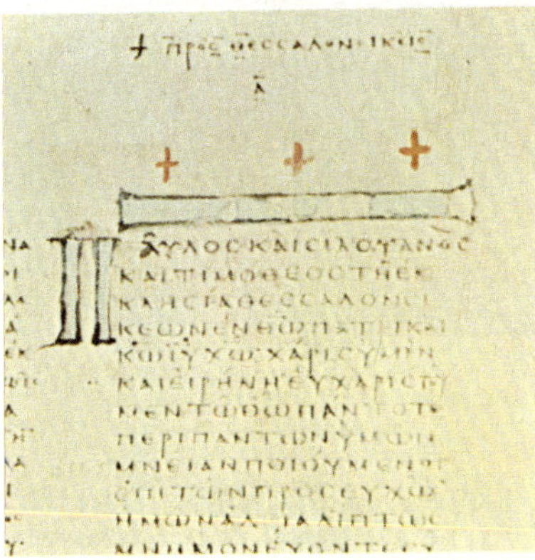

Début de la première lettre aux Thessaloniciens dans le Codex du Vatican, copié au IVe siècle en très belle écriture.

Apollonia en Macédoine, entre Philippes et Thessalonique (Actes 17,1, n° 47). Restes de la voie romaine.

ce qu'a été notre arrivée chez vous, et comment vous vous êtes convertis
à Dieu, abandonnant les idoles pour servir le Dieu vivant et véritable,
10 et attendre des cieux son Fils qu'il a ressuscité des morts, Jésus, qui
nous sauve de la colère qui vient.

55 J'aurais voulu vous revoir
(1 Thessaloniciens **2**,17-20)

17 Pour nous, frères, séparés de vous pour un temps, de visage mais
non de cœur, nous n'en avions qu'une plus grande hâte et un vif désir
de vous revoir. 18 Oui, nous avons voulu nous rendre auprès de vous,
moi Paul en particulier, non pas une fois, mais deux : et Satan nous en
a empêchés. 19 Quelle est en effet notre espérance, notre joie, la
couronne dont nous serons fiers devant notre Seigneur Jésus lors de son
avènement ? N'est-ce pas vous ? 20 Oui, notre gloire et notre joie, c'est
vous.

Avant d'écrire ces lignes, Paul a rappelé comment il avait prêché à Thessalonique travaillant jour et nuit, pour n'être à charge à aucun d'entre vous *(**2**,9). Eux, de leur côté, avaient été maltraités par leurs concitoyens païens, comme les églises de Judée par les Juifs (**2**,14, voir n° 47).*

On remarquera l'usage ancien d'écrire « nous » au lieu de « je » quand l'auteur se sent uni à un groupe comme Paul à toute l'Église. Ce n'est pas un pluriel de majesté mais de solidarité.

L'accent est mis principalement sur la venue du Christ, ou son Avènement, auquel toute l'espérance chrétienne se réfère. Alors, les travaux accomplis pour lui auront seuls de la valeur avec leurs résultats. Et Paul compte bien que, ce jour-là, les Thessaloniciens qu'il convertit seront sa gloire et sa joie.

56 Votre foi est mon réconfort
(1 Thessaloniciens **3**,1-13)

1 Aussi, n'y tenant plus, nous avons préféré rester seuls à Athènes, 2 et
nous vous avons envoyé Timothée, notre frère et le serviteur de Dieu
dans l'Évangile du Christ, pour vous affermir et vous encourager dans
votre foi, 3 afin que personne ne se laisse ébranler au milieu de ces
épreuves, car vous savez bien vous-mêmes que c'est là notre lot. 4 Déjà,

L'escalier antique qui mène en haut de l'Aréopage à Athènes. (nos 49; 50). Pendant son séjour dans cette ville, Paul a envoyé Timothée prendre des nouvelles de l'église de Thessalonique.

quand nous étions parmi vous, nous vous prédisions qu'il nous faudrait
endurer des épreuves, et c'est ce qui est arrivé, comme vous le savez.
5 C'est pourquoi, n'y tenant plus, j'ai envoyé prendre des nouvelles de
votre foi, dans la crainte que le tentateur ne vous ait tentés et que notre
labeur ne soit rendu vain.

6 Mais voici que Timothée vient de nous revenir de chez vous, nous
apportant de bonnes nouvelles de votre foi et de votre charité. Il dit que
vous gardez toujours un bon souvenir de nous et que vous avez le même
désir de nous revoir que nous-mêmes à votre égard. 7 Aussi, frères, votre
foi a-t-elle été pour nous un sujet de consolation dans toutes nos
détresses et nos chagrins. 8 Nous revivons maintenant, puisque vous
tenez ferme dans le Seigneur ! 9 Comment pourrions-nous rendre assez
d'actions de grâce à Dieu à votre sujet, pour toute la joie que nous
recevons de vous devant Lui ? 10 Nuit et jour, nous lui demandons avec
une extrême instance de vous revoir, afin de compléter ce qui manque
encore à votre foi. 11 Que Dieu lui-même, notre Père, et notre Seigneur
Jésus daignent aplanir notre route vers vous. 12 Que le Seigneur fasse
croître et abonder votre amour les uns pour les autres et pour tous, à
l'égal de notre amour pour vous. 13 Qu'ainsi il affermisse vos cœurs et
les rende irréprochables en sainteté devant Dieu notre Père, lors de la
venue de notre Seigneur Jésus avec tous ses saints.

Rester seul à Athènes, dans un milieu aussi profondément étranger, a dû peser lourd sur le cœur de Paul. Son essai d'adaptation au langage des philosophes était resté presque sans résultat.

Pourtant, il n'a pas hésité à se séparer de Timothée pour ne pas laisser à l'abandon les fidèles de Thessalonique. A son retour, Timothée a pu témoigner de leur foi et de leur amour mutuel malgré les épreuves traversées. Pour Paul, d'aussi bonnes nouvelles valent toutes les consolations. Il se sent revivre, il remercie Dieu.

La foi des Thessaloniciens a cependant besoin d'être complétée, non pas en force mais en profondeur. Paul va y travailler dans la suite de sa lettre. Leur charité peut toujours grandir. Leur espérance, Paul l'exprime tout entière en ce souhait : qu'ils deviennent saints, irréprochables, pour la venue du Seigneur Jésus.

57 Que deviendront nos morts ?
(1 Thessaloniciens **4**,13-18)

13 Nous ne voulons pas, frères, que vous soyez dans l'ignorance au sujet des morts, afin que vous ne vous affligiez pas comme les autres qui n'ont pas d'espérance. 14 Si, en effet, nous croyons que Jésus est mort et ressuscité, de même devons-nous croire que Dieu amènera avec lui ceux qui sont morts par lui. 15 Nous vous le déclarons en effet, sur la parole du Seigneur : nous, les vivants, qui serons encore là pour l'Avènement du Seigneur, nous ne devancerons pas les morts. 16 Car, au signal, à la voix de l'archange, au son de la trompette divine, le Seigneur en personne descendra du ciel et ceux qui sont morts dans le Christ ressusciteront d'abord. 17 Ensuite, nous, les vivants, qui serons encore là, nous serons emportés avec eux sur les nuées à la rencontre du Seigneur dans les airs. Ainsi nous serons pour toujours avec le Seigneur. 18 Réconfortez-vous donc mutuellement dans ces pensées.

Nous arrivons ici au passage le plus important de l'épître, celui où saint Paul complète son enseignement sur « l'Avènement » de Jésus. On dit aussi : « la Parousie ». Ce terme désigne, en grec, la visite solennelle d'un roi dans une ville, ce qui implique : une fête, des jugements, des distributions de grâces. C'est comme une courte parabole pour annoncer la venue du Christ à la fin des temps.

Le Nouveau Testament évite de dire « le Retour » du Christ comme s'il avait été absent, car Il demeure en fait toujours présent dans son Église. Dans la gloire divine, Jésus est invisible à nos yeux il est vrai, mais il n'est pas éloigné de nous. Nous touchons à ce monde invisible par le baptême et par la grâce qui nous unissent au Christ. Mais ce que nous sommes ne se voit pas encore. *Quand il viendra, sa présence et notre participation se manifesteront en une seule gloire (voir n° 138). Et alors les morts ressusciteront.*

Saint Paul avait déjà engagé ses amis à vivre dans cette attente. Mais ils n'avaient pas bien compris et se préoccupaient du sort de leurs proches qui étaient morts entre temps. Ils se demandaient : « Que deviendront-ils ? Allons-nous rencontrer le Seigneur avant eux ? ou même sans eux ? »

Saint Paul dissipe leur ignorance et les console en leur expliquant la véritable espérance chrétienne : ceux qui sont morts dans le Christ *sont unis à lui et soumis à son action rédemptrice. Il les a guidés à travers les souffrances et il les reçoit dans une vie nouvelle. Quand il viendra il les ressuscitera pour qu'ils soient avec lui corps et âmes.*

A ce moment-là, ceux qui seront encore dans la vie ordinaire n'auront aucun avantage sur les autres, ils ne les devanceront pas. La résurrection générale précédera leur rencontre à tous avec le Christ.

Ils seront convoqués « au son de la trompette », comme les anciennes assemblées d'Israël (Nombres **10***). Et tous seront* emportés sur les nuées *à la ressemblance de Jésus montant au ciel (n° 2). Ce qui suppose que* tous seront transformés *comme saint Paul le dira aux Corinthiens un peu plus tard (n° 80).*

On voit que les chrétiens de Thessalonique attendaient la fin des temps pour bientôt. Saint Paul ne leur interdit pas cette pensée, mais il les prévient que certains signes qui ne sont pas encore réalisés (nos 58 et 59), doivent venir d'abord.

58 Le Christ viendra comme un voleur
(1 Thessaloniciens **5**,1-28)

1Pour ce qui est du temps et du moment, vous n'avez pas besoin,
frères, qu'on vous en écrive. 2Vous savez en effet très bien que le Jour
du Seigneur doit venir comme un voleur dans la nuit. 3Quand on dira :
« Paix et sécurité », la ruine fondra soudain sur les hommes, comme les
douleurs sur la femme enceinte, et ils n'échapperont pas. 4Mais vous,
frères, vous n'êtes pas dans les ténèbres, pour que ce Jour vous sur-
prenne comme un voleur. 5Vous êtes tous fils de la lumière et fils du
jour. Nous ne sommes pas de la nuit ni des ténèbres ; 6ne dormons donc
pas, comme les autres, mais veillons et soyons sobres. 7Ceux qui
dorment dorment la nuit, et ceux qui s'enivrent s'enivrent la nuit.
8Mais nous, qui sommes du jour, soyons sobres ; revêtons la foi et la
charité pour cuirasse, et pour casque l'espérance du salut. 9Car Dieu
ne nous a pas destinés à sa colère, mais à l'acquisition du salut par
notre Seigneur Jésus-Christ, 10qui est mort pour nous, afin que,
veillant ou dormant, nous vivions unis à lui. 11Réconfortez-vous donc
mutuellement et édifiez-vous l'un l'autre, comme vous le faites déjà.
12Nous vous demandons, frères, d'avoir des égards pour ceux qui
travaillent parmi vous, qui vous dirigent dans le Seigneur et qui vous
reprennent. 13Témoignez-leur une charité toute spéciale, en raison de
leur labeur. Vivez en paix entre vous. 14Nous vous en prions, frères,
reprenez les paresseux, encouragez les timides, soutenez les faibles,
usez de patience envers tous. 15Veillez à ce que nul ne rende le mal
pour le mal ; efforcez-vous au contraire de rechercher toujours le bien
entre vous et envers tous. 16Soyez toujours joyeux. 17Priez sans

relâche. 18Rendez grâces en toutes choses, car telle est à votre égard la
volonté de Dieu dans le Christ Jésus. 19N'éteignez pas l'Esprit. 20Ne
méprisez pas les prophéties. 21Mais éprouvez tout et retenez ce qui est
bon. 22Gardez-vous de toute espèce de mal.
23Que le Dieu de paix lui-même vous sanctifie tout entiers et que
tout votre être, esprit, âme et corps, soit gardé irréprochable pour
l'Avènement de notre Seigneur Jésus-Christ. 24Celui qui vous appelle
est fidèle, et il réalisera cela.
25Frères, priez aussi pour nous.
26Saluez tous les frères par un saint baiser.
27Je vous en conjure par le Seigneur : que cette lettre soit lue à tous
les frères.
28Que la grâce de notre Seigneur Jésus-Christ soit avec vous !

Le Jour du Seigneur est l'intervention finale de Dieu dans l'histoire, qui sera alors parvenue à son achèvement. Le mot « Seigneur » exprime la divinité du Christ qui se manifestera dans sa gloire de Juge universel. Son Jour coïncide donc avec sa Venue, la résurrection des morts et le jugement général. Alors, les élus de Dieu entreront pour toujours dans son Royaume (1 Thessaloniciens ***2****,12). Saint Paul avait déjà instruit ses fidèles de cette doctrine fondamentale, venant de Jésus lui-même par l'intermédiaire des apôtres.*

Sans doute est-il impossible de connaître d'avance la date de ce Jour : Jésus lui-même a déclaré qu'il l'ignorait (Matthieu ***24****,36), mais il a voulu que ses disciples soient sans cesse en éveil, spirituellement prêts, pour aller à sa rencontre, riches en bonnes œuvres.*

C'est justement ce qu'enseigne saint Paul dans ce passage de sa lettre. Les mots fils de la lumière, fils du jour *désignent les chrétiens illuminés par la révélation du Christ : ils savent où ils vont et ce qu'ils ont à faire. Tandis que l'ignorance et l'incrédulité sont comparées aux ténèbres, à la nuit, temps de confusion, d'inconscience, de dissolution.*

Cet enseignement aurait dû préserver les Thessaloniciens de s'alarmer ou de s'enthousiasmer outre mesure. En fait, plusieurs perdaient la tête et se croyaient permis de délaisser les devoirs de la vie quotidienne. Ce fut l'occasion de la 2e lettre.

Extraits de la deuxième Lettre aux Thessaloniciens

Début de la deuxième lettre aux Thessaloniciens, dans le Codex du Vatican (IVe siècle).

La seconde lettre aux Thessaloniciens pose à l'historien plus de problèmes que la première : il est seulement probable, en effet, que les deux lettres se suivent à quelques mois d'intervalle. Mais la situation à laquelle répond la seconde est claire :

Des exaltés ont semé l'alarme chez les fidèles. L'Esprit Saint lui-même, prétendent-ils, ferait prophétiser que la Parousie est imminente. De fausses lettres de Paul, ou des paroles qu'on lui prête, circulent.

Il écrit donc une seconde lettre où il félicite d'abord ses lecteurs pour leur valeur chrétienne. Pour mieux dire, il en remercie Dieu, auteur de tout progrès. Et bien vite, il arrive à l'essentiel : la Parousie ne peut être tellement proche !

Ce n'est pas qu'il en précise la date qui reste inconnue. Mais il rappelle ce qu'il avait dit précédemment aux Thessaloniciens : d'abord se produiront des événements qui n'ont pas encore commencé, et qui demanderont du temps pour se dérouler. Résumons cet enseignement :

1. La puissance secrète du mal mystère d'iniquité *est déjà là, elle agit contre les forces du salut qui sont à l'œuvre dans l'Église et dans le monde. Pour le moment, un certain* obstacle *oblige ces forces mauvaises à rester cachées.*

2. Un moment viendra où cet obstacle sera écarté. Alors l'homme de péché se révélera dans toute son horreur.

3. Son « avènement » imitera l'Avènement, ou Venue, du Christ. Il fera des miracles, réels ou mensongers, il séduira les cœurs qui n'auront pas l'amour de la vérité.

4. Ce sera une grande apostasie. Des chrétiens indifférents ou chancelants abandonneront la foi en masse. Ils suivront le maître (ou les maîtres) de perdition.

La vieille citadelle de Thessalonique.
Tenez ferme! Gardez les enseignements dont nous vous avons instruits, de vive voix ou par lettre. Que notre Seigneur Jésus-Christ et Dieu notre Père réconfortent vos cœurs et les affermissent (2 Thessaloniciens **2,***15-16).*

5. Cet Adversaire peut être appelé l'Antichrist (ou Contre-Christ) comme le fera saint Jean (n° 178). Il sera un Anti-Dieu, et ne fera pas seulement la guerre aux fidèles du Christ mais à tous ceux qui croient en Dieu de quelque manière. Il se mettra lui-même à la place de Dieu. Il sera le maître des forces de la nature et même des puissances sataniques, et sa victoire serait complète si le Christ n'intervenait en personne.

6. Alors, quand tout semblera perdu pour les fidèles de Jésus, il anéantira l'Antichrist par le souffle de sa bouche : *par son Esprit et sa parole.*

Deux choses restent obscures dans cette vision. Qui est l'Antichrist ? et quel est l'obstacle qui s'oppose à sa manifestation ?

a) L'Antichrist est l'instrument humain dont Satan se sert pour faire triompher son projet de perdition, peut-être un personnage unique, ou bien un groupe de personnes ou une institution. Jésus a prophétisé qu'il y aurait dans les derniers temps de faux Christs et de faux prophètes (Matthieu **24**,*11-24).*

b) « L'obstacle » était connu des Thessaloniciens, Paul leur en avait parlé. Pour nous, c'est un problème insoluble comme saint Augustin l'a reconnu. Et sans doute n'est-il pas utile que nous en sachions davantage.

59 La venue du Seigneur n'est pas pour tout de suite

(2 Thessaloniciens **2**,1-12)

1Nous vous prions, frères, au sujet de l'Avènement de notre Seigneur
Jésus-Christ et de notre rassemblement auprès de lui, 2de ne pas si vite
perdre la tête ni de vous laisser alarmer par quelque déclaration
prophétique, propos ou lettre comme venant de nous, et présentant le
Jour du Seigneur comme étant déjà là. 3Que personne ne vous égare en
aucune manière : il faut au préalable que vienne l'apostasie et que se
révèle l'Homme du péché, l'Être de perdition, 4l'Adversaire, celui qui
s'élève contre tout ce qui porte le nom de Dieu ou qui reçoit un culte, au
point de trôner en personne dans le temple de Dieu et de se donner
lui-même pour Dieu.

5Ne vous rappelez-vous pas qu'étant encore parmi vous je vous disais
cela ? 6Vous savez bien maintenant ce qui lui fait obstacle et le
contraint de ne se révéler qu'en son temps. 7Oui, le mystère d'iniquité
est déjà à l'œuvre. Que seulement soit écarté celui qui lui fait obstacle,
8et alors se révélera l'Impie, que le Seigneur détruira du souffle de sa
bouche et anéantira par l'éclat de sa venue. 9La venue de l'Impie
s'accompagnera, par la puissance de Satan, de toutes sortes de
miracles, de signes et de prodiges mensongers, 10et de toutes les

séductions du mal, pour ceux qui se perdent faute d'avoir accueilli
l'amour de la vérité qui les eût sauvés. 11 C'est pourquoi Dieu leur
envoie une puissance d'égarement qui les fera croire au mensonge,
12 afin que soient condamnés tous ceux qui n'auront pas voulu croire à
la vérité, et se seront complu dans l'injustice.

60 Ne vous fatiguez pas de bien faire
(2 Thessaloniciens **3**,6-18)

6 Nous vous enjoignons, frères, au nom de notre Seigneur Jésus, de
vous tenir à l'écart de tout frère qui vit dans l'oisiveté et ne se conforme
pas aux instructions que vous avez reçues de nous. 7 Vous-mêmes savez
bien ce que vous avez à faire pour nous imiter : nous n'avons pas vécu
parmi vous en oisifs ; 8 nous n'avons mangé gratuitement le pain de
personne ; nuit et jour, au contraire, dans la fatigue et la peine, nous

Autel funéraire d'époque romaine. La pomme de pin, sur le dessus, est l'insigne de Dionysos ou Bacchus. Des païens pensaient que l'ivresse, la surexcitation des sens, était chemin d'immortalité. Mais Paul répond : « Soyons sobres. »

avons travaillé pour n'être à charge à aucun de vous. 9 Ce n'est pas que
nous n'en ayons pas le droit, mais nous voulions vous donner en
nous-même un exemple à imiter. 10 Aussi bien, quand nous étions
parmi vous, nous vous donnions cet ordre : si quelqu'un ne veut pas
travailler, qu'il ne mange pas non plus ! 11 Or nous apprenons qu'il y a
parmi vous des gens qui vivent dans l'oisiveté, sans rien faire, mais
toujours affairés. 12 Ceux-là nous les prions et nous les engageons dans
le Seigneur Jésus-Christ à travailler paisiblement pour manger un pain
qui soit bien à eux.

13 Pour vous, frères, ne vous lassez pas de faire le bien.

14 Si quelqu'un n'obéit pas à ce que nous disons dans cette lettre,
notez-le et, pour sa confusion, ne le fréquentez plus. 15 Ne le considérez
pas toutefois comme un ennemi, mais corrigez-le comme un frère.

16 Que le Seigneur de la paix vous donne lui-même la paix en tout temps et de toute manière ! Que le Seigneur soit avec vous tous !

17 La salutation est de ma propre main, à moi, Paul. C'est le signe qui distingue chacune de mes lettres. Voilà comment j'écris.

18 Que la grâce de notre Seigneur Jésus-Christ soit avec vous tous !

*Saint Paul peut remercier Dieu, car les Thessaloniciens montrent une foi capable de résister aux épreuves (***2***,13 à* **3***,5). Il doit pourtant en réprimander quelques-uns.*

Sous prétexte que l'Avènement du Christ serait pour bientôt, ils ne travaillent plus et abandonnent leurs devoirs. L'apôtre se donne en exemple : lui, citoyen romain, a travaillé comme un sujet. Que les convertis comprennent donc où est leur vraie dignité de chrétiens.

Paul écrit de sa main les dernières lignes. C'est comme une signature qui fera reconnaître que la lettre est bien de lui. Le reste a été dicté selon l'habitude en usage chez les anciens.

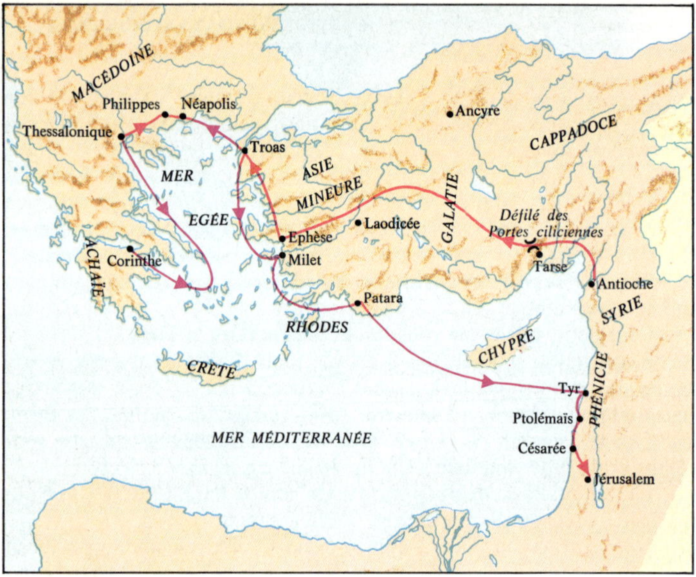

Carte du troisième voyage apostolique de saint Paul, avec Timothée et Tite.

Parti d'Antioche de Syrie, Paul traverse rapidement l'Asie jusqu'à Éphèse, capitale administrative, culturelle et commerciale de toute la région. Il s'y installe pour deux ans et demi, et ne s'en va que chassé par une émeute populaire. Il écrit aux Galates.

Il a reçu de Corinthe des nouvelles inquiétantes auxquelles il a répondu par deux lettres. Il s'y rend en personne, en repassant par la Macédoine.

Paul reste quelque temps à Corinthe d'où il écrit à Rome pour préparer une future visite. Il repart pour Jérusalem avec les offrandes des jeunes Églises, celles de Macédoine surtout. Il fait plusieurs escales, dont l'une à Troas, une autre à Milet où il rencontre les dirigeants chrétiens d'Éphèse. Il débarque enfin à Césarée de Palestine d'où il monte à Jérusalem.

IV. Le troisième voyage de saint Paul

Le troisième voyage missionnaire de saint Paul est marqué par un long séjour à Éphèse. C'était la capitale de toute l'Asie Mineure, centre d'un commerce très actif entre l'Orient et l'Occident, et siège d'un gouverneur romain. On évalue sa population à 300 000 habitants. Elle avait une municipalité autonome.

Dans ces pays, les anciennes religions étaient encore en pleine vie, surtout celles des déesses-mères, symboles de la nature : Cybèle des Phrygiens, et Artémis des Éphésiens. Leur culte, accompagné de cérémonies impressionnantes, se répandait dans tout l'empire romain. D'un autre côté, les gens lettrés pratiquaient les sciences occultes, lisaient et écrivaient toutes sortes de grimoires appelés « livres éphésiens ».

61 Paul visite les Eglises
(Actes **18**,23)

23Après avoir passé quelque temps à Antioche, Paul repartit et parcourut successivement le pays de Galatie et la Phrygie, encourageant tous les disciples.

62 Un fidèle qui ne connaît pas l'Esprit Saint
(Actes **18**,24-28)

24Un Juif nommé Apollos (1), originaire d'Alexandrie, était arrivé à
Éphèse. C'était un homme savant et instruit dans les Écritures. 25Il
avait été instruit de la Voie du Seigneur ; dans la ferveur de son âme, il
exposait et enseignait exactement ce qui concerne Jésus, mais il ne

Intérieur du plateau d'Asie Mineure après le passage des Portes ciliciennes (p. 134). Au fond, la chaîne du Taurus.

connaissait que le baptême de Jean. 26 Il se mit à parler avec assurance
dans la synagogue. Priscille et Aquilas, l'ayant entendu, le prirent avec
eux et lui exposèrent plus exactement la Voie de Dieu. 27 Comme il
voulait passer en Achaïe, les frères l'y encouragèrent et écrivirent aux
disciples de lui faire bon accueil. Une fois arrivé, il fut, par la grâce de
Dieu, d'un grand secours à ceux qui avaient embrassé la foi, 28 car il
réfutait vigoureusement les Juifs en public, démontrant par les
Écritures que Jésus est le Christ.

(1) Alexandrie était le siège d'une communauté juive nombreuse et florissante où la Bible avait été traduite en grec. Les Juifs l'étudiaient d'une manière originale. Passé à la foi chrétienne, Apollos fait figure exceptionnelle. A-t-il reçu le témoignage du Christ sous une forme très primitive ? ou peut-être avec des idées toutes faites ? Il sait « tout ce qui concerne Jésus » y compris sa résurrection et son ascension, mais il ne sait pas que Jésus donne à ses fidèles son Esprit.

63 **Paul arrive à Ephèse**
(Actes **19**,1-22)

1 Tandis qu'Apollos était à Corinthe, Paul, ayant traversé le haut
pays, arriva à Éphèse. Il y trouva quelques disciples 2 et leur demanda :
« Avez-vous reçu l'Esprit Saint quand vous avez embrassé la foi ? » Ils
lui répondirent : « Nous n'avons pas même entendu dire qu'il y ait un
Esprit Saint. » 3 Il reprit : « Quel baptême avez-vous donc reçu ? » Ils
répondirent : « Le baptême de Jean. » 4 Paul leur dit : « Jean n'a donné
qu'un baptême de repentir, disant au peuple de croire en celui qui
viendrait après lui, c'est-à-dire en Jésus. » 5 A ces mots, ils se firent
baptiser au nom du Seigneur Jésus. 6 Lorsque Paul leur eut imposé les
mains, l'Esprit Saint vint sur eux, et ils se mirent à parler en langues et
à prophétiser. 7 Ils étaient en tout une douzaine.
8 Paul fréquenta la synagogue et, pendant trois mois, y parla avec
assurance, discourant d'une manière persuasive sur le Royaume de
Dieu. 9 Mais, comme certains s'endurcissaient et demeuraient
incrédules, décriant devant l'assemblée la Voie du Seigneur, il se
sépara d'eux, prit à part les disciples et il enseignait tous les jours dans
l'école d'un certain Tyrannos. 10 Cela dura deux ans, en sorte que tous

Ruines d'Éphèse. La rue centrale était pavée de marbre, bordée de colonnes et de statues.

les habitants de l'Asie, Juifs et Grecs, purent entendre la parole du
Seigneur. 11 Dieu opérait par les mains de Paul des miracles
extraordinaires, 12 au point qu'on appliquait sur les malades des
mouchoirs ou des linges qui avaient touché son corps ; cela mettait fin à
leurs maladies et les délivrait des esprits mauvais.
13 Quelques exorcistes juifs ambulants essayèrent d'invoquer le nom
du Seigneur Jésus sur ceux qui étaient possédés d'esprits mauvais. Ils
disaient : « Je vous adjure par ce Jésus que prêche Paul. » 14 Sept fils
d'un certain Scévas, grand prêtre juif (1), se livraient à cette pratique.
15 Mais l'esprit mauvais leur répondit : « Jésus, je le connais et je sais
qui est Paul, mais vous, qui êtes-vous ? » 16 Et, se jetant sur eux,
l'homme possédé de l'esprit mauvais maîtrisa deux d'entre eux et les
malmena de telle sorte qu'ils s'enfuirent de cette maison nus et couverts
de blessures. 17 Leur mésaventure vint à la connaissance des habitants
d'Éphèse, Juifs et Grecs ; ils furent tous saisis de crainte et le nom du
Seigneur Jésus fut glorifié. 18 Beaucoup de ceux qui avaient embrassé la
foi venaient avouer et déclarer leurs pratiques. 19 Plusieurs de ceux qui
avaient exercé les arts magiques apportaient leurs livres et les brûlaient
en présence de tous. On en estima le prix et on trouva qu'il y en avait
pour cinquante mille pièces d'argent. 20 Ainsi, par la puissance du
Seigneur, la parole croissait et s'affermissait.
21 Après ces événements, Paul forma le projet de se rendre à
Jérusalem, en passant par la Macédoine et l'Achaïe. « Après y être allé,
disait-il, il faudra aussi que je voie Rome. » 22 Il envoya en Macédoine
deux de ses auxiliaires, Timothée et Éraste ; lui cependant resta
quelque temps encore en Asie.

(1) Ce grand prêtre juif n'avait peut-être aucun droit à porter son titre, ou bien il était apparenté de loin à une famille qui avait exercé cette charge.

64 **Journée d'émeute contre Paul**
(Actes **19**,23-40)

23 Vers ce temps-là des troubles graves se produisirent au sujet de la
Voie du Seigneur (1). 24 Un orfèvre, nommé Démétrius, fabriquait des
temples d'Artémis en argent et procurait ainsi aux artisans un gain
considérable. 25 Il les réunit ainsi que les ouvriers des métiers similaires

Éphèse : ruines du temple d'Artémis qui passait pour l'une des sept merveilles du monde.

et leur dit : « Vous savez, mes amis, que notre bien-être vient de cette
industrie. 26 Or, vous le voyez et vous l'entendez dire : non seulement à
Éphèse, mais dans presque toute l'Asie, ce Paul a séduit et détourné
une foule de gens, en disant que les dieux faits de main d'homme ne
sont pas des dieux. 27 Il est donc à craindre, non seulement que notre
métier ne tombe dans le discrédit, mais aussi que le temple de la grande
déesse Artémis ne soit tenu pour rien, et qu'elle ne soit dépouillée de
cette majesté que toute l'Asie et le monde entier révèrent. » 28 A ces
mots, transportés de colère ils se mirent à crier : « Grande est l'Artémis
des Éphésiens ! » 29 La confusion gagna la ville entière, et ils se
précipitèrent tous ensemble au théâtre, entraînant avec eux les
Macédoniens Gaius et Aristarque, compagnons de voyage de Paul.
30 Paul voulait se présenter devant le peuple, mais les disciples l'en
empêchèrent. 31 Quelques asiarques même, qui étaient de ses amis, le
firent prier de ne pas s'aventurer au théâtre. 32 On criait qui une chose,
qui une autre ; l'assemblée était dans la plus grande confusion, et la
plupart ne savaient même pas pourquoi on s'était réuni. 33 On fit alors
sortir de la foule Alexandre, que les Juifs poussaient en avant.
Alexandre fit signe de la main qu'il voulait présenter sa défense devant
le peuple. 34 Mais quand on eut reconnu qu'il était Juif, tous se mirent à
scander d'une seule voix, pendant près de deux heures : « Grande est
l'Artémis des Éphésiens! »
35 Enfin le secrétaire de la ville calma la foule et dit : « Éphésiens, y
a-t-il un homme qui ignore que la ville d'Éphèse est la gardienne du
temple de la grande Artémis et de sa statue tombée du ciel ? 36 Cela
étant incontestable, il faut vous calmer et ne rien faire inconsidé-
rément. 37 Les hommes que vous avez amenés ici ne sont ni des
sacrilèges ni des blasphémateurs de notre déesse. 38 Que si Démétrius et
ses artisans ont à se plaindre de quelqu'un, il y a des jours d'audience et
il y a des proconsuls : qu'ils se citent en justice les uns les autres. 39 Si
vous avez quelque autre affaire à débattre, on en décidera dans
l'assemblée régulière. 40 Car nous risquons d'être accusés de sédition
pour ce qui s'est passé aujourd'hui, puisqu'il n'existe aucun motif qui
permette de justifier cet attroupement. » Cela dit, il congédia
l'assemblée.

(1) « La Voie » est une expression d'origine juive pour désigner un genre de vie, une manière de penser et de prier Dieu (nos 24 ; 62 ; 118 ; 122). Ici, il s'agit des fidèles de Jésus-Christ.

Paysage de Macédoine, aux environs d'Amphipolis. Saint Paul a souvent parcouru ce pays.

65 Trois mois en Grèce
(Actes **20**,1-6)

1 Quand le tumulte eut pris fin, Paul fit venir les disciples, leur fit ses recommandations et, leur ayant dit adieu, partit pour la Macédoine. 2 Il traversa cette contrée, prodigua ses exhortations aux frères, et se rendit en Grèce 3 où il séjourna trois mois. Comme les Juifs tramaient un complot contre lui au moment où il allait s'embarquer pour la Syrie, il prit le parti de s'en retourner par la Macédoine. 4 Il fut accompagné par Sopatros, fils de Pyrrhus, de Bérée ; Aristarque et Secundus, de Thessalonique ; Gaïus, de Derbé, et Timothée ; Tychique et Trophime, d'Asie. 5 Ils prirent les devants et nous attendirent à Troas (1). 6 Quant à nous, nous nous embarquâmes à Philippes après la fête des Azymes, et, au bout de cinq jours, nous les rejoignîmes à Troas, où nous passâmes une semaine.

(1) Ici commence la deuxième section où Luc emploie le « nous » et qui continue jusqu'au n° 69. Nous la retrouverons au n° 116. Elle consigne les souvenirs de l'un des compagnons nommés ici et qui viennent de Macédoine ou d'Asie. Paul les a réunis pour porter l'argent d'une quête en faveur des frères de Jérusalem (nos 85 et 114).

66 Un dimanche à Troas
(Actes **20**,7-12)

7 Le premier jour de la semaine, comme nous étions réunis pour rompre le pain (1), Paul, qui devait partir le lendemain, s'entretenait avec eux et prolongea l'entretien jusqu'au milieu de la nuit. 8 Il y avait de nombreuses lampes dans la chambre haute où nous étions réunis. 9 Or, un jeune homme, nommé Eutyque, qui s'était assis sur le rebord de la fenêtre, s'endormit profondément pendant le long entretien de Paul. Entraîné par le sommeil, il tomba du troisième étage, et on le releva mort. 10 Paul descendit, se pencha sur lui, le prit dans ses bras et dit : « Cessez ce tapage ! Il est bien vivant. » 11 Puis il remonta, rompit le pain et mangea ; il parla longtemps encore, jusqu'à l'aube, après quoi il partit. 12 Quant au jeune homme, on le ramena vivant, et ce ne fut pas une petite consolation.

Vue prise du haut de l'antique Troie, assiégée si longtemps par les Grecs d'Homère. La ville romaine était plus bas dans la plaine, du côté de la mer.

(1) C'est le premier récit d'une eucharistie chrétienne après la cène du Seigneur. Le premier jour de la semaine est le lendemain du sabbat. Suivant l'usage juif, il commence au coucher du soleil, notre samedi soir. L'assemblée chrétienne se prolonge dans la nuit. Elle débute par la parole et se termine par la fraction du pain (voir n° 6). Néanmoins on y veille rarement jusqu'à l'aube du dimanche.

Les heures qui s'écoulaient entre le lever et le coucher du soleil étaient au nombre de 12, mais leur durée variait selon les saisons. En général cependant on ne tenait compte que des quatre heures principales : *prime* (6 h.), *tierce* (9 h.), *sexte* (12 h.), et *none* (15 h.), chacune comprenant les deux heures suivantes. *La nuit* était divisée en 4 veilles (ce mot indique le tour de garde des sentinelles) de trois heures chacune.

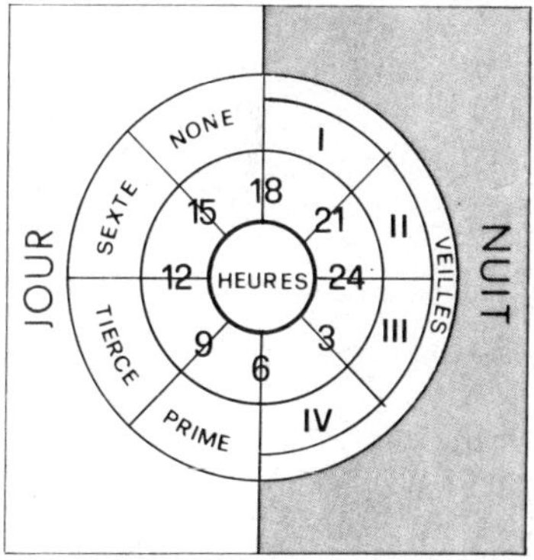

67 Navigation côtière
(Actes **20**,13-16)

13 Pour nous, prenant les devants par mer, nous fîmes voile vers
Assos, où nous devions reprendre Paul ; ainsi en avait-il décidé,
préférant pour son compte faire la route à pied. 14 Quand il nous eut
rejoints à Assos, nous le prîmes à bord et vînmes à Mitylène. 15 De là,
remettant à la voile, nous arrivâmes le lendemain à la hauteur de Chio.
Le surlendemain, nous cinglâmes vers Samos et, le jour suivant, nous
abordâmes à Milet. 16 Paul avait en effet décidé de ne pas faire escale à
Éphèse (1), pour ne pas perdre de temps en Asie. Il se hâtait afin d'être
à Jérusalem, si possible, pour le jour de la Pentecôte.

(1) Paul avait de fortes raisons d'éviter Éphèse où ses ennemis étaient nombreux (nos 68 et 117). Il fait escale à Milet, qui est tout près par la route, et il convoque les anciens de l'église pour leur donner ses instructions.

Ruines gréco-romaines de Milet. A gauche, les colonnes d'un temple. A droite, une esplanade ronde qui portait un autel en plein air. Au fond, on devine le Golfe où s'ouvrait le port, jadis très fréquenté par les navires.

68 Adieu aux anciens de l'Eglise d'Ephèse
(Actes **20**,17-38)

17 De Milet, il envoya chercher à Éphèse les anciens de cette Église.
18 Quand ils furent auprès de lui, il leur dit (1) : « Vous savez comment
je me suis toujours comporté avec vous depuis le jour où j'ai mis le pied
en Asie. 19 J'ai servi le Seigneur en toute humilité, dans les larmes et
parmi les épreuves que me suscitaient les embûches des Juifs. 20 Je n'ai
rien négligé de ce qui pouvait vous être utile, dans mes prédications et
mes enseignements, en public et en privé ; 21 j'ai adjuré Juifs et Grecs de
se convertir à Dieu et de croire en notre Seigneur Jésus.

22 « Maintenant, voici que, lié par l'Esprit, je me rends à Jérusalem ;
je ne sais pas ce qui doit m'y arriver, 23 si ce n'est que, de ville en ville,
l'Esprit Saint m'avertit que chaînes et tribulations m'attendent. 24 Mais
je n'attache aucun prix à ma vie, pourvu que j'achève ma course et la
mission que j'ai reçue du Seigneur Jésus : rendre témoignage à
l'Évangile de la grâce de Dieu ! 25 Maintenant donc, je sais que vous
ne reverrez plus mon visage, vous tous parmi lesquels je suis passé en
prêchant le Royaume. 26 C'est pourquoi je l'atteste aujourd'hui devant
vous : je suis pur de votre sang à tous. 27 Car je n'ai rien négligé pour
vous annoncer en son entier le dessein de Dieu.

28 « Prenez donc garde à vous-mêmes et à tout le troupeau dont
l'Esprit Saint vous a établis gardiens (2) pour paître l'Église de Dieu
qu'il s'est acquise par son propre sang. 29 Je sais qu'après mon départ il
s'introduira parmi vous des loups cruels qui n'épargneront pas le
troupeau ; 30 du milieu même de vous surgiront des hommes qui, par
leurs discours pervers, essaieront d'égarer les disciples à leur suite.
31 Veillez donc, vous souvenant que durant trois ans, nuit et jour, je n'ai
cessé d'exhorter avec larmes chacun de vous.

32 « Et maintenant, je vous confie au Seigneur et à la parole de sa
grâce ; il a le pouvoir de bâtir l'édifice et de vous donner l'héritage avec
tous les saints. 33 Je n'ai désiré l'or, l'argent, ni les vêtements de
personne. 34 Vous-mêmes le savez, les mains que voici ont pourvu à mes
besoins et à ceux de mes compagnons. 35 Je vous ai toujours montré que
c'est en travaillant de la sorte qu'il faut secourir les faibles, nous
souvenant des paroles du Seigneur Jésus qui a dit lui-même : « Il y a
plus de bonheur à donner qu'à recevoir. »

Autre vue des ruines de Milet. C'était une très antique cité grecque, longtemps indépendante. Annexée aux empires des Perses, des Macédoniens, puis des Romains, Milet avait conservé sa prospérité et le renom de ses écoles.

[36]A ces mots, il se mit à genoux et pria avec eux tous. [37]Tous
éclatèrent en sanglots et, se jetant au cou de Paul, ils l'embrassaient
tendrement, [38]affligés surtout de ce qu'il avait dit : « Vous ne verrez
plus mon visage. » Puis ils l'accompagnèrent jusqu'au bateau.

(1) Nous avons déjà rencontré le discours-type aux Juifs de Pisidie (n° 38), puis aux païens d'Athènes (n° 50). Voici maintenant le discours-type aux dirigeants des églises. Son intérêt dépasse donc de beaucoup la situation du moment. On peut voir dans le même sens les épîtres pastorales (nos 148; 149) et la première épître de saint Pierre (**5**,1-4).

(2) Le mot grec « presbuteros » traduit par « ancien, homme âgé, aîné » est devenu en français « prêtre », et le mot « episcopos » traduit par « surveillants ou gardiens » est devenu « évêques » (voir plus loin n° 147).

Saint Paul, d'après une fresque byzantine conservée dans l'église Saint-Jean, à Éphèse.

69 De Milet à Césarée de Palestine
(Actes **21**,1-14)

[1]Après nous être arrachés à eux, nous gagnâmes le large et fîmes
voile droit sur Cos ; le lendemain sur Rhodes, et de là sur Patara.
[2]Ayant trouvé un bateau en partance pour la Phénicie, nous montâmes
et mîmes à la voile. [3]Arrivés en vue de Chypre, nous la laissâmes à
gauche pour voguer vers la Syrie et nous abordâmes à Tyr, où le navire

devait décharger sa cargaison. 4 Ayant découvert les disciples, nous restâmes là sept jours. Sous l'inspiration de l'Esprit, ceux-ci disaient à Paul de ne pas se montrer à Jérusalem. 5 Notre séjour achevé, nous nous remîmes en route, accompagnés de tous les disciples avec les femmes et les enfants, jusqu'en dehors de la ville ; agenouillés sur le rivage, nous fîmes une prière 6 puis, après avoir échangé nos adieux, nous montâmes sur le bateau, tandis qu'ils s'en retournaient chez eux. 7 Pour nous, achevant notre navigation, nous allâmes de Tyr à Ptolémaïs (1). Nous y saluâmes les frères et nous restâmes un jour avec eux.

8 Repartis le lendemain, nous arrivâmes à Césarée ; nous descendîmes chez l'évangéliste Philippe, l'un des Sept, et demeurâmes chez lui. 9 Il avait quatre filles vierges qui avaient le don de prophétie (2). 10 Nous étions là depuis quelques jours, quand un prophète du nom d'Agabus descendit de Judée. 11 Il vint nous trouver, prit la ceinture de Paul, s'en lia les pieds et les mains et déclara : « Voici ce que dit l'Esprit Saint : L'homme à qui appartient cette ceinture, les Juifs le ligoteront ainsi à Jérusalem, et ils le livreront aux mains des païens (3). » 12 A ces mots, nous et les frères de l'endroit le conjurions de ne pas monter à Jérusalem. 13 Paul répondit : « Pourquoi pleurer ainsi et me briser le cœur ? Je suis prêt, quant à moi, non seulement à être lié, mais à mourir à Jérusalem pour le nom du Seigneur Jésus. » 14 Comme on ne parvenait pas à le persuader, nous n'insistâmes plus et nous dîmes : « Que la volonté du Seigneur soit faite ! »

(1) Ptolemaïs, l'ancienne Akko cananéenne, Saint-Jean-d'Acre, était autrefois l'un des bons ports de la côte palestinienne.

(2) Philippe est le diacre des nos 16 et 23. Luc l'appelle *l'évangéliste* probablement parce que Philippe recueillait les souvenirs de Jésus. Dirigeant et enseignant de l'Église, il n'en est pas moins marié, mais ses filles se sont consacrées au service du Seigneur qui leur a donné l'esprit prophétique (voir no 74).

(3) Agabus fait un geste symbolique à la façon des prophètes de l'Ancien Testament (Isaïe **20**; Jérémie **19** et **27**). La transmission de la parole est accompagnée d'une sorte de mime qui en augmente la force expressive.

LE TEXTE DES ACTES REPREND AU No 116

V. Les Lettres du troisième voyage

Extraits de la première Lettre aux Corinthiens

Corinthe et sa banlieue entre les deux mers.

Cette épître fut écrite entre 55 et 57, pendant le séjour de Paul à Éphèse (n° 63). Il avait évangélisé Corinthe au cours de son deuxième voyage (nos 51 et 52). Dans cette ville commerçante et cosmopolite, l'église était fervente, généreuse, mais turbulente. Les dons exceptionnels de l'Esprit Saint y abondaient (n° 79). Mais les Corinthiens se laissaient diviser par leurs sympathies pour tel ou tel prédicateur : Paul lui-même, ou Céphas (c'est-à-dire l'apôtre Pierre), ou Apollos qui enthousiasmait par son éloquence et son savoir (n° 62). Des désordres plus graves étaient de nature morale. Ne pouvant aller tout de suite y porter remède, Paul écrit donc cette lettre, remplie d'enseignements chrétiens. On peut la diviser en deux parties :

1re partie : l'Apôtre condamne les désordres :

Division en sectes (n° 70).

Estime exagérée pour les qualités extérieures de la prédication qui doit être une sagesse divine et non pas un art humain (nos 71 et 72).

*Trois cas d'immoralité (***5***;* **6,***1-8; et n° 73).*

2e partie : Paul répond à des questions :

Mariage ou virginité ? (n° 74).

Précautions à prendre devant l'idolâtrie (nos 75 à 77).

Ordre des assemblées chrétiennes (n° 78).

Charismes extraordinaires (nos 79 et 80).

Résurrection des morts (nos 81 à 84).

On trouvera dans ce livre les extraits les plus significatifs, encore bien d'actualité pour aujourd'hui.

Une des grandes rues d'Éphèse d'où Paul écrivit sa première lettre aux Corinthiens, et un peu plus tard sa lettre aux Galates (nos 89 à 97).

70 Adresse, compliments, demande
(1 Corinthiens **1**,1-17)

1 Paul, appelé à être apôtre de Jésus-Christ par la volonté de Dieu, et
Sosthène, notre frère, 2 à l'Église de Dieu qui est à Corinthe, aux fidèles
sanctifiés dans le Christ Jésus et appelés à être saints, avec tous ceux
qui en tous lieux invoquent le nom de notre Seigneur Jésus-Christ, leur
Seigneur et le nôtre ; 3 à vous grâce et paix de la part de Dieu, notre
Père, et du Seigneur Jésus-Christ !
4 Je ne cesse de remercier Dieu à votre sujet pour la grâce qu'il vous a
donnée dans le Christ Jésus. 5 Vous avez été comblés en lui de toutes les
richesses, toutes celles de la parole et toutes celles de la science, 6 à
proportion de la fermeté avec laquelle le témoignage du Christ a été
établi parmi vous. 7 Aussi ne vous manque-t-il aucun don spirituel, à
vous qui attendez la manifestation de notre Seigneur Jésus-Christ.
8 C'est lui qui vous affermira jusqu'à la fin, pour que vous soyez
irréprochables au Jour de notre Seigneur Jésus-Christ. 9 Il est fidèle, le
Dieu qui vous a appelés à l'union intime avec son Fils Jésus-Christ,
notre Seigneur.
10 Je vous conjure, frères, au nom de notre Seigneur Jésus-Christ,
d'avoir tous même sentiment. Qu'il n'y ait pas parmi vous de divisions.

Début de la première épître aux Corinthiens dans le Codex du Vatican (IVe siècle).

Le fond du golfe de Corinthe, l'ancien port occidental. L'isthme de Corinthe s'allonge au fond et à gauche en direction de la mer Égée.

Soyez bien unis, n'ayant qu'un même esprit et qu'une même pensée.
11 Il m'est revenu à votre sujet, mes frères, par les gens de Chloé, qu'il y
a des dissensions parmi vous. 12 Voici ce que je veux dire ; chacun de
vous déclare : « Moi, je suis pour Paul ! » « Et moi, pour Apollos ! » « Et
moi, pour Céphas (1) ! » « Et moi, pour le Christ ! » 13 Le Christ est-il
divisé ? Serait-ce Paul qui a été crucifié pour vous ? Serait-ce au nom
de Paul que vous avez été baptisés ? 14 Je n'ai, Dieu merci, baptisé
aucun de vous, sinon Crispus et Gaïus ; 15 personne ne peut donc
prétendre que vous ayez été baptisés en mon nom. 16 Ah si ! J'ai encore
baptisé la famille de Stéphanas. Je ne sache pas, au surplus, avoir
baptisé personne d'autre.

17 Le Christ en effet ne m'a pas envoyé baptiser, mais prêcher
l'Évangile, et cela sans faire appel à la sagesse du langage, afin que la
croix du Christ ne soit pas réduite à rien.

(1) Il n'est pas indispensable que Céphas-Pierre soit venu en personne à Corinthe, il suffisait que des prédicateurs de Syrie se soient appuyés sur son autorité.

71 Où en êtes-vous ? et qui suis-je ?

(1 Corinthiens **3**,1-23)

1 Pour moi, frères, je n'ai pu vous parler comme à des hommes
spirituels, mais comme à des hommes charnels, comme à de petits
enfants dans le Christ. 2 C'est du lait que je vous ai donné à boire, non
une nourriture solide : vous n'auriez pu la supporter. Même à présent
vous ne le pouvez pas, 3 car vous êtes encore dominés par la chair. Du
moment qu'il y a parmi vous jalousie et disputes, n'est-ce pas la preuve
que vous êtes charnels et que votre conduite est tout humaine ?
4 Lorsque l'un dit : « Moi, je suis pour Paul », et l'autre : « Moi, je suis
pour Apollos », n'agissez-vous pas d'une manière tout humaine ?

5 Qu'est-ce donc qu'Apollos ? Et qu'est-ce que Paul ? Des serviteurs
par qui vous avez cru, selon la part que le Seigneur a donnée à chacun.
6 Moi, j'ai planté, Apollos a arrosé, mais c'est Dieu qui donnait la
croissance. 7 Ainsi celui qui plante n'est rien, celui qui arrose n'est rien,
seul compte celui qui donne la croissance : Dieu. 8 Celui qui plante et

Corinthe, reconstitution d'arcades antiques. En haut, un chapiteau de style corinthien, reconnaissable à son décor de feuilles finement découpées. Au milieu, l'inscription d'une synagogue helléniste (p. 23). On peut penser que les juifs rencontrés par Paul à Corinthe venaient surtout d'Alexandrie et se servaient largement du grec.

celui qui arrose ne font qu'un, et chacun recevra son salaire en
proportion de son propre travail. 9 Car nous sommes les coopérateurs de
Dieu, et vous êtes, vous, le champ de Dieu, l'édifice de Dieu.
10 Selon la grâce que Dieu m'a donnée, j'ai, tel un bon architecte,
posé les fondations. Un autre bâtit dessus. Mais que chacun prenne
garde à la manière dont il bâtit. 11 Car, de fondations, personne n'en
peut poser d'autres que celui qui est en place : Jésus-Christ. 12 Si l'on
bâtit sur ce fondement avec de l'or, de l'argent, des pierres précieuses,
du bois, du foin, de la paille, 13 on verra quel est l'ouvrage de chacun ; le
Jour du Seigneur le fera connaître, car il se manifestera dans le feu, et
c'est ce feu qui éprouvera ce que vaut l'œuvre de chacun. 14 Celui dont
l'œuvre bâtie sur le fondement tiendra recevra un salaire ; 15 celui dont
l'ouvrage sera consumé perdra sa rémunération ; quant à lui, il sera
sauvé, mais comme à travers le feu.
16 Ne savez-vous pas que vous êtes le temple de Dieu et que l'Esprit de
Dieu habite en vous ? 17 Si quelqu'un détruit le temple de Dieu, Dieu le
détruira. Car il est sacré, le temple de Dieu, et ce temple, c'est vous.
18 Que personne ne s'abuse ! Si quelqu'un parmi vous se croit sage à
la manière de ce monde, qu'il devienne fou pour être sage ; 19 car la
sagesse de ce monde est folie aux yeux de Dieu. Il est écrit en effet :
C'est moi qui prends les sages à leur propre ruse. 20 Et encore : *Le
Seigneur connaît les pensées des sages et sait qu'elles sont vaines.*
21 Ainsi donc, que nul ne mette sa gloire dans les hommes ; car tout est à
vous : 22 Paul, Apollos, Céphas, le monde, la vie, la mort, le présent,
l'avenir. Tout est à vous, 23 mais vous êtes au Christ et le Christ est à
Dieu !

Saint Paul oppose les charnels *aux* spirituels. *Les premiers raisonnent humainement au lieu de suivre jusqu'au bout la logique de la foi; tels étaient les Corinthiens quand ils jugeaient de la sagesse des prédicateurs chrétiens d'après leurs qualités extérieures. Apollos (homme droit et respectable en lui-même) enchantait les Grecs par son éloquence et par son maniement des idées philosophiques. D'autres, d'origine orientale, préféraient les frères venus de chez eux. Au contraire, l'homme « spirituel » sait bien que Dieu est la seule source de vitalité dans son Église.*

Paul la compare à un jardin : des hommes y travaillent, ce sont les coopérateurs de Dieu. Mais Dieu est bien plus qu'un simple propriétaire, il est le créateur de la terre et de l'eau, des plantes et de ceux qui les cultivent !

Paul compare aussi l'Église à un temple. Il n'y a qu'une fondation : le Christ en personne. Le premier qui l'annonce (Paul à Corinthe) mérite d'être appelé architecte. Là-dessus, d'autres peuvent bâtir leur chapelle et la décorer à leur guise, en matériaux plus ou moins solides et précieux. Le Jour du Seigneur sera comme un incendie, on verra alors ce qui subsistera (nº 58). Tel sera le jugement de ceux qui travaillent pour le Christ : celui qui n'aura fait qu'un travail humain se sauvera, mais nu et sentant le roussi comme un homme échappé du feu.

Les bâtisseurs en second n'ont pas à faire les fiers, et encore moins ceux qui fréquentent les chapelles de l'unique Église.

72 Tel se croit riche qui est pauvre

(1 Corinthiens **4**,8-21)

8 Déjà vous voilà rassasiés ! Déjà vous voilà riches ! Sans nous, vous
êtes devenus rois ! Ah ! Que ne l'êtes-vous donc afin que nous le soyons
aussi avec vous ! 9 Car je crois que Dieu nous a mis publiquement au
dernier rang, nous les apôtres, comme des condamnés à mort ; nous
avons été livrés en spectacle au monde, aux anges et aux hommes.
10 Nous sommes fous à cause du Christ, mais vous , vous êtes sages dans
le Christ ; nous sommes faibles, vous êtes forts ; vous avez l'honneur, et
nous le mépris ! 11 A cette heure encore, nous souffrons la faim, la soif,
la nudité ; nous sommes brutalisés et errants ; 12 nous peinons à
travailler de nos mains. Insultés, nous bénissons ; persécutés, nous
endurons ; 13 calomniés, nous consolons. Nous sommes devenus comme
les ordures du monde, nous sommes jusqu'à maintenant le rebut de
tous.

14 Je ne vous écris pas cela pour vous faire honte, mais pour vous
avertir, comme mes enfants bien-aimés. 15 Auriez-vous en effet des
milliers de pédagogues dans le Christ, que vous n'avez pas plusieurs
pères, puisque c'est moi qui, par l'Évangile, vous ai engendrés dans le
Christ Jésus. 16 Je vous en conjure donc : devenez mes imitateurs.
17 C'est pour cela que je vous ai envoyé Timothée, mon enfant bien-aimé
et fidèle dans le Seigneur. Il vous rappellera mes principes de conduite
dans le Christ, tels que je les enseigne partout, dans toutes les Églises.

18 Dans l'idée que je ne retournerais pas chez vous, certains se sont
gonflés d'orgueil. 19 Mais j'irai bientôt chez vous, s'il plaît au Seigneur,

et je verrai alors ce que ces orgueilleux valent, non en paroles, mais en
puissance ; 20 car le royaume de Dieu ne consiste pas en paroles, mais
en puissance. 21 Que préférez-vous ? Que j'aille chez vous avec le bâton,
ou avec amour et en esprit de douceur ?

Paul écrit avec vivacité, comme s'il avait devant lui ses lecteurs de Corinthe. Il veut les toucher au cœur par une piquante ironie.

Il les a engendrés dans la foi, comme un père et voici qu'ils s'imaginent l'avoir dépassé ! Ils se croient savants et habiles, sages *sans lui,* rassasiés, riches, rois.

Face à cette prétention, le véritable « fou du Christ » met en avant ses titres d'honneurs : travaux, souffrances, humiliations et dangers courus. Quel Corinthien pourrait en dire autant ?

Ses derniers mots sont une menace. Ceux qui peuvent guérir ont aussi le pouvoir de frapper ; l'autorité spirituelle des apôtres avait quelque chose de redoutable (n° 12 et 1 Corinthiens **5**,*3-5).*

73 Respectez votre corps, l'Esprit y réside
(1 Corinthiens **6**,9-20)

9 Ne savez-vous donc pas que les injustes n'hériteront pas du royaume
de Dieu ? Ne vous y trompez pas ! Ni impudiques, ni idolâtres, ni
adultères, ni dépravés, ni gens de mœurs infâmes, 10 ni voleurs, ni
cupides, ni ivrognes, ni calomniateurs, ni fripons n'hériteront du
royaume de Dieu. 11 Voilà ce que certains d'entre vous étaient. Mais
vous avez été lavés, mais vous avez été sanctifiés, mais vous avez été
justifiés par le nom de notre Seigneur Jésus-Christ et par l'Esprit de
notre Dieu !
12 « Tout m'est permis », mais tout n'est pas profitable. « Tout m'est
permis », mais moi je ne me laisserai asservir par quoi que ce soit. 13 Les
aliments sont faits pour le ventre, et le ventre pour les aliments, et Dieu
détruira l'un comme les autres. Mais le corps n'est pas fait pour la
fornication ; il est pour le Seigneur, et le Seigneur est pour le corps.
14 Et Dieu qui a ressuscité le Seigneur nous ressuscitera, nous aussi, par
sa puissance.
15 Ne savez-vous pas que vos corps sont les membres du Christ ?
Vais-je donc prendre les membres du Christ pour en faire les membres
d'une prostituée ? Certes non ! 16 Ne savez-vous pas non plus que celui

Ruines du temple d'Apollon à Corinthe. An fond sur la citadelle de l'Acrocorinthe, on devine les restes du temple d'Aphrodite (Vénus des latins), déesse de l'amour et du plaisir. A ces temples de pierre dédiés aux passions avilissantes, l'apôtre oppose les temples de chair habités par l'Esprit de Dieu.

qui s'unit à la prostituée ne fait qu'un corps avec elle ? Car il est dit : *A eux deux, ils ne feront qu'une seule chair.* 17 Celui, au contraire, qui s'unit au Seigneur ne fait avec lui qu'un esprit.

18 Fuyez la fornication ! Tous les autres péchés que l'homme peut commettre sont extérieurs à son corps, mais celui qui commet la fornication pèche contre son propre corps.

19 Ou bien ne savez-vous pas que votre corps est le temple du Saint-Esprit qui est en vous, qui vous vient de Dieu, de sorte que vous
ne vous appartenez plus ? 20 Vous avez été rachetés cher ! Glorifiez donc
Dieu dans votre corps.

Corinthe était célèbre pour ses plaisirs et sa corruption. Mille prêtresses de Vénus y exerçaient la prostitution au profit du temple. Rien d'étonnant si les chrétiens à peine convertis sentaient se réveiller en eux toutes les tentations et revenaient trop souvent à leurs anciens vices.

Contre un tel avilissement, il ne servirait à rien de parler d'utilité personnelle ou commune, aussi Paul fait-il résolument appel aux principes les plus élevés de la vie chrétienne : notre corps n'est pas une prison détestable ni une bête de somme qu'il faudrait nourrir des aliments qu'elle demande, comme le pensaient certains Grecs d'alors. Il est le temple du Saint-Esprit. Par la puissance de Dieu, agissant au baptême, notre chair est unie au mystère du Christ ressuscité, et elle est destinée à ressusciter elle aussi, transfigurée dans la gloire.

Il faut donc respecter son corps. En faire un instrument de péché, c'est le profaner, et qui détruit le temple de Dieu, Dieu le détruira *(n° 71).*

Tout m'est permis. *Paul avait dû prononcer ces mots pour situer la liberté chrétienne en face des contraintes légales de l'Ancien Testament (voir Galates et Romains). Mais à Corinthe, on abusait de ses paroles pour se permettre n'importe quoi, spécialement dans les rapports sexuels. Paul proteste donc contre cette fausse interprétation.* Tout m'est permis, *sauf ce qui me rend esclave du péché, car la liberté du chrétien est fondée sur son attachement au Christ.*

Les rapports conjugaux ne sont pas contraires à cet attachement et peuvent même en être un symbole, s'ils expriment un don de soi mutuel et sans égoïsme (n° 143).

74 Mariage ou virginité
(1 Corinthiens **7**,1-17. 25-35. 39-40)

1 J'en viens à ce que vous m'avez écrit. Il est bon pour l'homme de
s'abstenir de la femme. 2 Cependant, à cause du péril d'impudicité, que
chaque homme ait sa femme et chaque femme son mari. 3 Que le mari
s'acquitte de son devoir conjugal envers sa femme, et pareillement la
femme envers son mari. 4 La femme ne peut pas disposer de son corps,
mais le mari. Pareillement le mari ne peut davantage disposer de son
corps, mais la femme. 5 Ne vous refusez pas l'un à l'autre, si ce n'est
d'un commun accord et pour un temps, afin de vaquer à la prière ; puis
revenez à la vie commune de peur que Satan ne profite, pour vous
tenter, de votre propension à l'incontinence. 6 Ce que je dis là est une
concession, non un ordre. 7 Je voudrais bien, en effet, que tout le monde
soit comme moi ; mais chacun reçoit de Dieu son don particulier, l'un
d'une manière, l'autre d'une autre.

8 Je dis donc aux célibataires et aux veuves qu'ils feront bien de rester
comme moi. 9 Mais s'ils ne peuvent garder la continence, qu'ils se
marient : mieux vaut se marier que de brûler de convoitise.

10 Quant aux personnes mariées, voici ce que j'ordonne, non pas moi,
mais le Seigneur : que la femme ne se sépare pas de son mari — 11 en
cas de séparation, qu'elle reste sans se remarier ou bien qu'elle se
réconcilie avec son mari —, et que le mari, de son côté, ne répudie pas
sa femme.

12 Pour les autres, je leur dis, non pas le Seigneur, mais moi : si un
frère a une femme non croyante et qu'elle consente à vivre avec lui,
qu'il ne la répudie pas. 13 Si une femme a un mari non croyant et qu'il
consente à vivre avec elle, qu'elle ne le répudie pas. 14 Car le mari non
croyant est sanctifié par sa femme, et la femme non croyante est
sanctifiée par son mari. Autrement, vos enfants seraient impurs, alors
qu'ils sont saints. 15 Mais si la partie non croyante veut se séparer,
qu'elle se sépare ; le frère ou la sœur ne sont pas liés en pareil cas : c'est
à vivre en paix que Dieu vous a appelés. 16 Et que sais-tu, femme, si tu
sauveras ton mari ? Et que sais-tu, mari, si tu sauveras ta femme ?

17 Par ailleurs, que chacun continue à vivre dans la condition que le
Seigneur lui a donnée en partage, celle-là même où l'a trouvé l'appel de
Dieu. C'est la règle que je donne dans toutes les Églises.

25 Pour ce qui est des vierges, je n'ai pas d'ordre du Seigneur : je
donne seulement un conseil en homme qui doit à la miséricorde du
Seigneur d'être digne de confiance. 26 Je pense que c'est l'état qui
convient, en raison des difficultés présentes ; oui, c'est ce qui convient
pour l'homme. 27 Es-tu lié à une femme ? Ne cherche pas à rompre.
N'es-tu pas lié à une femme ? N'en cherche pas. 28 Si cependant tu te
maries, tu ne pèches pas ; de même une jeune fille qui se marie ne
pèche pas. Mais ceux-là connaîtront des épreuves dans leur chair, et
moi, je voudrais vous les épargner.

29 Je vous le dis, frères, le temps se fait court. Que ceux donc qui ont
une femme vivent comme s'ils n'en avaient pas ; 30 ceux qui pleurent,
comme s'ils ne pleuraient pas ; ceux qui sont dans la joie, comme s'ils
n'y étaient pas ; ceux qui achètent comme s'ils ne possédaient pas ;
31 ceux qui usent de ce monde, comme s'ils n'en usaient pas ; car la
figure de ce monde passe.

32 Je voudrais vous voir exempts de préoccupations. Celui qui n'est
pas marié se préoccupe des affaires du Seigneur et cherche comment
plaire au Seigneur. 33 Mais celui qui est marié a souci des affaires du
monde et cherche comment plaire à sa femme, 34 et le voilà partagé. De
même la femme sans mari et la jeune fille se préoccupent des affaires
du Seigneur et cherchent à être saintes de corps et d'esprit. Mais la
femme mariée a souci des affaires du monde et cherche comment plaire
à son mari. 35 Je dis cela dans votre intérêt et nullement pour vous
tendre un piège, mais pour vous porter à ce qui est meilleur et propre à
vous attacher au Seigneur sans partage.

39 La femme demeure liée à son mari aussi longtemps qu'il vit. Si son
mari vient à mourir, elle est libre d'épouser qui elle voudra, mais dans
le Seigneur seulement. 40 Cependant, elle sera plus heureuse à mon avis,
si elle reste comme elle est. Et je pense, moi aussi, avoir l'Esprit de
Dieu !

Saint Paul ne donne pas ici toute sa doctrine du mariage qu'il complétera dans l'épître aux Éphésiens (n° 143). Il répond seulement à des questions que les Corinthiens lui ont posées par écrit.

1. La virginité vaut mieux que le mariage si on s'y engage pour se donner plus librement à Dieu dans les travaux de la charité, et non par égoïsme (vv. 32 et 34). Saint Paul n'en donne le conseil qu'à ceux qui en sont capables, c'est un don que Dieu fait seulement à quelques-uns (vv. 7-9). Ce n'est pas affaire de morale, il n'y a pas péché d'un côté ni vertu de l'autre.

La ligne de départ des courses de vitesse sur le stade de Corinthe. Tous les deux ans, on y célébrait les jeux Isthmiques, aussi célèbres que nos concours athlétiques nationaux.
Tous les athlètes courent, mais un seul gagne la coupe (1 Corinthiens 9,24).

2. Le mariage est bon et digne de respect. Les époux ont des droits et des devoirs réciproques. Saint Paul ne conseille ni de se séparer ni même de s'éloigner, sauf peut-être pour quelques jours et dans un but religieux (vv. 3-5). Reste que le mariage doit être compris à la lumière de la foi, comme tout l'ensemble de la vie des chrétiens (vv. 29-31).

3. Le mariage est indissoluble jusqu'à la mort, c'est un commandement du Seigneur. Un divorce ne donne pas le droit de se remarier (v. 10-11; voir Matthieu **5**,*32 et* **19**,*9).*

4. Saint Paul est obligé de prendre position sur un cas spécial dont Jésus n'avait pas parlé (vv. 12-16) : de deux époux païens, si l'un devient chrétien, que faire ? — Qu'il (ou elle) ne se fasse pas de scrupule, sa foi sanctifie le mariage, à moins que l'autre, resté païen, n'exige la séparation. Dans les pays de mission, on doit parfois appliquer cette règle, appelée « privilège paulin » (du nom de saint Paul précisément). Dans ce cas, le chrétien libéré (ou la chrétienne) peut se remarier selon les règles de l'Église.

5. Nous ignorons quelles étaient ces règles au temps de saint Paul, mais l'expression « se marier dans le Seigneur » suppose qu'il en existait déjà (v. 39).

75 Paul peut se donner en exemple
(1 Corinthiens **9**,1-4. 10-27)

1Ne suis-je pas libre ? Ne suis-je pas apôtre ? N'ai-je pas vu Jésus,
notre Seigneur ? N'êtes-vous pas mon œuvre dans le Seigneur ? 2Si pour
d'autres je ne suis pas apôtre, pour vous du moins je le suis ; c'est vous
qui, dans le Seigneur, êtes le sceau de mon apostolat. 3Ma réponse à
mes détracteurs, la voilà. 4N'avons-nous pas le droit de manger et de
boire ?

10N'est-ce pas en réalité pour nous qu'il parle ? Oui, c'est pour nous
que cela a été écrit : celui qui laboure doit labourer dans l'espérance, et
celui qui foule le grain, dans l'espérance d'en avoir sa part. 11Si nous
avons semé parmi vous les biens spirituels, serait-il exorbitant de
récolter de vos biens temporels ? 12Si d'autres ont ce droit sur vous, ne
l'avons-nous pas davantage ? Pourtant, nous n'avons pas usé de ce
droit ; nous nous privons de tout pour ne créer aucun obstacle à
l'Évangile du Christ.

13Ne savez-vous pas que les ministres du temple vivent du temple, et
que ceux qui servent à l'autel ont part à ce qui est offert sur l'autel ?
14De même le Seigneur a prescrit à ceux qui annoncent l'Évangile de
vivre de l'Évangile.

15 Mais moi je n'ai usé d'aucun de ces droits, et je n'écris pas cela
pour les réclamer. Plutôt mourir que de... Non, personne ne m'enlèvera
ce titre de gloire ! 16 Car annoncer l'Évangile n'est pas pour moi un titre
de gloire ; c'est une nécessité qui m'incombe, et malheur à moi si je
n'annonçais pas l'Évangile ! 17 Si je le faisais de ma propre initiative,
j'aurais droit à un salaire. Mais si ce n'est pas par mon initiative, je ne
fais que m'acquitter d'une charge qui m'est confiée. 18 Quel sera mon
salaire dans ces conditions ? Ce sera qu'annonçant l'Évangile, je l'offre
gratuitement, sans user du droit que me confère l'Évangile.
19 Oui, libre à l'égard de tous, je me suis fait l'esclave de tous pour en
gagner le plus grand nombre. 20 Je me suis fait Juif avec les Juifs pour
gagner les Juifs ; sujet de la Loi avec les sujets de la Loi — bien que je
ne le sois pas — afin de gagner les sujets de la Loi. 21 Je me suis fait
sans-loi avec les sans-loi — bien que je ne sois pas sans une loi de Dieu,
étant sous la loi du Christ — afin de gagner les sans-loi. 22 Je me suis
fait faible avec les faibles, afin de gagner les faibles. Je me suis fait tout
à tous pour en sauver quelques-uns coûte que coûte. 23 Tout cela, je le
fais pour l'Évangile, afin d'avoir ma part des biens qu'il promet.
24 Ne savez-vous pas que dans les courses du stade tous courent, mais
un seul remporte le prix ? Courez donc de manière à le remporter.
25 Tous les athlètes s'imposent mille privations ; mais eux, c'est pour
une couronne périssable, nous, pour une impérissable. 26 Quant à moi,
c'est ainsi que je cours, et non à l'aventure. C'est ainsi que je boxe, et
non en battant l'air. 27 Mais je meurtris mon corps et le traîne en
esclavage, de peur qu'après avoir été le héraut des autres, je ne sois
moi-même disqualifié.

76 Les dures leçons d'Israël
(1 Corinthiens **10**,1-13)

1 Je ne veux pas que vous l'ignoriez, frères ; nos pères ont tous été
sous la nuée, tous ont passé à travers la mer, 2 tous ont été baptisés en
Moïse dans la nuée et dans la mer, 3 tous ont mangé du même aliment
spirituel 4 et tous ont bu de la même boisson spirituelle. Ils buvaient en
effet à un rocher spirituel qui les accompagnait ; ce rocher, c'était le
Christ. 5 Cependant, la plupart d'entre eux n'ont pas été agréables à
Dieu, car leurs cadavres jonchèrent le désert.

6 Ces choses se sont passées pour nous servir d'exemples, afin que
nous ne nous abandonnions pas aux désirs mauvais, comme ils le firent
eux-mêmes. 7 Ne devenez pas idolâtres comme certains d'entre eux,
dont il est écrit : *Le peuple s'assit pour festoyer, puis il se leva pour
s'amuser.* 8 Ne nous livrons pas à la fornication, comme le firent
certains d'entre eux, et il en tomba vingt-trois mille en un seul jour. 9 Ne
tentons pas le Seigneur, comme le firent certains d'entre eux, et ils
périrent par les serpents. 10 Ne murmurez pas, comme le firent certains
d'entre eux, et ils périrent sous les coups de l'Exterminateur. 11 Tout
cela leur arrivait pour servir d'exemple et a été écrit pour notre
enseignement, à nous qui touchons à la fin des temps. 12 Ainsi donc,
que celui qui se flatte d'être debout prenne garde de tomber. 13 Aucune
tentation ne vous est survenue qui dépasse les forces humaines. Dieu
est fidèle ; il ne permettra pas que vous soyez tentés au-delà de vos
forces. Avec la tentation, il vous donnera les moyens d'y échapper et de
la surmonter.

Les questions posées par les Corinthiens deviennent de plus en plus difficiles et saint Paul doit leur donner un exemple qui les amène à réfléchir : autrefois, Israël délivré d'Égypte fut mis à l'épreuve au désert. Le plus souvent, il se conduisit fort mal et Dieu dut le punir sévèrement... Pareillement, les chrétiens sont baptisés, nourris et abreuvés de l'Eucharistie, délivrés... Qu'ils prennent garde, ils seront mis à l'épreuve. Certes, Dieu ne leur tend pas de piège et ils peuvent compter sur son aide, mais ils ne sont pas dispensés d'effort ni d'attention.

77 Entre l'autel du Christ et la table des démons
(1 Corinthiens **10**,14-22)

14 C'est pourquoi, mes bien-aimés, fuyez l'idolâtrie. 15 Je vous parle
comme à des gens sensés : jugez vous-mêmes de ce que je dis. 16 La
coupe de bénédiction que nous bénissons n'est-elle pas une communion
au sang du Christ ? Le pain que nous rompons n'est-il pas une
communion au corps du Christ ? 17 Du moment qu'il n'y a qu'un pain,
nous ne formons tous qu'un seul corps, car tous nous participons à ce
pain unique. 18 Regardez l'Israël terrestre. Ceux qui mangent les
victimes ne sont-ils pas en communion avec l'autel ? 19 Qu'est-ce à
dire ? Que la viande immolée aux idoles soit quelque chose ? Ou que

Cette ancienne mosaïque représente un repas du Christ avec ses apôtres. L'artiste s'est inspiré de la Cène du Jeudi Saint en même temps que de la multiplication des pains et des poissons (Jean 6,9). Les personnages sont disposés en rond, comme dans l'abside d'une église (Saint-Apollinaire, Ravenne).

l'idole soit quelque chose ? 20 Non, mais ce que les païens sacrifient,
c'est à des démons et à ce qui n'est pas Dieu qu'ils le sacrifient. Or je ne
veux pas que vous entriez en communion avec les démons. 21Vous ne
pouvez boire à la coupe du Seigneur et à la coupe des démons ; vous ne
pouvez participer à la table du Seigneur et à la table des démons.
22Voudrions-nous provoquer la jalousie du Seigneur ? Serions-nous
plus forts que lui ?

Il s'agit d'une affaire plus grave que d'acheter de la viande au marché. Un chrétien peut-il participer à une cérémonie idolâtrique ? Bien que les idoles ne soient que des choses inertes, bois, pierre, métal, les fêtes qu'on célèbre autour d'elles ont une certaine réalité : elles mettent les humains en communication avec des esprits dangereux.

Pour un juif, il était impensable d'aller partager la table des démons, en prenant part à un sacrifice idolâtrique, après avoir communié symboliquement avec Dieu par le moyen de l'autel de Jérusalem. A plus forte raison pour un chrétien qui communie sacramentellement au corps et au sang du Christ !

Cette règle a toujours été observée en pays de mission. Elle redevient d'actualité en nos pays où des cérémonies d'origines variées se pratiquent en certains milieux. Rites et symboles sont choses graves, un chrétien n'en a pas d'autres que ceux de sa foi au Christ.

78 L'Eucharistie, autel des chrétiens
(1 Corinthiens **11**,17-34)

17Pour en rester aux observations, je n'ai pas à vous louer de ce que
vos réunions tournent, non à votre bien, mais à votre détriment. 18 Tout
d'abord, j'apprends que lorsque vous vous réunissez en assemblée il se
forme parmi vous des groupes séparés, et je le crois en partie. 19Il est
inévitable qu'il y ait parmi vous des divisions pour qu'on reconnaisse
les gens d'une vertu éprouvée. 20Donc, quand vous vous réunissez
ensemble, vous ne prenez pas le repas du Seigneur. 21Car, une fois à
table, chacun prend d'abord son propre repas, et l'un a faim tandis que
l'autre s'enivre. 22N'avez-vous donc pas des maisons pour manger et
pour boire ? Ou bien méprisez-vous l'Église de Dieu et voulez-vous
faire affront à ceux qui n'ont rien ? Que vous dire ? Vous louer ? Sur ce
point, non, je ne vous loue pas.

23 Pour moi j'ai appris du Seigneur, ce qu'à mon tour je vous ai
transmis : le Seigneur Jésus, la nuit où il fut livré, prit du pain 24 et,
après avoir rendu grâce, il le rompit et dit : *« CECI EST MON CORPS
LIVRÉ POUR VOUS ; FAITES CECI EN MÉMOIRE DE MOI. »*
25 De même, après le repas, il prit la coupe en disant : *« CETTE
COUPE EST LA NOUVELLE ALLIANCE EN MON SANG ;
CHAQUE FOIS QUE VOUS EN BOIREZ, FAITES-LE EN
MÉMOIRE DE MOI. »* 26 Chaque fois donc que vous mangez ce pain
et buvez cette coupe, vous annoncez la mort du Seigneur jusqu'à ce
qu'il vienne. 27 C'est pourquoi, quiconque mange le pain ou boit la
coupe du Seigneur indignement sera coupable envers le corps et le sang
du Seigneur.

28 Que chacun donc s'éprouve soi-même et qu'alors il mange de ce
pain et boive de cette coupe ; 29 car quiconque mange et boit sans
discerner le corps du Seigneur, mange et boit sa propre condamnation.
30 C'est pour cela que beaucoup parmi vous sont malades et infirmes et
qu'un certain nombre sont morts. 31 Si nous nous examinions
nous-mêmes, nous ne serions pas jugés. 32 Mais le Seigneur nous juge et
nous corrige pour que nous ne soyons pas condamnés avec le monde.
33 Ainsi donc, mes frères, quand vous vous réunissez pour le repas du
Seigneur, attendez-vous les uns les autres. 34 Si quelqu'un a faim, qu'il
mange chez lui, afin que vous ne vous réunissiez pas pour votre
condamnation. Quant aux autres points, je les réglerai lors de ma
venue.

Comme la Cène de Jésus, et comme tous les repas de fête des anciens, l'Eucharistie commençait au coucher du soleil, et se prolongeait dans la nuit (nº 66). A Jérusalem, elle était inséparable d'un partage total, ou du moins d'un généreux secours aux pauvres (nºs 6 et 16). Mais à Corinthe, chaque famille apporte son propre repas, plus ou moins fourni. Il n'y a même plus de prédication, de conversation, ni de prière commune, les chrétiens sortent plus divisés qu'ils ne sont entrés, « leurs réunions tournent à leur détriment »...

Ce n'est pas « faire le repas du Seigneur », ce n'est pas « discerner son corps » comme il convient (vv. 20 et 29) ! Même si les Corinthiens ont un rite spécial quand ils arrivent au sacrement proprement dit, c'est dépourvu de logique et de sincérité. Il ne peut en résulter que du mal. Tant mieux si ce mal arrive tout de suite, car ce sera comme un avertissement qui laissera place au repentir (vv. 30-32).

Pour les ramener au sérieux, Paul leur rappelle ce qu'ils devraient déjà savoir : comment le Seigneur a institué ce repas sacré, selon la tradition transmise également par saint Luc (Luc **22,***19-20). Et Paul explique : Jésus s'engageait à mourir pour tous les hommes, ceux qui agissent en mémoire de lui l'annoncent. Et les Corinthiens ne font même pas attention les uns aux autres !*

« Faire mémoire » est une expression biblique au sens précis. Ce n'est pas faire durer un souvenir lointain, mais se mettre en présence d'un événement durable, bien qu'invisible. Au mémorial de Jésus, l'homme d'aujourd'hui rencontre réellement son Corps sacrifié et son Sang répandu (n° 774, vv. 16-17). Alors, le monde est jugé et le démon condamné (Jean **12,***31 ;* **16,***8.11). A l'Eucharistie les hommes sont jugés : ennemis du Christ ils sont condamnés ; amis, ils seront sauvés, même s'ils sont faibles et pécheurs comme Pierre et les autres.*

79 Un seul Esprit, un seul corps
(1 Corinthiens **12,**1. 4-30)

1 Au sujet des dons de l'Esprit, je ne veux pas, frères, que vous soyez
dans l'ignorance.
4 Il y a, certes, diversité de dons, mais c'est le même Esprit ; 5 il y a
diversité de ministères, mais c'est le même Seigneur ; 6 il y a diversité
d'opérations, mais c'est le même Dieu qui opère tout en tous. 7 A
chacun la manifestation de l'Esprit est donnée pour l'utilité commune.
8 A l'un, c'est une parole de sagesse qui est donnée par l'Esprit ; à
l'autre, c'est une parole de science, de par ce même Esprit ; 9 à un autre,
c'est la foi, dans ce même Esprit ; à un autre, c'est le don de guérir,
dans cet unique Esprit, 10 à un autre le pouvoir de faire des miracles ; à
un autre la prophétie ; à un autre le discernement des esprits ; à un
autre le don de parler en langues ; à un autre celui de les interpréter.
11 Mais c'est le même et unique Esprit qui opère tout cela, distribuant
ses dons à chacun comme il lui plaît.
12 De même, en effet, que le corps est un, tout en ayant plusieurs
membres, et que tous les membres du corps, malgré leur pluralité, ne
forment qu'un seul corps, ainsi en est-il aussi du Christ. 13 Tous, en
effet, nous avons été baptisés en un seul Esprit pour ne former qu'un
seul corps, Juifs ou Grecs, esclaves ou hommes libres ; et tous nous
avons été abreuvés de cet unique Esprit.
14 Aussi bien, le corps ne se compose pas d'un seul membre, mais de
plusieurs. 15 Si le pied disait : « N'étant pas la main, je ne fais pas partie

du corps », en ferait-il moins partie pour cela ? 16Et si l'oreille disait :
« N'étant pas l'œil, je ne fais pas partie du corps », en ferait-elle moins
partie pour cela ? 17Si le corps entier était œil, où serait l'ouïe ? Si tout
était oreille, où serait l'odorat ? 18Mais Dieu a placé dans le corps
chacun des membres comme il lui a plu. 19Si tout n'était qu'un seul
membre, où serait le corps ? 20Aussi y a-t-il plusieurs membres, mais
un seul corps. 21L'œil ne peut donc pas dire à la main : « Je n'ai pas
besoin de toi » ; ni la tête dire aux pieds : « Je n'ai pas besoin de vous. »
22Bien plus, les membres du corps réputés les plus faibles sont
nécessaires, 23et ceux que nous estimons les moins honorables sont
ceux que nous entourons de plus d'honneur. Ainsi les moins décents
sont ceux que nous traitons avec le plus de décence, 24tandis que les
membres décents n'en ont pas besoin. Mais Dieu a disposé le corps de
manière à donner plus d'honneur à ce qui en manque, 25afin qu'il n'y
ait pas de division dans le corps et que les membres soient pleins de
sollicitude les uns pour les autres. 26Un membre souffre-t-il ? Tous les
membres souffrent avec lui. Un membre est-il à l'honneur ? Tous les
membres partagent sa joie.
27Or vous êtes le corps du Christ et ses membres, chacun pour votre
part. 28Ceux que Dieu a établis dans l'Église sont : premièrement les
apôtres, deuxièmement les prophètes, troisièmement les docteurs. Puis
c'est le don des miracles, ensuite celui de guérir, d'assister, de
gouverner, de parler en langues. 29Tous sont-ils apôtres ? Tous
prophètes ? Tous docteurs ? Tous font-ils des miracles ? 30Tous ont-ils
le don de guérir ? Tous parlent-ils en langues ? Tous ont-ils le don
d'interprétation ?

Dans l'Église primitive, comme dans certains groupes de nos jours, il y avait des miracles, des prophéties, des discours en langues (nos 4; 22; 30). Les Corinthiens se laissaient trop impressionner par ce côté spectaculaire et il y avait entre eux une sorte de compétition.

Or tous ces charismes viennent de l'unique Esprit de Dieu, tous ceux qui les reçoivent servent un seul Seigneur, le Christ, et le Dieu unique fait tout. Il n'y a pas à rivaliser les uns avec les autres.

L'Esprit Saint, troisième personne de la Sainte Trinité, est comme l'âme de notre âme, force de vie et de connaissance qui unit au Père et au Fils. Il donne aux uns d'enseigner avec sagesse et science (v. 8, voir **2,10-** *16), aux autres d'écouter avec une foi docile (v. 9) ou de rendre divers services à la communauté.*

Paul vient justement de rappeler le

mystère du corps du Christ (n° 77). Il explique que chaque chrétien doit se considérer comme une main, ou un œil, ou une oreille... en harmonie avec les autres membres.

De ce point de vue, la première fonction dans l'Église est celle des apôtres (v. 28). Car l'apôtre juge des charismes, comme Paul est en train de le faire et de l'expliquer. Il ne les fait pas naître, mais il les discerne. Pareillement, l'autorité de l'Église n'est pas la source des miracles, du génie des penseurs ni de la charité des saints, sans lesquels cependant elle ne vivrait pas longtemps. Mais l'autorité oriente les personnes vers le bien commun, discerne les actes authentiques, en témoigne devant le peuple, en garde le souvenir.

80 **Le plus grand don : la charité**
(1 Corinthiens **12**,31 ; **13**,1-13)

31 Aspirez aux dons supérieurs. Au surplus, je vais vous montrer la
voie parfaite.
1 Quand je parlerais les langues des hommes et des anges, si je n'ai
pas la charité, je ne suis qu'un bronze sonore ou une cymbale
retentissante.
2 Quand j'aurais le don de prophétie, la connaissance de tous les
mystères et de toute la science, quand j'aurais la foi dans sa plénitude
jusqu'à transporter les montagnes, si je n'ai pas la charité, je ne suis
rien.
3 Quand je distribuerais tous mes biens en aumônes, quand je
livrerais mon corps aux flammes, si je n'ai pas la charité, cela ne me
sert de rien.
4 La charité est patiente ; la charité est serviable ; elle n'est pas
envieuse ; la charité n'est ni fanfaronne ni hautaine ; 5 elle ne fait rien
d'inconvenant, ne cherche pas son intérêt, ne s'irrite pas, ne garde pas
rancune du mal ; 6 elle ne se réjouit pas de l'injustice, mais elle met sa
joie dans la vérité. 7 Elle excuse tout, croit tout, espère tout, supporte
tout.
8 Les prophéties disparaîtront, les langues se tairont, la science sera
abolie, mais la charité, elle, ne passera jamais. 9 Car notre science est
partielle, et de même notre prophétie.
10 Quand donc viendra la perfection, ce qui est partiel disparaîtra.
11 Quand j'étais enfant, je parlais en enfant, je pensais en enfant, je
raisonnais en enfant ; mais devenu homme, j'ai rejeté ce qui était de

l'enfant. [12]A présent, nous voyons dans un miroir, de façon obscure,
mais alors nous verrons face à face. A présent, je connais d'une manière
partielle, mais alors je connaîtrai comme je suis connu.
[13]Maintenant donc, foi, espérance et charité demeurent toutes les
trois ; mais la plus grande d'entre elles, c'est la charité.

Pour parler de leur amour fraternel en Jésus-Christ, les chrétiens ont emprunté à la Bible grecque un mot employé rarement : « agapè ». Il est préférable de faire comme eux et de dire « charité » qui n'est surtout pas à confondre avec la simple bienfaisance (v. 3). De tous les dons que Dieu puisse faire aux hommes, la charité est le plus caché (vv. 4-7) ; mais elle est aussi le plus grand, sans elle les autres n'existeraient même pas. C'est le commencement de la vie éternelle.

81 Quelle est notre foi ?
(1 Corinthiens **15,**1-11)

[1]Je vous rappelle, frères, l'Évangile que je vous ai prêché, que vous
avez reçu, dans lequel vous demeurez fermes, [2]et par lequel aussi vous
serez sauvés, si vous le gardez tel que je vous l'ai prêché. Sinon, vous
auriez cru en vain.
[3]Je vous ai, en effet, transmis en premier lieu ce que j'avais
moi-même reçu : le Christ est mort pour nos péchés conformément aux
Écritures ; [4]il a été enseveli et il est ressuscité le troisième jour
conformément aux Écritures ; [5]il est apparu à Céphas, puis aux Douze.
[6]Ensuite il est apparu à plus de cinq cents frères à la fois ; la plupart
d'entre eux sont encore vivants, quelques-uns sont morts. [7]Ensuite il est
apparu à Jacques, puis à tous les apôtres. [8]En tout dernier lieu, il m'est
apparu à moi aussi, comme à l'avorton.
[9]Car je suis bien le moindre des apôtres, moi qui ne suis pas digne de
porter le nom d'apôtre parce que j'ai persécuté l'Église de Dieu. [10]C'est
par la grâce de Dieu que je suis ce que je suis, et sa grâce à mon égard
n'a pas été stérile ; bien au contraire, j'ai travaillé plus qu'eux tous ;
non pas moi, à la vérité, mais la grâce de Dieu qui est avec moi. [11]Bref,
eux ou moi, voilà ce que nous prêchons, et voilà ce que vous avez cru.

Nous allons voir quelles étaient les difficultés des Corinthiens à propos du mystère de la Résurrection. Avant de leur répondre, Paul rappelle la foi chrétienne telle qu'il l'a reçue. Ses phrases courtes, alignées comme les réponses d'un vieux catéchisme, nous arrivent tout droit de l'Église des années 40, dix ans après la Pâque de Jésus.

Céphas est le nom araméen de Pierre, il veut dire « une pierre ».

Jacques est celui que nous avons rencontré dans les Actes (n°s 33 ; 42).

Paul enchaîne sur son expérience personnelle : lui aussi est témoin à sa manière.

L'avorton *serait plutôt : l'enfant né trop tôt par un accident. On s'attendrait à ce qu'il soit plus faible que les autres, mais Paul est plus fort, il travaille plus que les autres pour le Christ !*

82 Le Christ ne ressuscite pas seul
(1 Corinthiens **15**,12-23)

12 Or si l'on prêche que le Christ est ressuscité des morts, comment
certains d'entre vous peuvent-ils dire qu'il n'y a pas de résurrection des
morts ? 13 S'il n'y avait pas de résurrection des morts, le Christ non plus
ne serait pas ressuscité. 14 Et si le Christ n'est pas ressuscité, notre
prédication est sans objet, sans objet aussi votre foi. 15 Bien plus, nous
sommes de faux témoins de Dieu, car nous avons attesté contre Dieu
qu'il a ressuscité le Christ, alors que de fait il ne l'a pas ressuscité, s'il
est vrai que les morts ne ressuscitent pas. 16 Car enfin, si les morts ne
ressuscitent pas, le Christ non plus n'est pas ressuscité. 17 Et si le Christ
n'est pas ressuscité, votre foi est vaine, vous êtes encore dans vos
péchés. 18 Alors aussi ceux qui sont morts dans le Christ ont péri. 19 Si
c'est pour cette vie seulement que nous avons mis notre espoir dans le
Christ, nous sommes les plus malheureux de tous les hommes. 20 En
fait, le Christ est bien ressuscité des morts, prémices de ceux qui sont
morts. 21 Car c'est par un homme que la mort est venue, et c'est par un
homme aussi que vient la résurrection des morts. 22 De même en effet
que tous meurent en Adam, de même aussi tous revivront dans le
Christ. 23 Chacun à son rang, toutefois : en tête le Christ, comme
prémices, ensuite ceux qui seront au Christ lors de sa venue.

Les Corinthiens pensaient que le Christ était ressuscité comme un personnage divin, mais que les hommes n'auraient aucune part à ce mystère. Ils disaient donc : il n'y a pas de résurrection des morts. *Paul affirme le contraire : le Christ est ressuscité* parce qu'Il *est homme, sans quoi il ne serait pas mort; la résurrection est le destin que Dieu promet aux hommes et que les chrétiens espèrent.*

Les prémices *sont les premiers fruits de la saison, ils annoncent les fruits à venir. En les offrant au Temple, les Juifs consacraient toute leur récolte. Tout ce qu'ils auraient à manger dans l'année serait reçu comme un don de la bonté divine.*

Pareillement, Jésus consacre tous les autres hommes, et il entre le premier dans le mystère commun. Paul dira ailleurs qu'il est le premier-né d'entre les morts *(n° 136).*

Nous pourrions dire qu'il est le « prototype des ressuscités », le premier, qui sera suivi de beaucoup d'autres. Mais il s'agit des choses de Dieu et il faudrait ajouter que Jésus est celui par qui la bénédiction de Dieu entre chez les hommes.

83 Comment peut-on ressusciter ?
(1 Corinthiens **15,**35-44)

35 Mais, dira-t-on, comment les morts ressuscitent-ils ? Avec quel
corps reviennent-ils ? 36 Insensé ! Ce que tu sèmes, toi, ne reprend vie
s'il ne meurt. 37 Et ce que tu sèmes, ce n'est pas le corps à venir, mais un
simple grain, du blé par exemple, ou quelque autre semence ; 38 et Dieu
lui donne un corps à son gré, à chaque semence un corps particulier.
39 Toutes les chairs ne sont pas semblables : autre est celle des hommes,
autre celle du bétail, autre celle des oiseaux, autre celle des poissons.
40 Il y a de même des corps célestes et des corps terrestres ; mais autre
est l'éclat des célestes, autre celui des terrestres. 41 Autre l'éclat du
soleil, autre celui de la lune, autre celui des étoiles ; et une étoile même
diffère en éclat d'une autre étoile.
42 Ainsi en est-il de la résurrection des morts. 43 Semé dans la
corruption, le corps ressuscite incorruptible ; semé dans l'ignominie, il
ressuscite glorieux ; semé dans la faiblesse, il ressuscite plein de force ;
44 semé corps psychique, il ressuscite corps spirituel. S'il y a un corps
psychique, il y a aussi un corps spirituel.

La résurrection est un mystère : passage du monde de l'expérience quotidienne à un monde tout autre, impossible à définir. Mais Paul veut tout de même essayer de satisfaire l'esprit des Corinthiens en les aidant de quelques comparaisons :

a) Le grain de blé, par exemple, porte en lui l'épi en puissance mais, pour le produire, il faut d'abord qu'il meure en terre.

b) De même les êtres vivants que

nous connaissons sont très différents les uns des autres, chacun a son espèce *particulière (Genèse), et l'univers contient aussi les astres lumineux et bien d'autres corps qui nous sont encore inconnus. Ce qui nous paraît impossible à nous ne l'est pas pour Dieu ! Lui qui a créé le monde visible est aussi capable de faire des cieux nouveaux, une terre nouvelle... que nous ne pouvons percevoir.*

Paul appelle « corps psychique » un corps doué uniquement de vitalité animale, et dont la vie spirituelle, par conséquent, n'est pas encore développée. Il est faible et corruptible, soumis au péché et à la mort. Le chrétien, lui, sacrifie son « corps psychique » en acceptant sa condition mortelle dans la foi à la révélation du Christ et à la promesse de Dieu : il se retrouvera corps glorieux, *transformé, incorruptible et immortel,* spirituel *et donc soumis sans défaillance à l'esprit.*

84 Hymne triomphal du croyant
(1 Corinthiens **15,**51-58)

51 Je vais vous dire une chose mystérieuse : nous ne mourrons pas
tous, mais tous nous serons transformés, 52 en un instant, en un clin
d'œil, au son de la trompette finale. Car la trompette sonnera, les morts
ressusciteront incorruptibles, et nous, nous serons transformés. 53 Il
faut en effet que cet être corruptible revête l'incorruptibilité et que cet
être mortel revête l'immortalité. 54 Quand donc cet être corruptible
aura revêtu l'incorruptibilité et cet être mortel l'immortalité, alors
s'accomplira la parole de l'Écriture : *La mort a été engloutie dans la*
victoire. 55 *Où est-elle, ô mort, ta victoire? Où est-il, ô mort, ton*
aiguillon? 56 L'aiguillon de la mort, c'est le péché, et la force du péché,
c'est la Loi. 57 Mais grâces soient rendues à Dieu qui nous donne la
victoire par notre Seigneur Jésus-Christ !
58 Ainsi donc, mes frères bien-aimés, montrez-vous fermes,
inébranlables, progressant toujours dans l'œuvre du Seigneur, sachant
que votre peine n'est pas vaine dans le Seigneur.

85 Questions pratiques et fin de la lettre
(1 Corinthiens **16,**1-24)

1 Au sujet de la collecte pour les saints, observez, vous aussi, les règles
que j'ai données aux Églises de Galatie. 2 Que le premier jour de la
semaine chacun de vous mette de côté chez lui ce qu'il aura réussi à

Entrée d'une tombe monumentale de Jérusalem au temps de Jésus. On voit la grande pierre ronde qui la fermait en roulant dans un logement creusé dans le rocher.
Je vous ai transmis en premier lieu ce que j'avais moi-même reçu : le Christ est mort pour nos péchés conformément aux Écritures ; il a été enseveli et il est ressuscité le troisième jour... (1 Corinthiens **15,***3-4).*

économiser : qu'on n'attende pas ma venue pour recueillir les dons.
3Lorsque je serai là, j'enverrai ceux que vous aurez désignés, munis de
lettres de recommandation, porter vos dons à Jérusalem ; et 4s'il vaut la
peine que j'y aille moi-même, ils feront le voyage avec moi.

5Je compte aller chez vous après avoir traversé la Macédoine, car je la
traverserai, 6et il est possible que je séjourne chez vous et même que j'y
passe l'hiver, afin que ce soit vous qui me mettiez en route pour
l'endroit où j'irai. 7Je ne veux pas vous voir seulement en passant ;
j'espère bien demeurer quelque temps parmi vous, si le Seigneur le
permet. 8Cependant, je resterai à Éphèse jusqu'à la Pentecôte, 9car la
porte y est largement ouverte à mon activité et les adversaires sont
nombreux. 10Si Timothée arrive, veillez à ce qu'il soit exempt
d'inquiétude au milieu de vous, car il travaille comme moi à l'œuvre du
Seigneur. 11Que personne donc ne lui manque d'égards. Faites-le
reconduire en paix, pour qu'il me rejoigne. Les frères et moi, nous
l'attendons. 12Quant à notre frère Apollos, j'ai beaucoup insisté pour
qu'il aille chez vous avec les frères, mais il n'a absolument pas voulu le
faire maintenant. Il ira quand il le jugera à propos.

13Soyez vigilants, demeurez fermes dans la foi, soyez virils, soyez
forts. 14Que tout se passe chez vous dans l'amour.

15Encore une recommandation, frères : vous savez que Stéphanas et
sa famille sont les prémices de l'Achaïe et qu'ils se sont mis d'eux-
mêmes au service des saints. 16A votre tour, faites preuve de déférence à
l'égard de personnes si méritantes et de tous ceux qui partagent leurs
travaux et leurs peines. 17Je suis heureux de la visite de Stéphanas, de
Fortunatus et d'Achaïcus ; ils ont suppléé à votre absence, 18ils ont en
effet tranquillisé mon esprit et le vôtre. Sachez donc apprécier de tels
hommes.

19Les Églises d'Asie vous saluent. Aquilas et Prisca vous envoient
bien des salutations dans le Seigneur, ainsi que la communauté qui
s'assemble chez eux. 20Tous les frères vous saluent. Saluez-vous les uns
les autres par un saint baiser.

21La salutation est de ma propre main à moi, Paul. 22Si quelqu'un
n'aime pas le Seigneur, qu'il soit anathème ! Maran atha.

23La grâce du Seigneur Jésus soit avec vous !

24Je vous aime tous dans le Christ Jésus.

Pour Paul, contemplation et action vont de pair. Nous apprenons qu'il a entrepris une quête pour les saints, c'est-à-dire pour l'église de Jérusalem où la pauvreté était grande. Nous verrons plus loin comment il fut reçu dans cette ville (n° 116).

Cet acte d'entraide est signe de communion, dans la foi et la charité, entre les églises d'origine païenne et l'église judéo-chrétienne de Jérusalem (voir n° 91).

Paul explique ses projets : il va rester quelques semaines à Éphèse, mais il envoie Timothée en éclaireur.

Apollos s'est replié sur Éphèse et ne veut pas retourner à Corinthe (voir n° 70). Stéphanas prémices de l'Achaïe *est l'un des tout premiers convertis, il a été baptisé par Paul lui-même (n° 70). Il fait le lien entre l'apôtre et l'église de Corinthe.*

Aquilas et Prisca, qui ont vécu à Corinthe, saluent leurs amis (nos 51; 53; 62).

Paul écrit de sa main les dernières lignes (n° 60). Il cite deux mots araméens que les chrétiens aimaient à répéter. On peut les interpréter comme une profession de foi : Maran atha *: Le Seigneur vient. Ou comme une prière :* Marana tha ! *: Ô Seigneur, viens! Nous les retrouverons à la fin de l'Apocalypse (n° 210).*

Entre les deux Lettres à Corinthe

La première épître et l'arrivée de Timothée n'ont pas suffi à réduire les querelles de Corinthe. L'arrivée de chrétiens d'Orient qui se vantaient du titre d'apôtres et dénigraient saint Paul, a même aggravé la situation.

Saint Paul y est allé, mais il a été mal reçu et peut-être même gravement offensé. Sa prochaine visite sera la troisième (2 Corinthiens **13**,*1). Il a écrit une lettre sévère, il en pleurait! (***2**,*3-4). Tite, plus énergique que Timothée, a dû en être le porteur. Maintenant les dernières nouvelles sont bonnes (2 Corinthiens* **7**,*5-16). La lettre a été bien reçue et le coupable a été puni, si bien qu'il est temps de lui faire grâce (***2**,*5-11).*

A Éphèse, l'émeute des orfèvres a obligé Paul à partir plus vite que prévu, et tous ses projets sont tombés à l'eau (voir **1**,*16 et n° 64). Mais on s'est retrouvé (***2**,*12-13 et* **7**,*5). Il est temps d'écrire pour préparer une visite, c'est ce que fait Paul dans cette deuxième lettre, encore frémissante des colères passées.*

Extraits de la deuxième Lettre aux Corinthiens

Carte de la Macédoine romaine avec les localités visitées par saint Paul.

La deuxième lettre aux Corinthiens se divise en trois parties :

1) Chapitres 1 à 7 : Paul se justifie d'accusations qui circulent contre lui et décrit les aspects tragiques de la vie apostolique.

2) Chapitres 8 et 9 : Il achève d'organiser la collecte pour les œuvres de Jérusalem (voir n° 85).

3) Chapitres 10 à 13 : Paul attaque ses adversaires, rappelle d'où lui vient son autorité d'apôtre, et annonce sa venue.

La lettre obtint le résultat souhaité puisque saint Paul séjourna trois mois à Corinthe à la fin de son troisième voyage (n° 65). Nous en donnons les extraits les plus émouvants.

86 L'âme de l'apôtre
(2 Corinthiens **4**,5-18 ; **5**,1-10)

5 Non, ce n'est pas nous-mêmes que nous prêchons, mais le Christ
Jésus, le Seigneur ; pour nous, nous sommes vos serviteurs à cause de
Jésus. 6 Le Dieu qui a dit : *Que du sein des ténèbres brille la lumière,* est
aussi Celui qui a brillé dans nos cœurs, pour faire resplendir la
connaissance de la gloire de Dieu qui rayonne sur le visage du Christ.
7 Mais ce trésor nous le portons en des vases d'argile, pour qu'il
apparaisse bien que cette incomparable puissance vient de Dieu et non
de nous. 8 Nous sommes pressés de toutes parts, mais non réduits à
l'extrémité ; ne sachant qu'espérer, mais non désespérés ; 9 persécutés,

Une rue dans le quartier commercial de Corinthe. Corinthe, ruinée par la conquête romaine, avait été relevée par ordre de Jules César. L'agglomération avait plusieurs noyaux : l'Acropole dont on voit ici le pied, la ville basse, les faubourgs industriels, le port occidental sur le Golfe, le port oriental, Cenchrées. Le tout longeant la côte sur 15 km.

mais non hors de combat ; abattus, mais non anéantis. 10Nous portons
constamment dans notre corps les souffrances de la mort de Jésus, afin
que la vie de Jésus soit, elle aussi, manifestée dans notre corps.
11Quoique vivants, en effet, nous sommes continuellement livrés à la
mort à cause de Jésus, afin que la vie de Jésus soit, elle aussi, manifestée
dans notre chair mortelle. 12Ainsi la mort fait son œuvre en nous, et la
vie en vous.

13Possédant ce même esprit de foi dont il est écrit : *J'ai cru, c'est
pourquoi j'ai parlé,* nous croyons, nous aussi, et c'est pourquoi nous
parlons, 14sachant que Celui qui a ressuscité le Seigneur Jésus nous
ressuscitera nous aussi avec Jésus et nous placera avec vous près de lui.
15Tout cela à cause de vous, afin que la grâce, se répandant avec
abondance, multiplie chez un plus grand nombre l'action de grâce à la
gloire de Dieu.

16C'est pourquoi nous ne perdons pas courage. Bien au contraire :
encore qu'en nous l'homme extérieur s'en aille en ruines, l'homme
intérieur se renouvelle de jour en jour. 17Oui, la légère épreuve d'un
moment nous prépare, bien au-delà de toute mesure, un poids éternel
de gloire, 18car nous n'attachons pas nos regards aux choses visibles,
mais aux invisibles ; les choses visibles ne sont que pour un temps, les
invisibles sont éternelles.

1Nous le savons en effet, si la tente qu'est notre demeure terrestre
vient à être détruite, nous avons dans les cieux une maison qui est
l'œuvre de Dieu, demeure éternelle non faite de main d'homme.
2Cependant nous gémissons dans cet état, désirant ardemment revêtir
par-dessus l'autre notre habitation céleste, 3puisque, l'ayant revêtue,
nous ne devons pas être trouvés nus. 4Oui, aussi longtemps que nous
sommes dans cette tente, nous gémissons, accablés : nous ne voudrions
pas nous dévêtir, mais revêtir par-dessus l'autre le second vêtement,
afin que ce qui est mortel en nous soit absorbé par la vie. 5Or, c'est
Dieu qui nous a formés pour cette destinée, lui qui nous a donné les
arrhes de l'Esprit.

6Ainsi donc, toujours pleins de courage, sachant bien qu'habiter
dans ce corps, c'est rester en exil loin du Seigneur, 7car nous cheminons
dans la foi, non dans la claire vision... 8Nous sommes donc pleins de
courage, et nous préférons de beaucoup déloger de ce corps pour aller
habiter auprès du Seigneur. 9Aussi, que nous restions dans ce corps,

Au fond, le port de Kavalla, l'antique Néapolis par où l'on entrait en Macédoine. Au premier plan, le reste de la Voie Egnatia dirigée vers l'ouest. Pour Paul c'était le début du chemin de Corinthe.

ou que nous en sortions, nous avons à cœur de lui plaire. 10Car tous,
tant que nous sommes, il nous faudra comparaître devant le tribunal
du Christ, afin que chacun soit rétribué pour ce qu'il aura fait pendant
sa vie mortelle, soit en bien, soit en mal.

La deuxième lettre aux Corinthiens est riche en accents personnels où Paul exprime ses sentiments les plus intimes, ses inquiétudes, ses espérances. Sans cesse il s'élève au-dessus des circonstances immédiates au point que ce qu'il écrit nous intéresse tous. Ce passage a été choisi comme l'un des fondements de l'enseignement chrétien sur l'eschatologie individuelle, c'est-à-dire sur l'espérance ouverte aux croyants pour l'état de leur âme entre leur mort et la résurrection finale.

L'apôtre voit sa santé se délabrer, résultat des fatigues, des maladies, des dangers. Comme les Corinthiens, il préférerait être transformé sans passer par la mort (n° 84), mettre le nouvel habit par-dessus l'ancien. *Mais il ne redoute pas de sortir de la « tente » fragile qu'est son corps terrestre avant d'entrer dans la « maison » céleste que sera son corps ressuscité (***5***,1).*

*Sa foi le remplit de courage (***4***,13-15). Pourtant, ce n'est pas encore la claire vision, et Paul se sent exilé, loin du Seigneur (***5***,6-7 ; voir n° 80). Il y a donc « quelque chose » pour l'âme séparée du corps, non pas une sorte d'épais sommeil mais la possibilité de voir, d'être avec le Christ, d'avoir presque tout le bonheur qu'espère un serviteur de Jésus (voir n° 132).*

*Pour le moment, qu'il travaille donc pour son maître et son juge (***5***,10) ! Et s'il souffre, des grâces de résurrection se répandront autour de lui sur ses frères (***4***,15).*

Début de la deuxième épître aux Corinthiens dans le Codex du Vatican (IVe siècle).

Un tisserand à l'œuvre sur un métier, comme saint Paul quand il fabriquait des toiles de tente à Corinthe (Actes 18,3).

87 L'autorité d'un apôtre

(2 Corinthiens **11**,1-21a)

1 Ah ! si vous pouviez supporter de ma part un peu de folie ! Eh bien
oui ! supportez-moi ! 2 J'éprouve à votre sujet une jalousie qui vient de
Dieu ; je vous ai fiancés à un époux unique ; comme une vierge pure, je
vous ai présentés au Christ. 3 Mais j'ai peur qu'à l'exemple d'Ève, que le
serpent séduisit par sa ruse, vous ne laissiez vos pensées se corrompre et
la fidélité due au Christ s'altérer. 4 Si le premier venu vous prêche un
Jésus différent de celui que nous vous avons prêché, ou s'il est question
de recevoir un Esprit différent de celui que vous avez reçu, ou un autre
Évangile que celui que vous avez accueilli, vous le supportez fort bien.
5 J'estime pourtant n'avoir été inférieur en rien à ces archiapôtres. 6 Si je
ne suis qu'un béotien en fait d'éloquence, c'est autre chose pour la
science ; nous vous l'avons montré en tout et de toute manière.

7 Mon péché serait-il donc de m'être abaissé pour vous élever, en vous
annonçant gratuitement l'Évangile de Dieu ? 8 J'ai dépouillé d'autres
Églises, recevant d'elles de quoi vivre, pour pouvoir me mettre à votre
service. 9 Et lorsque je me suis trouvé dans le besoin pendant mon séjour
chez vous, je n'ai été à charge à personne ; ce sont les frères venus de
Macédoine qui ont pourvu à ce qui me manquait.

De toute manière, j'ai évité de vous être à charge, et je l'éviterai
encore. 10 Aussi sûrement que la vérité du Christ est en moi, jamais ce
titre de gloire ne me sera enlevé dans le pays d'Achaïe. 11 Pourquoi ?
Parce que je ne vous aime pas ? Dieu le sait.

12 Et ce que je fais, je continuerai de le faire, pour ôter tout prétexte à
ceux qui en cherchent un, afin d'être tenus pour nos égaux dans
l'apostolat dont ils se vantent. 13 Ces gens-là sont de faux apôtres, des
ouvriers perfides, déguisés en apôtres du Christ. 14 Rien d'étonnant à
cela : Satan lui-même se déguise en ange de lumière. 15 Ce n'est donc
pas merveille si ses serviteurs se déguisent en serviteurs de la justice.
Mais leur fin sera digne de leurs actes.

16 Je le répète, qu'on ne me prenne pas pour un fou ; ou bien, laissez-
moi faire le fou, que je puisse à mon tour me vanter un peu ! 17 Ce que je
vais dire, je ne le dirai pas sous l'inspiration du Seigneur, mais comme
dans un accès de folie qui me donne l'audace de me vanter. 18 Puisque
tant d'autres se vantent d'avantages humains, moi aussi je vais me

Paysage semi-désertique aux environs de Césarée de Cappadoce, aux limites de la Galatie.
Voyages sans nombre, dangers des fleuves, dangers des brigands,... dangers du désert... (2 Corinthiens **11,***26).*

vanter. [19]Vous supportez volontiers les fous, vous, les gens raisonnables ! [20]Vous supportez qu'on vous asservisse, qu'on vous dévore, qu'on vous exploite, qu'on vous traite avec insolence, qu'on vous frappe au visage. [21]Je le dis avec honte : c'est à croire que nous avons été trop faibles...

Des chrétiens venus d'Orient se vantaient d'être apôtres et même « archiapôtres » (v. 5). Pour être pris au sérieux, ils se faisaient entretenir par les églises, et ils se moquaient de saint Paul qui travaillait pour rien (n° 75). Ce sont de faux apôtres ! (v. 13) et Paul est bien décidé à ne rien changer à sa manière d'agir. Il connaît les Corinthiens et se garde de leur céder, ce serait se mettre sous leur dépendance. La première chose à leur apprendre, c'est la gratuité. La seconde, c'est d'aimer qui les aime vraiment et non pas d'admirer qui les traite de haut (vv. 19-21). Et puisqu'ils veulent des signes, Paul leur donnera tous ceux qui révèlent en lui la générosité du Christ.

88 Les titres de gloire de Paul
(2 Corinthiens **11**,21b-33 ; **12**,1-10)

[21b]Mais ce dont on peut oser se vanter, — c'est en fou que je parle — je l'ose moi aussi.

[22]Ils sont Hébreux ? Moi aussi. Israélites ? Moi aussi. De la descendance d'Abraham ? Moi aussi. [23]Ministres du Christ ? — c'est pour le coup que je parle comme un fou ! — je le suis plus qu'eux. Bien plus par les travaux, bien plus par les emprisonnements, infiniment plus par les coups. Souvent j'ai été à la mort. [24]Cinq fois j'ai reçu des Juifs les quarante coups de fouet moins un ; [25]trois fois j'ai été flagellé, une fois lapidé ; trois fois j'ai fait naufrage ; j'ai même passé un jour et une nuit sur l'abîme. [26]Voyages sans nombre, dangers des fleuves, dangers des brigands, dangers de mes compatriotes, dangers des païens, dangers de la ville, dangers du désert, dangers de la mer, dangers des faux frères ! [27]Labeur et fatigue, veilles répétées, faim et soif, jeûnes fréquents, froid et nudité ! [28]Et sans parler du reste, mon obsession de chaque jour : le souci de toutes les Églises ! [29]Qui est faible, que je ne le sois aussi ? Qui vient à tomber, que je n'en sois brûlant de fièvre ?

[30]S'il faut se vanter, c'est de ma faiblesse que je me vanterai. [31]Le

Dieu et Père du Seigneur Jésus — béni soit-il à jamais ! — sait que je ne mens pas. 32 A Damas, l'ethnarque du roi Arétas faisait garder la ville des Damascéniens pour se saisir de moi. 33 On me descendit par une fenêtre, dans une corbeille, le long du rempart, et j'échappai ainsi à ses mains.

1 Il faut se vanter ? (cela pourtant ne convient guère)... eh bien ! j'en viendrai aux visions et révélations du Seigneur. 2 Je connais un homme dans le Christ, qui, voici quatorze ans — était-ce en son corps ? je ne sais ; était-ce hors de son corps ? je ne sais ; Dieu le sait — cet homme-là fut ravi jusqu'au troisième ciel. 3 Et je sais que cet homme — était-ce dans son corps, était-ce hors de son corps ? je ne sais ; Dieu le sait — 4 fut ravi jusqu'au paradis et y entendit des paroles ineffables qu'il n'est pas permis à l'homme de redire. 5 Pour cet homme-là je me vanterai ; mais pour moi-même, je ne me vanterai que de mes faiblesses. 6 Et cependant, si je voulais me vanter, je ne serais pas fou : je ne dirais que la vérité. Mais je m'en abstiendrai, de peur qu'on se fasse de moi une idée supérieure à ce qu'on voit en moi ou à ce qu'on m'entend dire.

7 Mais, pour que ces révélations extraordinaires ne m'enflent pas d'orgueil, il m'a été mis une écharde dans la chair, un ange de Satan, pour me souffleter, afin que je ne m'enfle pas d'orgueil. 8 A ce sujet, j'ai prié trois fois le Seigneur pour qu'il l'écarte de moi. 9 Mais il m'a déclaré : « Ma grâce te suffit, car c'est dans la faiblesse que ma puissance donne toute sa mesure. »

Je me vanterai donc plus volontiers de mes faiblesses afin que la puissance du Christ habite en moi. 10 Oui, je me complais dans les faiblesses, les outrages, la détresse, les persécutions, les angoisses endurées pour le Christ : car lorsque je suis faible, c'est alors que je suis fort.

Se vanter est sottise, Paul le sait bien. Mais les Corinthiens ne comprendraient pas un autre langage, eux qui font confiance à ses adversaires et oublient les vrais motifs qu'ils ont de respecter l'apôtre authentique. Ses lettres, *disent-ils,* sont sévères et fortes, mais quand il est là, sa personne est chétive et sa parole pitoyable *(2 Corinthiens* **10**,*11). D'autres se présentaient mieux et n'avaient aucun scrupule à vanter leurs mérites.*

Ceci nous vaut cette admirable page d'autobiographie où Paul énumère les titres d'autorité qui lui viennent du Christ crucifié pour tous les hommes. L'extérieur d'une personne, l'éloquence des discours, les finesses de la culture ne comptent guère, et les vrais représentants de Jésus, ce sont les saints qui l'imitent.

Les « quarante coups moins un » *font allusion à la coutume juive : comme la Loi interdisait de frapper plus de quarante coups de verge, on se bornait à trente-neuf pour être sûr de ne pas dépasser le nombre (Deutéronome* **25**,*3).*

La fuite de Damas a été racontée au n° 25. Arétas, roi des Arabes nabatéens, était représenté dans cette ville par un agent, « l'ethnarque », qui avait certains pouvoirs de police.

L'écharde dans la chair *est-elle une maladie ou une tentation continuelle ? On en discute. Voilà ce qu'en pense Thomas d'Aquin : « Le Christ, le grand médecin des âmes, permet souvent que ses plus grands élus soient affligés de maladies corporelles pour guérir celles de l'âme. Même, il les laisse tomber en des péchés, peut-être mortels, pour les guérir de péchés encore plus graves. Or l'orgueil, le désir excessif d'être le meilleur, est le plus grave de tous : il sépare de Dieu.*

Le Christ permet donc quelquefois que ses élus soient tourmentés de maladies, d'infirmités, et même de péchés mortels, afin qu'ils soient humiliés, renoncent à leur orgueil, et reconnaissent que l'homme ne tient pas par ses propres forces.

L'apôtre Paul avait largement de quoi s'enorgueillir... Il dit donc : ...il m'a été mis une écharde dans la chair. *On explique qu'il était affligé de violentes douleurs intestinales, à moins que ces mots ne veuillent dire : « le désir sexuel qui monte dans ma chair ». Saint Augustin explique que seule la grâce divine le refrénait. Une telle écharde est vraiment* un ange de satan » *(Commentaire sur la 2e aux Corinthiens, à ce passage).* Voir n° 104.

Paysage typique du plateau d'Asie Mineure. Les troupeaux pâturent sur de maigres chaumes.

Extraits de la Lettre aux Galates

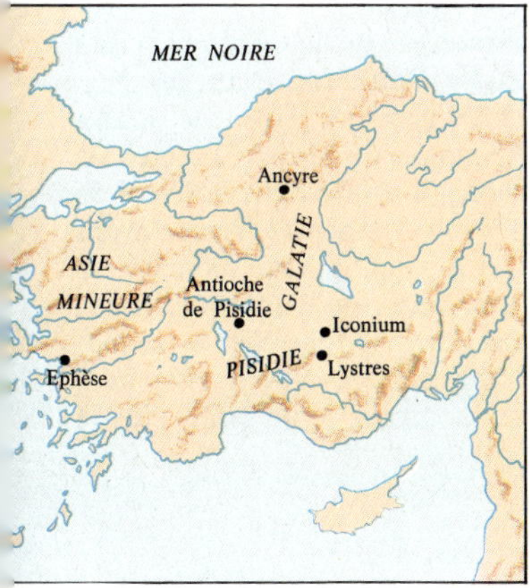

L'Asie Mineure et la Galatie.

La Galatie était située au nord de l'Asie Mineure, sur les plateaux et les montagnes qui entourent Ankara. Elle devait son nom à des Celtes ou Galates, qui l'avaient envahie au IVe siècle av. J.-C. Mais à l'époque romaine, ce nom s'étendait plus au sud, aux provinces appelées aussi Pisidie et Lycaonie où saint Paul avait fondé des églises pendant son premier voyage (nos 38; 39; 40).

Il est tout de même plus vraisemblable qu'il s'agisse ici de la Galatie proprement dite que Paul a pu visiter pendant son deuxième et son troisième voyage (nos 45 et 61). Il y avait été bien soigné pendant une maladie, et ce peuple avait accueilli l'annonce de l'évangile (no 95).

Mais ensuite, pendant les deux années du séjour à Éphèse (no 63), d'autres étaient venus qui disaient aux nouveaux baptisés : Si vous n'êtes pas circoncis, vous ne pouvez être sauvés *(voir no 41). La question était réglée en principe depuis le Concile de Jérusalem (nos 42 et 43), mais les Galates l'ignoraient. Ils crurent les nouveaux prédicateurs, ou tout au moins se laissèrent troubler profondément (no 97).*

Saint Paul l'apprend, soit à Éphèse soit à Corinthe. Et il écrit cette lettre vibrante d'émotion, remplie de souvenirs personnels, où il expose en peu de mots l'évangile qu'il prêche : l'homme devient juste aux yeux de Dieu par la foi en Jésus-Christ et non par les pratiques de la Loi (no 92); dans cet état il est fils de Dieu et donc libre (nos 93 et 94); il ne vit pas selon sa fantaisie mais selon l'Esprit du Christ, donc selon la charité (no 96).

89 Je suis stupéfait à votre sujet !
(Galates **1**,1-10)

[1] Paul, apôtre, non de la part des hommes ni par un homme, mais
par Jésus-Christ et Dieu le Père qui l'a ressuscité des morts, [2] ainsi que
tous les frères qui sont avec moi, aux Églises de Galatie. [3] A vous grâce
et paix de la part de Dieu notre Père et du Seigneur Jésus-Christ, [4] qui
s'est livré lui-même pour nos péchés, afin de nous arracher à la
perversité de ce monde, selon la volonté de notre Dieu et Père ; [5] à lui
soit la gloire dans les siècles des siècles ! Amen.
[6] Je suis stupéfait que vous vous détourniez si vite de Celui qui vous a
appelés par la grâce du Christ pour passer à un autre Évangile. [7] Non
qu'il y en ait un autre ; il y a seulement des gens qui sèment le trouble
parmi vous et qui veulent bouleverser l'Évangile du Christ. [8] Eh bien ! si
nous-même, si un ange du ciel vous annonçait un Évangile différent de
celui que nous vous avons annoncé, qu'il soit anathème ! [9] Nous l'avons
déjà dit et je le répète aujourd'hui : si quelqu'un vous annonce un
Évangile différent de celui que vous avez reçu, qu'il soit anathème !
[10] Est-ce donc la faveur des hommes que je cherche à gagner
maintenant ou celle de Dieu ? Est-ce aux hommes que je cherche à
plaire ? Si j'en étais encore à plaire aux hommes, je ne serais plus le
serviteur du Christ.

90 Mon Evangile m'a été révélé
(Galates **1**,11-24)

[11] Oui, je vous le déclare, frères, l'Évangile que je vous ai prêché ne
doit rien à l'inspiration humaine. [12] Ce n'est pas non plus d'un homme
que je l'ai reçu ou appris, mais c'est par une révélation de Jésus-Christ.
[13] Vous avez certainement entendu parler de ma conduite d'autrefois
dans le judaïsme : comment je persécutais à outrance l'Église de Dieu
et la ravageais, [14] et comment je progressais dans le judaïsme,
dépassant bien des compatriotes de mon âge dans un zèle acharné pour
les traditions de mes pères.
[15] Mais quand il plut à Celui qui m'avait mis à part dès le sein de ma
mère et appelé par sa grâce de [16] révéler son Fils en moi, pour que je

l'annonce parmi les païens, aussitôt, sans consulter personne, [17] sans
monter à Jérusalem auprès de ceux qui étaient apôtres avant moi,
j'allai en Arabie, puis je revins de nouveau à Damas. [18] Ensuite, au bout
de trois ans, je montai à Jérusalem pour faire la connaissance de
Céphas et demeurai quinze jours auprès de lui, [19] sans voir aucun autre
apôtre, si ce n'est Jacques, le frère du Seigneur. [20] Ce que je vous écris
là, je l'atteste devant Dieu, ce n'est pas un mensonge. [21] Je me rendis
ensuite dans les régions de Syrie et de Cilicie. [22] J'étais d'ailleurs
personnellement inconnu des Églises de Judée qui sont dans le Christ.
[23] Elles entendaient seulement dire que le persécuteur de jadis prêchait
maintenant la foi qu'il voulait naguère détruire. [24] Et elles rendaient
gloire à Dieu à mon sujet.

Pour bien montrer que sa prédication est authentique, Paul rappelle comment le Christ s'est fait voir à lui et l'a chargé d'annoncer l'évangile aux païens (nº 24). Paul a commencé aussitôt, sans demander la permission de qui que ce soit (nº 25). Il n'est allé visiter les apôtres que trois ans plus tard, à Jérusalem (nº 26).

Céphas (qu'il faudrait prononcer Képhas) est le nom araméen de Pierre dont on voit la position prééminente dans l'église de Jérusalem.

Jacques est appelé frère du Seigneur *selon l'usage oriental, c'est-à-dire qu'il était membre de sa famille. Nous l'avons rencontré plusieurs fois déjà à Jérusalem (nos 33; 42), et dans l'épître aux Corinthiens (nº 81). Sa mère était au pied de la croix de Jésus avec les saintes femmes (Marc* **15**,*40 et Luc* **24**,*10). Il resta à Jérusalem jusqu'à sa mort (p. 26).*

91 Les apôtres m'ont donné la main
(Galates **2**,1-10)

[1] Plus tard, au bout de quatorze ans, je montai de nouveau à
Jérusalem avec Barnabé et Tite que j'avais pris aussi avec moi. [2] J'y
montai à la suite d'une révélation et j'y exposai l'Évangile que je prêche
parmi les païens ; mais je l'exposai séparément aux autorités, pour
savoir si je ne courais pas ou n'avais pas couru pour rien. [3] Or pas même
Tite qui m'accompagnait et qui était grec ne fut contraint de se faire
circoncire ; [4] cela à cause des intrus, des faux frères (1) qui s'étaient
glissés parmi nous, en espions de la liberté dont nous jouissions dans le
Christ Jésus, pour nous réduire en esclavage... [5] Nous ne leur avons fait

Cette ancienne église creusée dans le rocher, à Antioche, conserve le souvenir du séjour qu'y fit saint Pierre (n° 92).

aucune concession, fût-ce un instant, afin de sauvegarder pour vous la
vérité de l'Évangile. 6 Quant à ceux qui sont tenus pour des autorités —
peu m'importe ce qu'ils étaient alors, Dieu ne regarde pas les fonctions
des hommes — ces autorités ne m'imposèrent absolument rien. 7 Au
contraire, voyant que l'évangélisation des incirconcis m'a été confiée
comme à Pierre celle des circoncis — 8 car Celui dont l'intervention a
fait de Pierre l'apôtre des circoncis a fait aussi de moi l'apôtre des
païens — 9 et reconnaissant la grâce qui m'a été accordée, Jacques,
Céphas, et Jean, regardés comme des colonnes, nous donnèrent la
main, à Barnabé et à moi, en signe d'accord ; nous irions, nous, aux
païens, eux aux circoncis. 10 Ils nous demandèrent seulement de penser
aux pauvres, ce que précisément j'ai eu à cœur de faire.

(1) Les faux frères sont les prédicateurs judéo-chrétiens qui s'opposent à Paul, en n'ayant pas compris le concile de Jérusalem.

Cette visite est celle du Concile de Jérusalem (n° 42). Les apôtres, « colonnes de l'Église », ont donné tort aux judaïsants et approuvé la doctrine et l'action de Paul (n° 42). Nous apprenons aussi que Tite était de naissance païenne. Il n'avait pas été circoncis, à la différence de Timothée, Juif par sa mère (n° 45).

La demande apostolique de penser aux pauvres *montre quelle place la charité doit avoir dans toute l'Église. Ce n'est pas une coutume dont on pourrait se dispenser, comme des rites venus de Moïse. Quand Paul dit « qu'il a à cœur de la faire », il s'agit de la collecte qu'il est en train d'organiser : la charité devant s'étendre à tous les frères dans la foi et pas seulement à ceux du voisinage.*

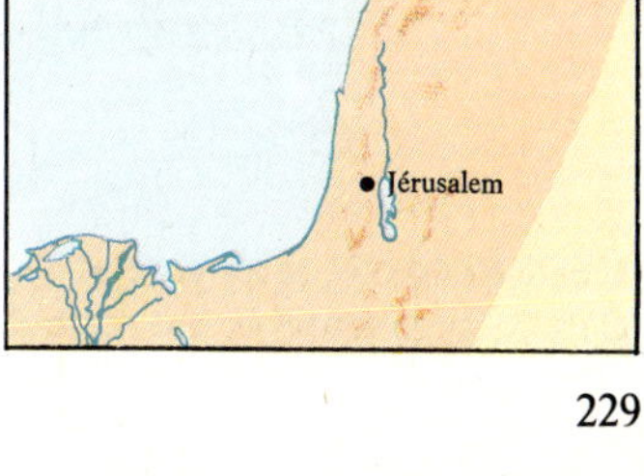

Antioche de Syrie
où Pierre et Paul
se rencontrèrent.

L'église catholique de Konya, l'antique Iconium, en Turquie centrale. C'est le seul souvenir qui reste du passage de saint Paul en ce pays.

92 J'ai tenu tête à Pierre

(Galates **2**,11-21)

11 Mais quand Céphas vint à Antioche, je lui résistai en face parce qu'il était répréhensible. 12 Avant l'arrivée de certaines gens de l'entourage de Jacques, il prenait ses repas avec les païens ; mais à leur arrivée, il s'esquiva et se tint à l'écart, par peur des circoncis. 13 Les autres Juifs imitèrent sa dissimulation, de sorte que Barnabé lui-même s'y laissa entraîner. 14 Mais quand je vis qu'ils ne marchaient pas droit selon la vérité de l'Évangile, je dis à Céphas en présence de tous :

« Si toi, qui es Juif, tu vis à la manière des païens et non à la manière juive, comment peux-tu contraindre les païens à judaïser ? 15 Nous autres, nous sommes Juifs de naissance, et non de ces pécheurs de païens. 16 Nous savons cependant que l'homme n'est pas justifié par les œuvres de la Loi, mais par la foi en Jésus-Christ ; nous avons cru, nous aussi, en Jésus-Christ, afin d'être justifiés par la foi en lui et non par les œuvres de la Loi, car par les œuvres de la Loi *personne ne saurait être justifié*.

17 Or si, cherchant la justification dans le Christ, nous sommes en fait pécheurs nous aussi, le Christ serait-il au service du péché ? Certainement pas ! 18 Car si je rebâtis ce que j'ai détruit, c'est alors que je me constitue moi-même transgresseur. 19 En effet par la Loi je suis mort à la Loi, afin de vivre pour Dieu. Je suis crucifié à jamais avec le Christ ; 20 ce n'est plus moi qui vis, c'est le Christ qui vit en moi.

Il est vrai que je vis dans la chair, mais j'y vis dans la foi au Fils de Dieu qui m'a aimé et s'est livré pour moi. 21 Je ne veux pas annuler la grâce de Dieu ; or si la justice s'obtient par la Loi, le Christ est donc mort pour rien ! »

Paul parle de juifs ou de païens suivant leur naissance et leur éducation, mais il pense en réalité à des gens qui se sont convertis au Christ, à qui il reste à comprendre les conséquences de leur foi et à les vivre.

Ce n'est pas facile. Un Juif doit respecter toutes les règles de la Loi sous peine de rompre avec sa famille, spécialement en ce qui concerne les aliments. De nos jours, la plupart des juifs sont tolérants, mais au premier siècle, la mentalité pharisienne était en pleine force et se répandait en dehors de la Palestine, dans la diaspora. Si une famille juive passée à la foi du Christ laissait tomber tous les usages, elle se coupait des siens ; si elle gardait la Loi, elle ne pouvait avoir pour amie une autre famille

La citadelle d'Ankara, autrefois Ancyre, centre commercial important, métropole de la Galatie au temps d'Auguste et, de nos jours, capitale de la Turquie.

chrétienne venue du paganisme.
Il y avait aussi une question de principe. Nous savons que certains pharisiens avaient cru en Jésus ressuscité. Ils attendaient son retour à la fin des temps, pour juger les vivants et les morts. *Mais ils étaient convaincus que ce jugement serait basé sur la Loi de Moïse qui n'en avait que plus de force. Toutes les précautions dont s'entouraient les pharisiens, pour être plus sûrs d'éviter les fautes, devenaient d'autant plus nécessaires.*

Dans une ville de population mixte comme Antioche, la question pratique et la question de principe étaient étroitement mêlées. Saint Pierre avait été éclairé par sa vision de Joppé (nos 29 et 31) : nul ne doit être considéré comme impur, ni être mis en quarantaine, même pas un vrai pécheur. C'était l'exemple qu'avait donné Jésus pendant sa vie terrestre. Mais Pierre voulait éviter les querelles : depuis l'arrivée de pharisiens chrétiens de Jérusalem, il s'était plié à leurs exigences.

Saint Paul arrive, probablement entre son 2e et son 3e voyage (n° 53). Il sait d'expérience que des églises vivent en se passant de la Loi et des usages juifs. Et son génie lui fait voir la question de principe d'un seul coup et dans toute son ampleur : le Christ est-il venu alourdir le poids de la Loi par une sanction éternelle ? ou bien est-il venu sauver les pécheurs incapables d'obéir à cette Loi ? Paul entame donc une discussion publique, « résiste en face » à Pierre, et finit par le convaincre.

Voici le résumé de sa pensée, telle qu'on la trouve dans l'épître aux Galates et dans l'épître aux Romains qui la développe avec plus d'ordre :

1. Juifs et étrangers sont également pécheurs, ils ont tous besoin que Dieu les rende justes, les sauve.

2. La Loi de l'ancienne Alliance ne peut pas donner ce salut, comme un psaume l'avait déjà dit (Psaume **143**,*2).*

3. Juifs et étrangers ne trouveront le salut que dans la foi en Jésus-Christ (voir nos 42; 93; 99).

4. En adhérant au Christ, ils deviennent des êtres nouveaux, purifiés, transformés intérieurement. Le Christ vit en eux, ils sont capables d'aimer comme lui (n° 96).

Les Juifs feraient un contresens s'ils revenaient chercher dans la Loi quelque chose de positif, et encore plus s'ils orientaient vers elle les frères venus de l'étranger.

Deux autres raisons montrent à quelles absurdités on en arrive si on pousse jusqu'au bout une erreur apparemment inoffensive :

a) Si nous (Paul, Pierre...) avons eu tort de délaisser la Loi pour espérer du Christ notre salut, alors le Christ serait au service du péché ! *(v. 17).*

b) S'il existait une loi capable de donner la justice à l'homme, le Christ serait venu mourir inutilement ! Chercher une loi, c'est « réduire à rien le scandale de la Croix » (Galates **5**,*11).*

Konya, mosquée des derviches tourneurs, l'une des plus célèbres de la Turquie. Iconium est souvent nommée dans les Actes.

93 Baptisés dans le Christ, vous avez revêtu le Christ
(Galates **3**,23-29)

[23]Avant la venue de la foi, nous étions enfermés sous la garde de la
Loi pour y attendre la révélation de la foi. [24]Ainsi la Loi a-t-elle été
notre pédagogue, chargé de nous conduire au Christ, pour que nous
soyons justifiés par la foi. [25]Mais à la venue de la foi, nous ne sommes
plus soumis au pédagogue. [26]Tous en effet vous êtes fils de Dieu par la
foi en Jésus-Christ ; [27]vous tous qui avez été baptisés dans le Christ,
vous avez revêtu le Christ. [28]Il n'y a plus désormais ni Juif ni Grec, plus
d'esclave ni d'homme libre, plus d'homme ni de femme ; vous ne faites
tous qu'un en Jésus-Christ. [29]Mais si vous appartenez au Christ, vous
êtes donc la descendance d'Abraham, héritiers selon la promesse.

La Loi de l'ancienne Alliance avait valeur de préparation. Le peuple de Dieu était pour ainsi dire enfermé dans les commandements comme dans un château fort. Il y était défendu, il ne pouvait pas s'en évader, se mêler aux étrangers, perdre son aptitude à recevoir le Christ.

Saint Paul compare aussi la Loi au « pédagogue » qui était en ce temps-là un simple esclave chargé de conduire le fils de son maître à l'école. Là un professeur se chargerait de l'instruction. Mais maintenant que Jésus est venu donner le véritable enseignement, on n'a plus besoin d'être conduit comme un tout petit enfant.

Et puis, Jésus est plus qu'un professeur ; il ne se contente pas de dire la volonté de Dieu, il transforme les hommes en fils de Dieu. Tel est l'effet du baptême s'il est reçu dans la foi : désormais les anciennes divisions ne comptent plus, et tous ne font qu'un.

94 Non plus esclave, mais fils
(Galates **4**,1-7)

[1]Or je dis : aussi longtemps que l'héritier est un enfant, il ne se
distingue en rien d'un esclave, bien qu'il soit maître de tout ; [2]il est
soumis à des tuteurs et à des intendants jusqu'au temps fixé par son
père. [3]De même pour nous : quand nous étions enfants, nous étions
sous l'esclavage des éléments du monde. [4]Mais lorsque le temps fut
révolu, Dieu a envoyé son Fils, né d'une femme, né sous le régime de la
Loi, [5]afin de racheter ceux qui étaient sous le régime de la Loi et de

faire de nous des fils adoptifs. 6 Et la preuve que vous êtes fils, c'est que Dieu a envoyé dans nos cœurs l'Esprit de son Fils qui crie : Abba ! Père ! 7 Ainsi donc tu n'es plus esclave, mais fils, et si tu es fils, tu es aussi héritier de par Dieu.

Même quand un jeune homme va seul à l'école, il ne dispose de sa fortune qu'après sa majorité. Il peut être l'héritier d'une grosse somme, il n'a que l'argent de poche que lui donnent ses tuteurs. Tels étaient les Juifs sous l'esclavage des éléments de ce monde. *La volonté de Dieu, leur Père, leur était transmise par des institutions, des systèmes de contrainte, comparables aux forces de la nature. La venue du Christ est comme l'âge de la majorité et de la liberté. Il est* né d'une femme, né sous la Loi *parce que l'enfant d'une Juive est juif, et le Christ a accepté ces obligations pour en libérer les hommes. Il s'est rendu solidaire de notre pauvreté pour nous unir à sa richesse (voir n° 133).*

Et son Esprit Saint nous encourage à prier Dieu comme un Père, à la manière de Jésus quand il disait : Abba ! Père ! *(Marc* **14**,*36).*

95 Je voudrais vous parler de plus près
(Galates **4**,12-20)

12 Devenez semblables à moi, comme je me suis rendu semblable à vous, frères, je vous en prie. Vous ne m'avez fait aucun tort.
13 Vous le savez bien : c'est à l'occasion d'une maladie que je me suis
mis à vous annoncer l'Évangile. 14 Et malgré la répulsion qu'aurait pu
vous inspirer mon état, vous ne m'avez manifesté ni dédain ni dégoût ;
vous m'avez accueilli, au contraire, comme un ange de Dieu, comme le
Christ Jésus. 15 Où sont donc ces protestations de bonheur ? Car je vous
en rends témoignage : si c'eût été possible, vous vous seriez arraché les
yeux pour me les donner. 16 Serais-je devenu votre ennemi pour vous
avoir dit la vérité ? 17 L'affection qu'on vous témoigne n'est pas de bon
aloi. Ce qu'on veut, c'est vous détacher de moi pour avoir votre
affection. 18 Il est bien d'être l'objet d'une bonne affection, mais en tout
temps et pas seulement quand je suis parmi vous. 19 Mes petits enfants,
pour qui j'endure de nouveau les douleurs de l'enfantement, jusqu'à ce
que le Christ soit formé en vous ! 20 comme je voudrais être parmi vous
en ce moment pour prendre le ton qui convient ! Car je ne sais plus
comment m'y prendre avec vous.

Paul s'est fait sans-loi *avec les païens sans loi (1 Corinthiens* **9**,*21). Il demande aux Galates de l'imiter, de montrer la même liberté d'esprit. Et il leur rappelle leur affection réciproque.*

Mais attention! toute affection n'est pas de bon aloi. D'autres veulent seulement mieux établir leur pouvoir... Paul n'a cherché qu'à « former le Christ » en la personne de ses amis, c'est-à-dire : les faire grandir à la ressemblance du Christ. Et il fait tous ses efforts pour s'adapter à eux.

96 La vraie liberté
(Galates **5**,13-26)

13 Pour vous, frères, c'est à la liberté que vous avez été appelés.
Seulement, que la liberté ne devienne pas prétexte à satisfaire la chair ;
mais, par l'amour, faites-vous les serviteurs les uns des autres. 14 Toute
la Loi, en effet, est contenue dans sa plénitude en cet unique précepte :
Tu aimeras ton prochain comme toi-même. 15 Mais si vous vous mordez
à belles dents les uns les autres, prenez garde de vous entre-détruire.
16 Je vous dis donc : conduisez-vous selon l'Esprit et vous ne donnerez
pas satisfaction aux convoitises de la chair. 17 Car les désirs de la chair
s'opposent à l'esprit, et les désirs de l'esprit s'opposent à la chair ; entre
eux, c'est l'affrontement, si bien que vous ne faites pas ce que vous
voudriez. 18 Mais si vous êtes guidés par l'Esprit, vous n'êtes plus sujets
de la Loi.
19 Or les œuvres de la chair sont évidentes : inconduite, impureté,
libertinage, 20 idolâtrie, magie, inimitiés, discordes, jalousies, empor-
tements, disputes, dissensions, factions, 21 envie, ripailles, orgies et
autres choses de ce genre. Je vous en avertis comme je l'ai fait : ceux qui
les commettent n'hériteront pas du royaume de Dieu. 22 Mais le fruit de
l'esprit est amour, joie, paix, patience, affabilité, bonté, fidélité,
23 douceur, tempérance. Contre de telles choses, il n'y a pas de loi. 24 Or
ceux qui appartiennent au Christ Jésus ont crucifié la chair avec ses
passions et ses convoitises. 25 Si nous vivons par l'Esprit, agissons aussi
selon l'Esprit. 26 Ne cherchons pas la vaine gloire ; ne nous provoquons
pas les uns les autres, ne nous portons pas envie les uns aux autres.

Paul a beaucoup parlé de la liberté du chrétien adulte dans le Christ. Est-ce que cela consisterait à vivre à sa fantaisie? Au contraire, c'est être capable de faire le bien par l'énergie intérieure de l'Esprit Saint. Cette liberté fraye son chemin entre deux esclavages :

1° L'esclavage de la Loi qui essaie de fixer d'avance tout ce qu'il faudrait faire en toutes circonstances, dans un sentiment de crainte.

2° L'esclavage de la chair, *c'est-à-dire du corps et des sentiments qui en découlent et qui occupent trop souvent l'âme :*

a) convoitises, *gourmandises, recherche du plaisir et de la facilité ;*

b) passions, *désordres où l'homme perd tout contrôle et se lance sans raison ni justice.*

Ces choses-là tomberont sous le jugement du Christ : ceux qui les commettent n'hériteront pas du Royaume de Dieu *(v. 21). Mais ceux qui sont unis au Christ par une vraie foi ont déjà renoncé à leur « chair », ils l'ont crucifiée, ils vivent par l'Esprit qui leur fait faire le bien de toutes les manières.*

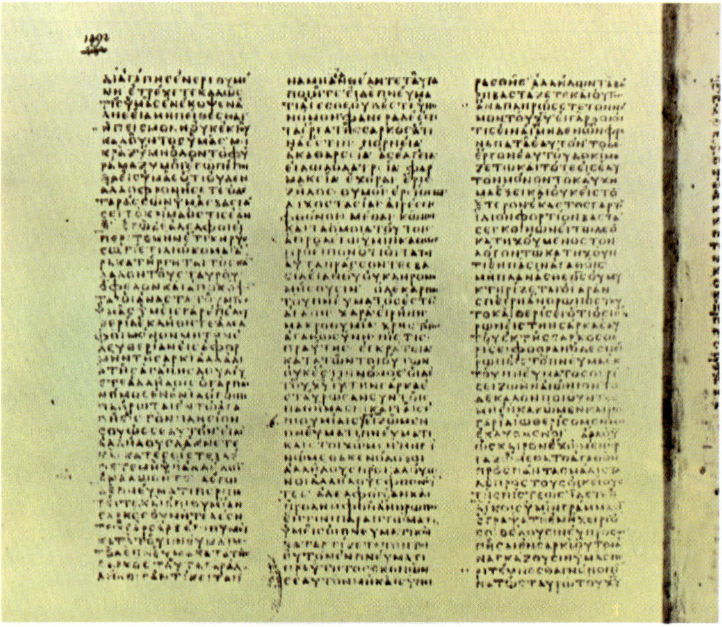

Trois colonnes de l'épître aux Galates contenant le passage que vous venez de lire (Codex du Vatican).

97 Conclusion
(Galates **6**,7-18)

7 Ne vous y trompez pas : on ne se moque pas de Dieu. Chacun
récoltera ce qu'il aura semé. 8 Qui sème dans sa chair récoltera, de la
chair, la corruption ; qui sème dans l'esprit récoltera, de l'esprit, la vie
éternelle. 9 Ne nous lassons pas de faire le bien ; nous récolterons, le
moment venu, si nous ne nous relâchons pas. 10 Ainsi donc, pendant
que nous en avons le temps, faisons du bien à tous, surtout à nos frères
dans la foi.

11 Voyez en quels gros caractères je vous écris de ma propre main !
12 Tous ces gens qui veulent se faire bien voir pour des motifs charnels
prétendent vous imposer la circoncision, à l'unique fin de n'être pas
persécutés pour la croix du Christ. 13 Car ces circoncis eux-mêmes
n'observent pas la Loi ; mais ils veulent vous faire circoncire pour avoir,
dans votre chair, un motif de gloire. 14 Pour moi, puissé-je n'avoir
d'autre motif de gloire que la croix de notre Seigneur Jésus-Christ, par
laquelle le monde est à jamais crucifié pour moi et moi pour le monde.
15 La circoncision n'est rien, l'incirconcision non plus, mais seulement
la nouvelle créature. 16 A tous ceux qui suivront cette règle, paix et
miséricorde, ainsi qu'à l'Israël de Dieu.

17 Que désormais personne ne me cause d'ennuis, car je porte en mon
corps les marques de Jésus.

18 Que la grâce de notre Seigneur Jésus-Christ soit avec votre esprit,
frères ! Amen.

Voilà en quoi consiste le vrai jugement final : chacun récolte ce qu'il sème. Ce qu'on appelle la récompense de Dieu n'est pas un salaire (de l'argent contre du travail), ni un cadeau (des bonbons pour de la gentillesse). Ceux qui font le bien deviennent meilleurs, ils entrent dans le Royaume de Dieu et, à la fin des temps, ils y auront une bonne place. Et ceux qui font le mal deviennent de plus en plus mauvais, ils s'éloignent de Dieu toujours davantage.

Saint Paul termine de sa propre main, comme souvent en d'autres lettres. Les marques de Jésus, *traces des fatigues et des blessures endurées pour son service, suffisent pour affermir son autorité.*

Le Forum romain, où se tenaient autrefois les assemblées publiques. Sous l'empire, c'était devenu le musée en plein air des grandeurs morales d'autrefois. Au fond, la colline du Capitole est masquée par des constructions médiévales et surmontée d'un clocher. C'était la citadelle de la Rome primitive.

Extraits de la Lettre aux Romains

Début de l'épître aux Romains dans le Codex du Vatican (IVe siècle).

Paul écrivit sa lettre aux Romains au cours des trois mois de son séjour à Corinthe, à la fin du 3e voyage (n° 65). Il allait partir pour Jérusalem, mais il pensait déjà à de plus grands projets (n° 114). C'était le printemps de l'an 58.

Rome, capitale prestigieuse de l'Empire, avait une communauté chrétienne depuis dix ans environ (n° 51). Déjà sa foi était célèbre dans le monde entier (n° 98). Elle avait été fondée par des inconnus venus d'Orient, qui se rangeaient plus ou moins sous l'autorité de Pierre. Mais les anciens récits selon lesquels le chef des apôtres serait passé à Rome avant 58 sont des légendes, la lettre de Paul ne laisse rien soupçonner de ce genre.

Devant cette communauté, l'apôtre des étrangers veut s'expliquer à fond. Il le fait sur un ton un peu cérémonieux comme quand on écrit à des gens qu'on ne connaît pas. Parmi eux il y a des juifs et des païens convertis au Christ. Paul est attentif aux uns et aux autres. Les idées qu'il avait jetées à la hâte dans sa lettre aux Galates sont maintenant mises en bon ordre et expliquées.

L'épître aux Romains se divise en cinq parties d'inégale longueur :

1) Prologue exposant le but de l'épître (**1**,*1-15).*

2) Le salut des personnes par la foi en Jésus-Christ ressuscité (**1**,*16* à **8**,*39).*

3) Destinée d'Israël et des nations (**9** à **11**).

4) Manière chrétienne de vivre (**12**,*1* à **15**,*13).*

5) Épilogue (**15**,*14* à **16**,*27).*

98 Adresse et prologue
(Romains **1**,1-17)

[1]Paul, serviteur de Jésus-Christ, apôtre par appel divin, mis à part
pour annoncer l'Évangile [2]que Dieu avait promis par ses prophètes
dans les saintes Écritures, [3]concernant son Fils, issu, selon la chair, de
la race de David, [4]établi, selon l'Esprit Saint, Fils de Dieu avec
puissance, du fait de sa résurrection d'entre les morts, Jésus-Christ
notre Seigneur. [5]Par lui nous avons reçu grâce et mission d'apôtre afin
d'amener en son nom à l'obéissance de la foi tous les païens, [6]dont vous
êtes aussi, vous, que Jésus-Christ a appelés.

[7]A tous les bien-aimés de Dieu qui sont à Rome, aux saints qu'il a
appelés, à vous, grâce et paix de la part de Dieu notre Père et du
Seigneur Jésus-Christ.

[8]Tout d'abord je rends grâce à mon Dieu par Jésus-Christ au sujet
de vous tous, de ce que votre foi est renommée dans le monde entier.
[9]Dieu m'en est témoin, lui que je sers de toute mon âme en annonçant
l'Évangile de son Fils : sans cesse je fais mémoire de vous, [10]demandant
constamment dans mes prières d'avoir enfin, si telle est sa volonté,
quelque heureuse occasion de me rendre chez vous. [11]J'ai en effet un vif
désir de vous voir, afin de vous communiquer quelque don spirituel
capable de vous affermir, [12]ou plutôt afin de nous réconforter ensemble
chez vous par la foi qui nous est commune à vous et à moi. [13]Je ne veux
pas vous laisser ignorer, frères, que j'ai souvent formé le projet d'aller
chez vous, mais jusqu'à présent j'en ai été empêché ; je voulais recueillir
quelque fruit chez vous aussi, comme chez les autres païens. [14]Je me
dois aux Grecs comme aux Barbares, aux savants comme aux simples.
[15]De là mon ardent désir de vous annoncer l'Évangile, à vous aussi qui
êtes à Rome.

[16]Car je ne rougis pas de l'Évangile ; il est une force divine pour le
salut de tout croyant, du Juif d'abord, puis du Grec. [17]En lui se révèle
la justice de Dieu qui s'obtient par la foi et fait grandir la foi, selon qu'il
est écrit : *Le juste vivra par la foi.*

Paul définit en quelques mots le mystère du Christ :

Fils de David *(c'est-à-dire Messie ou Christ),* selon la chair *(c'est-à-dire la nature humaine).*

Fils de Dieu selon l'Esprit *(c'est-à-dire la nature divine),* « établi », *employé ici dans le sens de : « une vérité établie, clairement prouvée »; on pourrait aussi traduire : « déclaré », ou « proclamé ». La résurrection de Jésus prouve avec puissance qu'il est Fils de Dieu.*

*En conclusion, Paul annonce le sujet de sa lettre : l'évangile, tel qu'il l'a expliqué aux Galates (n° 92). Une citation du prophète Habacuc lui donne un appui dans l'Ancien Testament (Habacuc **2**,4). Dieu a révélé que sa justice est de faire grâce au pécheur.*

99 C'est Dieu qui nous sauve
(Romains **3**,20-30)

20 Non, *personne ne peut être justifié à ses yeux* par les œuvres de la
Loi ; car la Loi ne donne que la connaissance du péché.
21 Mais maintenant, indépendamment de la Loi, la justice de Dieu, à
laquelle rendent témoignage la Loi et les Prophètes, s'est manifestée.
22 Cette justice de Dieu par la foi en Jésus-Christ est pour tous ceux qui
croient. En effet, il n'y a pas de distinction : 23 tous ont péché et sont
privés de la gloire de Dieu. 24 Ils sont justifiés gratuitement par sa grâce
en vertu de la rédemption accomplie dans le Christ Jésus. Car Dieu l'a
établi comme propitiatoire par son propre sang au moyen de la foi. 25 Il
révèle ainsi sa justice, en pardonnant les péchés commis au temps de sa
divine patience ; 26 il révèle ainsi sa justice dans le temps présent,
montrant tout ensemble qu'il est juste et qu'il justifie celui qui a foi en
Jésus.
27 Y a-t-il donc de quoi se vanter ? C'est exclu. Par quelle loi ? Celle
des œuvres ? Pas du tout, mais par la loi de la foi. 28 Car nous estimons
que l'homme est justifié par la foi indépendamment des œuvres de la
Loi. 29 Dieu ne serait-il que le Dieu des Juifs ? Ne l'est-il pas aussi des
païens ? Bien sûr, des païens aussi, 30 puisqu'il n'y a qu'un Dieu qui
justifiera le circoncis par la foi et l'incirconcis par le moyen de la foi.

*Paul vient de montrer que païens et juifs sont également coupables devant Dieu. Qu'ils connaissent Dieu ou non, qu'ils aient une idée spontanée de la morale ou qu'elle leur soit tout entière révélée, ils ne lui obéissent pas (**1**,18 à **3**,19). Dieu aurait-il donc donné inutilement cette loi à Moïse ?*

Non, car les Livres de Moïse (en hébreu : la Loi) ne contiennent pas seulement des commandements à accomplir mais des promesses à recevoir, et les Prophètes en ajoutent encore. Ensemble, ils « rendent témoignage à la justice de Dieu », c'est-à-dire à sa bonté, selon l'usage hébreu *de ce mot. L'évangile de Paul, c'est que la promesse est accomplie, la justice du Dieu bon et sauveur est révélée et ce qu'on pourrait appeler la justice vindicative d'un Dieu sévère est écartée. Cette bonne nouvelle est une force divine pour l'homme qui la reçoit (***1***,16).*

L'ancienne loi contenait plusieurs figures du salut par le Christ, Paul commence par la plus impressionnante aux yeux des Juifs. Il existait des sacrifices d'expiation où le grand prêtre répandait du sang sur le « propitiatoire » couvrant l'Arche d'Alliance. Jamais il ne s'approchait davantage de ce « marchepied du trône de Dieu » qu'en venant demander pardon pour lui et pour le peuple. Cela voulait dire symboliquement que Dieu invite les pécheurs à s'approcher de lui avec cette confiance que Paul ne sépare jamais de la foi. Jésus disait, plus clairement, à une pécheresse : Va en paix, ta foi t'a sauvée *(Luc* **7***,50).*

Aujourd'hui le chrétien est comme le grand prêtre d'autrefois, il s'approche de Dieu, il le rencontre en Jésus-Christ, et il en reçoit son pardon. Car Dieu lui-même a établi le Christ comme propitiatoire, avec son sang à lui *(v. 24). Ainsi, Dieu révèle en quoi consiste vraiment sa justice.*

*L'homme n'est donc pas l'auteur de son propre salut. Il n'a pas de quoi se vanter, à la différence du Juif « fier de son Dieu, fier de sa loi » (***2***,17.23). Rien ne sépare de Dieu comme l'orgueil qui s'imagine gagner des droits sur lui (n° 88). Tout ce que l'homme ferait dans ce sens l'empêcherait de devenir un « fils de Dieu » et d'être sauvé.*

Cela n'est pas interdit par une loi de type moral, une loi des œuvres *à faire (v. 27), mais c'est une conséquence certaine de la foi, une* loi de la foi *tout comme on dit : une loi de la nature. Si j'essaie d'obéir au commandement d'être humble, de prononcer les paroles qui y correspondent et d'en manifester les gestes, je ne fais que dissimuler mon orgueil naturel. Je commence à progresser dans l'humilité au moment où je prends conscience de ma nullité et accepte d'être sauvé par un autre.*

Beaucoup de baptisés, « fiers de leur foi », de leur appartenance à l'Église ou à l'un de ses groupes, ont encore à apprendre... Le sacrement de pénitence est l'endroit où ils pourraient entendre et recevoir cette grande vérité.

La Loi n'est pourtant pas inutile, elle décrit ce que devrait être la conduite de l'homme, lui permet de se juger et d'accepter le salut que Dieu lui propose.

100 Le chrétien, un nouvel Abraham

(Romains 4,1-8)

1Quel avantage dirons-nous donc qu'a obtenu Abraham, notre
ancêtre selon la chair ? 2Si c'est pour ses œuvres qu'Abraham a été
justifié, il a de quoi se glorifier. Pas devant Dieu, toutefois. 3Que dit en

effet l'Écriture ? *Abraham crut à Dieu et cela lui fut compté comme*
justice. 4 Or à celui qui fait un travail, 5 le salaire n'est pas compté
comme une grâce, mais comme un dû ; tandis qu'à celui qui, sans faire
aucun travail, croit simplement en Celui qui justifie l'impie, sa foi lui
est comptée comme justice. 6 Ainsi David proclame-t-il heureux
l'homme à qui Dieu attribue la justice indépendamment des œuvres :

> 7 *Heureux ceux dont les offenses ont été remises et les péchés couverts !*
>
> 8 *Heureux l'homme à qui le Seigneur n'impute pas de péché !*

L'exemple du Père des croyants aide le lecteur. La Loi, en effet, montre d'abord la foi d'Abraham (Genèse **15**,*6). Ensuite Dieu lui donne le commandement de la circoncision (Genèse* **17**,*10), puis les autres (Genèse* **18**,*19); enfin, un ordre exceptionnel éprouve l'obéissance d'Abraham et mesure son respect pour Dieu (Genèse* **22**). *Tout commence donc par la foi, la confiance en une promesse. Cet exemple, dit Paul, est valable pour tous.*

101 Le Christ, le nouvel Adam

(Romains **5**,15-21)

15 Il n'en va pas du don gratuit comme de la faute. Car, si par la faute
d'un seul tous les autres sont morts, à bien plus forte raison la grâce de
Dieu et le don obtenu par la grâce d'un seul homme, Jésus-Christ, se
sont-ils répandus en abondance sur tous les autres. 16 Il n'en va pas non
plus du don comme des suites du péché d'un seul : en effet, le jugement
porté sur le péché d'un seul aboutit à une sentence de condamnation,
tandis que le don gratuit, venant après de nombreuses fautes, aboutit à
une sentence de justification. 17 Car, si par la faute d'un seul homme, la
mort a régné, et cela à cause d'un seul, à plus forte raison régneront-ils
dans la vie par le seul Jésus-Christ, ceux qui reçoivent en abondance la
grâce et le don de la justice.

18 De même donc que la faute d'un seul a conduit tous les hommes à
la condamnation, de même aussi, un seul acte de justice vaut à tous les
hommes la justification qui donne la vie. 19 Comme, en effet, par la
désobéissance d'un seul homme, tous les autres ont été constitués
pécheurs, ainsi, par l'obéissance d'un seul, tous les autres seront
constitués justes.

20 La Loi, il est vrai, est survenue pour faire abonder les fautes ; mais
là où le péché a abondé, la grâce a surabondé, 21 afin que, comme le
péché a régné dans la mort, ainsi la grâce règne par la justice pour la
vie éternelle par Jésus-Christ notre Seigneur.

Adam symbolise l'unité des hommes dans la mort et le péché. Le Christ réalise pour eux une solidarité meilleure dans la vie et la justice. Il n'y a pas de proportion entre les deux : Il n'en va pas du don gratuit comme de la faute *(v. 15).*

Comment se fait-il que la Loi, révélée entre temps, « fasse abonder les fautes » ? Paul le dira au chapitre **7** ; *n° 104.*

102 **Baptisés dans le Christ : morts au péché**
(Romains **6**,1-14)

1 Que dire alors ? Allons-nous demeurer dans le péché pour que la
grâce abonde ? 2 Certainement pas ! Puisque nous sommes morts au
péché, comment pourrions-nous jamais y revivre ? 3 Ou bien
ignorez-vous que nous tous qui avons été baptisés en Jésus-Christ, c'est
en sa mort que nous avons été baptisés ? 4 Nous avons donc été mis au
tombeau avec lui par le baptême dans la mort, afin que, comme le
Christ est ressuscité des morts par la gloire du Père, nous vivions nous
aussi, d'une vie nouvelle. 5 Car, si nous sommes devenus un seul être
avec le Christ par une mort semblable à la sienne, nous le serons aussi
par une résurrection semblable. 6 Nous le savons bien : notre vieil
homme a été crucifié avec lui, pour que soit détruit ce corps asservi au
péché, et qu'ainsi nous ne soyons plus esclaves du péché. 7 Car celui qui
est mort est affranchi du péché. 8 Mais si nous sommes morts avec le
Christ, nous croyons que nous vivrons aussi avec lui, 9 sachant que le
Christ ressuscité des morts ne meurt plus, et que la mort n'a plus de
pouvoir sur lui. 10 Sa mort a été une mort au péché une fois pour toutes,
et sa vie est une vie pour Dieu. 11 Et vous de même : considérez-vous
comme morts au péché, mais vivants pour Dieu en Jésus-Christ.

12 Que le péché ne règne donc plus dans votre corps mortel, et ne vous
fasse obéir à ses convoitises. 13 Ne mettez pas vos membres au service du
péché comme des armes d'injustice ; offrez-vous au contraire à Dieu

comme des vivants revenus de la mort et mettez vos membres au service de Dieu comme des armes de justice. 14 Car le péché n'aura plus d'empire sur vous, puisque vous n'êtes plus sujets de la Loi, mais de la grâce.

Des chrétiens s'imaginent que la doctrine de Paul conduit à l'immoralité. Il les détrompe en expliquant sa doctrine du baptême déjà esquissée pour les Galates (n° 93). Pour comprendre, il faut nous rappeler qu'on baptisait alors par immersion, c'est-à-dire par une plongée complète dans l'eau, ressemblant à une noyade.

A la Pentecôte, Pierre avait baptisé en signe de repentir (n° 5). Paul dit maintenant : Si nous sommes morts au péché, comment continuer de vivre en lui, *car les morts ne commettent plus de faute? Pierre avait baptisé* « au nom de Jésus », *le chrétien portait ce nom comme un soldat celui de son chef; Paul dit davantage :* nous ne faisons qu'un avec lui *(v. 5). Le relèvement du baptisé qui sort de l'eau est le signe de la vie nouvelle où il entre, avec le Christ ressuscité (v. 3-4).*

Ce qui permet à Paul d'être si affirmatif, c'est que l'Esprit du Christ Dieu est donné au baptême (nos 5; 30; 63). Il va en parler bientôt (n° 103).

Mais ce système, réalisé au niveau fondamental, ne passe pas aussi facilement dans tous nos actes, Paul termine donc par de pressants conseils (vv. 11-14).

103 **Baptisé dans l'Esprit, mort au juridisme**
(Romains **7**,4-6)

4 Vous de même, mes frères, vous avez été mis à mort à l'égard de la Loi par le corps du Christ, pour appartenir à un autre, à Celui qui est ressuscité d'entre les morts, afin de porter des fruits pour Dieu. 5 En
effet, lorsque nous étions dans la chair, les passions, sources de péchés, excitées par la Loi, agissaient dans nos membres, afin de nous faire porter des fruits pour la mort. 6 Mais maintenant nous avons été libérés
de la Loi en mourant à ce qui nous tenait captifs, de sorte que nous servons Dieu sous le régime nouveau de l'esprit et non sous le régime vieilli de la lettre.

La lettre tue mais l'Esprit vivifie, *avait écrit Paul aux Corinthiens (2 Corinthiens* **3**,*6). Celui qui a reçu l'Esprit est libéré de ce qu'on appelle le légalisme ou juridisme : un attachement scrupuleux et craintif*

Un coin du Forum romain. La grande maison de briques est la Curie où se réunissait le Sénat. C'est là que furent discutées et fixées plusieurs des célèbres lois romaines. Juifs ou non, tous les Romains s'y connaissaient en droit.

aux détails de la Loi, aboutissant parfois à faire oublier l'essentiel. Pour l'homme libéré, ce légalisme est devenu aussi étranger que les vivants sont loin des morts « il est mort à la Loi ». Il appartient d'autant mieux au Christ et il sert Dieu sous un meilleur régime, d'abord parce qu'il y voit plus clair, et aussi parce que la Loi avait certaines conséquences regrettables : elle excitait les passions.

104 Grandeur et faiblesse de la Loi... et de l'homme
(Romains **7**,7-25)

7 Qu'est-ce à dire ? La Loi serait-elle péché ? Certainement pas ! Mais
je n'ai connu le péché que par la Loi. Car je n'aurais pas connu la
convoitise, si la Loi n'avait dit : *Tu ne convoiteras pas.* 8 Et, prenant
occasion du commandement, le péché a fait naître en moi toutes les
convoitises ; car sans la Loi le péché est mort. 9 Jadis, au temps où j'étais
sans Loi, je vivais ; mais le commandement est venu, le péché a pris vie,
10 et moi, je suis mort. Et le précepte qui devait me conduire à la vie
s'est ainsi trouvé me conduire à la mort, 11 car le péché, prenant
occasion du commandement, m'a séduit et par lui m'a donné la mort.
12 Ainsi donc, la Loi est sainte, et le commandement saint, juste et bon.
13 Mais alors ce qui est bon est-il devenu pour moi la mort ?
Certainement pas ! Mais c'est le péché qui m'a donné la mort en
utilisant une chose bonne, pour qu'on voie bien que c'est le péché et
pour s'exercer dans toute sa malfaisance, par le moyen du
commandement. 14 Nous savons que la Loi est spirituelle, mais moi, je
suis charnel, vendu au péché. 15 Vraiment je ne comprends pas ce que je
fais : car, ce que je veux, je ne le fais pas, mais je fais ce que je hais. 16 Si
donc je fais ce que je ne veux pas, je reconnais que la Loi est bonne.
17 Mais alors ce n'est pas moi qui agis ; c'est le péché qui habite en moi.
18 Oui, je sais que le bien n'habite pas en moi, je veux dire dans ma
chair. Il est à ma portée de vouloir le bien, mais non de l'accomplir ;
19 car le bien que je veux, je ne le fais pas, et le mal que je ne veux pas, je
le fais. 20 Or, si je fais ce que je ne veux pas, ce n'est plus moi qui agis,
mais le péché qui habite en moi. 21 Je me trouve donc en face de cette
loi : voulant faire le bien, c'est le mal qui est à ma portée. 22 J'aime la loi
de Dieu, en tant qu'homme intérieur ; 23 mais j'aperçois dans mes
membres une autre loi, en lutte avec la loi de ma raison et qui me rend

captif de la loi du péché qui est dans mes membres. 24 Malheureux homme que je suis ! Qui me délivrera de ce corps de mort ? 25 Grâces soient rendues à Dieu par Jésus-Christ notre Seigneur !

Ainsi donc, je suis par la raison assujetti à la loi de Dieu, mais par la chair à la loi du péché.

Pour les Galates, Paul avait comparé la Loi à un esclave qui conduit par la main le petit enfant de son maître (n° 93). Devant des Romains juristes et des Juifs légalistes, il approfondit sa pensée, qui devient plus difficile à saisir. Paul montre ici plus d'estime pour la Loi, mais il explique mieux aussi l'échec de cette dernière.

La Loi est sainte, *elle vient du Dieu saint (v. 12). Elle est spirituelle et l'homme intérieur en aime la beauté (vv. 14 et 22).* Le commandement est saint, juste, bon, *il décrit d'avance la conduite d'un homme qui aurait ces qualités (v. 12).*

Mais la Loi donne seulement la connaissance du péché *(***3***,20 ; n° 99) ;* elle fait surabonder les fautes *(***5***,20 ; n° 101), elle* excite les passions charnelles *(***7***,5 ; n° 103).*

Paul ne pense pas à des préceptes secondaires, il cite le Décalogue : Tu ne convoiteras pas *(le bien d'autrui) (v. 7 et Exode* **20***,17). Il fait même allusion au péché originel, synthèse de tous les autres :* La femme vit que le fruit était séduisant à voir et désirable *(Genèse* **3***,6). Le commandement unique « tu ne mangeras pas du fruit défendu » contient tous les autres.*

Or l'homme est charnel, vendu au péché, *sa liberté est précaire. La peur le presse,* la mort a régné depuis Adam *(***5***,14), et l'homme attaque pour mieux se défendre. Souvent l'attrait du fruit défendu le pousse à commettre une faute à laquelle il n'aurait pas pensé de lui-même (vv. 7-10).*

Instruit, mais sans forces, il est de plus en plus divisé en lui-même. Un poète a dit : « Je ne fais pas le bien que j'aime, et je fais le mal que je hais *(v. 19).* »

On s'est demandé si Paul laissait parler ici son expérience personnelle ; il semble difficile qu'il n'ait pas au moins quelques cuisants souvenirs (n° 80). Dieu l'a délivré, par Jésus-Christ notre Seigneur (v. 25).

Il faut insister sur l'importance pédagogique de ce passage : l'éducation chrétienne ne doit pas présenter en premier lieu une loi extérieure, mais conduire à la rencontre vivante de Jésus, source de la grâce et incarnation de tout idéal de bonté.

105 Un meilleur combat
(Romains **8**,1-13)

1 Il n'y a donc plus désormais de condamnation pour ceux qui sont en
Jésus-Christ. 2 En effet la loi de l'esprit qui donne la vie en Jésus-Christ,

t'a libéré de la loi du péché et de la mort. [3]Ce qui était impossible à la
Loi, rendue impuissante par la chair, Dieu l'a fait en envoyant son
propre Fils, avec une chair semblable à notre chair pécheresse et pour
vaincre le péché ; il a condamné le péché dans la chair [4]afin que la
justice exigée par la Loi s'accomplît en nous, qui ne nous conduisons
pas selon la chair, mais selon l'esprit.

[5]Ceux qui vivent selon la chair ne pensent qu'aux choses de la chair ;
ceux qui vivent selon l'esprit pensent aux choses de l'esprit. [6]Dans le
premier cas c'est la mort, dans l'autre c'est vie et paix. [7]C'est pourquoi
la tendance de la chair est hostile à Dieu ; elle n'est pas soumise à la loi
de Dieu et ne peut même pas l'être. [8]Ceux qui vivent dans la chair ne
peuvent donc plaire à Dieu.

[9]Pour vous, vous n'êtes pas sous l'emprise de la chair, mais de
l'esprit, si vraiment l'Esprit de Dieu habite en vous ; quiconque n'a pas
l'Esprit du Christ ne lui appartient pas. [10]Or, si le Christ est en vous,
votre corps, en vérité, est voué à la mort à cause du péché, mais l'esprit
est votre vie à cause de la justice. [11]Et si l'Esprit de Celui qui a
ressuscité Jésus d'entre les morts habite en vous, Celui qui a ressuscité
le Christ Jésus d'entre les morts rendra la vie aussi à vos corps mortels
par l'action de son Esprit qui habite en vous.

[12]Ainsi donc, frères, nous sommes débiteurs, mais non envers la
chair pour devoir vivre selon la chair. [13]Car si vous vivez selon la chair,
vous mourrez ; mais si par l'esprit vous faites mourir les œuvres du
corps, vous vivrez.

L'homme n'est plus livré à ses seules forces. L'Esprit de Dieu et du Christ l'anime. Il a ses tendances, opposées à celles de la chair, sa « pente », pourrait-on dire, qui va vers la paix et vers la vie. L'Esprit a sa loi, qui est de libérer le meilleur de l'homme, tout comme une flamme a la sienne, qui est de monter et d'éclairer. Et la loi de l'Esprit *est plus forte que celle du péché, condamné définitivement depuis que le Fils de Dieu s'est fait chair mortelle.*

Toutefois, la lutte dure encore, les tendances du péché n'ont pas disparu. A nous de les « faire mourir », de les mortifier *(v. 13). Et Paul termine sur un conseil assez austère.*

Mais il a d'abord rappelé aux Romains leur motif de fierté et d'espérance : ils sont unis au Christ qui habite en eux avec son Esprit, et ils ont par conséquent la certitude de ressusciter avec lui aussi dans la gloire (vv. 9-11).

106 Certitude et espérance du chrétien
(Romains **8**,14-34)

14 Tous ceux qui se laissent conduire par l'Esprit de Dieu, ceux-là
sont fils de Dieu. 15 L'esprit que vous avez reçu ne fait pas de vous des
esclaves pour vivre encore dans la peur ; mais c'est un esprit de fils
adoptifs qui nous fait crier : « Abba, Père ! » 16 L'Esprit lui-même
atteste à notre esprit que nous sommes enfants de Dieu. 17 Or, si nous
sommes enfants, nous sommes aussi héritiers ; héritiers de Dieu,
cohéritiers du Christ, s'il est vrai que nous souffrons avec lui pour être
aussi glorifiés avec lui.

18 J'estime en effet que les souffrances du temps présent sont sans
proportion avec la gloire qui doit se manifester en nous. 19 Car la
création attend avec impatience la révélation des enfants de Dieu.
20 Assujettie au néant, — non de son gré, mais par la volonté de Celui
qui l'y a soumise —, 21 elle garde l'espoir qu'elle aussi sera affranchie de
l'esclavage de la corruption pour participer à la liberté glorieuse des
enfants de Dieu. 22 Nous savons, en effet, que maintenant encore la
création tout entière gémit et souffre les douleurs de l'enfantement.

23 Pas elle seulement : nous aussi, qui possédons les prémices de
l'Esprit, nous gémissons en nous-mêmes dans l'attente de l'adoption,
c'est-à-dire de la rédemption de notre corps. 24 Car c'est en espérance
que nous avons été sauvés. Or, voir ce qu'on espère, ce n'est plus
espérer ; ce que l'on voit, l'espère-t-on encore ? 25 Mais si nous espérons
ce que nous ne voyons pas, nous l'attendons avec persévérance.

26 De même aussi, l'Esprit vient en aide à notre faiblesse. Car nous ne
savons pas prier comme il faut ; mais l'Esprit lui-même intercède pour
nous en des gémissements ineffables. 27 Or Celui qui sonde les cœurs
connaît le désir de l'Esprit : Il sait qu'il intercède selon Dieu pour les
saints.

28 Nous savons aussi qu'avec ceux qui l'aiment, Dieu collabore en
toutes choses pour leur bien, eux qui sont ses élus selon son libre
dessein. 29 Car ceux qu'il a connus d'avance, il les a aussi prédestinés à
reproduire l'image de son Fils afin qu'il soit le premier-né d'une
multitude de frères. 30 Or ceux qu'il a prédestinés, il les a aussi appelés ;
ceux qu'il a appelés, il les a aussi justifiés ; ceux qu'il a justifiés, il les a
aussi glorifiés !

31 Qu'ajouter à cela ? Si Dieu est pour nous, qui sera contre nous ?
32 Lui qui n'a pas épargné son propre Fils, mais l'a livré pour nous tous,
comment ne nous donnerait-il pas aussi toutes choses avec lui ? 33 Qui
se portera accusateur contre les élus de Dieu ? Dieu justifie ! 34 Qui
condamnera ? Le Christ Jésus qui est mort ! que dis-je, qui est
ressuscité, qui est à la droite de Dieu, qui intercède pour nous !

Comme dans la lettre aux Galates, Paul voit dans la prière des chrétiens un signe très clair de leur union au Fils de Dieu (vv. 14-16 ; n° 94). Toutes leurs peines en sont transfigurées, puisqu'ils souffrent avec le Christ qui a lui-même souffert en son corps mortel.

Cette certitude s'étend à l'univers, jadis maudit à cause du péché de l'homme (v. 20 ; Genèse **3**,*17). La pollution des pays trop pressés de jouir et la transformation des terres mal cultivées en désert ne sont qu'une faible image de cet état de choses. Mais le Christ, en prenant un corps de chair, s'est uni à l'univers et il le sauve. Le mal du monde existe encore, mais aux yeux du chrétien ce n'est plus l'effet d'une malédiction. Ces douleurs doivent aboutir au renouveau de la terre et du ciel (Apocalypse n° 208).*

Nous-mêmes, sauvés en espérance, nous n'avons de l'Esprit que les prémices (v. 23), notre adoption n'a pas encore porté tous ses fruits. Nous ressemblons à des ouvriers très pauvres, obligés de demander une avance sur le salaire de la fin du mois, pour pouvoir vivre et travailler. Nous avons sujet de gémir dans l'attente (v. 23). Nous ne voyons pas, nous ne possédons pas le bonheur que nous espérons (vv. 23-25).

Si notre prière est maladroite, Dieu l'accepte à cause de l'Esprit du Christ qui l'anime secrètement (vv. 26-27). Si nous commettons des fautes, le Christ intercède pour nous, Dieu ne nous condamnera donc pas (vv. 31-34).

Quoi qu'il arrive, puisque Dieu nous a choisis et appelés à l'aimer, toute aventure tournera à notre avantage (vv. 28-30). Saint Paul termine donc cette première partie sur une hymne de certitude.

107 Hymne d'action de grâce
(Romains **8**,35-39)

35 Qui nous séparera de l'amour du Christ ? La tribulation ?
l'angoisse ? la persécution ? la faim ? la nudité ? le péril ? le glaive ?
36 Comme il est écrit : *A cause de toi nous sommes mis à mort tout le
long du jour ; on nous regarde comme des brebis destinées à l'abattoir.*

37 Mais en tout cela nous sommes plus que vainqueurs, grâce à celui qui
nous a aimés. 38 Oui, j'en ai la certitude : ni la mort, ni la vie, ni les
anges, ni les principautés, ni le présent, ni l'avenir, ni les puissances,
39 ni la hauteur, ni la profondeur, ni aucune autre créature ne pourra
nous séparer de l'amour que Dieu nous témoigne en Jésus-Christ notre
Seigneur !

108 Le sort d'Israël
(Romains **11**,1-10)

1 Je demande donc : Dieu aurait-il rejeté son peuple ? Certainement
pas ! Ne suis-je pas moi-même Israélite, de la race d'Abraham, de la
tribu de Benjamin ? 2 Non, Dieu n'a pas rejeté son peuple qu'il a connu
d'avance. Ne savez-vous pas ce que dit l'Écriture dans l'histoire où Élie
se plaint d'Israël à Dieu ? 3 *Seigneur, ils ont tué tes prophètes, ils ont
démoli tes autels ; moi seul je suis resté, et ils en veulent à ma vie.* 4 Mais
que lui répond la voix divine ? *Je me suis réservé sept mille hommes qui
n'ont pas fléchi le genou devant Baal.*
5 De même, dans le temps présent, il subsiste un reste, choisi par
grâce. 6 Mais si c'est par grâce, ce n'est pas en raison des œuvres ; autre-
ment la grâce n'est plus la grâce. 7 Qu'est-ce à dire ? Ce qu'Israël
cherche, il ne l'a pas obtenu, mais ceux qui ont été choisis l'ont obtenu.
Quant aux autres, ils ont été endurcis, 8 selon qu'il est écrit : *Dieu leur a
donné un esprit hébété, des yeux pour ne pas voir, des oreilles pour ne
pas entendre, et cela jusqu'à ce jour.* 9 David dit aussi : *Que leur table
soit un piège, un filet, une pierre d'achoppement, un juste châtiment.*
10 *Que leurs yeux s'obscurcissent et perdent la vue ; fais-leur sans cesse
courber l'échine.*

A Rome, où les Juifs chrétiens sont nombreux, il convient de parler de cette question difficile. Paul rappelle d'abord que le Christ était Juif, comme ses premiers disciples et fidèles, et comme lui, Paul. Deux fois déjà, au temps d'Élie et d'Isaïe, Israël avait été réduit à un petit reste, cela vient d'arriver encore (1 Rois **19**,*10-18 et Isaïe* **10**,*20-23). C'est le mystère de la liberté souveraine du choix de Dieu.*

109 Israël reste un peuple de Dieu

(Romains **11**,11-15)

11Je demande donc : Ont-ils trébuché jusqu'à la chute complète ?
Certainement pas ! Mais par suite de leur faux pas, les païens sont
parvenus au salut, afin de les rendre eux-mêmes jaloux. 12Or, si leur
faux pas a fait la richesse du monde et leur défaillance la richesse des
païens, que ne fera pas leur retour en masse ?
13Je vous le dis donc à vous, les païens : en ma qualité d'Apôtre des
païens, je fais honneur à mon ministère, 14dans l'espoir d'exciter la
jalousie de ceux de ma race et d'en sauver quelques-uns. 15Car, si leur
rejet a eu pour effet la réconciliation du monde, que sera leur
réintégration, sinon une résurrection d'entre les morts ?

La majorité d'Israël refuse le Christ, mais elle ne devient pas un peuple « comme les autres ». Elle conserve l'adoption filiale, la gloire, les alliances, la loi, le culte, les promesses, les patriarches. *Son infidélité n'est que temporaire; en fait elle a provoqué l'accès des païens à la foi. Le reste témoigne de l'élection du peuple saint et d'une restauration à venir. Paul est sûr de la conversion future de ses frères pour lesquels il éprouve* une douleur incessante *(***9**, *2-5). Il considère son apostolat auprès des étrangers comme un très long détour pour atteindre enfin les siens.*

110 Bonté et sévérité de Dieu

(Romains **11**,16-28)

16Si les prémices sont saintes, la pâte l'est aussi ; si la racine est
sainte, les rameaux le sont aussi.
17Si quelques-uns des rameaux ont été coupés, et si toi, olivier
sauvage, tu as été greffé parmi les rameaux qui sont restés, et si tu as
bénéficié avec eux de la riche sève de l'olivier fournie par la racine, ne
va pas faire le fier avec les rameaux. 18Tu as beau faire le fier ; ce n'est
pas toi qui portes la racine, c'est la racine qui te porte.
19Tu diras peut-être : Des rameaux ont été coupés pour que moi, je
sois greffé. 20Fort bien ! C'est à cause de leur incrédulité qu'ils ont été
coupés, et toi, c'est par la foi que tu tiens. N'aie pas de pensées
orgueilleuses, crains plutôt ! 21Si Dieu n'a pas épargné les vrais

Restes du temple des Dioscures, Castor et Pollux, sur le Forum romain. En plus de leurs divinités nationales, les Romains vénéraient une foule de divinités étrangères, d'origines grecque, orientale ou égyptienne. Pour leur rendre un culte, il fallait seulement l'autorisation du Sénat.

rameaux, il ne t'épargnera pas non plus. 22Considère donc la bonté et
la sévérité de Dieu : sévérité envers ceux qui sont tombés, bonté envers
toi, pourvu que tu restes sous l'emprise de cette bonté ; autrement, tu
seras retranché, toi aussi. 23Quant à eux, s'ils ne persistent pas dans
leur incrédulité, ils seront greffés aussi : Dieu est assez puissant pour
les greffer à nouveau. 24Car si tu as été coupé sur l'olivier sauvage
auquel tu appartenais par nature, pour être greffé contre nature sur un
olivier franc, à combien plus forte raison ceux-ci pourront-ils être
greffés sur leur propre olivier auquel ils appartiennent par nature.
25Je ne veux pas, frères, vous laisser ignorer ce mystère, afin que vous
n'ayez pas une trop haute idée de vous-mêmes. L'endurcissement d'une
partie d'Israël durera seulement jusqu'à ce que l'ensemble des païens
soit entré. 26Ainsi Israël tout entier sera sauvé, selon qu'il est écrit :
De Sion viendra le libérateur, il ôtera de Jacob les impiétés. 27***Et c'est***
là l'alliance que je ferai avec eux, quand j'enlèverai leurs péchés. 28Si
l'on considère l'Évangile, ils sont ennemis de Dieu à cause de vous ; si
l'on considère l'élection divine, ils sont aimés à cause de leurs pères.

La racine, c'est le Christ et ses premiers disciples. Isaïe avait écrit : la racine est une sainte postérité *(Isaïe* **6**,*13). Pour un vrai jardinier, la parabole est boiteuse : on greffe les rameaux d'un arbre cultivé sur une souche de sauvageon, mais Paul est un citadin. La leçon est claire cependant : les rameaux coupés (les Juifs de nos jours donc) ne sont pas voués à disparaître ; quant aux rameaux greffés sur le Christ, ils doivent être vigilants et ne pas faire les orgueilleux vis-à-vis des Juifs.*

111 Hymne au maître de l'histoire

(Romains **11**,29-36)

29Oui, les dons et l'appel de Dieu sont irrévocables. 30Jadis en effet,
vous avez désobéi à Dieu et à présent, par suite de leur désobéissance,
vous avez obtenu miséricorde ; 31 de même eux aussi ont désobéi
maintenant par suite de la miséricorde qui vous a été faite, afin qu'à
leur tour ils obtiennent miséricorde. 32Car Dieu a enfermé tous les
hommes dans la désobéissance pour faire miséricorde à tous.
33O abîme de la richesse, de la sagesse et de la science de Dieu ! Que

ses desseins sont insondables et ses voies impénétrables ! [34] *Qui a connu, en effet, la pensée du Seigneur? Qui a été jamais son conseiller?* [35] *Qui lui a donné le premier pour devoir être payé en retour?* [36] Oui, c'est de lui, par lui et pour lui que sont toutes choses. A lui la gloire dans tous les siècles ! Amen.

112 L'union, règle de la vie chrétienne

(Romains **12**,1-8)

[1] Je vous exhorte donc, frères, par la miséricorde de Dieu, à offrir vos personnes en victime vivante, sainte, agréable à Dieu ; tel est le culte que la raison vous demande. [2] Ne prenez pas modèle sur le monde présent. Mais transformez-vous par le renouvellement de votre intelligence, afin de discerner la volonté de Dieu : ce qui est bon, agréable à ses yeux et parfait.

[3] En vertu de la grâce qui m'a été donnée, je dis à chacun d'entre vous : n'ayez pas de prétentions déraisonnables, mais jugez-vous avec une juste modération, chacun suivant le degré de foi que Dieu lui a départi. [4] Car de même que dans un seul corps nous avons plusieurs membres et que tous ces membres n'ont pas la même fonction, [5] de même, à nous tous, nous formons un seul corps dans le Christ, et nous sommes, chacun pour notre part, membres les uns des autres. [6] Nous avons des dons différents, selon la grâce qui nous a été donnée. Si c'est le don de prophétie, qu'on prenne pour règle la foi ; [7] si c'est le don du service, que l'on serve ; a-t-on le don d'enseigner, que l'on enseigne ; [8] celui d'exhorter, que l'on exhorte. Que celui qui donne le fasse avec simplicité ; celui qui préside, avec zèle ; celui qui pratique la miséricorde, avec un visage aimable.

Comme le Christ a réalisé la figure prophétique du propitiatoire (n° 98), les chrétiens remplacent les sacrifices du Temple de Jérusalem par l'offrande d'une vie dévouée à Dieu, sainte, séparée d'un monde pourri, et transformée spirituellement (vv. 1-2).

Relisons les conseils d'union donnés aux Corinthiens, avec la parabole du corps et des membres (n° 79). Chaque service doit être compris comme une grâce de Dieu et accompli selon la règle qui lui convient : foi, serviabilité, pédagogie, cordialité, honnêteté, activité, gentillesse.

113 L'amour résume toute la Loi
(Romains **12**,9-21 et **13**,8-14)

9 Que votre amour soit sans feinte. Ayez le mal en horreur,
attachez-vous au bien. 10 Aimez-vous les uns les autres d'un amour
fraternel, rivalisez d'égards mutuels. 11 Que votre ardeur ne faiblisse
pas, persévérez dans la ferveur de l'esprit, car c'est le Seigneur que vous
servez. 12 Soyez joyeux dans l'espérance, patients dans la tribulation,
persévérants dans la prière. 13 Subvenez aux besoins des saints, exercez
l'hospitalité avec empressement.
14 Bénissez ceux qui vous persécutent. Bénissez, ne maudissez pas.
15 Réjouissez-vous avec ceux qui sont dans la joie, pleurez avec ceux qui
pleurent. 16 Vivez en bonne intelligence les uns avec les autres.
N'aspirez pas aux grandeurs ; laissez-vous attirer par ce qui est
humble. N'ayez pas une trop haute opinion de vous-mêmes. 17 Ne
rendez à personne le mal pour le mal ; *ayez à cœur de faire le bien*
devant tous les hommes. 18 S'il est possible, pour autant qu'il dépend de
vous, vivez en paix avec tous les hommes. 19 Ne vous faites pas justice à
vous-mêmes, mes bien-aimés, mais laissez agir la colère de Dieu, car il
est écrit : *A moi la vengeance ; c'est moi qui rendrai à chacun son dû,*
dit le Seigneur. 20 Au contraire, *si ton ennemi a faim, donne-lui à*
manger ; s'il a soif, donne-lui à boire ; en agissant ainsi, tu amasseras
des charbons ardents sur sa tête. 21 Ne te laisse pas vaincre par le mal ;
mais sois vainqueur du mal par le bien.
8 N'ayez de dettes envers personne, sinon celle de l'amour mutuel, car
celui qui aime le prochain accomplit toute la Loi. 9 En effet, les
commandements : *Tu ne commettras pas d'adultère ; tu ne tueras pas ;*
tu ne voleras pas ; tu ne convoiteras pas, ainsi que tous les autres, se
résument dans cette parole : *Tu aimeras ton prochain comme*
toi-même. 10 L'amour ne fait pas de mal au prochain ; l'amour est donc
le plein accomplissement de la Loi.
11 Vous connaissez d'ailleurs l'époque que nous traversons : l'heure
est venue de sortir de votre sommeil, car le salut est maintenant plus
près de nous que lorsque nous avons embrassé la foi. 12 La nuit est
avancée, le jour est tout proche. Rejetons donc les œuvres des ténèbres
et revêtons les armes de la lumière. 13 Comme en plein jour,
conduisons-nous avec décence : ni ripailles, ni orgies, ni luxure, ni

Rome, une antique rue dallée descend du Capitole vers le Forum. Au fond, l'arc de Septime Sévère, qui n'existait pas au temps de saint Paul. Derrière lui, on reconnaît la Curie du Sénat (p. 248). Le Sénat autorisait facilement les cultes étrangers, pourvu qu'on sacrifiât aussi à la déesse Rome et à César.

débauches, ni querelles, ni jalousies. 14 Revêtez-vous au contraire du
Seigneur Jésus-Christ, et ne prenez pas souci de la chair pour satisfaire
ses convoitises.

Paul ne renonce pas au Décalogue, mais il le rassemble autour du commandement le plus grand : Tu aimeras ton prochain comme toi-même *(Lévitique* **19**,*18). Jésus l'avait déjà fait, mais sans doute beaucoup de chrétiens l'ignoraient-ils encore (Luc* **11**,*25-28). De même l'autre conseil :* bénissez ceux qui vous persécutent *évoque cette parole de Jésus :* priez pour ceux qui vous persécutent *(Matthieu* **5**,*44). C'est le sens biblique du mot « bénir ».*

114 Les projets de Paul
(Romains **15**,19b-33)

19b Depuis Jérusalem, en rayonnant jusqu'à l'Illyrie, j'ai largement
annoncé l'Évangile du Christ, 20 me faisant toutefois un point d'honneur
de n'annoncer l'Évangile que là où le nom du Christ n'avait pas été
prononcé, afin de ne pas bâtir sur les fondations posées par un autre,
21 mais de me conformer à l'Écriture : *Ils le verront, ceux à qui on ne
l'avait pas annoncé ; ils le comprendront, ceux qui n'en avaient pas
entendu parler.*
22 Voilà ce qui, à maintes reprises, m'a empêché d'aller chez vous.
23 Mais maintenant, comme je n'ai plus de champ d'action dans ces
pays-ci, et que depuis bien des années j'ai un vif désir d'aller chez vous,
24 quand je me rendrai en Espagne... J'espère en effet vous voir lors de
mon passage et être mis par vous sur la bonne route, non toutefois sans
avoir d'abord joui de votre présence.
25 Pour le moment je vais à Jérusalem pour le service des saints. 26 Car
la Macédoine et l'Achaïe ont décidé de faire une collecte pour les saints
de Jérusalem qui se trouvent dans le besoin. 27 Elles l'ont décidé, et elles
le leur devaient ; car si les païens ont eu part à leurs biens spirituels, ils
doivent à leur tour les assister de leurs biens temporels. 28 Lors donc que
j'aurai terminé cette affaire et remis entre leurs mains cette offrande, je
partirai pour l'Espagne en passant par chez vous. 29 Et je sais qu'en
allant chez vous j'y viendrai avec toute la richesse des bénédictions du
Christ.
30 Mais je vous le demande, frères, au nom de notre Seigneur

Jésus-Christ et par l'amour de l'Esprit : combattez avec moi dans les
prières que vous adresserez pour moi à Dieu, 31 afin que j'échappe aux
incrédules de Judée et que l'offrande que je porte à Jérusalem soit bien
accueillie par les saints. 32 Je pourrai ainsi arriver chez vous dans la joie
et, si c'est la volonté de Dieu, prendre auprès de vous quelque repos.
33 Que le Dieu de la paix soit avec vous tous ! Amen.

Paul rappelle ses titres apostoliques : les longs voyages qu'il a faits de Jérusalem à l'Illyrie (la Yougoslavie moderne) et il annonce ceux en perspective : Jérusalem, Rome, l'Espagne...

La collecte qu'il s'est donné tant de peine à réunir sera-t-elle reçue comme un geste d'union et de charité (n° 85) ? Entre les chrétiens de Jérusalem, « les saints », *et Paul, il y a de graves problèmes d'intelligence de la foi que l'argent ne saurait suffire à résoudre. Il faut donc prier Dieu d'inspirer les gestes et les paroles de tous.*

De plus, le danger des incrédules est là : à cause d'eux les projets de Paul se réaliseront tout autrement que prévu. Il arrivera à Rome les fers aux pieds...

115 **Hymne final**
(Romains **16,**25-27)

25 A Celui qui a le pouvoir de vous affermir dans mon Évangile, dans
la prédication de Jésus-Christ, dans la révélation du mystère tenu secret
de toute éternité, 26 mais manifesté maintenant et, par le moyen des
écrits prophétiques, sur l'ordre du Dieu éternel, porté à la connaissance
de tous les païens, pour qu'ils se soumettent à la foi, 27 à Dieu, seul sage,
soit, par Jésus-Christ, la gloire dans les siècles des siècles ! Amen.

Bas-relief du IIIe siècle, à Palmyre en Syrie. Devant l'image d'un dieu-cavalier, et à côté d'un arbre sacré, deux autels portent des offrandes végétales.

VI. Les trois procès de saint Paul à Jérusalem, à Césarée, à Rome

116 **Arrivée à Jérusalem**
(Actes **21**,15-26)

[15]Après ces quelques jours, nos préparatifs terminés, nous montions
à Jérusalem. [16]Des disciples de Césarée vinrent aussi avec nous et nous
conduisirent loger chez un certain Mnason, de Chypre, disciple des
premiers jours.

[17]A notre arrivée à Jérusalem, les frères nous reçurent avec joie. [18] Le
lendemain, Paul se rendit avec nous chez Jacques, où tous les anciens
s'assemblèrent. [19]Après les avoir salués, il raconta en détail ce que Dieu
avait fait chez les païens par son ministère. [20] A ce récit, ils glorifièrent
Dieu, puis ils dirent à Paul : « Tu vois, frère, combien de milliers de
Juifs ont embrassé la foi, tout en restant des partisans zélés de la Loi.
[21] Or ils ont entendu raconter que, par ton enseignement, tu pousses
tous les Juifs vivant au milieu des païens à rompre avec Moïse, en les
dissuadant de circoncire leurs enfants et de suivre les coutumes. [22]Que
faire donc ? Ils apprendront sans aucun doute ton arrivée. [23]Fais donc
ce que nous allons te dire. Nous avons ici quatre hommes qui ont fait

Carte du voyage de captivité de saint Paul, de Césarée en Palestine jusqu'à Rome. Paul passe deux ans à Césarée, interné dans le palais du gouverneur, en procès avec les Juifs de Jérusalem. Enfin, il use de son droit de citoyen romain et fait appel à l'empereur, ce qui oblige à l'envoyer à Rome.
Un premier bateau le conduit, sous escorte, jusqu'à Myre, en Asie Mineure. Un deuxième touche la Crète, ne trouve pas de bon abri pour hiverner et la tempête l'emporte jusqu'à Malte où il fait naufrage. Un troisième navire conduit Paul et son escorte à Pouzzoles, près de Naples. Le voyage s'achève par voie de terre.
De Rome, Paul écrit les quatre Épîtres de la Captivité.

un vœu. 24 Prends-les avec toi, purifie-toi avec eux, paie pour eux les
sacrifices afin qu'ils puissent se faire raser la tête. Tous sauront alors
que rien de ce qu'on leur a raconté sur ton compte n'est vrai, mais que
tu te conduis au contraire en observateur de la Loi (1). 25 Quant aux
païens qui ont embrassé la foi, nous leur avons fait connaître nos
décisions : s'abstenir de la viande immolée aux idoles, du sang, des
chairs étouffées et de la fornication. » 26 Le lendemain donc, Paul prit
avec lui ces hommes, se purifia avec eux et alla au Temple où il
annonça le délai dans lequel, la purification achevée, on présenterait
l'offrande pour chacun d'eux.

(1) L'église de Jérusalem était d'esprit très conservateur (p. 113). Ses dirigeants se préoccupaient d'éviter les scissions avec le courant opposé, représenté surtout par Paul, en se rattachant aux décisions pacifiantes du Concile de Jérusalem (nos 42 et 43).

Ils fournissent à Paul l'occasion d'agir en juif respectueux des lois : c'était en effet un acte de charité que d'aider un « nazir » à offrir les sacrifices nécessaires au terme de son vœu (un agneau, une brebis, un bélier : Nombres **6**,14). Or Paul lui-même s'était lié par un vœu du même genre (no 53).

Ici se termine l'une des sections où Luc emploie le « nous », transmettant directement les souvenirs d'un compagnon de Paul.

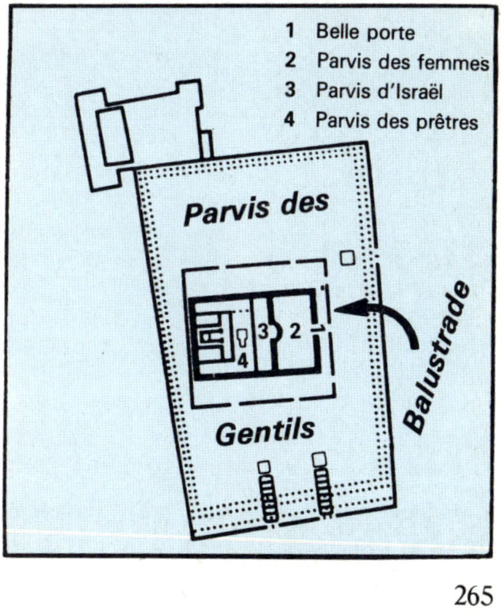

Schéma du Temple de Jérusalem. La grande esplanade appelée « parvis des païens » était ouverte à tous ; une balustrade la séparait d'un parvis plus petit, réservé à Israël, où les étrangers ne devaient pas entrer, sous peine de mort.

Constructions médiévales sur l'ancienne esplanade du Temple, montrant la limite extérieure du parvis des Gentils ou étrangers.

117 Paul arrêté dans le Temple
(Actes **21**,27-40)

27 Les sept jours touchaient à leur fin quand les Juifs d'Asie, ayant
aperçu Paul dans le Temple, ameutèrent toute la foule et mirent la
main sur lui, 28 en criant : « Israélites, au secours ! Le voilà, l'individu
qui prêche partout et à tout le monde contre le peuple, contre la Loi et
contre ce Lieu. Il a même introduit des Grecs dans le Temple et profané
ce saint Lieu (1). » 29 En effet ils avaient vu l'Éphésien Trophime avec lui
dans la ville et pensaient que Paul l'avait introduit dans le Temple.
30 Toute la ville fut en émoi et la population accourut de toutes parts.
On se saisit de Paul et on le traîna hors du Temple, dont les portes
furent aussitôt fermées.
31 On cherchait à le tuer, quand on fit prévenir le tribun de la cohorte
que tout Jérusalem était en ébullition. 32 Prenant aussitôt avec lui des
soldats et des centurions, il courut sus aux manifestants qui, à la vue du

Fragment d'une des inscriptions qui interdisaient aux étrangers l'accès au parvis d'Israël.

(1) Le mot « Temple » désigne généralement le Parvis d'Israël; considéré comme un vrai sanctuaire. L'entrée d'un étranger était un sacrilège et le coupable était puni de mort.

Cette vaste esplanade est le seul vestige des grandioses travaux d'Hérode, au temple de Jérusalem. C'est un trapèze irrégulier d'environ 450 m. de long sur 250 de large. Le monument qui l'occupe aujourd'hui est la Mosquée d'Omar ou Dôme de la Roche.

tribun et des soldats, cessèrent de frapper Paul. 33 Le tribun s'approcha,
se saisit de lui, le fit lier de deux chaînes ; puis il lui demanda qui il était
et ce qu'il avait fait (1). 34 Dans la foule les uns criaient une chose, les
autres une autre. 35 Ne pouvant rien tirer au clair dans un tel tapage, il
ordonna de conduire Paul à la forteresse. Quand il atteignit le perron,
les soldats durent le porter à cause de la violence de la foule. 36 Car la
population suivait en masse en criant : « A mort ! »

37 Au moment d'entrer dans la forteresse, Paul dit au tribun : « Me
serait-il permis de te dire un mot ? » « Tu sais le grec ? demanda
celui-ci. 38 Tu n'es donc pas l'Égyptien qui, ces temps derniers, a sou-
levé et entraîné au désert quatre mille sicaires ? (2) » 39 Paul répondit :
« Je suis Juif, de Tarse en Cilicie, citoyen d'une ville qui n'est pas sans
renom. Je t'en prie, permets-moi de parler au peuple. » 40 Le tribun
l'ayant permis, Paul, debout sur les degrés, fit signe de la main au
peuple. Un grand silence s'établit, et il s'adressa à eux en langue
hébraïque.

(1) Le tribun, officier romain de rang élevé, commandait 500 hommes environ, ou exerçait des responsabilités politiques difficiles, ce qui est plutôt le cas ici.

(2) D'après l'historien Josèphe, l'Égyptien dont il s'agit était un certain Ben-Stada qui s'était fait passer pour le Messie et avait entraîné en dissidence bon nombre de nationalistes juifs.

Les sicaires étaient des tueurs à gages, ainsi appelés parce qu'ils cachaient un poignard (en latin *sica*) sous leur manteau.

118 Discours au peuple juif
(Actes **22**,1-21)

1 « Frères et pères, écoutez ce que j'ai maintenant à vous dire pour ma
défense. » 2 L'entendant parler en langue hébraïque, ils redoublèrent de
silence. 3 Il dit : « Je suis Juif ; né à Tarse en Cilicie, mais élevé ici dans
cette ville, j'ai été formé aux pieds de Gamaliel à la stricte observance de
la Loi de nos pères ; j'étais plein de zèle pour Dieu comme vous l'êtes
tous aujourd'hui. 4 J'ai persécuté à mort cette Voie (1), enchaînant et
jetant en prison hommes et femmes ; 5 le grand prêtre et tout le collège
des anciens peuvent m'en rendre témoignage. Ayant même reçu d'eux

Constructions médiévales sur les fondations de la forteresse Antonia qui surveillait le Temple. Sa garnison arracha saint Paul à la colère de ses frères. Une partie de la colline avait été taillée pour faire place au Parvis des étrangers dont on voit l'angle nord-ouest. Le reste servait de fondation à la forteresse, bâtie par Hérode.

des lettres pour les frères de Damas, je m'y rendais, afin d'amener
enchaînés à Jérusalem ceux qui s'y trouvaient, pour les faire châtier.
6 « Comme, étant en chemin, j'approchais de Damas, voici que
soudain, vers midi, une vive lumière venue du ciel resplendit autour de
moi. 7 Je tombai à terre et j'entendis une voix qui me disait : « Saul,
Saul, pourquoi me persécutes-tu ? " 8 Je répondis : " Qui es-tu,
Seigneur ? " Il me dit : " Je suis Jésus de Nazareth, que tu
persécutes. " 9 Mes compagnons virent bien la lumière, mais
n'entendirent pas la voix de celui qui me parlait. 10 Alors je demandai :
" Que dois-je faire, Seigneur ? " Le Seigneur me répondit :
" Relève-toi, va à Damas et là on te dira tout ce que tu dois faire. "
11 Comme je n'y voyais plus, à cause de l'éclat de cette lumière, mes
compagnons me conduisirent par la main, et c'est ainsi que j'arrivai à
Damas.
12 « Or un certain Ananie, homme pieux et observateur de la Loi, de
qui tous les Juifs de la ville rendaient bon témoignage, 13 vint me
trouver ; il s'approcha de moi et me dit : " Saul, mon frère, retrouve la
vue. " A l'instant même je pus le voir. 14 Puis il me dit : " Le Dieu de
nos pères t'a destiné à connaître sa volonté, à voir le Juste et à entendre
les paroles de sa bouche ; 15 car tu dois lui servir de témoin devant tous
les hommes de ce que tu as vu et entendu. 16 Et maintenant, pourquoi
tarderais-tu ? Lève-toi, fais-toi baptiser et purifier de tes péchés en
invoquant son nom. "
17 « De retour à Jérusalem, comme je priais dans le Temple, je tombai
en extase, 18 et je vis le Seigneur qui me disait : " Hâte-toi, sors vite de
Jérusalem, car on n'y accueillera pas ton témoignage à mon sujet. "
19 Et je dis : " Seigneur, ils savent bien que c'est moi qui faisais mettre
en prison et battre de verges dans toutes les synagogues ceux qui
croient en toi ; 20 lorsque le sang d'Étienne, ton témoin, fut répandu,
j'étais là, moi aussi, approuvant et gardant les vêtements de ses
meurtriers. " 21 Mais il me dit : " Va, car moi c'est au loin, chez les
païens, que je vais t'envoyer. " »

(1) Saint Paul emploie le terme judéo-chrétien « Voie » (Voir Actes **19**,23, n° 64) ; il refusera un peu plus loin (Actes **24**,14, n° 122) le terme « secte ».

119 Dans la forteresse Antonia
(Actes **22**,22-29)

22Les Juifs l'avaient écouté jusque-là ; mais à ces mots ils se mirent à
crier : « Débarrasse-nous d'un pareil individu ! Il n'est pas digne de
vivre. » 23Comme ils vociféraient, agitaient leurs manteaux et faisaient
voler la poussière en l'air, 24le tribun ordonna de faire entrer Paul dans
la forteresse et de le mettre à la question par le fouet, afin de savoir
pour quel motif on criait ainsi contre lui. 25On allait l'attacher avec des
courroies, quand Paul dit au centurion de service : « Vous est-il permis
de donner le fouet à un citoyen romain, et cela sans jugement ? » 26A
ces mots, le centurion alla avertir le tribun et lui dit : « Que vas-tu
faire ? Cet homme est citoyen romain. » 27Le tribun vint aussitôt et dit à
Paul : « Dis-moi, tu es citoyen romain ? » « Oui » répondit-il. 28Le
tribun reprit : « Moi, j'ai acheté bien cher ce droit de cité. » Paul
répartit : « Et moi, je l'ai de naissance. » 29Aussitôt, ceux qui allaient le
mettre à la question s'écartèrent de lui, et le tribun lui-même prit peur
en voyant qu'il avait fait enchaîner un citoyen romain (1).

(1) Sur le traitement de faveur des citoyens romains, voir n° 46.

120 Devant le Sanhédrin
(Actes **22**,30 ; **23**,1-11)

30Le lendemain, voulant tirer au clair ce dont les Juifs accusaient
Paul, le tribun lui fit ôter ses chaînes et donna l'ordre aux grands
prêtres et à tout le Sanhédrin de se réunir. Puis il amena Paul et le fit
comparaître devant eux.

1Paul, fixant du regard le Sanhédrin, dit : « Frères, c'est en toute
bonne conscience que je me suis conduit devant Dieu jusqu'à ce jour. »
2Mais le grand prêtre Ananie (1) ordonna à ses assistants de le frapper
sur la bouche. 3Paul lui dit : « Toi aussi, Dieu te frappera, muraille
blanchie. Tu sièges pour me juger selon la Loi, et tu me fais frapper, en
violation de la Loi ! » 4Les assistants lui dirent : « C'est le grand prêtre
de Dieu que tu insultes. » 5Paul répartit : « J'ignorais, frères, que c'était
le grand prêtre. Car il est écrit : *Tu ne maudiras pas le chef de ton
peuple.* »

6 Or, sachant qu'il y avait là deux partis, les sadducéens et les pharisiens, Paul s'écria dans le Sanhédrin : « Frères, je suis pharisien, fils de pharisiens ; c'est à cause de l'espérance en la résurrection des morts que je suis mis en jugement ! » 7 A ces mots, il se produisit une discussion entre pharisiens et sadducéens, et l'assemblée se divisa. 8 En effet, les sadducéens nient la résurrection ainsi que l'existence d'anges ou d'esprits, tandis que les pharisiens professent l'une et l'autre. 9 Ce fut une belle clameur. Quelques scribes du parti pharisien se levèrent et se mirent à protester vivement : « Nous ne trouvons rien de mal en cet homme ; et si un esprit ou un ange lui avait parlé ? » 10 Comme la dispute redoublait de violence, le tribun, craignant que Paul ne fût mis en pièces par eux, fit descendre la troupe pour l'enlever de leurs mains et le ramener à la forteresse. 11 La nuit suivante, le Seigneur apparut à Paul et lui dit : « Courage ! De même que tu m'as rendu témoignage à Jérusalem, ainsi faut-il que tu me rendes témoignage à Rome. »

(1) Ananie fut grand prêtre de 47 à 59 ap. J.-C. Il a laissé le souvenir d'un homme dur et violent. Il fut assassiné par les sicaires en 66.

121 De Jérusalem à Césarée
(Actes **23**,12-35)

12 Le jour venu, les Juifs tramèrent un complot : ils s'engagèrent par serment à ne manger ni boire avant d'avoir tué Paul. 13 Ils étaient plus de quarante à tremper dans cette conjuration. 14 Ils allèrent trouver les grands prêtres et les anciens et leur dirent : « Nous nous sommes engagés sous peine de malédiction divine à ne prendre aucune nourriture jusqu'à ce que nous ayons tué Paul. 15 Vous donc, avec le Sanhédrin, proposez au tribun de vous l'amener, comme pour examiner plus à fond sa cause. Nous, nous nous tenons prêts à le tuer avant qu'il n'arrive. »

16 Mais le fils de la sœur de Paul (1), ayant eu connaissance du guet-apens, se rendit à la forteresse, entra et prévint Paul. 17 Celui-ci appela un des centurions et lui dit : « Conduis ce jeune homme au tribun ; il a une communication à lui faire. » 18 Le centurion le prit, le conduisit au tribun et lui dit : « Le prisonnier Paul m'a appelé et m'a

Ruines d'Antipatris, une halte entre Jérusalem et Césarée.
Conformément aux ordres reçus, les soldats prirent Paul et le conduisirent de nuit à Antipatris (Actes **23,***31).*

prié de t'amener ce jeune homme ; il a à te parler. » 19 Le tribun le prit
par la main, se retira à l'écart et lui demanda : « Qu'as-tu donc à me
communiquer ? » 20 Il répondit : « Les Juifs se sont concertés pour te
prier d'amener Paul demain devant le Sanhédrin, sous prétexte
d'instruire plus à fond sa cause. 21 Garde-toi d'en rien croire ; plus de
quarante d'entre eux lui préparent un guet-apens ; ils se sont engagés
par serment à ne manger ni boire avant de l'avoir tué. Ils sont tout prêts
et n'attendent plus que ta réponse favorable. » 22 Le tribun congédia le
jeune homme avec la recommandation de ne dire à personne qu'il lui
avait fait ce rapport.

23 Puis il appela deux centurions et leur dit : « Tenez prêts à partir
pour Césarée, à la troisième heure de la nuit, deux cents soldats,
soixante-dix cavaliers et deux cents lanciers. 24 Préparez aussi des
montures pour conduire Paul sain et sauf au procurateur Félix (2). »
25 Il lui écrivit une lettre dont voici la teneur :

26 « Claudius Lysias à son Excellence le gouverneur Félix, salut.
27 L'homme que voici avait été appréhendé par les Juifs qui allaient le

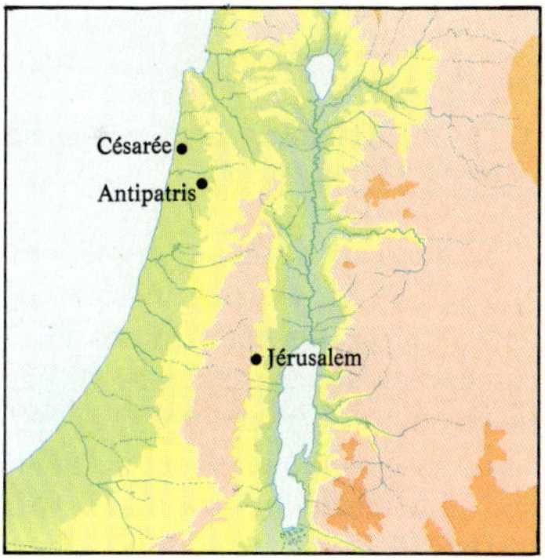

Route de Jérusalem à Césarée, passant par la halte d'Antipatris.

(1) C'est le seul renseignement que nous ayons sur la famille de saint Paul.

(2) Le procurateur Antonius Félix était un affranchi de la famille impériale. Fort de la protection dont il jouissait à la cour, il fut un gouverneur autoritaire, vénal et immoral. L'historien Tacite dit « qu'il exerça le pouvoir d'un roi avec l'esprit d'un esclave ». Il fut enfin destitué pour avoir trop mal gouverné.

tuer, quand, apprenant qu'il était citoyen romain, je suis intervenu avec
la troupe et le leur ai arraché des mains. [28]Comme je voulais connaître
les chefs d'accusation qu'ils formulaient contre lui, je l'ai fait compa-
raître devant leur Sanhédrin. [29]J'ai découvert qu'il était poursuivi
pour des questions relatives à leur Loi, mais qu'il n'avait commis aucun
crime qui méritât la mort ou la prison. [30]Informé qu'on préparait un
guet-apens contre cet homme, je te l'ai aussitôt envoyé, tout en
signifiant à ses accusateurs de s'expliquer devant toi à son sujet.
Porte-toi bien. »

[31]Conformément aux ordres reçus, les soldats prirent Paul et le
conduisirent de nuit à Antipatris. [32]Le lendemain, laissant les cavaliers
poursuivre la route avec lui, ils retournèrent à la forteresse. [33]A leur
arrivée à Césarée, les cavaliers remirent la lettre au gouverneur et lui
présentèrent Paul. [34]Le gouverneur lut la lettre et demanda de quelle
province il était. Apprenant qu'il était de Cilicie, [35]il lui dit : « Je
t'entendrai quand tes accusateurs seront arrivés. » Et il le fit garder
dans le prétoire d'Hérode.

122 **Devant le gouverneur Félix**
(Actes **24**,1-27)

[1]Cinq jours après, le grand prêtre Ananie descendit avec quelques
anciens et un avocat, un certain Tertullus, et ils portèrent plainte
devant le gouverneur contre Paul. [2]Celui-ci fut appelé, et Tertullus
commença son réquisitoire en ces termes : « La paix profonde dont
nous jouissons grâce à toi et les réformes dont cette nation est redevable
à ta prévoyance, [3]nous les accueillons en tout et partout, illustre Félix,
avec une profonde gratitude. [4]Mais pour ne pas t'importuner outre
mesure, je te prie de nous écouter un instant avec la bienveillance qui te
caractérise. [5]Nous avons découvert que cet homme est une peste ; il
sème la discorde parmi tous les Juifs du monde. C'est un meneur de la
secte des Nazaréens ; [6]il a même tenté de profaner le Temple et nous
l'avons arrêté. [7]Nous voulions le juger selon notre Loi, mais le tribun
Lysias est intervenu, il l'a arraché violemment de nos mains et a
ordonné à ses accusateurs de se présenter devant toi (1). [8]Tu pourras

toi-même, en l'interrogeant, vérifier l'exactitude de toutes nos
accusations. » 9 Les Juifs l'appuyèrent, assurant qu'il en était bien ainsi.
10 Alors, sur un signe du gouverneur, Paul répondit : « Je sais que
depuis plusieurs années tu as juridiction sur cette nation, aussi est-ce
avec confiance que je plaiderai ma cause. 11 Comme tu peux t'en
assurer, il n'y a pas plus de douze jours que je suis monté à Jérusalem
pour adorer. 12 On ne m'a trouvé en train de discuter ou d'ameuter la
foule ni au Temple, ni dans les synagogues, ni dans la ville. 13 Ces gens
ne sauraient pas davantage prouver les accusations qu'ils portent
maintenant contre moi. 14 Je t'avoue cependant ceci : je sers le Dieu de
nos pères selon la Voie qu'ils qualifient de secte ; je crois tout ce qui est
écrit dans la Loi et les Prophètes ; 15 j'ai en Dieu l'espérance qu'eux
aussi partagent : qu'il y aura une résurrection des justes et des
pécheurs. 16 C'est pourquoi aussi je m'efforce de garder toujours ma
conscience sans reproche aux yeux de Dieu et des hommes. 17 Après une
absence de plusieurs années, je suis venu apporter des aumônes à ma
nation et présenter des offrandes. 18 C'est alors qu'ils m'ont trouvé dans
le Temple. Je m'étais purifié et ne provoquais ni attroupement ni
tumulte ; 19 mais certains Juifs d'Asie... ce sont eux qui auraient dû
comparaître devant toi comme accusateurs, s'ils avaient eu quelque
grief contre moi. 20 Ou du moins que ceux qui sont ici disent de quel
crime ils m'ont trouvé coupable, quand j'ai comparu devant le
Sanhédrin. 21 A moins que ce ne soit pour la seule phrase que j'ai criée à
leur barre : " C'est à cause de la résurrection des morts que je suis
aujourd'hui traduit en jugement devant vous. " »
22 Félix, qui était très bien renseigné sur cette doctrine, les ajourna en
disant : « J'examinerai votre affaire quand le tribun Lysias sera
descendu ici. » 23 Puis il ordonna au centurion de garder Paul, en lui
laissant une certaine liberté et sans empêcher aucun des siens de lui
rendre service.
24 Quelques jours plus tard, Félix vint avec sa femme Drusille, qui
était juive. Il envoya chercher Paul et l'écouta parler sur la foi au Christ
Jésus. 25 Mais quand Paul en vint à parler de justice, de chasteté et du

(1) Ce verset, absent de plusieurs manuscrits, ne fait que résumer ce qu'on a déjà vu. Beaucoup d'éditions imprimées l'omettent.

A Césarée, le gouverneur romain était en liaison avec Rome. Comme la ville était de population mélangée, il pouvait vivre à la romaine et pratiquer le culte de l'empereur. La situation lui permettait de surveiller également la Galilée, la Samarie et la Judée.

jugement à venir, Félix effrayé lui dit : « Retire-toi pour le moment ; je
te rappellerai quand j'en trouverai l'occasion. » 26 Il comptait aussi que
Paul lui donnerait de l'argent ; aussi le faisait-il venir souvent pour
s'entretenir avec lui.

27 Deux ans s'écoulèrent, et Félix eut pour successeur Porcius
Festus (1). Mais, pour se ménager les bonnes grâces des Juifs, il laissa
Paul en prison.

(1) Porcius Festus fut procurateur entre 60 et 62, année où il mourut. (Voir le tableau chronologique p. 41). Il appartenait à la noble famille romaine, la *Gens Porcia.* L'historien Flavius Josèphe le présente comme un fonctionnaire zélé et honorable.

123 J'en appelle à César
(Actes **25**,1-12)

1 Trois jours après son arrivée dans sa province, Festus monta de
Césarée à Jérusalem. 2 Les grands prêtres et les notables juifs portèrent
plainte devant lui contre Paul. 3 Ils sollicitaient comme une faveur le
transfert de Paul à Jérusalem, car ils préparaient un guet-apens pour le
tuer en chemin. 4 Festus répondit que Paul devait rester en prison à
Césarée et que lui-même allait bientôt repartir. 5 « Que ceux d'entre
vous qui sont qualifiés, ajouta-t-il, descendent avec moi à Césarée, et,
s'il y a des charges contre cet homme, qu'ils l'accusent. » 6 Il ne resta
pas parmi eux plus de huit à dix jours, puis il descendit à Césarée.
Le lendemain, il siégea au tribunal et fit comparaître Paul. 7 Quand il
fut arrivé, les Juifs descendus de Jérusalem l'entourèrent et portèrent
contre lui plusieurs accusations graves qu'ils ne parvenaient pas à
prouver. 8 Paul, de son côté, disait pour sa défense : « Je n'ai commis
aucun délit ni contre la Loi juive, ni contre le Temple, ni contre César. »
9 Mais Festus, désireux de plaire aux Juifs, répondit à Paul : « Veux-tu
monter à Jérusalem pour y être jugé là-dessus en ma présence ? »
10 Paul répartit : « Je suis devant le tribunal de César ; c'est là que je
dois être jugé. Je n'ai fait aucun tort aux Juifs, comme tu le sais fort
bien. 11 Si je suis coupable, si j'ai commis quelque crime digne de mort,
je ne refuse pas de mourir. Mais s'il n'y a rien de fondé dans les

accusations de ces gens-là, personne n'a le droit de me livrer à eux par complaisance. J'en appelle à César. » [12] Festus, après en avoir conféré avec son conseil, répondit : « Tu en as appelé à César, tu iras devant César. »

HÉRODE LE GRAND mort en 4 av. J.-C.

ARISTOBULE	ARCHELAÜS	HÉRODE ANTIPAS	PHILIPPE
tué sur l'ordre de son père	tétrarque de Judée, exilé à Vienne sur le Rhône en 6 ap. J.-C.	tétrarque de Galilée exilé à St-Bertrand-de-Comminges en 38	tétrarque de l'Iturée (Luc 3,1)

HÉRODE AGRIPPA, roi de 41 à 44 après J.-C. (fils d'Aristobule)

AGRIPPA II	BÉRÉNICE

124 Consultation d'un prince juif
(Actes **25**,13-27)

[13] Quelques jours après, le roi Agrippa II (1) et Bérénice vinrent à Césarée rendre visite à Festus. [14] Comme ils y passèrent plusieurs jours, Festus exposa au roi l'affaire de Paul. « Il y a ici, lui dit-il, un homme que Félix a laissé en prison. [15] Comme je me trouvais à Jérusalem, les grands prêtres et les anciens des Juifs ont porté plainte contre lui, réclamant sa condamnation. [16] Je leur ai répondu que les Romains n'ont pas l'habitude de livrer un prévenu sans l'avoir auparavant confronté avec ses accusateurs et lui avoir permis de se justifier des griefs portés contre lui. [17] Ils sont alors venus ici avec moi. Sans aucun délai, dès le lendemain, j'ai siégé à mon tribunal et fait amener l'homme. [18] Les accusateurs se sont présentés et ne lui ont imputé

aucun des crimes que je soupçonnais. [19]Ils avaient seulement avec lui je ne sais quelles discussions au sujet de leur religion à eux et d'un certain Jésus qui est mort et que Paul affirme être vivant. [20]Ne sachant quel parti prendre dans un tel débat, je lui ai demandé s'il consentait à aller à Jérusalem pour y être jugé là-dessus. [21]Mais Paul s'est pourvu en appel pour que son cas fût réservé au jugement de l'Auguste. En conséquence, j'ai ordonné de le garder jusqu'à son transfert devant César. » [22]Agrippa dit alors à Festus : « Je voudrais bien, moi aussi, entendre cet homme. » « Demain, répondit Festus, tu l'entendras. »

[23]Le lendemain, Agrippa et Bérénice vinrent en grand apparat et firent leur entrée dans la salle d'audience avec les tribuns et les notables de la ville. Sur l'ordre de Festus, Paul fut introduit. [24]Festus prit la parole : « Roi Agrippa et vous tous ici présents avec nous, vous voyez cet homme au sujet duquel les Juifs sont venus en foule me solliciter, tant à Jérusalem qu'ici, protestant à grands cris qu'il ne fallait pas le laisser vivre. [25]Pour moi, j'ai reconnu qu'il n'a rien fait qui mérite la mort, mais puisqu'il en a appelé à l'Auguste, j'ai décidé de le lui envoyer. [26]Cependant, comme je n'ai, sur son compte, aucune donnée précise à transmettre au Seigneur (2), je l'ai fait comparaître devant vous, devant toi surtout, roi Agrippa, pour que cet interrogatoire me fournisse de quoi rédiger mon rapport. [27]Il me paraît, en effet, déraisonnable de transférer un prisonnier sans indiquer les chefs d'accusation. »

(1) Hérode Agrippa II, fils d'Agrippa Ier (n° 33), n'était pas roi mais on lui donnait couramment ce titre. Il avait de grands domaines en Syrie et en Galilée. Administrateur des biens du Temple, il était également chargé de désigner le grand prêtre. Grandi à la cour impériale, il était devenu l'ami de l'empereur Claude, mais il n'eut qu'un rôle politique insignifiant. On l'accusait de vivre en inceste avec sa sœur Bérénice.

(2) Remarquer le titre divin de « Seigneur » (en grec Kyrios) attribué à l'empereur suivant un usage oriental qui se répandit de plus en plus à Rome. Dans les siècles suivants, les chrétiens accepteront le martyre plutôt que de dire : « César est Seigneur. »

Site de l'ancienne Césarée de Philippe, aujourd'hui Banyas dans le Djôlan (Golan). C'est l'une des grandes sources du Jourdain, au pied du mont Hermon. Agrippa y avait un domaine.

125 Paul s'explique devant le roi
(Actes **26,**1-23)

1Agrippa dit à Paul : « On te donne la parole pour plaider ta cause. »
Paul, étendant la main, présenta ainsi sa défense :
2« De tous les griefs dont me chargent les Juifs, je m'estime heureux,
ô roi Agrippa, d'avoir aujourd'hui à me justifier devant toi, 3d'autant
plus que tu connais toutes leurs coutumes et leurs controverses. C'est
pourquoi je te prie de m'écouter avec patience.
4« Ce qu'a été ma vie depuis ma prime jeunesse, au sein de ma nation
et à Jérusalem, tous les Juifs le savent. 5Ils me connaissent depuis
longtemps et peuvent, s'ils le veulent, témoigner que j'ai vécu selon le
courant le plus strict de notre religion, en pharisien. 6Et maintenant, si
je suis mis en accusation, c'est à cause de l'espérance en la promesse
que Dieu a faite à nos pères, 7et dont nos douze tribus, servant Dieu
nuit et jour avec persévérance, attendent l'accomplissement ; c'est pour

Le sanctuaire païen aménagé auprès de la source du Jourdain.

Fortifications médiévales de Césarée. A l'époque byzantine, il y eut dans cette ville une école célèbre à laquelle saint Jérôme a dû une bonne partie de son savoir biblique. Plus tard, Césarée fut le port principal des Croisés qui bâtirent ce môle, en le consolidant avec d'anciennes colonnes. Louis IX, roi de France, y contribua.

cette espérance, ô roi, que je suis mis en accusation par les Juifs. 8 Vous
semble-t-il donc incroyable que Dieu ressuscite les morts ?

9 « Pour moi, j'ai cru d'abord que je devais m'opposer par tous les
moyens à la cause de Jésus de Nazareth. 10 C'est ce que j'ai fait à
Jérusalem ; j'ai moi-même jeté en prison un grand nombre de saints en
vertu des pouvoirs reçus des grands prêtres ; et quand on les mettait à
mort, j'y donnais mon suffrage. 11 Souvent même, parcourant les
synagogues, je sévissais contre eux et les contraignais à blasphémer, et,
dans l'excès de ma fureur, je les poursuivais jusque dans les villes
étrangères.

12 « C'est ainsi que je me rendais un jour à Damas avec mandat et
pleins pouvoirs des grands prêtres. 13 En chemin, vers le milieu du jour,
ô roi, je vis venir du ciel, plus éclatante que le soleil, une lumière qui
resplendit autour de moi et de mes compagnons. 14 Nous étions tous
tombés à terre, et j'entendis une voix me dire en langue hébraïque :
" Saul, Saul, pourquoi me persécutes-tu ? Il t'est dur de regimber
contre l'aiguillon. " 15 Je dis : " Qui es-tu, Seigneur ? " Le Seigneur
répondit : " Je suis Jésus que tu persécutes. 16 Mais relève-toi, tiens-toi
sur tes pieds. Voici pourquoi je te suis apparu : pour t'établir serviteur
et témoin de ce que tu as vu et de ce que je te ferai voir encore. 17 Je te
délivrerai du peuple et des païens vers lesquels je t'envoie, 18 pour leur
ouvrir les yeux, les ramener des ténèbres à la lumière (1) et de la
puissance de Satan à Dieu, afin qu'ils obtiennent la rémission de leurs
péchés et leur part d'héritage parmi les sanctifiés, par la foi en moi. "

19 « Dès lors, roi Agrippa, je n'ai pas résisté à cette vision céleste.
20 Au contraire, aux habitants de Damas d'abord, puis à Jérusalem et
dans tout le pays de Judée, et ensuite aux païens, j'ai annoncé le
repentir et la conversion à Dieu dans une conduite conforme à ce
repentir. 21 Voilà pourquoi les Juifs se sont emparés de moi dans le
Temple et ont essayé de me tuer. 22 Mais, grâce au secours de Dieu qui
ne m'a pas manqué jusqu'à ce jour, je continue de rendre témoignage
devant petits et grands. Je ne dis rien d'autre que ce que les Prophètes
et Moïse ont prédit devoir arriver : 23 à savoir que le Christ devait
souffrir et que, ressuscité le premier d'entre les morts, il annoncerait la
lumière au peuple juif et aux nations païennes. »

(1) Isaïe **42**,7 et 16.

Saïda au Liban, l'ancienne Sidon. Cette très vieille cité phénicienne est restée une escale fréquentée jusqu'à l'époque moderne où les navires sont devenus trop grands pour son port.
Le lendemain, nous fîmes escale à Sidon. Julius, qui traitait Paul avec humanité, lui permit d'aller visiter ses amis et de profiter de leurs services (Actes **27**,*3).*

126 Agrippa donne son avis
(Actes **26**,24-32)

24 Paul en était là de sa défense quand Festus dit à haute voix : « Tu
es fou, Paul ! Ton grand savoir te fait déraisonner. » 25 Paul répliqua :
« Je ne suis pas fou, illustre Festus ; je parle au contraire le langage de
la vérité et du bon sens. 26 Le roi connaît bien ces faits ; aussi je
m'adresse à lui avec assurance, persuadé que rien ne lui en échappe ;
car cela ne s'est pas passé dans un coin. 27 Crois-tu aux Prophètes, roi
Agrippa ? Je sais que tu y crois. » 28 Et Agrippa de répondre à Paul :
« Pour un peu, tu me persuaderais de me faire chrétien ! » 29 « Qu'il s'en
faille de peu ou de beaucoup, répartit Paul, plût à Dieu que non
seulement toi, mais encore tous ceux qui m'écoutent aujourd'hui, vous
deveniez ce que je suis, à l'exception de ces chaînes ! »
30 Le roi se leva, ainsi que le gouverneur, Bérénice et tous les
assistants. 31 En se retirant, ils se disaient entre eux : « Cet homme n'a
rien fait qui mérite la mort ou la prison. » 32 Et Agrippa dit à Festus :
« On aurait pu relâcher cet homme, s'il n'en avait appelé à César. »

127 Départ pour Rome
(Actes **27**,1-12)

1 Lorsqu'il eut été décidé que nous nous embarquerions (1) pour
l'Italie, Paul et quelques autres prisonniers furent confiés à un
centurion de la cohorte Augusta, nommé Julius. 2 Nous montâmes à
bord d'un bateau d'Adramyttium qui devait faire le cabotage sur les
côtes d'Asie, et nous levâmes l'ancre. Il y avait avec nous Aristarque, un
Macédonien de Thessalonique. 3 Le lendemain, nous fîmes escale à
Sidon. Julius, qui traitait Paul avec humanité, lui permit d'aller visiter
ses amis et de profiter de leurs services. 4 De là, nous côtoyâmes l'île de
Chypre, car les vents étaient contraires ; 5 puis, traversant les mers de
Cilicie et de Pamphylie, nous arrivâmes à Myre, en Lycie. 6 Le
centurion, ayant trouvé là un navire d'Alexandrie en partance pour
l'Italie, nous y fit monter.
7 Pendant plusieurs jours la navigation fut lente, et nous arrivâmes à

Ces grosses pierres percées d'un trou sont de très vieilles ancres de navires, déposées dans un temple en reconnaissance envers les dieux. Celles-ci sont conservées à Tyr, l'autre grand port de Phénicie.
Au temps des Romains, on faisait des ancres de bois et de fer, beaucoup plus efficaces.

grand-peine en face de Cnide, où le vent ne nous permit pas d'aborder. Nous passâmes alors sous la Crète, du côté de Salmone 8 et, la côtoyant péniblement, nous vînmes mouiller en un lieu appelé Bons-Ports, près de la ville de Lasaïa.

9 Un temps assez long s'était écoulé, et la navigation devenait périlleuse, car l'époque du Jeûne (2) était déjà passée. Paul en avertit les autres : 10 « Mes amis, leur dit-il, je vois que la navigation ne va pas aller sans danger ni sans de graves dommages, non seulement pour la cargaison et le navire, mais encore pour nos personnes. » 11 Mais le centurion se fia plus au capitaine et à l'armateur qu'aux dires de Paul. 12 Le port se prêtant mal à un hivernage, la plupart furent d'avis d'en partir dans l'espoir de rallier, pour y passer l'hiver, Phénix, port de Crète, ouvert au sud-ouest et au nord-ouest.

(1) Luc reprend ici le « nous » et continuera jusqu'à la fin de ce voyage. Pendant ses deux années de séjour auprès de Paul, il a eu tout le loisir de recueillir, à Jérusalem et à Césarée, de nombreux matériaux pour ses deux livres, l'Évangile et les Actes.

(2) Le grand jeûne des Juifs préparait la fête de l'expiation (Yom Kippour aujourd'hui). Il avait lieu entre la fin Septembre et le début Octobre. C'est à cette époque que le mauvais temps obligeait à arrêter la navigation.

128 Tempête et naufrage
(Actes **27**,13-44)

13 Un léger vent du sud s'était levé et ils crurent pouvoir mettre leur plan à exécution. Ils levèrent donc l'ancre et serrèrent de plus près la Crète. 14 Mais bientôt, venant de l'île, un vent violent, qu'on nomme Euraquilon, se déchaîna. 15 Le bateau fut entraîné sans pouvoir tenir tête à l'ouragan, et nous nous laissions aller à la dérive. 16 Filant sous une petite île, nommée Cauda, nous réussîmes à grand-peine à nous rendre maîtres de la chaloupe. 17 Après l'avoir hissée, on recourut aux moyens de secours : on ceintura le bateau avec des câbles et, dans la crainte d'échouer sur la Syrte, on fit glisser l'ancre flottante ; on continuait ainsi à dériver. 18 Le lendemain, comme nous étions

violemment battus par la tempête, on jeta la cargaison à la mer ; 19le
troisième jour, les matelots y lancèrent de leurs propres mains les agrès
du bateau. 20On ne vit de plusieurs jours ni le soleil ni les étoiles ; la
tempête faisait toujours rage, et nous perdîmes bientôt tout espoir de
salut.

21Depuis longtemps personne n'avait mangé. Paul se leva alors au
milieu de l'équipage et dit : « Vous auriez dû m'écouter, mes amis, ne
pas quitter la Crète et vous épargner ainsi ce péril et ces dégâts. 22Mais
je vous exhorte maintenant à reprendre courage, car aucun de vous ne
périra ; le bateau seul sera perdu. 23Cette nuit même m'est apparu un
ange du Dieu à qui j'appartiens et que je sers, 24et il m'a dit : " Sois
sans crainte, Paul ; il faut que tu comparaisses devant César, et Dieu
t'accorde aussi la vie de tous ceux qui naviguent avec toi. " 25Courage
donc, mes amis ! J'ai confiance en Dieu : il en sera comme il m'a dit.
26Mais nous devons échouer sur une île. »

27C'était la quatorzième nuit que nous étions ballottés sur
l'Adriatique (1), quand les matelots, vers minuit, pressentirent
l'approche d'une terre. 28Ils jetèrent la sonde et trouvèrent vingt
brasses ; un peu plus loin, ils la jetèrent de nouveau et en trouvèrent
quinze. 29Dans la crainte d'échouer sur des récifs, ils jetèrent quatre
ancres à la poupe et attendirent le jour avec impatience. 30Mais,
comme les matelots cherchaient à quitter le navire et mettaient déjà la
chaloupe à la mer, sous prétexte d'élonger les ancres de la proue,
31Paul dit au centurion et aux soldats : « Si ces hommes ne restent pas à
bord, il n'y a pas de salut pour vous. » 32Les soldats coupèrent alors les
câbles de la chaloupe et la laissèrent tomber.

33En attendant le lever du jour, Paul exhorta tout le monde à prendre
de la nourriture : « Voilà quatorze jours aujourd'hui que, dans
l'attente, vous restez à jeun, sans rien prendre. 34Je vous engage donc à
prendre de la nourriture, car il y va de votre salut ; aucun de vous ne
perdra un cheveu de sa tête. » 35Cela dit, il prit du pain, rendit grâce à
Dieu devant tous, le rompit et se mit à manger. 36Tous, reprenant
courage, mangèrent aussi. 37Nous étions en tout sur le bateau deux cent

(1) Les anciens appelaient « Adriatique » tout l'espace maritime compris entre la Grèce d'un côté, l'Italie et la Sicile de l'autre.

soixante-seize personnes. 38Quand on se fut rassasié, on allégea le navire en jetant le blé à la mer.

39Le jour venu, les marins ne reconnurent pas la terre, mais, ayant remarqué une baie avec une plage, ils résolurent, si possible, d'y échouer le bateau. 40Ils détachèrent les ancres qu'ils abandonnèrent à la mer, et relâchèrent en même temps les amarres des gouvernails ; puis, hissant au vent une voile de fuite, ils se laissèrent porter vers le rivage. 41Mais, ayant touché une langue de terre entre deux courants, ils y échouèrent le bateau ; la proue fortement engagée resta immobile, tandis que la poupe commençait à se disloquer sous la violence des vagues.

42Les soldats étaient d'avis de tuer les prisonniers, de peur qu'il ne s'en échappe à la nage. 43Mais le centurion, qui voulait sauver Paul, les empêcha d'exécuter ce dessein. Il ordonna à ceux qui savaient nager de se jeter à l'eau les premiers et de gagner la terre, 44et aux autres de se mettre qui sur des planches, qui sur les épaves du bateau. Tous atteignirent ainsi la terre sains et saufs.

Navires romains, d'après un bas-relief.

Malte. L'église principale reconstruite à différentes époques sur l'emplacement d'une villa **romaine pour rappeler le lieu du naufrage de saint Paul.**

129 L'hiver à Malte
(Actes **28**,1-10)

[1]Une fois sauvés, nous apprîmes que l'île s'appelait Malte. [2]Les indigènes nous traitèrent avec des attentions peu ordinaires ; ils nous accueillirent tous auprès d'un grand feu qu'ils avaient allumé, à cause de la pluie qui s'était mise à tomber et du froid. [3]Paul avait ramassé une brassée de bois sec et l'avait jetée au feu, lorsque la chaleur en fit sortir une vipère qui le mordit à la main. [4]A la vue du reptile suspendu à sa main, les indigènes se dirent les uns aux autres : « Cet homme est pour sûr un assassin ; il a échappé à la mer, mais la justice divine (1) ne permet pas qu'il vive. » [5]Paul cependant secoua le reptile dans le feu et ne ressentit aucun mal. [6]Ils s'attendaient à le voir enfler ou tomber raide mort. Après une longue attente, voyant qu'il ne lui arrivait aucun mal, ils changèrent d'avis et dirent que c'était un dieu.

[7]Il y avait, dans le voisinage, des terres appartenant au premier personnage de l'île (2), nommé Publius. Il nous reçut et nous donna pendant trois jours l'hospitalité la plus amicale. [8]Or le père de Publius était retenu au lit par la fièvre et la dysenterie. Paul alla le voir et, après avoir prié, il lui imposa les mains et le guérit. [9]Sur quoi, les autres habitants de l'île qui avaient quelque maladie accoururent aussi et furent guéris. [10]Ils nous comblèrent de toutes sortes d'égards et, à notre départ, ils nous pourvurent de tout le nécessaire.

(1) Les Grecs adoraient la déesse Justice (Dikè), chargée de tirer vengeance des crimes.

(2) L'Ile de Malte était administrée de loin par le préteur de Sicile, un magistrat romain. Sur place, il y était représenté par le premier magistrat de l'île, dont le titre est connu par des inscriptions.

130 De Malte à Rome
(Actes **28**,11-15)

[11]Au bout de trois mois, nous reprîmes la mer sur un bateau qui avait hiverné dans l'île ; il était d'Alexandrie et portait l'enseigne des

Le port de Pouzzoles, alors l'un des premiers d'Italie. Il a été remplacé par Naples sa voisine, plus accessible aux grands bateaux.
...nous arrivâmes à Pouzzoles. Nous y trouvâmes des frères qui nous prièrent de passer une semaine chez eux (Actes **28,***13-14).*

Dioscures. 12 Nous abordâmes à Syracuse et y restâmes trois jours. 13 De là, en suivant la côte, nous atteignîmes Reggio. Le lendemain, le vent du sud se leva et en deux jours nous arrivâmes à Pouzzoles. 14 Nous y trouvâmes des frères qui nous prièrent de passer une semaine chez eux. Et c'est ainsi que nous arrivâmes à Rome. 15 Les frères de cette ville, prévenus de notre arrivée, vinrent à notre rencontre jusqu'au Forum d'Appius et aux Trois-Tavernes. En les voyant, Paul rendit grâce à Dieu et reprit courage.

131 Dans la capitale de l'empire
(Actes **28,**16-31)

16 Dès notre arrivée à Rome, on permit à Paul de loger en son particulier avec le soldat qui le gardait (1). 17 Trois jours après, il convoqua les notables juifs. Quand ils furent réunis, il leur dit : « Frères, sans avoir rien fait contre notre peuple ni contre les traditions de nos pères, j'ai été arrêté à Jérusalem et livré aux mains des Romains. 18 Ceux-ci, après m'avoir interrogé, voulaient me relâcher, parce qu'il n'y avait rien en moi qui méritât la mort. 19 Mais comme les Juifs s'y opposaient, je me suis vu contraint d'en appeler à César, sans avoir pour autant l'intention d'accuser ma nation. 20 C'est pour cela que j'ai demandé à vous voir et à vous parler. Oui, c'est à cause de l'espérance d'Israël que je porte ces chaînes. »

21 Ils lui répondirent : « Nous n'avons reçu aucune lettre de Judée à ton sujet et aucun des frères arrivés ici n'a rien rapporté ou dit de défavorable sur ton compte. 22 Mais nous voudrions t'entendre exposer toi-même ce que tu penses. Car, pour ce qui est de ta secte, nous savons qu'elle rencontre partout de la contradiction. »

23 Ayant donc fixé un jour avec lui, ils vinrent en plus grand nombre le trouver à son logement. Dans son exposé, il rendit témoignage au Royaume de Dieu, s'efforçant de les convaincre au sujet de Jésus, à partir de la Loi de Moïse et les Prophètes, et cela depuis le matin jusqu'au soir. 24 Les uns furent convaincus par ce qu'il disait, les autres restèrent incrédules. 25 Ils se séparèrent sans avoir pu se mettre d'accord, tandis que Paul se contentait de leur dire :

La Voie Appienne modernisée, à son entrée dans Rome. C'est par là que saint Paul fit son arrivée dans la ville. On voit à gauche les tombeaux d'antiques familles patriciennes. Cette route, la plus célèbre des voies romaines, avait été construite pour relier la capitale à l'Italie du Sud.

« Elle est bien vraie, cette parole que l'Esprit Saint a dite à vos pères par le prophète Isaïe :

26 *Va trouver ce peuple et dis-lui :*
Vous entendrez de vos oreilles et vous ne comprendrez pas ;
vous regarderez de vos yeux et vous ne verrez pas.
27 *Car le cœur de ce peuple s'est épaissi ;*
ils sont devenus durs d'oreille
et ils ont fermé les yeux,
de peur de voir de leurs yeux,
d'entendre de leurs oreilles,
de comprendre avec leur cœur
et de se convertir.
Et je les aurais guéris (2) *!*

28 Sachez donc que c'est aux païens qu'a été envoyé le salut divin. Eux l'écouteront. »

Prisonnier enchaîné conduit par un soldat. (Détail de l'arc de triomphe de Septime Sévère).

Façade de la basilique Saint-Paul-hors-les-Murs, à Rome, rebâtie en 1823 après un incendie. L'autel surmonte le tombeau traditionnel de l'apôtre dont on voit la statue au premier plan.

29 Sur ces mots, les Juifs s'en allèrent en discutant vivement entre
eux (3).

30 Paul resta deux années entières dans un logement qu'il avait loué ;
il y accueillait tous ceux qui venaient le trouver, 31 proclamant le
Royaume de Dieu et enseignant ce qui concerne le Seigneur
Jésus-Christ en toute assurance et sans empêchement.

(1) Paul était prisonnier mais sous un régime adouci. Il se logeait comme il voulait et pouvait recevoir ses amis. Mais il était toujours attaché par sa main droite à un soldat de garde.

(2) Cette citation d'Isaïe (**6**,9 suiv.), a servi plusieurs fois à expliquer pourquoi le Christ n'a pas été compris par son peuple : Matthieu **13**,14 ; Marc **4**,12 ; Jean **12**,40.

(3) Verset absent de plusieurs manuscrits, et donc par la suite de plusieurs éditions imprimées.

FIN DU LIVRE DES ACTES DES APÔTRES

L'ancienne Agora, place publique de Philippes en Macédoine.
Ces gens-là, dirent-ils, jettent le trouble dans notre cité ; ce sont des Juifs qui prêchent des coutumes qu'il ne nous est permis, à nous, Romains, ni d'accepter ni de suivre (Actes **16,***20-21 ; voir n° 46).*

VII. Les Lettres de la Captivité

Extraits de la Lettre aux Philippiens

Philippes et ses environs.

Philippes devait son nom à un célèbre roi de Macédoine, père du grand Alexandre. En 42 av. J.-C., des vétérans de l'armée romaine y avaient été installés après la victoire de Marc Antoine et d'Octave, neveux de César, sur Brutus et Cassius, ses meurtriers. Les habitants avaient les mêmes droits et devoirs que les citoyens romains (n° 46). Saint Paul évangélisa cette région lors de son deuxième voyage en 50-51 et il y revint au cours du troisième (n° 65).

C'est la seule église qui n'a jamais donné de soucis à saint Paul, la seule également de qui il a accepté des secours matériels. C'est précisément l'objet de la lettre de remerciements que saint Paul confie à Épaphrodite, envoyé des chrétiens de Philippes. Paul est en effet prisonnier à ce moment-là et à peine sorti de grands dangers, il a même envisagé la mort en face (n° 132). Est-ce de sa prison romaine qu'il écrit ou d'Éphèse où il aurait pu également avoir été en captivité ? Il nous dit lui-même qu'il y a rencontré de bien graves difficultés *(1 Corinthiens* **1**,*15-32). Diverses hypothèses sur la date et le lieu de l'Épître ont été proposées ; l'essentiel pour nous est de savoir que son authenticité n'est pas mise en doute.*

132 Adresse et début de la lettre
(Philippiens **1**,1-26)

1 Paul et Timothée, serviteurs de Jésus-Christ, à tous les saints dans le
Christ Jésus qui sont à Philippes, ainsi qu'aux épiscopes et aux diacres ;
2 à vous grâce et paix de la part de Dieu, notre Père, et du Seigneur
Jésus-Christ.

3 Je rends grâce à mon Dieu toutes les fois que j'évoque votre
souvenir. 4 Toujours, dans toutes mes prières pour vous tous, c'est avec
joie que je prie, 5 à la pensée du concours que vous avez apporté à
l'Évangile depuis le premier jour jusqu'à maintenant. 6 J'ai confiance
que Celui qui a commencé en vous cette œuvre excellente en poursuivra
l'achèvement jusqu'au Jour de Jésus-Christ. 7 Il est bien juste que j'aie
pour vous de tels sentiments, car je vous porte dans mon cœur, vous
qui, aussi bien dans ma captivité que dans la défense et l'affermis-
sement de l'Évangile, avez tous pris part à la grâce qui m'a été faite.
8 Oui, Dieu m'est témoin que je vous chéris tous de la tendresse même
de Jésus-Christ. 9 Ce que je demande, c'est que votre amour grandisse
toujours davantage en connaissance vraie et en parfaite clairvoyance.

Colonnes romaines sur le forum de Philippes. Fondée autrefois par un roi de Macédoine, cette ville était devenue colonie romaine. On peut lire, sur son forum, plusieurs inscriptions en latin.

[10]Vous discernerez ainsi ce qui est meilleur afin d'être purs et
irréprochables pour le jour du Christ, [11]comblés des fruits de la justice
qui nous vient par Jésus-Christ pour la gloire et la louange de Dieu.
[12]Je tiens à vous faire savoir, frères, que ce qui m'est arrivé a plutôt
contribué au progrès de l'Évangile. [13]Dans tout le prétoire et partout
ailleurs, il est devenu notoire que je suis dans les chaînes pour le Christ,
[14]et la plupart des frères dans le Seigneur ont repris courage du fait de
mes chaînes et redoublent de hardiesse pour annoncer sans crainte la
parole de Dieu.
[15]Certains, il est vrai, proclament le Christ dans un esprit de jalousie
et de rivalité, mais d'autres le font dans de bonnes intentions. [16]Ceux-ci
agissent par amour, sachant bien que j'ai pour mission la défense de

La prison de saint Paul à Philippes en Macédoine (voir p. 138). D'une autre prison, à Éphèse ou à Rome, il n'avait pas besoin de parler longuement des peines et des dangers courus pour le Christ.

l'Évangile. 17 Quant aux autres, c'est dans un esprit de rivalité qu'ils
annoncent le Christ, pour des motifs qui ne sont pas purs, s'imaginant
m'ajouter un surcroît d'affliction dans mes chaînes. 18 Mais
qu'importe ! Il reste que de toute manière, avec un zèle hypocrite ou
avec sincérité, le Christ est annoncé ; et je m'en réjouis ; et je m'en
réjouirai encore. 19 Car je sais que cela tournera à mon salut, grâce à vos
prières et à l'assistance de l'Esprit de Jésus-Christ. 20 C'est là mon
attente et mon espérance : rien ne pourra me confondre, et j'en ai
l'entière assurance, aujourd'hui comme toujours, le Christ sera glorifié
dans mon corps, soit que je vive soit que je meure. 21 Car pour moi vivre
c'est le Christ, et mourir m'est un gain. 22 Mais si ma vie ici-bas peut
encore me permettre un travail utile, je ne sais vraiment que choisir...
23 Je me sens attiré des deux côtés : je voudrais m'en aller pour être avec
le Christ, et ce serait de beaucoup le meilleur ; 24 mais demeurer dans
mon corps est préférable à cause de vous. 25 Aussi, je suis certain, je sais
que je resterai et demeurerai avec vous tous pour votre progrès et la joie
de votre foi ; 26 ainsi mon retour et ma présence parmi vous vous
donneront-ils un nouveau sujet de fierté dans le Christ Jésus.

133 **Imitez l'humilité du Christ**
(Philippiens **2**,1-13)

1 S'il y a donc une consolation dans le Christ, un réconfort dans
l'amour, une communion dans l'Esprit, de la tendresse et de la pitié,
2 alors mettez le comble à ma joie en restant bien unis. Ayez un même
amour, un même cœur, mêmes pensées. 3 Ne faites rien par esprit de
rivalité ou de vaine gloire, mais que l'humilité vous fasse regarder les
autres comme supérieurs à vous-mêmes. 4 Que chacun ne recherche
pas ses propres intérêts seulement, mais qu'il prenne à cœur aussi ceux
des autres. 5 Ayez entre vous les sentiments mêmes du Christ Jésus ;

6 lui qui était de condition divine,
n'a pas considéré comme une proie le rang qui l'égalait à Dieu,
7 mais il s'est au contraire anéanti lui-même,
prenant la condition de serviteur,
devenant semblable aux hommes,
et, dans son comportement, reconnu pour un homme,

8 il s'est abaissé lui-même,
devenant obéissant jusqu'à la mort
et à la mort sur une croix.
9 C'est pourquoi Dieu l'a souverainement exalté
et lui a donné le Nom qui est au-dessus de tout nom,
10 afin qu'au nom de Jésus tout genou fléchisse
aux cieux, sur terre et au séjour des morts,
11 et que toute langue proclame que Jésus-Christ est Seigneur
à la gloire de Dieu le Père.

Bas-relief votif, ou funéraire, d'un ancien soldat de l'armée romaine. L'inscription est en grec. Au temps des Césars, l'armée était un organe d'assimilation pour les soldats auxiliaires venus des peuples soumis, ou des barbares indépendants. Les soldats vétérans se retiraient en certaines villes, ou colonies, où ils avaient un revenu et fondaient une famille.

12 Ainsi donc, mes bien-aimés, vous qui vous êtes toujours montrés
obéissants, soyez-le, non seulement quand je suis présent, mais plus
encore maintenant que je suis absent : travaillez à votre salut avec
crainte et tremblement ; 13 car c'est Dieu qui, suivant sa bienveillance,
produit en vous le vouloir et le faire.

Malgré les grandes qualités des Philippiens, Paul doit leur rappeler la règle chrétienne de l'humilité et du service réciproque. Pour cela, il met sous leurs yeux l'exemple du Christ au moyen d'une hymne dogmatique. Elle est de style poétique et non philosophique. Traducteurs et commentateurs ont beaucoup discuté à son sujet; voilà ce qu'on peut dire utilement :

v. 6 — condition divine : *dans le sens où l'on dit condition noble, bourgeoise, ou paysanne. Un roi détrôné vit « au-dessous de sa condition ».*

— Il n'a pas considéré comme une proie : *littéralement : « n'a pas jugé bon de s'accrocher », pour garder ou s'approprier,*

— le rang qui l'égalait à Dieu : *en se faisant homme, le Christ s'éloigne de sa condition normale. Devenu homme, il n'essaie pas de refléter la divinité d'une manière visible, comme les rois et les prêtres de son temps avaient la prétention de le faire (n° 34).*

v. 7 — Il s'est anéanti, *ou « dépouillé ».* De riche il s'est fait pauvre *(2 Corinthiens* **8**,*9), et pas comme un riche qui se déguiserait en gardant son carnet de chèques dans sa poche ! Jésus a vraiment la condition du serviteur, (ou même : de l'esclave). Donc* il a été mis à l'épreuve comme nous, en toute chose, sauf le péché *(Hébreux* **4**,*15, n° 158).*

v. 9 — Dieu l'a souverainement exalté, *en le relevant des morts et en l'élevant au ciel (voir n° 2 et n° 5).*

— Il lui a donné le Nom... : *c'est le nom de* Seigneur *auquel le Christ a droit de par sa condition divine. Mais donner un nom, c'est le faire reconnaître devant tous. Toutes les créatures proclament donc :* Jésus-Christ Seigneur ! *(Voir Romains* **9**,*9.) Ce n'est pas Lui qui gagne à retrouver ce qu'il aurait perdu, ce sont les créatures qui gagnent à Le connaître.*

La Lettre à Philémon

La courte lettre à Philémon nous montre comment Paul savait régler une affaire délicate, avec chaleur, cordialité, et un brin d'ironie. Philémon est un chrétien aisé, de la communauté de Colosses, sa maison est assez grande pour que l'Église s'y réunisse. Un de ses esclaves païens, Onésime (ce nom veut dire : utile), s'est enfui (à la suite de quelle querelle ?). Il est venu chercher refuge auprès de Paul, sûr que son maître obéirait à l'apôtre. Si Onésime est pris par la police, il est en grand danger. Il est évident que Paul pourrait commander à Philémon d'affranchir Onésime, lui rappelant que le chrétien libre est un esclave du Christ (1 Corinthiens 7,*20-24). Philémon en effet, a été baptisé par Paul et devrait lui obéir comme un fils à son père (un père à l'ancienne mode, bien entendu !)*

Mais Paul préfère susciter la charité de Philémon ou plutôt l'orienter vers Onésime puisqu'elle s'est déjà exprimée vis-à-vis de beaucoup d'autres.

Paul est en prison, libre cependant de recevoir ses amis, et sûr d'en sortir assez vite (v. 22) : il s'agit de la captivité romaine dont nous a parlé Luc. Autour de l'apôtre se réunissent des collaborateurs anciens et nouveaux : Marc l'évangéliste, quitté depuis longtemps (n° 44); Luc, nommé pour la première fois ; Aristarque, qui a fait le voyage depuis Césarée (n° 127) et même depuis la Macédoine (n° 65).

134 1 Paul, prisonnier du Christ Jésus, et Timothée, le frère, à
Philémon, notre bien-aimé collaborateur, à notre sœur
Appia, 2 à notre compagnon d'armes Archippe et à l'église qui
se réunit chez toi. 3 A vous grâce et paix de la part de Dieu notre Père et
du Seigneur Jésus-Christ.

Le site de Colosses, en Asie Mineure. Paul n'est jamais allé dans cette ville qui fut évangélisée par son ami et disciple Épaphras. On suppose qu'ils avaient fait connaissance pendant le séjour de Paul à Éphèse (nº 63). Colosses fut un centre de vie chrétienne intense ainsi que les villes voisines de Laodicée et de Hiérapolis (nº 139).

4 Je rends grâce à mon Dieu en faisant sans cesse mention de toi dans
mes prières, 5 car j'entends parler de la foi et de l'amour dont tu fais
preuve envers le Seigneur Jésus et envers tous les saints. 6 Puisse la foi
qui nous est commune se montrer efficace et te faire connaître tout le
bien que nous pouvons accomplir pour le Christ. 7 Ton amour m'a fait
éprouver grande joie et consolation, car par toi, mon frère, le cœur des
saints a été réconforté.

8 C'est pourquoi, bien que j'aie dans le Christ toute liberté de te
prescrire ton devoir, 9 je préfère faire appel à ton amour. Moi, Paul, qui
suis un vieil homme, et, qui plus est, prisonnier du Christ Jésus, 10 je
viens te prier pour mon enfant que j'ai engendré dans les chaînes, pour
Onésime, 11 qui jadis ne t'a guère été utile, mais qui désormais te sera
utile à toi comme à moi. 12 Je te le renvoie, lui, je veux dire mon propre
cœur. 13 J'aurais voulu le garder près de moi pour qu'il me serve à ta
place dans la prison où je me trouve à cause de l'Évangile ; 14 mais je
n'ai rien voulu faire sans ton assentiment ; le bien que tu feras ne doit
pas paraître forcé, mais venir de ton plein gré.

15 Peut-être Onésime n'a-t-il été momentanément séparé de toi
qu'afin de t'être rendu pour toujours, 16 non plus comme un esclave,
mais mieux qu'un esclave, comme un frère bien-aimé. Il l'est tellement
pour moi, mais il le sera bien plus encore pour toi, et humainement et
dans le Seigneur. 17 Si donc tu me tiens pour ton ami, accueille-le
comme si c'était moi. 18 Et s'il t'a fait quelque tort ou te doit quelque
chose, porte-le à mon compte. 19 Moi, Paul, je l'écris de ma propre
main, c'est moi qui paierai... Et je ne veux pas te rappeler que tu es, toi
aussi, mon débiteur, et de toute ta personne. 20 Allons, frère, donne-moi
cette joie dans le Seigneur ; donne à mon cœur ce réconfort dans le
Christ ! 21 Je t'écris plein de confiance en ta docilité, persuadé que tu
feras même plus que je ne te demande.

22 Prépare-toi en même temps à me donner l'hospitalité, car, grâce à
vos prières, j'espère vous être rendu.

23 Épaphras, mon compagnon de captivité dans le Christ Jésus, te
salue, 24 ainsi que Marc, Aristarque, Démas et Luc, mes collaborateurs.

25 La grâce du Seigneur Jésus-Christ soit avec vous tous ! Amen !

Baptistère en forme de croix dans une ancienne église chrétienne d'Asie Mineure.
Par le baptême vous avez été mis au tombeau avec le Christ, et vous êtes ressuscités avec lui par la foi en la puissance de Dieu qui l'a ressuscité des morts (Colossiens **2**,*12).*

Extraits de la Lettre aux Colossiens

L'Asie Mineure occidentale, avec Colosses et Éphèse.

Colosses, ville de Phrygie en Asie Mineure, n'avait pas été évangélisée par Paul mais par Épaphras, l'un de ses habitants. Sans doute avait-il connu l'apôtre à Éphèse, car nous les voyons ensemble : il est venu apporter des nouvelles et peut-être demander des avis.

La situation de Paul est la même que dans l'épître à Philémon (voir n° 139). Onésime rentre chez son maître, en accompagnant Tychique qui revient en Asie, son pays natal (n° 65) et qui porte le courrier.

Les nouvelles données par Épaphras n'étaient pas toutes bonnes. Chez les chrétiens de Colosses se sont introduits de faux maîtres qui conseillent des pratiques ascétiques sans utilité réelle et un culte erroné à propos des anges. Nous savons mal l'origine et la consistance de leurs idées, ce qui est clair, c'est qu'elles voilaient, et peut-être même réduisaient à rien la souveraineté universelle du Christ.

Paul écrit pour combattre ces erreurs en même temps que pour resserrer ses liens d'amitié avec les fidèles de Colosses. Cela nous vaut, dans la partie dogmatique de cette lettre, une belle présentation du Christ dans sa double relation à Dieu son Père et aux hommes. Une deuxième partie tire les leçons de vie chrétienne qui découlent de ces principes, car le Christ est venu nous frayer un chemin à suivre.

135 Adresse, compliments, souhaits
(Colossiens **1**,1-11)

[1]Paul, apôtre du Christ Jésus par la volonté de Dieu, et Timothée,
notre frère, aux saints qui sont à Colosses, aux croyants, nos frères dans
le Christ. [2]A vous grâce et paix de la part de Dieu notre Père.
[3]Nous rendons grâce à Dieu, le Père de notre Seigneur Jésus-Christ,
dans les prières continuelles que nous lui adressons pour vous. [4]Nous
avons en effet appris votre foi dans le Christ Jésus et l'amour que vous
avez pour tous les saints, [5]à cause de l'espérance qui vous est réservée
dans les cieux. Cette espérance, vous en avez entendu l'annonce dans la
parole de vérité, l'Évangile, [6]qui vous est parvenu ainsi qu'au monde
entier où il fructifie et grandit sans cesse. Il en est de même chez vous
depuis le jour où vous avez entendu l'annonce de la grâce de Dieu et
appris à la connaître véritablement. [7]Elle vous a été enseignée par
Épaphras, notre bien-aimé compagnon de ministère, qui est pour vous
un fidèle ministre du Christ. [8]C'est lui aussi qui nous a informés de
quel amour l'Esprit vous anime.
[9]C'est pourquoi nous aussi, depuis le jour où nous l'avons appris,
nous ne cessons de prier Dieu pour vous. Nous lui demandons que vous
parveniez à la pleine connaissance de sa volonté, en toute sagesse et
intelligence spirituelle. [10]Vous pourrez ainsi vous conduire d'une

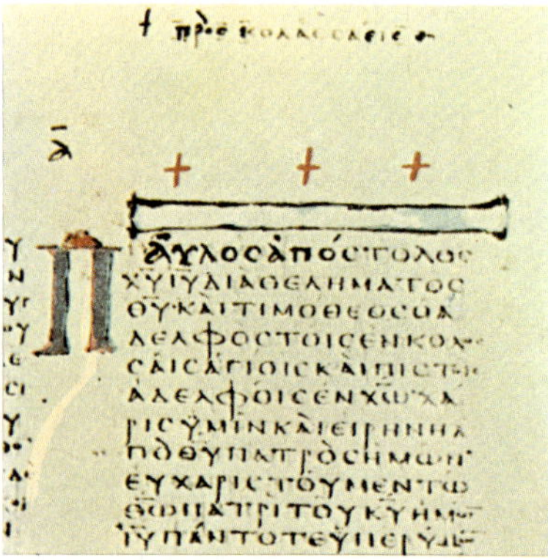

Début de l'épître aux Colossiens dans le Codex du Vatican (IVe siècle).

manière digne du Seigneur et lui plaire en tout ; vous porterez du fruit
par toutes sortes de bonnes œuvres et grandirez dans la connaissance
de Dieu ; 11 fortifiés de toute manière par la puissance de sa gloire, vous
ferez preuve d'une patience et d'une endurance à toute épreuve.

136 Le Christ, premier partout
(Colossiens 1,12-24)

12 Avec joie vous rendrez grâce au Père qui vous a mis en mesure de
partager l'héritage des saints dans la lumière. 13 Il nous a arrachés au
pouvoir des ténèbres et tranférés dans le royaume de son Fils
bien-aimé, 14 en qui nous avons la rédemption, le pardon des péchés.

15 Il est l'image du Dieu invisible,
premier-né de toute créature,
16 car c'est en lui que tout a été créé
dans les cieux et sur la terre,
les êtres visibles et invisibles,
Trônes, Dominations, Principautés, Puissances.
Tout a été créé par lui et pour lui ;
17 il est antérieur à tout et tout subsiste en lui.
18 Il est aussi la tête du corps, c'est-à-dire de l'Église ;
il est le Principe, Premier-né d'entre les morts,
afin de tenir en tout le premier rang ;
19 car il a plu à Dieu de faire résider en lui toute la plénitude
20 et de se réconcilier par lui toutes choses
sur la terre et dans les cieux,
ayant rétabli la paix par le sang de sa croix.

21 Et vous qui autrefois étiez pour lui des étrangers et des ennemis par
vos pensées et vos œuvres mauvaises, 22 voici que maintenant il vous a
réconciliés dans le corps de chair de son Fils, par sa mort, pour vous
faire paraître devant lui saints, sans tache, irrépréhensibles. 23 Mais il
faut que vous persévériez dans la foi, solides et fermes, sans vous laisser
détourner de l'espérance apportée par l'Évangile que vous avez
entendu, qui a été proclamé à toute créature sous le ciel, et dont
moi, Paul, je suis devenu le ministre. 24 Je me réjouis maintenant des
souffrances que j'endure pour vous, et ce qui manque aux épreuves du
Christ, je le complète dans ma chair, pour son corps qui est l'Église.

La dignité du Christ est unique dans tout l'univers. Paul l'explique dans ce poème dogmatique, composé de deux parties comme dans la lettre aux Philippiens.

1. Selon sa condition divine, le Christ est l'image de Dieu, de même nature que le Père. Sa naissance éternelle vient avant la création, il est « engendré, non pas créé ». *Quand il prend chair parmi les hommes, il révèle le Père invisible et devient son image pour nous.*

Il est uni à son Père dans l'œuvre créatrice : tout a été créé en lui, par lui, pour lui, les anges invisibles aussi bien que les choses matérielles. *(La liste : Trônes, Dominations, Principautés, Puissances, est tirée de sources juives postérieures à l'AT.; elle rassemble des anges, des forces cosmiques et des puissances sociales; Paul ne nous laisse pas nous attarder sur ces données-là.)*

2. Selon sa condition humaine, le Christ réconcilie tout par le sang de sa croix *(voir n° 99). Ressuscité, il est le* premier-né d'entre les morts *car tous doivent ressusciter comme lui (voir n° 99). Il est* Principe, *commencement et cause de ce qui doit être.*

L'Église lui est unie comme un corps à sa tête. La comparaison de l'Église à un corps dont les chrétiens seraient les membres devient l'affirmation mystique de l'union de chacun et de tous au Christ unique. C'est la doctrine du corps mystique du Christ *(voir n° 79 et plus loin n° 141).*

Ainsi réconciliés et réunis au Christ, les chrétiens doivent devenir saints, immaculés (sans tache), impeccables.

C'est pour cela que le Christ a souffert « dans son corps de chair », *son corps individuel. Il reste que* « son corps qui est l'Église » *passera par des souffrances semblables auxquelles Paul se réjouit de prendre sa part (v. 24).*

137 Puissance du sacrifice de Jésus

(Colossiens **2**,6-14)

6 Vivez donc dans le Christ Jésus, le Seigneur, tel qu'on vous l'a fait
connaître, 7 enracinés en lui, fondés sur lui, affermis dans la foi telle
qu'on vous l'a enseignée et débordants d'action de grâce. 8 Veillez à ce
que personne ne vous séduise par la « philosophie » (1), cette vaine
tromperie qui s'appuie sur une tradition tout humaine et les éléments
du monde, et non sur le Christ. 9 Car en lui habite corporellement toute
la plénitude de la divinité, 10 et vous-mêmes, vous participez à sa
plénitude, en lui qui est le chef de toute Autorité et de tout Pouvoir.

(1) Paul désigne une réflexion religieuse sur le monde, l'homme et la divinité que nous appellerions souvent une théosophie.

[11] En lui aussi vous avez été circoncis, non d'une circoncision de main d'homme, mais de celle qui consiste dans l'entier dépouillement du corps charnel, la circoncision du Christ. [12] Mis au tombeau avec lui par le baptême, vous êtes aussi ressuscités avec lui par la foi en la puissance de Dieu qui l'a ressuscité des morts. [13] Et vous, qui étiez morts à cause de vos fautes et de l'incirconcision de votre chair, Dieu vous a fait revivre avec lui : il nous a pardonné toutes nos offenses. [14] Il a effacé l'acte rédigé contre nous et dont les dispositions nous condamnaient ; il l'a supprimé en le clouant à la croix.

La grandeur divine de Jésus donne à son sacrifice une efficacité souveraine. Il n'y a pas à chercher ailleurs notre salut ni auprès des anges ni dans les pratiques juives, circoncision et autres.

Plusieurs passages retiennent notre attention :
1° Une expression très forte du mystère de l'Incarnation (v. 9).
2° Un résumé de la doctrine du baptême (voir nos 93 et 102).
3° Une nouvelle manière de dire comment le Christ met fin au légalisme juif : en acceptant de mourir injustement, contrairement à la Loi, il a montré que les récompenses et les punitions annoncées dans la Loi échappent à notre vue et à notre raisonnement humains.

*Beaucoup comprenaient la Loi de Moïse comme un Code pénal, qui définit les fautes et les punitions. Plusieurs essayaient de reconnaître comment les hommes étaient punis, et pour quel péché (voir Jean **9**,1-3). Cette manière de comprendre est maintenant éliminée,* l'acte dont les dispositions nous condamnaient est cloué à la croix.

Il nous reste à vivre unis à Jésus, solides dans la foi. Que l'espérance du pardon de nos fautes, du renouvellement de nos forces, et de la résurrection finale nous fasse remercier Dieu sans cesse (vv. 6-7) !

138 Leçons pour la vie chrétienne
(Colossiens **3**,1-17)

[1] Si donc vous êtes ressuscités avec le Christ, recherchez les réalités d'en haut, là où est le Christ, assis à la droite de Dieu ; [2] pensez aux choses d'en haut et non à celles de la terre, [3] car vous êtes morts et votre vie est cachée en Dieu avec le Christ. [4] Quand le Christ, votre vie, se manifestera, alors vous aussi serez manifestés avec lui dans la gloire. [5] Faites donc mourir ce qui en vous est encore terrestre : fornication,

impureté, passions, désirs mauvais et la cupidité, qui est une idolâtrie ;
6 ces désordres attirent la colère de Dieu. 7 C'est bien ainsi que vous vous
conduisiez autrefois quand vous viviez dans ces péchés. 8 Mais
maintenant, vous aussi rejetez tout cela : colère, emportement,
méchanceté, diffamation, propos déshonnêtes ne doivent plus sortir de
votre bouche. 9 Ne vous mentez plus les uns aux autres, car vous avez
dépouillé le vieil homme avec ses agissements 10 et revêtu l'homme
nouveau, celui qui se renouvelle sans cesse à l'image de son créateur en
vue d'atteindre à la parfaite connaissance. 11 Là il n'y a plus de Grec ni
de Juif, de circoncision ni d'incirconcision, il n'y a plus de barbare, de
Scythe, d'esclave, d'homme libre, mais seulement le Christ qui est tout
et en tous.

12 Comme il convient à des élus de Dieu, saints et bien-aimés,
revêtez-vous de sentiments de miséricorde, de bonté, d'humilité, de
douceur, de patience. 13 Supportez-vous les uns les autres et
pardonnez-vous mutuellement, si quelqu'un a sujet de se plaindre d'un
autre. Comme le Seigneur vous a pardonné, pardonnez vous aussi.
14 Par-dessus tout, revêtez l'amour qui est le lien de la perfection. 15 Que
règne dans vos cœurs la paix du Christ à laquelle vous avez été appelés
pour former en lui un seul corps. Vivez dans l'action de grâce. 16 Que la
Parole du Christ habite en vous dans toute sa richesse ; instruisez-vous
et reprenez-vous les uns les autres avec une vraie sagesse. Par des
psaumes, des hymnes, des cantiques inspirés par l'Esprit, chantez à
Dieu de tout cœur votre reconnaissance. 17 Tout ce que vous dites, tout
ce que vous faites, que ce soit toujours au nom du Seigneur Jésus,
rendant grâce par lui à Dieu le Père.

Les conseils pratiques de saint Paul sont faciles à comprendre, reste à les suivre. L'apôtre les rattache toujours à la vérité de la foi, et surtout à la doctrine du baptême.

Notons un autre symbole : les nouveaux baptisés quittaient leurs vêtements pour entrer dans la piscine, et à la sortie, ils en recevaient d'autres, de couleur blanche. Pareillement ils doivent rejeter les mauvais sentiments du vieil homme (vv. 8-9) et revêtir les bons sentiments du Christ (v. 12).

Notre vraie vie est cachée en Dieu (v. 3) : les choses du ciel, là où se trouve le Christ, ne nous sont pas étrangères puisque nous sommes citoyens des cieux *(Philippiens* **3**,*20). Le conseil de Paul n'est donc pas de rêver à l'irréel ou à l'impossible, mais de compter d'abord sur une réalité présente, quoique invisible, et qui est devenue le meilleur de nous-mêmes.*

139 Amitiés et nouvelles
(Colossiens **4**,7-18)

[7]Quant à ce qui me concerne, Tychique, le frère bien-aimé, le fidèle
ministre du Seigneur et mon compagnon dans son service, vous
informera de tout. [8]Je vous l'envoie tout exprès pour vous donner de
nos nouvelles et vous réconforter. [9]Onésime, ce frère fidèle et
bien-aimé, votre compatriote, est avec lui. Ils vous informeront de tout
ce qui se passe ici.
[10]Aristarque, mon compagnon de captivité, vous salue, ainsi que
Marc, le cousin de Barnabé : vous avez reçu des instructions à son
sujet ; s'il vient chez vous, faites-lui bon accueil. [11]Jésus, surnommé
Justus, vous salue également. Parmi les circoncis, ils sont les seuls qui
travaillent avec moi pour le royaume de Dieu ; ils ont été ma
consolation. [12]Épaphras, votre compatriote, vous salue ; ce serviteur du
Christ Jésus ne cesse de combattre pour vous dans ses prières, afin que
vous demeuriez fermes, parfaits et dans une complète soumission à
toute volonté de Dieu. [13]Je lui rends témoignage qu'il prend beaucoup
de peine pour vous, ainsi que pour ceux de Laodicée et de Hiérapolis.
[14]Luc, le cher médecin, vous salue, ainsi que Démas.
[15]Saluez les frères de Laodicée, ainsi que Nymphas et l'église qui se
réunit chez lui. [16]Quand vous aurez lu ma lettre, faites en sorte qu'elle
le soit aussi dans l'église de Laodicée, et, de votre côté, lisez celle qui
vous viendra de Laodicée. [17]Dites à Archippe : « Prends garde au
ministère que tu as reçu dans le Seigneur, tâche de bien l'accomplir. »
[18]La salutation est de ma propre main, à moi, Paul. Souvenez-vous
de mes chaînes. La grâce soit avec vous !

Autour de Paul se rassemble une équipe renouvelée. Les circoncis d'origine juive y restent peu nombreux, mais Marc, cousin de Barnabé est un élément de valeur. Sa présence montre que l'union de Paul et de Jacques a produit ses fruits d'apaisement (n° 142). L'épître aux Éphésiens développera ce point de vue (n° 142).

Nous apprenons que Luc n'était pas juif d'origine et qu'il était médecin.

Archippe, parent de Philémon (n° 134), est le président de l'Église, en l'absence d'Épaphras. Il est invité à exercer ses fonctions avec zèle (n° 112). Il en a reçu la charge « dans le Seigneur » *ce qui paraît vouloir dire qu'il a été qualifié par l'autorité d'un supérieur (n° 40).*

Ruines d'Éphèse, la plus grande cité d'Asie Mineure, célèbre par son commerce et sa culture. Elle resta prospère jusqu'au Moyen-Age, puis elle fut abandonnée par suite de l'ensablement de son port.

Extraits de la Lettre aux Éphésiens

Éphèse, au bord de la mer Égée.

L'épître aux Éphésiens ne contient pas les notes personnelles auxquelles nous sommes habitués chez saint Paul. C'est tout juste si nous apprenons qu'elle est portée par Tychique, comme la lettre aux Colossiens (Éphésiens **6**,*21). Le nom même d'Éphèse, dans l'adresse du début, n'existe pas dans tous les manuscrits. On s'est donc demandé très sérieusement si cette épître ne serait pas celle envoyée par Paul comme une circulaire à Laodicée et aux églises voisines (n° 139).*

Éphèse était en effet une très grande ville, dont le rayonnement intellectuel et commercial dépassait de beaucoup la circonscription administrative appelée alors « province d'Asie ». On comprendrait très bien qu'une lettre circulaire ait fini par arriver dans le trésor de l'église d'Éphèse et par en prendre le nom. Il serait par contre surprenant qu'une lettre envoyée à Éphèse par Paul, qui y avait passé plus de deux ans, ne contienne aucune allusion personnelle, aucun conseil ni mot d'amitié.

Comme la lettre porte, en gros, sur les mêmes thèmes que l'épître aux Colossiens et que son style est identique, on n'hésite guère à les situer au même moment de la vie de saint Paul. Mais elle n'a pas de caractère polémique : l'auteur ne se réfère nulle part à des idées fausses ou à des problèmes particuliers.

On enregistre seulement les heureux résultats du Concile de Jérusalem, dont les décisions sont enfin comprises : dans l'église, anciens juifs et anciens païens ne font qu'un seul peuple (n° 142). Paul prend maintenant conscience que sa vocation était de préparer cette union : d'annoncer aux païens l'insondable richesse du Christ (**3**,*8).*

140 Mystère des volontés divines
(Ephésiens **1**,1-14)

1 Paul, apôtre du Christ Jésus par la volonté de Dieu, aux saints et
fidèles dans le Christ Jésus. 2 A vous grâce et paix de la part de Dieu,
notre Père, et du Seigneur Jésus-Christ.
3 Béni soit Dieu, le Père de notre Seigneur Jésus-Christ, qui, dans les
cieux, nous a comblés de toute bénédiction spirituelle dans le Christ. 4 Il
nous a choisis en lui dès avant la création du monde pour être saints et
sans tache à ses yeux, dans l'amour. 5 Il nous a prédestinés à devenir
pour lui des fils adoptifs par Jésus-Christ, selon le bon plaisir de sa
volonté, 6 à la louange de sa grâce magnifique dont il nous a comblés en
son Bien-aimé ?
7 En lui, par son sang, nous avons la rédemption, la rémission des
péchés, selon la richesse de sa grâce. 8 Dieu l'a répandue en nous à
profusion en toute sagesse et intelligence. 9 Il nous a fait connaître le
mystère de sa volonté, le dessein bienveillant qu'il avait d'avance arrêté
en lui-même 10 pour le réaliser quand les temps seraient accomplis :
réunir toutes choses dans le Christ, ce qui est dans les cieux et ce qui est
sur la terre.
11 En lui encore, nous avons été choisis comme héritiers, selon le
dessein de Celui qui mène toutes choses au gré de sa volonté : nous
avons été prédestinés 12 pour être, à la louange de sa gloire, ceux qui
d'avance ont espéré dans le Christ.
13 En lui, vous aussi, vous avez écouté la parole de vérité, l'Évangile
de votre salut ; en lui, après y avoir cru, vous avez reçu le sceau de
l'Esprit promis, 14 acompte de notre héritage, pour la rédemption de
ceux que Dieu s'est acquis, à la louange de sa gloire.

L'épître nous donne une large et paisible vue d'ensemble sur le mystère chrétien.

1. De toute éternité, Dieu veut ramener toutes choses sous un seul Chef, le Christ *(***1***,10).*

2. Tous nous avons place dans ce mystère, c'est-à-dire ce projet, longtemps secret et maintenant révélé. Paul évoque « le dessein de Dieu » *(voir* **3**,*3-9) qui nous a choisis avant la création du monde pour être saints et sans tache (immaculés) (v. 4). Il nous a prédestinés à devenir ses enfants adoptifs (v. 5).*

3. Ces biens spirituels nous sont donnés dans le Christ *(vv. 3-4),* par lui *(v. 5),* par son sang qui nous rachète *(v. 7). La doctrine de l'expiation par le sacrifice de Jésus est aussi présente ici que dans les autres épîtres.*

4. Ceux qui reçoivent l'annonce de ce secret, l'Évangile qui sauve, sont remplis de l'Esprit Saint *(v. 13). C'est une marque qui les distingue des autres hommes,* un sceau, gage de notre héritage, *première avance sur la gloire promise.*

141 L'Eglise corps du Christ
(Ephésiens **1**,15-23 et **4**,15-16)

15 C'est pourquoi, moi aussi, ayant entendu parler de votre foi dans le
Seigneur Jésus et de votre amour envers tous les saints, 16 je ne cesse de
rendre grâce pour vous quand je fais mémoire de vous dans mes
prières. 17 Que le Dieu de notre Seigneur Jésus-Christ, le Père de la
gloire, vous donne un esprit de sagesse et de révélation qui vous le fasse
connaître vraiment ; 18 qu'il illumine les yeux de votre cœur, pour vous
faire voir quelle espérance vous ouvre son appel, quelle richesse de
gloire vous réserve son héritage parmi les saints, 19 quelle est
l'extraordinaire puissance qu'il a déployée pour nous, les croyants.
20 C'est la même force souveraine qu'il a déployée en la personne du
Christ, quand il l'a ressuscité des morts et l'a fait asseoir à sa droite
dans les cieux, 21 bien au-dessus de toute Autorité, Pouvoir, Vertu,
Seigneurie et de tout autre nom, quel qu'il soit, non seulement dans ce
monde, mais encore dans le monde à venir. 22 *Il a tout mis sous ses
pieds* et l'a donné, au-dessus de tout, pour tête à l'Église, 23 qui est son
corps, la plénitude même de Celui qui remplit tout de toute manière.
15 Il faut que, par la pratique sincère de la charité, nous grandissions
de toute manière en celui qui est la tête, le Christ. 16 Par lui le corps
entier, coordonné et uni grâce aux ligaments qui le desservent, et
chaque organe travaillant selon l'activité qui lui est propre, poursuit sa
croissance pour se construire lui-même dans l'amour.

Le Christ *ressuscité est* assis à la droite de Dieu *(v. 20) à égalité avec son Père, tant par sa nature divine que par la révélation universelle de sa Seigneurie (cf. n° 133). Il est au-dessus de tous les anges sans exception (v. 21). Et pour les êtres de chair, il est* tête de l'Église *(n° 135). Celle-ci est un corps, un organisme fait d'éléments divers, aux fonctions coordonnées.* Elle grandit *continuellement en s'assimilant de plus en plus à la perfection du Christ (***4***,15).*

*Chaque membre reçoit de la tête sa force vitale (***4***,15-16), à condition de rester à sa place, dans les ligaments ou articulations par où la grâce du Christ opère en lui. Il reçoit et il donne à la fois, pour grandir lui-même et faire grandir le corps tout entier.*

*L'Église est corps du Christ parce qu'elle lui appartient. Elle est sa plénitude, étant, pour ainsi dire, l'espace qu'il remplit de sa grâce (***1***,23).*

142 Juifs et païens, un seul peuple
(Ephésiens **2**,1-22)

1 Et vous, vous étiez morts par suite des fautes et des péchés 2 que vous
commettiez jadis, quand vous suiviez le dieu de ce monde, le prince de
l'empire de l'air (1), l'esprit qui agit maintenant dans les hommes
rebelles... 3 Nous étions de ce nombre aussi, nous tous qui vivions selon
les désirs de la chair, soumis à ses volontés et à ses mauvais penchants,
et nous étions par nature voués à la colère, tout comme les autres.
4 Mais Dieu, qui est riche en miséricorde, à cause du grand amour dont
il nous a aimés, 5 alors même que nous étions morts du fait de nos
fautes, nous a fait revivre avec le Christ — car c'est par grâce que vous
avez été sauvés ! — 6 Il nous a ressuscités avec lui, et nous a fait asseoir
dans les cieux, en Jésus-Christ. 7 Par sa bonté pour nous dans le Christ
Jésus, il a voulu montrer aux siècles à venir la richesse inouïe de sa
grâce. 8 Car c'est bien par la grâce que vous avez été sauvés, au moyen
de la foi. Cela ne vient pas de vous ; c'est le don de Dieu. 9 Cela ne vient
pas de vos actes, afin que personne n'ait sujet de se vanter. 10 Nous
sommes son ouvrage, créés dans le Christ Jésus, en vue des bonnes
œuvres que Dieu a préparées d'avance pour que nous les pratiquions.
11 Rappelez-vous donc qu'autrefois, vous les païens de naissance,
traités d'incirconcis par ceux qui se disent circoncis et qui le sont dans
leur chair par la main de l'homme, 12 rappelez-vous qu'en ce temps-là
vous étiez sans Christ, exclus de la communauté d'Israël, étrangers aux
alliances de la promesse, sans espérance et sans Dieu dans le monde.
13 Mais voici qu'à présent, dans le Christ Jésus, vous qui jadis étiez loin,
vous avez été rendus proches par le sang du Christ. 14 Oui, il est notre
paix, lui qui des deux peuples en a fait un seul ; dans sa chair, il a

abattu le mur qui les séparait : la haine ; 15 il a supprimé la Loi avec ses
ordonnances et ses décrets. Il a voulu rétablir ainsi la paix, former en
lui-même de ces deux peuples un seul homme nouveau et, 16 les ayant
réunis en un seul corps, les réconcilier l'un et l'autre avec Dieu par la
croix, sur laquelle, en sa personne, il a tué la haine. 17 Il est venu *vous
annoncer la paix, à vous qui étiez loin, la paix aussi à ceux qui étaient
proches.* 18 Par lui, en effet, les uns et les autres, nous avons accès
auprès du Père dans un seul Esprit.
19 Ainsi donc, vous n'êtes plus des étrangers ni des hôtes de passage ;
vous êtes concitoyens des saints, vous êtes de la maison de Dieu, 20 car
vous faites partie de l'édifice dont les apôtres et les prophètes sont les
fondations et le Christ Jésus lui-même la pierre d'angle. 21 En lui toute
la construction s'organise et s'élève pour former un temple saint dans le
Seigneur. 22 En lui, vous aussi, vous entrez dans la structure de l'édifice
pour devenir dans l'Esprit la demeure de Dieu.

(1) Paul cède un instant à l'imagination de ses contemporains : ils situaient la divinité favorable aux hommes au niveau des étoiles, tandis que l'atmosphère était occupée par des génies capricieux et dangereux. Selon Paul les dieux des païens sont des génies de ce genre.

La rédemption nous fait dépasser la Loi de Moïse, et en particulier les règles qui, comme un mur infranchissable, séparaient Israël des autres peuples. La haine qui les divisait est morte, elle n'a plus de raison d'être maintenant que tous se reconnaissent pécheurs (v. 16). Ce n'est pas le résultat de leurs œuvres et aucun homme ne peut se vanter (v. 9; voir n° 99). Réconciliés, ils forment un « homme nouveau, un seul corps » *(vv. 15-16),* un seul temple *(vv. 19-22; voir n° 71).*

143 **Le mariage, union sacrée**
(Ephésiens **5**,21-33)

21 Soyez soumis les uns aux autres dans la crainte du Christ.
22 Femmes, soyez soumises à vos maris comme au Seigneur ; 23 car le
mari est le chef de la femme comme le Christ est le chef de l'Église, lui
le Sauveur de son corps. 24 De même que l'Église est soumise au Christ,
que les femmes aussi soient soumises en tout à leurs maris.

25 Maris, aimez vos femmes comme le Christ a aimé l'Église et s'est
livré pour elle, 26 afin de la sanctifier en la purifiant par le bain d'eau
avec la parole qui l'accompagne. 27 Ainsi voulait-il se présenter à
lui-même une Église resplendissante, sans tache, ni ride, ni rien de
semblable, mais sainte et irréprochable. 28 C'est de cette façon que les
maris doivent aimer leurs femmes, comme leur propre corps. Celui qui
aime sa femme s'aime lui-même. 29 Personne, certes, n'a jamais haï son
propre corps ; au contraire on le nourrit et on l'entoure de soins comme
le Christ fait pour son Église, 30 puisque nous sommes les membres de
son corps. 31 *C'est pourquoi l'homme quittera son père et sa mère, il
s'attachera à sa femme et tous deux ne feront plus qu'une seule chair.*
32 C'est là un grand mystère... je veux dire qu'il se rapporte au Christ et
à l'Église. 33 Quoi qu'il en soit, que chacun de vous aime sa femme
comme soi-même, et que la femme respecte son mari.

Comme pour les Philippiens, Paul a résumé ses conseils de vie morale en ces mots : Imitez Dieu... à l'exemple du Christ *(**5**,1-2). Une question occupait une place importante dans la vie quotidienne : l'amour de l'homme et de la femme. L'apôtre lui donne pour modèle l'union du Christ et de l'Église.*

L'Église corps du Christ peut être aussi appelée son épouse, puisque époux et épouse ne font qu'une seule chair (v. 31).

Or le Christ est entièrement dévoué à son Église (vv. 23 et 25-27). Réciproquement, l'Église idéale est soumise parfaitement au Christ (v. 24; voir nos 185; 208; 209).

*Ce n'est pas encore l'égalité parfaite prévue à la création et déjà réalisée en principe dans le Christ (Genèse **1**,27; no 93). Un reste d'inégalité n'empêche pas l'amour dévoué et respectueux. Le mariage est un « mystère », un sacrement. Il représente dans le monde visible une union plus grande et doit être vécu en conformité à son modèle.*

144 Autres règles de morale familiale
(Ephésiens **6**,1-24)

1 Enfants, obéissez à vos parents dans le Seigneur, car c'est cela qui
est juste. 2 *Honore ton père et ta mère* — c'est le premier
commandement auquel soit attachée une promesse — 3 *afin d'être
heureux et d'avoir longue vie sur la terre.* 4 Et vous, parents, n'exaspérez

pas vos enfants, mais élevez-les en les corrigeant et en les reprenant
selon l'esprit du Seigneur.
5Esclaves, obéissez à vos maîtres d'ici-bas avec crainte et respect, en
toute droiture de cœur, comme au Christ. 6 Ne les servez pas parce
qu'on vous voit et comme si vous vouliez plaire à des hommes, mais
comme des esclaves du Christ qui accomplissent de toute leur âme la
volonté de Dieu. 7Servez-les avec empressement, comme si vous serviez
le Seigneur, et non les hommes ; 8vous savez que chacun sera
récompensé par le Seigneur pour tout ce qu'il aura fait de bien, qu'il
soit esclave ou homme libre.
9Et vous, maîtres, agissez de même à leur égard ; laissez de côté les
menaces, sachant que leur Maître et le vôtre est dans les cieux et qu'il
est absolument impartial.

10Enfin, cherchez des forces dans le Seigneur et dans sa puissance
souveraine. 11Revêtez-vous de l'armure de Dieu, afin de pouvoir résis-
ter aux embûches du diable. 12Ce n'est pas contre la chair et le sang
que nous avons à lutter, mais contre les Principautés, contre les
Dominations, contre les Souverains de ce monde de ténèbres, contre
les esprits mauvais répandus dans les airs.
13Endossez donc l'armure de Dieu, pour pouvoir résister au jour
mauvais, tenir jusqu'au bout, et rester ainsi maîtres du terrain.
14Debout donc, avec *la vérité pour ceinture, pour cuirasse la justice,*
15*et pour chaussures l'empressement à annoncer l'Évangile de paix.*
16Ayez toujours en main le bouclier de la foi, avec lequel vous pourrez
éteindre tous les traits enflammés du Mauvais. 17Prenez enfin le
casque du salut et le glaive de l'Esprit qui est la parole de Dieu.

18Par toutes sortes de prières et de supplications, priez en tout
temps dans l'Esptit. Passez-y vos veilles avec une persévérance infati-
gable ; priez pour tous les saints, 19et pour moi aussi, afin qu'il me soit
donné, lorsque j'aurai à parler, d'annoncer hardiment le mystère de
l'Évangile 20dont je suis l'ambassadeur enchaîné. Puissé-je avoir la
hardiesse d'en parler comme il se doit !

21Pour que vous sachiez, vous aussi, ce qui me concerne et ce que je
deviens, Tychique, le frère bien-aimé et fidèle serviteur dans le
Seigneur, vous informera de tout. 22Je vous l'envoie tout exprès pour

vous donner de mes nouvelles et réconforter vos cœurs.
23 Paix aux frères, amour et foi de la part de Dieu le Père et du
Seigneur Jésus-Christ. 24 Que la grâce soit avec tous ceux qui aiment
notre Seigneur Jésus-Christ d'un amour inaltérable !

Le principe d'imiter Dieu n'empêche pas de se référer à la Loi de Moïse en ce qu'elle a d'excellent. Puisqu'elle a joué un rôle de pédagogue (nº 93), Paul la propose aux enfants (vv. 1-3). Mais il demande aux parents d'agir dans l'esprit du Seigneur, *donc* à sa manière *(v. 4).*

Les serviteurs qui trichent avec leur maître (esclaves autrefois, salariés de nos jours) se dégradent eux-mêmes. Ils doivent faire leur travail en conscience, de toute leur âme, *sachant que leur vrai Seigneur, le Christ qui est uni à eux, les récompensera mieux que par un salaire (vv. 5-8).*

Quant à ceux qui commandent, qu'ils se rappellent l'existence d'un Maître redoutable, et impartial. Qu'ils exercent leur pouvoir avec crainte.

Plaque ornée
d'une croix fleurie,
provenant d'une église
médiévale d'Éphèse.

III - DE LA PERSÉCUTION DE NÉRON À CELLE DE DOMITIEN
(64 à 100 après J.-C.)

Dans cette troisième partie de notre livre, il faut noter deux grands faits, intéressants Juifs et Chrétiens.
— En 66, les Juifs de Palestine se révoltent contre Rome, ils sont écrasés, le Temple est brûlé. Le judaïsme vivra sans prêtres ni sacrifices, il n'a plus que la Loi. La vie commune devient impossible avec les Chrétiens.
— Ceux-ci ont déjà connu la cruelle persécution de Néron, à Rome (64 à 67). Pierre et Paul ont subi le martyre. L'Église grandira en opposition avec le monde païen. L'Apocalypse, écrite (ou terminée) sous la persécution de Domitien en 92, exprimera cette résistance spirituelle.
Entre temps, il aura fallu s'organiser pour durer : remplacer l'autorité personnelle des apôtres par des institutions stables, défendre leur doctrine contre des idées fausses. C'est ce que nous voyons faire dans les dernières Épîtres apostoliques.

Le pinacle du Temple, à Jérusalem. Une sorte de petite échauguette s'élevait à l'angle sud-est des murs hérodiens, à la hauteur des créneaux actuels.
C'est de là que fut précipité saint Jacques de Jérusalem, martyr du Christ avant Pierre et Paul.

RÉSUMÉ D'HISTOIRE

Depuis l'année 63, où s'achève le livre des Actes, jusqu'à la fin de l'âge apostolique (vers 100), se sont passés des événements très importants pour la vie de l'Église. Dans une certaine mesure ce sont eux qui ont commandé la rédaction des écrits qui nous restent à lire ensemble.

A JÉRUSALEM, MARTYRE DE JACQUES, 62 ap. J.-C.

L'historien juif Flavius Josèphe raconte que le procurateur Festus, qui avait envoyé Paul à Rome, mourut à Césarée de Palestine. L'autorité resta vacante plusieurs mois, jusqu'à l'arrivée de son successeur, Albinus.

Le grand prêtre était alors Ananos, de la famille d'Anne qui avait pris part à la condamnation de Jésus (Jean **18,***13-24). Il profita de la circonstance pour faire mourir quelques chrétiens parmi lesquels Jacques de Jérusalem. Beaucoup de Juifs blâmèrent ce meurtre, car Jacques était estimé de tous pour son respect de la Loi et la sainteté de sa vie. Albinus, le nouveau procurateur, accusa Ananos d'avoir dépassé ses pouvoirs légaux en faisant exécuter un condamné. Il le déposa et le remplaça par un autre. Les chrétiens restèrent à Jérusalem quelques années encore.*

D'après la tradition, Jacques fut précipité du haut du pinacle du Temple, dans la vallée du Cédron, et achevé à coups de pierres et de bâton tandis qu'il priait pour ses meurtriers.

A ROME, PERSÉCUTION DE NÉRON, 64-67 ap. J.-C.

Paul avait préféré être jugé à Rome, par le tribunal de l'empereur, plutôt qu'à Jérusalem par le Sanhédrin (n° 123). Mais la situation ne tarda guère à changer.

En juillet 64, un incendie ravageait Rome et Néron fut accusé, dans l'opinion publique, de l'avoir provoqué pour dégager de vieux quartiers et rebâtir du neuf. Il rejeta l'accusation sur les chrétiens, déjà assez impopulaires parce qu'ils refusaient les cultes traditionnels et adoraient un crucifié. L'historien romain Tacite nous dit qu'une foule immense de chrétiens fut martyrisée dans les jardins de Néron, sur les pentes du Vatican. On en fit un spectacle : les uns étaient cousus dans des peaux de bêtes et déchirés par les chiens, d'autres enduits de résine brûlaient comme des torches pour éclairer les jeux nocturnes.

C'est alors que fut promulgué le décret impérial qui serait la charte juridique des persécutions à venir : « il n'est pas permis d'être chrétien », autrement dit : « la religion chrétienne n'est pas autorisée ». L'empire tolérait, d'une manière plutôt libérale, les mouvements religieux alors très nombreux et variés; mais les chrétiens, sujets du roi divin, n'attendaient pas la permission d'un empereur idolâtre.

MARTYRE DE PIERRE ET DE PAUL

Une tradition bien fondée atteste que Pierre fut crucifié à Rome, sous Néron, probablement vers la fin de la persécution. Avait-il rejoint la capitale avant ou après 64 ? En tout cas il avait pu encourager ses frères en témoignant lui-même de la résurrection du Christ, et pardonner de sa part à ceux qui avaient cédé et renié leur Seigneur.

Paul fut condamné lui aussi. Vraisemblablement il fut arrêté au cours d'un voyage, conduit à Rome, et décapité (n° 156). On vénère le lieu de son supplice à l'église des Trois-Fontaines et sa tombe à Saint-Paul-hors-les-Murs. Celle de Pierre a été retrouvée dans les cryptes de la basilique du Vatican.

Les noms de Pierre et de Paul sont encore lisibles sur ces vieux graffiti de pèlerins, conservés dans les catacombes de Saint-Sébastien, sur la voie Appienne.

EN JUDÉE, RÉVOLTE DES JUIFS, 66-70 ap. J.-C.

En Judée, la domination romaine n'avait jamais été bien acceptée (n° 119). La situation se dégradait de plus en plus et les erreurs du procurateur Gessius Florus (64-66) mirent le feu aux poudres. En mai ou juin 66, le grand prêtre, l'homme des Romains, fut assassiné, les troupes du roi Agrippa II battues et chassées, la garnison de Jérusalem massacrée. Les Juifs se firent frapper une monnaie en signe d'indépendance. A l'automne, l'armée du gouverneur de Syrie réussissait à entrer à Jérusalem, mais échouait devant le Temple, puissamment fortifié. Elle dut battre en retraite avec de lourdes pertes, pourchassée par les guérillas judéennes et galiléennes.

Néron était en Grèce où il faisait une grande tournée culturelle. Il donna le commandement de la Judée à l'un de ses meilleurs généraux, Vespasien, avec trois légions et de nombreux auxiliaires, 60 000 hommes en tout.

En 67, Vespasien commença par reconquérir la Galilée dont les habitants indisciplinés combattaient isolément. Pendant ce temps, à Jérusalem, le parti extrémiste et révolutionnaire des zélotes éliminait l'aristocratie sacerdotale et la bourgeoisie pharisienne. L'ancien grand prêtre Ananos, le meurtrier de Jacques, fut exécuté.

Les chrétiens, mis en garde par les paroles de Jésus, quittèrent la ville avant qu'il ne soit trop tard et se retirèrent au-delà du Jourdain, à Pella.

Le 9 juin 68, la révolte de Rome et le suicide de Néron arrêtèrent les opérations en Judée. Vespasien voulait voir régler la succession impériale. Il laissa passer trois candidats, Galba, Othon, Vitellius, avant d'intervenir avec ses troupes, les meilleures de l'empire. En juillet 69, il fut acclamé

Détail des bas-reliefs de l'arc de triomphe de Titus, à Rome. Les soldats portent en trophée le chandelier à sept branches pris au Temple de Jérusalem. Une main moderne a écrit en dessous, en lettres hébraïques : « Israël, peuple libre. »

Une victoire
gréco-romaine, tenant
la palme et la couronne
qu'elle va donner
au vainqueur.

La forteresse hérodienne de Massada était un vaste plateau isolé par des précipices et entouré de murs. Il était équipé de casernements et de magasins comme ceux-ci. Après la prise de Jérusalem, les zélotes juifs soutinrent un siège de trois ans à Massada.

empereur et laissa la conduite de la guerre en Judée à son fils aîné, Titus, qui continua méthodiquement.

En mai 70, la ville était entourée de murs et de fortins et la faim commençait à s'y faire sentir. Deux troupes juives indépendantes défendaient le Temple et la ville haute. Après un siège très difficile, le Temple fut pris, un soldat y mit le feu dans l'excitation du combat et contrairement aux ordres de Titus. C'était le 6 août et ce jour-là, les Juifs commémorent encore le deuil de leur Temple deux fois ruiné, de leurs synagogues incendiées, de leurs frères cruellement mis à mort par les étrangers.

Ni les Romains ni les chrétiens d'autrefois, n'ont voulu rétablir quoi que ce soit du Temple de Jérusalem.

La ville haute tomba le 2 septembre. Une dernière forteresse résista dans le désert de la mer Morte jusqu'en 73 où les zélotes s'entretuèrent plutôt que de se rendre.

Près de 97 000 prisonniers juifs avaient été condamnés à combattre entre eux comme gladiateurs dans les cirques, ou à travailler dans les mines (travail effroyablement dangereux et pénible en ce temps-là), ou avaient été simplement vendus comme esclaves.

La ruine de Jérusalem n'a pas été la cause de la dispersion (diaspora) des Juifs (voir p. 23). Elle a mis fin seulement au régime sacerdotal. Avec la permission de Titus, les pharisiens se regroupèrent autour d'une école, à Jamnia (près de Tel-Aviv). L'étude et la méditation y remplaçaient les sacrifices.

Jésus avait prédit la chute du Temple et la fin des sacrifices. Il les avait rendus inutiles en réalisant tous leurs symboles : l'abandon total de l'homme à la volonté divine (nos 99; 158; 159). Mais si nous disons que les Juifs ont été punis, nous devons nous demander pourquoi tant d'églises chrétiennes sont en ruines aujourd'hui.

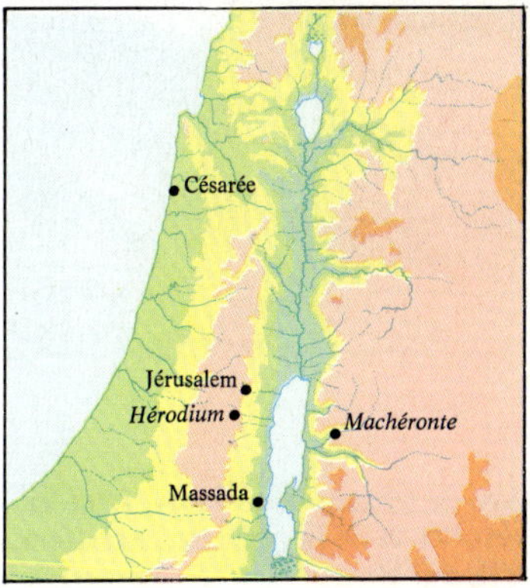

Sites des principaux combats de la guerre de Judée.

Arc de triomphe de Titus, érigé en l'honneur de sa victoire sur les Juifs révoltés et de la prise de Jérusalem. L'inscription latine est du pape Pie VII qui fit dégager et restaurer le monument; elle date de 1823.

DANS TOUT L'EMPIRE : PERSÉCUTION DE DOMITIEN (95-96)

Juifs et chrétiens eurent vingt-cinq ans de tranquillité à la fin du règne de Vespasien et pendant celui de Titus. Il y eut des conversions dans toutes les classes de la société.

Les plus hautes aspirations de la conscience religieuse étaient satisfaites par la foi en l'unique Créateur, sage et bon, qui donne aux hommes de justes lois et leur promet, s'ils y consentent, un salut éternel par la résurrection de la chair. La figure sainte et héroïque de Jésus, la beauté de ses paroles et de ses gestes, qu'on était en train de rassembler dans les quatre Évangiles, la liberté aimante des assemblées chrétiennes, avaient quelque chose de plus émouvant encore, qui en attirait un grand nombre au baptême. La rupture n'était d'ailleurs pas complète, les chrétiens gardant certains usages juifs, et de l'extérieur on les distinguait mal.

Tout changea avec l'empereur Domitien (81-96). De caractère soupçonneux et autoritaire, il ne pouvait tolérer une telle situation. C'est peut-être sur son ordre que les juifs maudirent tous ceux qui s'écartaient de la synagogue officielle. En tout cas, les gens qui vivaient « à la juive » durent préciser leur position : ou bien ils adoptaient toute la Loi, ou bien ils participaient au culte national de Rome et de l'Empereur. Les chrétiens ne pouvaient accepter ni l'un ni l'autre. Ils furent considérés comme athées : sans religion (reconnue).

Situation de Patmos où fut écrite l'Apocalypse.

Deux cousins de l'empereur, Flavius Clemens et Flavia Domitilla, périrent dans cette persécution qui dura de 95 à 96. Le livre de l'Apocalypse fut rédigé à ce moment-là. Soixante-dix ans après la première Pentecôte, l'Église chrétienne se trouvait répandue en Palestine, en Syrie, Asie Mineure, à Chypre et en Crète, en Macédoine, en Grèce, en Italie méridionale et au centre de l'Empire romain.

FIN DU RÉSUMÉ HISTORIQUE

I. Les Lettres Pastorales de Paul

Les Églises pauliniennes, destinataires des Épîtres Pastorales.

Acquitté à la fin de 63, Paul continue ses voyages, mais nous ne connaissons que peu de détails. A-t-il réalisé son projet pour l'Espagne ? Un ancien auteur chrétien le dit, mais cela n'est pas mentionné dans les dernières lettres qui nous ramènent en des pays connus. Paul repasse à Éphèse où il laisse son disciple Timothée organiser l'Église, il fait de même avec Tite pour la Crète. Sa base est la Macédoine où il avait ses amis les plus sûrs.

La lettre à Tite et la première à Timothée partent de cette province sans doute au début de 64 car il n'y a aucune allusion à la persécution de Néron. Ces deux épîtres définissent le rôle des auxiliaires de l'apôtre : combattre les idées fausses qui se répandent, organiser les églises, y implanter des hommes d'une parfaite valeur morale. C'est pourquoi on les appelle les Épîtres Pastorales.

La deuxième à Timothée appartient visiblement au même groupe, mais avec de sérieuses différences : Paul est de nouveau à Rome, il s'attend à la mort (n° 152) ; il est dans les chaînes (n° 153). Apparemment il a été arrêté à Troas au passage des Dardanelles. Cette lettre pastorale est comme le testament spirituel de l'apôtre.

Extraits de la Lettre à Tite

Tite, converti du paganisme (nº 91) est depuis longtemps compagnon de saint Paul qui l'a chargé d'une mission difficile à Corinthe (p. 212). Mais la lettre qui lui est adressée n'a pas un caractère bien personnel. Beaucoup pensent que ce serait une circulaire comme Paul en donnait parfois à ses auxiliaires, quitte à l'adapter. (De nos jours, on peut dire à une secrétaire : « Envoyez à M. X... la lettre que j'ai faite pour M. Y... en changeant juste ce qu'il faut. ») Les principaux thèmes traités sont les suivants :

*1º Qualités morales à exiger des cadres de l'Église (**1**,5-9), et de tous les fidèles (**2**,1-10),*

*2º Lutte contre les idées fausses (**1**,10-16 et **3**,9-10),*

3º Rappels d'abrégés de la foi chrétienne qui semblent avoir été une sorte de catéchisme, nous les citons ici :

145 L'Epiphanie de la grâce de Dieu

(Tite **2**,11-15 et **3**,4-8)

11 La grâce de Dieu, source de salut pour tous les hommes, a fait son
épiphanie. 12 Elle nous enseigne à renoncer à l'impiété et aux
convoitises de ce monde pour vivre dans le temps présent avec retenue,
justice et piété, 13 dans l'attente de la bienheureuse espérance et de
l'Épiphanie glorieuse de notre grand Dieu et Sauveur Jésus-Christ.
14 Car il s'est livré pour nous afin de nous racheter de toute iniquité et
de se préparer, en le purifiant, un peuple zélé pour les bonnes œuvres.
15 Voilà ce que tu dois enseigner, prêcher et défendre en toute autorité.
Que personne ne te méprise.
4 Mais quand la bonté de Dieu notre Sauveur et son amour pour les
hommes se sont manifestés, 5 il nous a sauvés, non en raison des œuvres
de justice que nous aurions accomplies, mais en vertu de sa
miséricorde, par le bain de régénération et de renouvellement dans
l'Esprit Saint. 6 Il a répandu cet Esprit sur nous à profusion, par
Jésus-Christ notre Sauveur, 7 afin que, justifiés par sa grâce, nous
obtenions, selon l'espérance, l'héritage de la vie éternelle.

8Elle est sûre, cette parole, et je veux que tu l'affirmes catégoriquement, afin que tous ceux qui ont placé leur foi en Dieu s'appliquent à exceller dans les bonnes œuvres. Voilà qui est bon et profitable aux hommes.

C'est comme une rapide synthèse de la doctrine enseignée dans les grandes épîtres. Il n'y a que deux mots nouveaux : Sauveur *et* Épiphanie. *Les souverains gréco-romains se disaient les* sauveurs des peuples *et les* épiphanies des dieux, *leurs apparitions visibles. En réalité, dit Paul, ces mots ne conviennent qu'au seul Christ, roi divin, fils du vrai et unique Dieu. Forts de ces paroles sûres, les chrétiens sauront bientôt s'opposer aux prétentions d'un Néron et d'un Domitien.*

Extraits de la première Lettre à Timothée

Pour Paul, Timothée est un disciple très cher (n° 45). Il a rempli, comme Tite, des missions difficiles et signé de nombreuses lettres aux côtés de Paul (nos 54; 56; 65; 72; 85).

Il est maintenant à Éphèse où convergent des courants intellectuels variés, avec de prétendus connaisseurs en science juive qui surchargent l'Évangile de leurs théories. De plus, Timothée est un caractère doux, peut-être timide qui a grand besoin d'encouragement. Sa lettre a le même contenu que la lettre à Tite, mais avec plus de chaleur personnelle, plus de détails et de développements.

146 Adresse et circonstances
(1 Timothée 1,1-7)

1Paul, apôtre du Christ Jésus par ordre de Dieu notre Sauveur et du
Christ Jésus notre espérance, 2à Timothée, mon vrai fils dans la foi :
grâce, miséricorde et paix de la part de Dieu le Père et du Christ Jésus
notre Seigneur !
3Ainsi que je te l'ai recommandé lors de mon départ pour la
Macédoine, reste à Éphèse pour interdire à certaines gens d'enseigner
une autre doctrine 4et de s'attacher à des fables et à des généalogies
sans fin : elles sont plus aptes à soulever d'inutiles problèmes qu'à

Éphèse, ruines d'une ancienne basilique byzantine. L'Église d'Éphèse fut fondée par Apollos (n° 62), instruite par saint Paul (n° 63), gouvernée par son disciple Timothée. Selon la tradition, l'apôtre Jean y arriva un peu avant la fin du Ier siècle.

favoriser le plan de Dieu fondé sur la foi. 5Le but de la
recommandation que je t'adresse est de promouvoir l'amour qui naît
d'un cœur pur, d'une bonne conscience et d'une foi sincère. 6C'est pour
s'en être écartés que certains se sont égarés en de vains bavardages ; 7ils
se posent en docteurs de la Loi, alors qu'ils ne comprennent ni ce qu'ils
disent ni ce qu'ils affirment.

147 Les cadres de l'Eglise

(1 Timothée **3**,1-7)

1C'est là une parole sûre : celui qui aspire à l'épiscopat, c'est une
noble tâche qu'il désire. 2Il faut donc que le gardien soit irréprochable,
qu'il n'ait été marié qu'une fois, qu'il soit sobre, pondéré, digne,
hospitalier, capable d'enseigner ; 3qu'il ne soit pas buveur ni batailleur,
mais condescendant, pacifique, détaché de l'argent, 4sachant bien
diriger sa maison et maintenir ses enfants dans la soumission et une
parfaite honnêteté ; 5car si quelqu'un ne sait pas diriger sa propre
maison, comment pourra-t-il prendre soin de l'Église de Dieu ? 6Que ce
ne soit pas un nouveau converti, de peur qu'enflé d'orgueil il n'encoure
la même condamnation que le diable. 7Il faut aussi que les gens du
dehors lui rendent un bon témoignage pour qu'il ne tombe dans le
mépris et dans les filets du diable.

Pour la première fois, grâce à cette lettre, nous pouvons avoir une idée de la hiérarchie, du système d'autorité dans l'Église ancienne.

L'apôtre fondateur est au sommet et délègue l'autorité à qui il veut, ici à Timothée. Le premier devoir du délégué est de se choisir des aides parmi les chrétiens des églises locales. Il en existe deux degrés, les anciens ou surveillants, et les diacres.

Anciens et surveillants sont deux noms, désignant une seule catégorie de personnes. Les mots grecs sont devenus dans notre langue : « prêtres » et « évêques », mais ils ne se distingueront qu'au siècle suivant. Pour le moment ils sont employés indifféremment (Tite **1**,*5-7). Le nom de* gardiens *ou* surveillants *suggère que leur autorité vient du Christ par l'intermédiaire d'un apôtre. Celui d'*« anciens » *les montre plutôt comme les chefs naturels d'une communauté, ceux à qui tous rendent bon témoignage (v. 7). Ils sont mariés et on leur demande de manifester déjà dans leurs familles les qualités qu'on attend d'un chef d'église. Cette institution, imitée des usages juifs, existait depuis longtemps à Jérusalem et avait été implantée dans les églises nouvelles (nos 40; 41; 116).*

148 Les diacres
(1 Timothée **3**,8-16)

8 Les diacres, pareillement, doivent être dignes, exempts de duplicité,
ni adonnés au vin ni avides de gains malhonnêtes. 9 Ils doivent garder le
mystère de la foi dans une conscience pure. 10 Il faut d'abord les
éprouver, et on les admettra aux fonctions de diacres s'ils sont reconnus
irréprochables. 11 Les femmes, de même, doivent être dignes ; qu'elles
ne soient pas médisantes, mais sobres et fidèles en toutes choses. 12 Que
les diacres n'aient été mariés qu'une fois, qu'ils sachent bien diriger
leurs enfants et leur propre maison. 13 Ceux qui s'acquittent bien de
leur ministère s'acquièrent un rang honorable et une grande assurance
dans la foi au Christ Jésus.
14 Je t'écris cela tout en espérant venir te voir bientôt. 15 Mais au cas
où je tarderais, il faut que tu saches comment te comporter dans la
maison de Dieu, c'est-à-dire l'Église du Dieu vivant, colonne et support
de la vérité. 16 Car, sans contredit, il est grand, le mystère de la piété :
Il a été manifesté dans la chair, justifié par l'Esprit,
vu par les anges,
proclamé chez les païens,
cru dans le monde,
exalté dans la gloire.

Les diacres, *ou serviteurs, se rattachent eux aussi aux souvenirs de Jérusalem (n° 16). Leur rôle est de distribuer le fruit de l'entraide fraternelle des chrétiens, il demande autant de qualités morales que celui des anciens, mais pas de qualités intellectuelles ou pédagogiques précises.*

Les diacres peuvent être hommes ou femmes (voir Romains **16**,*1 ; le féminin « diaconesse » n'existe pas en grec).*

149 La situation de Timothée
(1 Timothée **4**,12-16)

12 Que personne ne méprise ta jeunesse ; sois un modèle pour les
croyants en parole, en conduite, en amour, en foi, en chasteté. 13 En
attendant ma venue, applique-toi à la lecture de l'Écriture, à
l'exhortation, à l'enseignement. 14 Ne néglige pas le don spirituel qui est
en toi et qui t'a été conféré par une intervention prophétique, avec
l'imposition des mains du collège des presbytres. 15 Prends cela à cœur

et sois-y tout entier, afin que tes progrès soient évidents pour tous.
16 Veille sur toi-même et sur ton enseignement avec une constante
application, car en agissant ainsi, tu te sauveras toi-même et ceux qui
t'écoutent.

Bien que Timothée ait environ 35 ans, il fait encore figure de jeune homme aux yeux du vieux Paul qui l'invite à mettre en œuvre ses dons spirituels : un prophète l'a désigné, et tous les anciens d'Éphèse lui ont imposé les mains, montrant qu'ils ne voulaient faire qu'un avec lui. C'est le rite que nous avions vu précédemment à Antioche quand Paul et Barnabé avaient été délégués pour leur premier voyage (n° 36). Passé maintenant dans l'usage courant, il sert à l'apôtre ou à son délégué à conférer aux anciens leur part d'autorité dans l'Église. Paul dit aussi à son disciple : N'impose hâtivement les mains à personne, et ne te rends pas complice des péchés d'autrui *(**5**,22). Nous pouvons déjà parler du sacrement de l'ordre où ce geste a toujours sa place.*

150 Les veuves
(1 Timothée **5**,3-16)

3 Honore les veuves, les vraies veuves. 4 Si une veuve a des enfants ou
des petits-enfants, qu'on leur apprenne que c'est à eux d'abord de
témoigner de la piété filiale envers leur propre famille et de payer leurs
parents de retour ; voilà ce qui plaît à Dieu. 5 Mais la vraie veuve, celle
qui reste seule au monde, met tout son espoir en Dieu et persévère nuit
et jour dans les supplications et les prières. 6 Quant à celle qui mène une
vie de plaisirs, bien que vivante, elle est morte, quoiqu'elle paraisse
vivante. 7 Rappelle-leur cela, afin qu'elles soient irréprochables. 8 Si
quelqu'un n'a pas soin des siens, surtout de ceux qui vivent dans sa
maison, il a renié la foi ; il est pire qu'un infidèle.
9 Pour être inscrite au groupe des veuves, il faut qu'une femme soit
âgée d'au moins soixante ans, qu'elle n'ait été mariée qu'une fois. 10 Il
faut qu'elle se recommande par ses bonnes œuvres : qu'elle ait élevé des
enfants, exercé l'hospitalité, lavé les pieds des saints, secouru les
malheureux, pratiqué toutes sortes de bonnes œuvres. 11 Quant aux
jeunes veuves, écarte-les. Car, lorsque leurs désirs les détachent du
Christ, elles veulent se remarier 12 et encourent ainsi le reproche de
manquer à leur premier engagement. 13 Avec cela, comme elles sont
désœuvrées, elles prennent l'habitude de courir les maisons. Elles ne

sont pas seulement désœuvrées, mais bavardes, indiscrètes, elles
parlent à tort et à travers. 14 Je veux donc que les jeunes veuves se
remarient, qu'elles aient des enfants, gouvernent leur maison, et ne
donnent aucun sujet de médisance à l'adversaire. 15 Il en est déjà qui se
sont égarées à la suite de Satan. 16 Si une croyante a des veuves dans sa
parenté, qu'elle les assiste, afin que l'église n'en ait pas la charge et
puisse réserver son assistance aux vraies veuves.

Les veuves étaient secourues par la communauté qui s'appuyait sur leurs prières (voir n° 16). Mais il fallait éviter deux abus :

a) D'abord, que les familles ne se débarrassent de leur devoir aux dépens de la collectivité, d'où la première règle : si une veuve a des enfants ou des petits-enfants, c'est à eux de s'occuper d'elle.

b) Ensuite, elles n'étaient pas toutes appelées à vivre dans la solitude. De jeunes veuves pouvaient s'engager devant Dieu à la légère, et si elles se remariaient dans la suite c'était un scandale (vv. 11-12). D'autres, au lieu de prier Dieu pour leurs bienfaiteurs, perdaient leur temps en papotages. La plupart d'entre elles auraient été plus à leur place en se remariant... Depuis l'épître aux Corinthiens, Paul a gagné de l'expérience, mais il n'a pas changé ses principes (n° 74).

151 **Louange à Dieu par-dessus tout**

(1 Timothée **6**,11b-16)

11b Recherche la justice, la piété, la foi, la charité, la patience, la
douceur. 12 Combats le bon combat de la foi, conquiers la vie éternelle à
laquelle tu as été appelé, et pour laquelle tu as fait ta belle profession
de foi devant de nombreux témoins. 13 Devant Dieu qui donne vie à
toutes choses et devant Jésus-Christ qui a rendu devant Ponce-Pilate
son beau témoignage, voici ce que je t'ordonne : 14 observe le
commandement en demeurant pur et irréprochable jusqu'à l'Épiphanie
de notre Seigneur Jésus-Christ, 15 que fera paraître en son temps
le bienheureux et unique Souverain,
Roi des rois et Seigneur des seigneurs,
16 le seul à qui appartient l'immortalité,
qui habite une lumière inaccessible,
que nul homme n'a vu ni ne peut voir.
A lui honneur et puissance éternelle !
Amen.

Extraits de la deuxième Lettre à Timothée

Écrite pendant le second procès de Paul, cette lettre est son testament spirituel, comme le legs d'un père à un fils, car Timothée est l'enfant bien-aimé *de Paul. Elle est tout de même marquée par les circonstances et les habitudes nouvelles; l'apôtre ne s'arrête pas à ses sentiments personnels et montre le même souci pour les églises que dans les deux lettres précédentes.*

152 **Adresse et circonstances**
(2 Timothée **1**,1-18)

1 Paul, apôtre du Christ Jésus par la volonté de Dieu, selon la
promesse de la vie qui est dans le Christ Jésus, 2 à Timothée, mon enfant
bien-aimé ; grâce, miséricorde et paix, de la part de Dieu le Père et du
Christ Jésus notre Seigneur.
3 Je rends grâce à Dieu, que je sers comme mes ancêtres avec une
conscience pure, lorsque sans relâche, nuit et jour, je fais mention de
toi dans mes prières.
4 J'éprouve, en me rappelant tes larmes, un vif désir de te revoir, afin
d'être rempli de joie. 5 Je garde aussi le souvenir de ta foi si sincère, cette
foi qui a d'abord habité en ta grand-mère Loïs et en ta mère Eunice, et
qui, je suis persuadé, habite aussi en toi.
6 C'est pourquoi je t'invite à raviver le don que Dieu a déposé en toi
par l'imposition de mes mains. 7 Car ce n'est pas un esprit de timidité,
mais de force, d'amour et de maîtrise de soi que Dieu nous a donné.
8 Ne rougis donc pas de rendre témoignage à notre Seigneur, ni de moi
son prisonnier. Souffre au contraire avec moi pour l'Évangile, fort de la
puissance de Dieu, 9 qui nous a sauvés et appelés par un saint appel en
vertu, non de nos œuvres, mais de son propre dessein et de sa grâce. Il
nous l'avait donnée dans le Christ Jésus dès l'éternité ; 10 elle a été
manifestée maintenant par l'apparition de notre Sauveur le Christ
Jésus ; lui, qui a détruit la mort et a fait resplendir la vie et
l'immortalité par l'Évangile, 11 dont j'ai été établi héraut, apôtre et

docteur. 12 C'est la raison de mes souffrances présentes ; mais je n'en
rougis pas, car je sais en qui j'ai mis ma foi, et je suis convaincu qu'il est
assez puissant pour garder le dépôt que je lui confie jusqu'à ce Jour-là.
13 Prends modèle sur les salutaires instructions que tu as reçues de
moi, dans la foi et l'amour du Christ Jésus. 14 Garde le bon dépôt avec
l'assistance de l'Esprit Saint qui habite en nous.
15 Tu sais que tous ceux d'Asie m'ont abandonné, entre autres
Phygèle et Hermogène. 16 Que le Seigneur fasse miséricorde à la maison
d'Onésiphore, car il m'a souvent réconforté et il n'a pas rougi de mes
chaînes. 17 Bien mieux, dès son arrivée à Rome, il m'a cherché avec
empressement et m'a trouvé. 18 Que le Seigneur lui donne de trouver
miséricorde auprès du Seigneur en ce Jour-là. Quant aux services qu'il
m'a rendus à Éphèse, tu les connais mieux que personne.

153 Courage, Timothée !

(2 Timothée **2**,1-16)

1 Toi, mon enfant, fortifie-toi dans la grâce du Christ Jésus. 2 Ce que
tu as appris de moi en présence de nombreux témoins, confie-le à des
hommes sûrs qui soient à leur tour capables d'en instruire d'autres.
3 Prends ta part de souffrances comme un bon soldat du Christ Jésus.
4 Personne, dans la vie militaire, ne s'embarrasse des affaires de la vie
civile s'il veut donner satisfaction à celui qui l'a enrôlé. 5 De même, nul
athlète n'est couronné s'il n'a combattu suivant les règles. 6 C'est au
cultivateur qui peine de recevoir le premier sa part de la récolte.
7 Comprends bien ce que je dis : d'ailleurs le Seigneur t'en donnera la
parfaite intelligence.
8 Souviens-toi de Jésus-Christ, ressuscité d'entre les morts, issu de la
race de David, selon mon Évangile. 9 Pour lui je souffre jusqu'à porter
des chaînes comme un malfaiteur. Mais la parole de Dieu n'est pas
enchaînée. 10 C'est pourquoi je supporte tout pour les élus, afin qu'eux
aussi aient part au salut qui est dans le Christ Jésus, ainsi qu'à la gloire
éternelle. 11 C'est là une parole sûre : si nous sommes morts avec lui,
avec lui nous vivrons ; 12 si nous tenons ferme, avec lui nous régnerons ;
si nous le renions, lui aussi nous reniera ; 13 si nous sommes infidèles, lui
reste fidèle, car il ne peut se renier lui-même.

14 Voilà ce que tu dois rappeler, attestant devant Dieu qu'il faut
éviter les querelles de mots : elles ne servent à rien, sinon à perdre ceux
qui les écoutent. 15 Efforce-toi d'apparaître aux yeux de Dieu comme un
homme éprouvé, un ouvrier qui n'a pas à rougir, qui transmet
fidèlement la parole de vérité. 16 Évite les discours creux et impies ; ceux
qui les tiennent s'enfonceront toujours plus avant dans l'impiété.

C'est Paul qui est dans les chaînes, et c'est lui qui encourage son disciple !

La vie des saints est remplie de tels exemples.

154 Tu as bien appris, enseigne bien

(2 Timothée **3**,10-17 ; tradition et écriture)

10 Quant à toi, tu m'as suivi dans mon enseignement, ma conduite,
mes projets, ma foi, ma patience, ma charité, ma constance, 11 dans les
persécutions et les souffrances qui me sont survenues à Antioche, à
Iconium, à Lystres. Quelles persécutions n'ai-je pas eu à subir !
Toujours le Seigneur m'en a délivré. 12 Aussi bien, tous ceux qui veulent
vivre avec piété dans le Christ Jésus souffriront persécution. 13 Mais les
méchants et les imposteurs s'enfonceront toujours plus avant dans le
mal, à la fois trompeurs et trompés.
14 Pour toi, demeure fidèle à ce que tu as appris : tu l'as accepté
comme vrai, sachant bien de quels maîtres tu le tiens. 15 Depuis ton
enfance, tu connais les saintes Écritures ; elles peuvent te donner la
sagesse qui conduit au salut par la foi dans le Christ Jésus. 16 Toute
Écriture est inspirée de Dieu et utile pour enseigner, réfuter, redresser,
former à la justice, 17 afin que l'homme de Dieu soit accompli, équipé
pour toute œuvre bonne.

Timothée a été formé au respect et à l'amour de la Bible. La foi chrétienne n'enlève rien à ces sentiments, au contraire. Jésus lui-même avait tout expliqué à ses disciples à partir des Écritures (Luc ***24****,25-45).*

Les livres saints sont inspirés pour nous former à la justice et non pour nous apprendre à dominer l'univers. Pour Timothée, il n'y aura aucune différence entre ces livres et l'enseignement reçu de Paul.

Autre vue des restes de Lystres (voir p. 124).
Quant à toi, tu m'as suivi dans mon enseignement, ma conduite, mes projets, ma charité, ma constance, dans les persécutions et les souffrances qui me sont survenues à Antioche, à Iconium, à Lystres (2 Timothée **3,***10-11).*

155 Testament spirituel de Paul
(2 Timothée **4**,1-8)

1 Je t'adjure devant Dieu et le Christ Jésus, qui doit juger les vivants et
les morts, au nom de sa manifestation et de son règne : 2 proclame la
parole, insiste à temps et à contretemps, reprends, menace, exhorte,
toujours avec patience et souci d'instruire. 3 Car un temps viendra où les
hommes ne supporteront plus la saine doctrine, mais, au gré de leurs
passions, et l'oreille leur démangeant, ils se donneront une foule de
maîtres ; 4 ils détourneront leurs oreilles de la vérité pour se tourner vers
les fables. 5 Mais toi, sois prudent en toutes choses, patient dans la
souffrance ; fais ton œuvre de prédicateur de l'Évangile ; sois tout
entier à ton ministère.
6 Pour moi, je suis déjà offert en libation, et le temps de mon départ
est arrivé. 7 J'ai combattu jusqu'au bout le bon combat, j'ai achevé ma
course, j'ai gardé la foi. 8 Je n'ai plus qu'à recevoir la couronne de
justice, que me donnera en ce Jour-là le Seigneur, le juste juge ; et non
seulement à moi, mais à tous ceux qui auront attendu avec amour sa
manifestation.

Au Temple, une libation *consistait à verser du vin sur le sacrifice principal (Nombres, chap.* **15 ; 28 ; 29***). Ainsi la mort de Paul va s'ajouter au sacrifice du Christ, Celui auquel nous croyons (Philippiens* **2**,*17 et voir n° 136). Sans le sacrifice de Jésus, il n'y aurait pour nous que le châtiment de nos fautes, mais nous sommes réconciliés par lui et nous pouvons transformer nos peines en libation, à l'exemple de Paul.*

156 Derniers mots
(2 Timothée **4**,9-22)

9 Hâte-toi de me rejoindre au plus tôt. 10 Car Démas m'a abandonné
par amour du monde présent, et il est parti pour Thessalonique.
Crescens est allé en Galatie, Tite en Dalmatie. 11 Luc seul est avec moi.
Prends Marc et amène-le avec toi, car il m'est fort utile pour le
ministère. 12 J'ai envoyé Tychique à Éphèse. 13 Quand tu viendras,
rapporte-moi le manteau que j'ai laissé à Troas chez Carpus, ainsi que
les livres et surtout les parchemins.

14 Alexandre le fondeur m'a fait beaucoup de mal ; *le Seigneur lui*
rendra selon ses œuvres. 15 Toi aussi, méfie-toi de lui, car il s'est
violemment opposé à notre prédication.
16 La première fois que j'ai présenté ma défense, personne ne m'a
assisté ; tous m'ont abandonné. Qu'il ne leur en soit pas tenu compte !
17 Mais le Seigneur, lui, m'a assisté ; il m'a rempli de force, afin que par
moi l'annonce de l'Évangile ait son plein épanouissement et que tous
les païens l'entendent. J'ai été *délivré de la gueule du lion.* 18 Le
Seigneur me délivrera de toute entreprise mauvaise et me donnera le
salut dans son Royaume céleste. A lui la gloire dans les siècles des
siècles ! Amen.
19 Salue Prisca et Aquilas, et la famille d'Onésiphore. 20 Éraste est
resté à Corinthe. J'ai laissé Trophime malade à Milet. 21 Hâte-toi de
venir avant l'hiver. Eubule, Pudens, Lin, Claudia et tous les frères te
saluent.
22 Le Seigneur soit avec ton esprit ! La grâce soit avec vous !

Paul est citoyen romain et son procès demande de longues formalités ; il ne s'attend pas à mourir tout de suite. Mais l'issue est certaine. L'Alexandre qui témoigne contre lui est ce chrétien dévoyé que Paul a dû excommunier à Éphèse (1 Timothée **1**,*20). Il a déposé avec d'autant plus d'habileté qu'il était au courant des affaires de l'Église. Paul mourra bientôt, trahi par ce faux frère.*

II. La Lettre aux Hébreux

Début de l'épître aux Hébreux dans le Codex du Vatican (IVe siècle).

Les anciens envoyaient volontiers leurs réflexions sous forme de lettres destinées à passer de main en main. De nos jours, on en ferait un article dans une revue. C'est le cas du texte chrétien que nous allons lire. Il n'y a pas d'adresse au début, et les salutations finales, si remplies de renseignements dans les lettres de Paul, sont réduites à presque rien (n° 162).

Il est visible, tout de même, que les lecteurs sont des chrétiens fascinés par le culte de Jérusalem : toute la lettre leur démontre que le Christ est supérieur aux grands prêtres du Temple. Il est clair aussi que ces chrétiens sont en difficulté (n° 161) ; ils redoutent d'être expulsés de leur communauté de naissance, comme le Christ (n° 162). Ce sont donc bien des juifs.

L'ouvrage est écrit avant la ruine du Temple, peut-être pendant la guerre alors que les judéo-chrétiens sont sortis de Jérusalem et se demandent s'ils font bien leur devoir.

Il ne porte pas de nom d'auteur. La tradition l'attribue couramment à Paul, mais les savants chrétiens ont observé, dès le IIe siècle, que le style était par trop différent du sien. En fait, la manière d'écrire et de raisonner ressemble plutôt à celle des Juifs d'Égypte, tels qu'on les connaît d'après des livres de ce temps-là. Un Juif d'Alexandrie, converti au Christ et passé dans l'entourage de Paul, serait l'auteur le plus vraisemblable. Il écrit d'Italie et donne des nouvelles de Timothée dont nous apprenons qu'il avait été mis en prison lui aussi (n° 162). La lettre était connue à Rome à la fin du siècle, sa date probable se situe entre 67 et 70.

157 Le Christ, Fils de Dieu et supérieur aux anges
(Hébreux **1**,1-4)

1Après avoir, à maintes reprises et de bien des manières, parlé
autrefois à nos pères par les prophètes, 2Dieu, en ces jours qui sont les
derniers, nous a parlé par le Fils qu'il a établi héritier de toutes choses
et par qui il a créé les mondes. 3Rayonnement de la gloire du Père,
empreinte de sa substance, ce Fils qui soutient l'univers par sa parole
toute-puissante, après avoir accompli la purification des péchés, s'est
assis à la droite de la Majesté divine au plus haut des cieux. 4Il est
devenu ainsi d'autant supérieur aux anges que le nom dont il a hérité
l'emporte sur le leur.

158 Le Christ grand prêtre véritable
(Hébreux **4**,14-16 ; **5**,1-10 ; **7**,26-28)

14Ainsi, puisque nous avons un grand prêtre éminent qui a pénétré
dans les cieux, Jésus, le Fils de Dieu, tenons donc ferme dans la
profession de notre foi. 15Nous n'avons pas, en effet, un grand prêtre
incapable de compatir à nos faiblesses ; il est passé absolument par les
mêmes épreuves que nous, sauf le péché. 16Approchons-nous donc avec
assurance du trône de la grâce, afin d'obtenir miséricorde et de trouver,
en temps voulu, la grâce de son secours.

1Tout grand prêtre, en effet, choisi parmi les hommes, est établi pour
les représenter dans leurs relations avec Dieu ; il doit offrir des dons et
des sacrifices pour les péchés. 2Il peut témoigner de la compréhension
aux ignorants et aux égarés, étant lui-même enveloppé de faiblesse.
3C'est pourquoi il doit offrir des sacrifices pour ses propres péchés
comme pour ceux du peuple. 4Nul ne s'attribue à soi-même cet
honneur ; on ne le reçoit que par un appel de Dieu, comme Aaron.

5Aussi bien le Christ ne s'est-il pas attribué à lui-même le titre
glorieux de grand prêtre ; il l'a reçu de celui qui lui a dit : *Tu es mon
Fils ; c'est moi qui t'ai engendré aujourd'hui.* 6Comme il dit encore : *Tu
es prêtre pour l'éternité, à la manière de Melchisédech.* 7C'est ce Christ
qui, au cours de sa vie mortelle, a adressé des prières et des
supplications avec un grand cri et des larmes à celui qui pouvait le

sauver de la mort ; et il a été exaucé en raison de sa piété. 8 Tout Fils
qu'il était, il a appris par ses souffrances ce que c'est qu'obéir, 9 et ainsi,
rendu parfait, il est devenu pour tous ceux qui lui obéissent cause de
salut éternel, 10 Dieu l'ayant proclamé *grand prêtre à la manière de*
Melchisédech.

26 C'est bien là le grand prêtre qu'il nous fallait : saint, innocent, sans
tache, sans rien de commun avec les pécheurs et élevé au-dessus des
cieux. 27 Il n'a pas besoin, comme les autres grands prêtres, d'offrir
chaque jour des sacrifices, d'abord pour ses propres péchés, et ensuite
pour ceux du peuple ; car cela, il l'a fait une fois pour toutes en
s'offrant lui-même. 28 Tandis que la Loi établit grands prêtres des
hommes sujets à la faiblesse, la parole du serment, qui a succédé à la
Loi, établit un Fils rendu parfait pour l'éternité.

L'homme a besoin d'un intermédiaire dans ses rapports avec Dieu, c'est la fonction du prêtre dans toutes les religions y compris l'Ancien Testament. Le Christ ne l'abolit pas, il la prend dans tous ses aspects positifs en la purifiant des autres :

1. Homme parmi les hommes, il peut avoir une vraie pitié pour leurs faiblesses (n° 158).

*2. N'est prêtre qu'un homme que Dieu a choisi (n° 158). C'est vrai du Christ. Dans sa vie mortelle il n'était pas prêtre du tout, étant d'une autre tribu (***8***,4). Dieu l'a proclamé prêtre et roi* à la manière de Melchisédech. *Il accomplit la prophétie énigmatique du Psaume* **110** *en faisant monter le Christ au ciel que l'on peut comparer à un temple (n° 2). Le voisinage immédiat de Dieu, l'intimité parfaite avec lui, sont symbolisés par le ciel astral immense et lumineux, et par les temples que nous bâtissons pour nous y recueillir, nous séparer des distractions et concentrer notre esprit (Hébreux* **8***,1-2 et n° 159).*

3. Un prêtre prie et offre des sacrifices. Le Christ le fait aussi, et d'autant mieux qu'il est innocent et que toute sa prière est pour les autres (allusion au récit de l'agonie au jardin des Oliviers). Pour cette raison, le sacrifice de Jésus est fait une fois pour toutes (n° 159). Dans nos eucharisties, nous ne renouvelons pas *le sacrifice du Christ, — cette expression n'est pas juste — mais nous nous remettons en présence de ce sacrifice éternel (voir nos 78 et 159).*

4. La fonction du prêtre est publique, elle répond à un besoin des hommes et ne s'exerce pas dans le secret. Jésus est Fils de Dieu selon une « naissance éternelle » ; *Dieu lui dit, éternellement :* Tu es mon Fils, *mais Jésus est devenu prêtre quand Dieu l'a révélé devant les hommes, après sa passion (***5***,8-10 ; n° 158).*

Un autel de type cananéen, du XIVe siècle av. J.-C., retrouvé en Égypte. Les quatre cornes signalent quelque chose de divin : l'autel est censé consommer ce qui a été brûlé sur lui en offrande à la divinité. De telles croyances sont abolies par l'authentique sacrifice du Christ.

159 Victime expiatoire pour la nouvelle Alliance
(Hébreux **9**,11-15. 24-28)

11 Mais le Christ est survenu, grand prêtre des biens à venir,
traversant une tente plus grande et plus parfaite, qui n'est pas faite de
main d'homme, c'est-à-dire qui n'appartient pas à la création d'ici-bas.
12 En offrant son propre sang et non celui des boucs ou des veaux, il est
entré une fois pour toutes dans le sanctuaire, après nous avoir acquis
une rédemption éternelle. 13 Si en effet le sang des boucs et des
taureaux, si la cendre de génisse dont on asperge ceux qui ont contracté
des souillures, les sanctifient en purifiant leur corps, 14 combien plus le
sang du Christ, qui par l'Esprit éternel s'est offert lui-même à Dieu
comme une victime sans tache, purifiera-t-il notre conscience des
œuvres de mort pour nous permettre de rendre un culte au Dieu vivant.
15 Voilà pourquoi il est le médiateur d'une alliance nouvelle ;
puisqu'il est mort pour le rachat des transgressions commises sous la
première alliance, ceux qui sont élus peuvent obtenir l'héritage éternel
qui leur était promis.
24 Car ce n'est pas dans un sanctuaire fait de main d'homme, simple
image du sanctuaire véritable, que le Christ est entré, mais dans le ciel
même, afin de paraître désormais pour nous devant la face de Dieu.
25 Ce n'est pas non plus pour s'offrir plusieurs fois en sacrifice, comme
le grand prêtre qui entre chaque année dans le sanctuaire avec du sang
qui n'est pas le sien ; 26 car alors, il aurait dû souffrir à plusieurs
reprises depuis la création du monde, tandis qu'il est apparu une seule
fois, à la fin des temps, pour abolir le péché par son sacrifice. 27 Et de
même que les hommes ne meurent qu'une seule fois, puis vient le
jugement, 28 ainsi le Christ s'est offert une seule fois pour effacer les
péchés de la multitude, et il apparaîtra une seconde fois sans relation
avec le péché, pour le salut de ceux qui l'attendent.

Paul avait expliqué aux Romains le mystère de la rédemption, en se servant du symbole des sacrifices expiatoires de l'Ancien Testament, n° 99. Son disciple anonyme reprend la même idée. Il pourra conclure : Ayant donc, frères, un accès assuré au sanctuaire par le Sang de Jésus,... approchons-nous de Dieu avec un cœur sincère, dans la plénitude de la foi *(Hébreux* **10**,*19-22).*

Pour le moment, il explique que Jésus est à la fois la victime et le grand prêtre, lui qui a obéi à Dieu jusqu'à

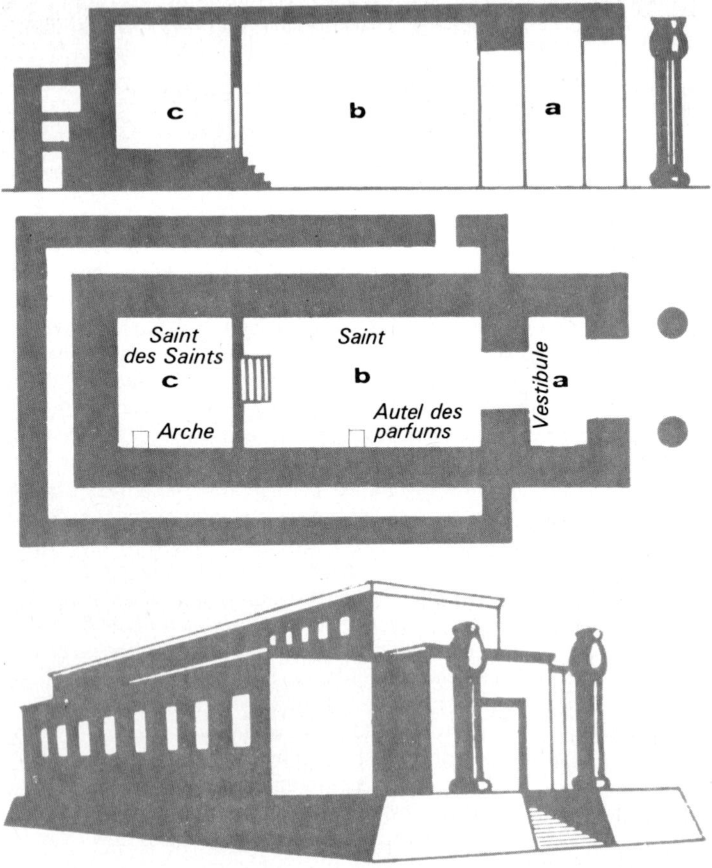

Coupe, plan schématique et vue perspective du Temple de Jérusalem : a) le vestibule, b) le Saint où les prêtres faisaient le service quotidien, en brûlant de l'encens sur l'autel des parfums, c) le Saint des Saints où le grand prêtre entrait une seule fois par an pour faire l'expiation des péchés du peuple, en versant du sang sur le propitiatoire et l'Arche de l'Alliance (voir n° 99).

la mort. Élevé au-delà de toutes les créatures, il offre éternellement son sang ; son obéissance de Fils de Dieu est en dehors des limites du temps où nous avons l'habitude de vivre.

Au Temple, la visite du grand prêtre dans le Saint des Saints, une fois par an, permettait au peuple de se réunir tous les jours dans les parvis, et aux prêtres de second rang de faire leur service quotidien dans le Saint et le Vestibule. Pareillement, l'entrée du Christ dans le temple céleste, une fois pour toutes, nous permet d'entrer dans le temple de notre âme pour y rencontrer Dieu avec foi, espérance, et amour.

Un ancien auteur chrétien ajoutera, dès 95 ap. J.-C. : « L'entrée du Christ au ciel permet aux prêtres chrétiens d'entrer tous les jours dans le sanctuaire liturgique pour y représenter leurs frères. »

160 La foi exemplaire des ancêtres

(Hébreux **11**,1-10. 13-40)

1 La foi est la garantie de ce qu'on espère, la preuve de l'existence des
choses qu'on ne voit pas. 2 C'est elle qui a valu aux anciens un bon
témoignage.
3 Par la foi, nous comprenons que le monde a été formé par une
parole de Dieu, le visible tirant ainsi son origine de l'invisible.
4 Par la foi, Abel offrit à Dieu un sacrifice plus parfait que celui de
Caïn et grâce à elle il fut proclamé juste, Dieu ayant attesté qu'il agréait
ses dons ; grâce à elle aussi, bien que mort, il parle encore.
5 Par la foi, Hénoch fut enlevé sans avoir connu la mort, *et on ne le*
trouva plus parce que Dieu l'avait enlevé. Avant son enlèvement, en
effet, il est attesté qu'il *avait plu à Dieu.* 6 Or, sans la foi, il est
impossible de plaire à Dieu ; car celui qui s'approche de Dieu doit
croire qu'il existe et qu'il récompense ceux qui le cherchent.
7 Par la foi, Noé, divinement averti de ce qui ne se voyait pas encore et
pénétré d'une crainte religieuse, construisit une arche pour sauver sa
famille ; grâce à elle, il condamna le monde et devint héritier de la
justice qui s'obtient par la foi.
8 Par la foi, Abraham, obéissant à l'appel divin, émigra vers un pays
qu'il devait recevoir en héritage, et il émigra sans savoir où il allait.
9 Par la foi, il vint séjourner comme étranger dans la Terre promise,
habitant sous la tente, ainsi qu'Isaac et Jacob, héritiers comme lui de la

même promesse, 10 car il attendait la cité pourvue de fondations dont
Dieu est l'architecte et le constructeur (1).

13 Dans la foi, tous sont morts, sans avoir vu l'accomplissement des
promesses, mais après les avoir aperçues et saluées de loin, et après
avoir reconnu qu'ils n'étaient sur *la terre que des étrangers et des
voyageurs.* 14 Ceux qui tiennent un tel langage montrent bien qu'ils sont
à la recherche d'une patrie. 15 S'ils avaient pensé à celle qu'ils venaient
de quitter, ils auraient, certes, trouvé le moyen d'y retourner. 16 Mais
leurs désirs allaient à une patrie meilleure, la patrie céleste. Aussi Dieu
n'a-t-il pas honte d'être appelé leur Dieu, puisqu'il leur a préparé une
cité.

17 Par la foi, Abraham, mis à l'épreuve, offrit Isaac en sacrifice ; il
offrit son fils unique, 18 lui qui avait reçu les promesses, lui à qui il avait
été dit : *C'est en Isaac que tu auras une postérité portant ton nom.* 19 Il
estima en effet que Dieu peut même ressusciter les morts ; aussi
recouvra-t-il son fils, et c'était là un événement prophétique.

20 Par la foi et en vue des événements futurs, Isaac bénit Jacob et
Ésaü. 21 Par la foi, Jacob mourant bénit chacun des fils de Joseph et *se
prosterna appuyé sur l'extrémité de son bâton.* 22 Par la foi, Joseph
expirant parla de l'exode des enfants d'Israël et prit des dispositions
au sujet de ses ossements.

23 Par la foi, Moïse, à sa naissance, fut caché pendant trois mois par
ses parents, qui, voyant la beauté de l'enfant, n'eurent pas peur du
décret du roi. 24 Par la foi, Moïse, devenu grand, renonça au titre de fils
de la fille du Pharaon. 25 Il préféra partager les souffrances du peuple
de Dieu plutôt que de goûter les joies éphémères du péché. 26 Il estima
que l'humiliation du Christ était une richesse supérieure aux trésors de
l'Égypte, car il avait les yeux fixés sur la récompense. 27 Par la foi, il
quitta l'Égypte, sans redouter la colère du roi, tenant ferme comme s'il
voyait l'invisible. 28 Par la foi, il célébra la pâque et fit l'aspersion du
sang, afin que l'Exterminateur ne touchât pas aux premiers-nés des
Israélites.

29 Par la foi, les Israélites traversèrent la mer Rouge comme une terre
ferme, tandis que les Égyptiens qui s'y risquèrent furent engloutis.
30 Par la foi, les murs de Jéricho s'écroulèrent après qu'on en eut fait
le tour pendant sept jours. 31 Par la foi, Rahab, la courtisane, ne périt
pas avec les rebelles, parce qu'elle avait fait bon accueil aux espions.

32 Que dire encore ? Le temps me manquerait si je voulais parler de
Gédéon, Barac, Samson, Jephté, de David, de Samuel et des prophètes.
33 Par la foi, ils ont conquis des royaumes, pratiqué la justice, vu se
réaliser les promesses. Ils ont fermé la gueule des lions, 34 éteint la
violence du feu, échappé au tranchant de l'épée, triomphé de la
maladie, ils se sont montrés vaillants à la guerre, ils ont mis en déroute
les armées étrangères. 35 Des femmes ont retrouvé leurs morts rendus à
la vie par la résurrection.
Les uns ont été mis à la torture, refusant la délivrance, pour obtenir
un bien supérieur, la résurrection. 36 D'autres ont enduré les moqueries
et le fouet et même les chaînes et la prison. 37 Ils ont été lapidés,
torturés, sciés, ils sont morts sous le tranchant de l'épée. Ils ont mené
une vie errante, vêtus de peaux de mouton ou de chèvre, dénués de tout,
persécutés, maltraités, 38 eux dont le monde n'était pas digne. Ils ont
erré dans les déserts, les montagnes, les cavernes et les antres de la
terre.
39 Pourtant, malgré le bon témoignage mérité à cause de leur foi,
aucun d'eux n'a obtenu la réalisation de la promesse, 40 car Dieu, qui
envisageait pour nous un sort meilleur, n'a pas voulu qu'ils parviennent
sans nous à la perfection.

(1) Cette cité, ce sera la Jérusalem des derniers temps ; voir Apocalypse n° 209.

La foi a inspiré tous les héros de l'histoire sainte. Sans cette foi, ils n'auraient rien fait (n° 100) mais ils ont cru en des promesses qu'ils ne voyaient pas se réaliser.

La foi consiste à tenir pour certain ce qui n'est pas évident, et en conséquence nous commençons à vivre de ce qui nous est promis (v. 1).

Existe-t-il un minimum de la foi ? Oui, et il est très simple à définir : c'est la conviction que Dieu existe et qu'il est avantageux de le chercher, d'essayer de le connaître pour le servir. Ainsi des hommes nombreux vivent en dehors de toute révélation historique ; Abel et Hénoch les représentent (Genèse **4** *et* **5***). Mais la foi des descendants d'Abraham a quelque chose de plus heureux et de plus fort, elle fait grandir l'âme en proportion de la volonté de Dieu. Et plus encore la foi au Christ, achèvement de la révélation (n° 157). Revenir en arrière serait donc très grave (***2***,3 ;* **3***,12 ;* **6***,4). Le vrai chrétien n'a donc ni mépris ni inquiétude pour ceux qui adorent simplement le Créateur unique, mais il a conscience d'avoir reçu une grâce plus précieuse.*

161 Imitez Jésus jusqu'au bout
(Hébreux **12**,1-11)

1 Ainsi donc, entourés que nous sommes d'une telle nuée de témoins,
défaisons-nous de tout ce qui nous alourdit et du péché qui nous
entrave ; courons avec persévérance sur la piste qui nous est ouverte,
2 les yeux fixés sur celui qui est à l'origine et au terme de notre foi,
Jésus : renonçant au bonheur qui lui était offert, il a enduré la croix
sans en regarder l'ignominie, et s'est assis à la droite du trône de Dieu.
3 Songez à celui qui a supporté dans sa personne une telle opposition de
la part des pécheurs, afin de ne pas vous laisser abattre par le
découragement.
4 Vous n'avez pas encore résisté jusqu'au sang dans votre lutte contre
le péché, 5 et vous avez oublié l'exhortation qui vous est adressée comme
à des fils :

Mon fils, ne méprise pas la correction du Seigneur,
et ne perds pas courage quand il te reprend ;
6 *car le Seigneur corrige celui qu'il aime ;*
il châtie tous ceux qu'il reconnaît pour ses fils.

7 C'est pour votre correction que vous êtes soumis à l'épreuve : Dieu
vous traite comme des fils. Car quel est le fils que son père ne corrige
pas ? 8 Si la correction, qui est le partage de tous, vous était épargnée,
vous seriez des bâtards et non des fils. 9 D'ailleurs nos pères de la terre
nous ont corrigés et nous les respections ; combien plus ne devons-nous
pas nous soumettre au Père des esprits pour avoir la vie ! 10 Eux nous
corrigeaient comme ils le jugeaient bon et pour peu de temps ; lui le fait
pour notre bien, afin que nous ayons part à sa sainteté. 11 Sur le
moment, il est vrai, toute correction paraît un sujet de tristesse et non
de joie ; mais dans la suite, elle produit chez ceux qu'elle a ainsi formés
des fruits de paix et de justice.

La nuée de témoins, *ce sont les saints de l'Ancien Testament. Les chrétiens sont entourés, comme des sportifs dans le stade encouragés par leurs supporters. Et le Christ est l'entraîneur suprême. D'ailleurs, la sagesse juive avait déjà dit que toute épreuve doit être reçue comme une correction, un avertissement, ou un entraînement à suivre (Proverbes* **3**,*11-12).*

162 Derniers conseils
(Hébreux **13**,1-25)

[1]Persévérez dans l'amour fraternel. [2]Ne négligez pas l'hospitalité ; c'est en la pratiquant quc, sans le savoir, certains ont accueilli des anges. [3]Souvenez-vous des prisonniers comme si vous étiez en prison avec eux, et de ceux qui sont maltraités, en pensant que, vous aussi, vous avez un corps. [4]Que le mariage soit respecté de tous, et le lit conjugal sans souillure ; car Dieu jugera les impudiques et les adultères. [5]Ne vivez pas pour l'argent ; contentez-vous de ce que vous avez, car Dieu lui-même a dit : *Je ne te délaisserai pas et je ne t'abandonnerai pas.* [6]De sorte que nous pouvons dire en toute confiance : *Le Seigneur est mon secours, je n'ai rien à craindre ; que pourraient me faire les hommes ?*

[7]Souvenez-vous de vos chefs, qui vous ont annoncé la parole de Dieu et, considérant l'issue de leur carrière, imitez leur foi. [8]Jésus-Christ est le même hier et aujourd'hui, et dans les siècles. [9]Ne vous laissez pas égarer par la diversité des doctrines étrangères, car c'est par la grâce qu'il convient de fortifier son cœur, non par des aliments qui n'ont servi de rien à ceux qui y recourent. [10]Nous avons un autel dont ceux qui sont attachés au service de la tente n'ont pas le droit de tirer leur nourriture. [11]Car on brûle hors du camp les corps des animaux dont le grand prêtre porte le sang dans le sanctuaire pour l'expiation du péché. [12]C'est pour cela que Jésus, voulant sanctifier le peuple par son propre sang, a souffert en dehors de la porte. [13]Allons donc à lui, hors du camp, en portant son humiliation ; [14]car nous n'avons pas ici-bas de cité permanente ; nous recherchons la cité future. [15]Par lui donc, *offrons sans cesse à Dieu un sacrifice de louange,* c'est-à-dire le fruit de nos lèvres qui célèbrent son nom.

[16]N'oubliez pas la bienfaisance et la mise en commun des ressources ; c'est à de tels sacrifices que Dieu se plaît. [17]Soyez obéissants et soumis à vos chefs, car ils veillent sur vos âmes comme devant en rendre compte ; ainsi pourront-ils le faire avec joie et non en gémissant, ce qui ne serait pas à votre avantage.

[18]Priez pour nous. Sans doute, croyons-nous avoir une bonne conscience, résolus que nous sommes à nous bien conduire en toutes choses. [19]Mais je vous le demande avec insistance : faites-le pour obtenir que je vous sois plus vite rendu.

20 Que le Dieu de la paix, — qui a ramené d'entre les morts celui qui,
par le sang d'une alliance éternelle, est devenu le grand pasteur des
brebis, notre Seigneur Jésus, — 21 vous rende aptes à toute œuvre
bonne, pour accomplir sa volonté ; qu'il opère en nous ce qui est
agréable à ses yeux, par Jésus-Christ, à qui soit la gloire dans les siècles
des siècles ! Amen.
22 Je vous en prie, frères, faites bon accueil à ce discours
d'exhortation ; aussi bien je vous ai écrit brièvement. 23 Sachez que
notre frère Timothée a été remis en liberté ; s'il revient à temps, j'irai
vous voir avec lui.
24 Saluez tous vos chefs et tous les saints. Ceux d'Italie vous saluent.
25 La grâce soit avec vous tous !

Une bonne part des sacrifices du Temple était distribuée aux assistants qui « communiaient à l'autel » (n° 77). Les Hébreux ne doivent pas regretter de les avoir perdus, ils ont un meilleur autel.

Les Juifs savaient que la prière est un sacrifice de louange, un fruit des lèvres (Psaumes **50,***23;* **141,***2; Osée* **14,***3). A la Messe, nous accompagnons l'éternel sacrifice de Jésus par nos paroles : récit, acte de foi, prière de demande et de remerciement. C'est notre contribution et nous pouvons l'appeler aussi un sacrifice, dans ce sens élargi. Mais faire le bien et partager, tels sont nos vrais sacrifices.*

Un manuscrit samaritain du Pentateuque. Comme les Juifs, les Samaritains écrivent sur des rouleaux de parchemin. La Loi et le Temple étaient les institutions fondamentales du judaïsme ; la Loi reste seule.

III. Lettres à toute l'Église

Sept autres écrits sont adressés à l'Église entière ou à de larges groupes d'églises locales. Pour cette raison, on les appelle « épîtres catholiques », non pas que les autres disent moins bien la foi catholique, mais parce que celles-ci sont envoyées à toute *l'Église catholique.*

Extraits de la Lettre de saint Jacques

Début de l'épître de saint Jacques dans le Codex du Vatican (IVe siècle).

En tête de la collection des épîtres catholiques, nous trouvons celle de saint Jacques. C'est Jacques de Jérusalem, connu pour avoir vu le Seigneur ressuscité (n° 80), l'une des colonnes de l'Église (n° 91). En 42 ou 43, il avait remplacé Pierre dans la ville sainte (n° 33) où il avait fait plus d'une intervention, toujours en vue de la paix entre fidèles du Christ (nos 42; 116). Nous avons vu comment il avait été mis à mort, en 62, par ordre du grand prêtre malgré le respect que les Juifs avaient pour lui (pp. 26 et 329).

La lettre est orientée vers la pratique chrétienne plus que vers le dogme; de ce point de vue, elle complète l'œuvre de Paul. Elle est adressée aux douze tribus de la Dispersion, *aux judéo-chrétiens par priorité, et ensuite à tous. De nombreuses ressemblances avec le sermon sur la montagne, en saint Matthieu, confirment l'origine judéenne de cette lettre.*

Quelques paragraphes mettent au point la doctrine de Paul sur la foi et les œuvres, telle qu'il l'a exposée dans la Lettre aux Galates et dans celle aux Romains. Mais cette lettre de Jacques pourrait se situer après sa rencontre avec Paul en Palestine en 58 (n° 116). Elle serait, dans ce cas, la contrepartie des lettres aux Éphésiens et aux Colossiens.

Le langage, le style, la manière de citer la Bible d'après la traduction des Septante indiquent un écrivain judéo-grec de Palestine, passé au service du Christ sous l'autorité et l'inspiration de Jacques de Jérusalem.

163 Adresse et idée générale
(Jacques **1**,1-8)

1 Jacques, serviteur de Dieu et du Seigneur Jésus-Christ, aux douze
tribus de la Dispersion, salut.
2 Considérez comme une joie totale, mes frères, d'être en butte à
toutes sortes d'épreuves, car vous savez que la mise à l'épreuve de
votre foi produit la persévérance. 3 Mais il faut que la persévérance
s'accompagne d'œuvres parfaites, 4 afin que vous soyez parfaits et
accomplis, ne laissant rien à désirer.
5 Si la sagesse fait défaut à l'un d'entre vous, qu'il la demande à
Dieu — il donne à tous libéralement et sans faire de reproches, — et
elle lui sera donnée. 6 Mais qu'il la demande avec foi et sans hésiter, car
celui qui hésite ressemble au flot de la mer, soulevé et agité par le vent.
7 Que cet homme-là ne s'attende pas à recevoir quoi que ce soit du
Seigneur : 8 c'est un homme partagé, inconstant dans toute sa conduite.

Dès le début nous lisons les deux idées principales de la lettre :
1. L'épreuve est une grâce (lire aussi **1**,*12-15;* **5**,*7-11).*
2. La sagesse est donnée à qui la demande à Dieu (lire aussi **1**,*17-18). Elle se manifeste dans la pratique sous peine de ne pas exister du tout.*

164 Mettez en pratique
(Jacques **1**,22-27)

22 Mettez en pratique la parole et ne vous bornez pas à l'écouter : ce
serait vous tromper vous-mêmes. 23 En effet, celui qui écoute la parole
sans la mettre en pratique ressemble à un homme qui regarde dans un
miroir le visage qu'il tient de la nature : 24 il s'est regardé, puis il est
parti et aussitôt il a oublié comment il était. 25 Mais celui qui se penche
attentivement sur la loi parfaite, la loi de liberté, et s'y tient attaché, qui
n'écoute pas pour l'oublier, mais pour la mettre en pratique, celui-là
trouvera son bonheur dans l'accomplissement de la loi.
26 Si quelqu'un se croit religieux sans savoir tenir sa langue, il s'abuse
lui-même et sa religion est vaine. 27 La religion pure et sans tache
devant Dieu le Père consiste à visiter les orphelins et les veuves dans
leur détresse et à se garder de toute souillure de ce monde.

La loi parfaite de liberté, celle de Jésus (Matthieu **5**,*17), nous donne le programme de la vie selon l'esprit proclamée par Paul (nos 93 à 96). L'homme vraiment libre se regarde en cette loi, comme en un miroir, et prend conscience de ce qu'il lui faut améliorer.*

165 Que votre foi produise des œuvres
(Jacques **2**,14-26)

14 Que sert-il à quelqu'un de dire qu'il a la foi, s'il n'a pas les œuvres,
mes frères ? La foi peut-elle le sauver ? 15 Si un frère ou une sœur sont
sans vêtements et dépourvus du pain quotidien, 16 et que l'un de vous
leur dise : « Allez en paix, réchauffez-vous et mettez-vous à table »,
sans leur donner ce qui est nécessaire à leur corps, à quoi cela sert-il ?
17 Ainsi en est-il de la foi : si elle n'a pas les œuvres, elle est bel et bien
morte.
18 Mais quelqu'un dira : « Toi, tu as la foi, et moi, j'ai les œuvres. »
Montre-moi ta foi sans les œuvres ; pour moi, c'est par mes œuvres que
je te montrerai ma foi. 19 Tu crois qu'il n'y a qu'un seul Dieu, et tu fais
bien. Mais les démons aussi le croient, et ils tremblent.
20 Veux-tu te convaincre, homme insensé, que la foi sans les œuvres
est stérile ? 21 Abraham, notre père, ne fut-il pas justifié par les œuvres
lorsqu'il offrit son fils Isaac sur l'autel ? 22 Tu vois que la foi coopérait à
ses œuvres et que par les œuvres sa foi fut rendue parfaite. 23 Ainsi s'est
accomplie la parole de l'Écriture : ***Abraham eut foi en Dieu qui l'en
reconnut justifié,*** et il fut appelé ***ami de Dieu.*** 24 Vous le voyez : c'est par
les œuvres que l'homme est justifié et non par la foi seulement. 25 De
même Rahab la courtisane : ne fut-elle pas justifiée par les œuvres
quand elle accueillit les messagers et les fit passer par un autre
chemin ? 26 Oui, de même que sans l'âme le corps est mort, ainsi la foi
sans les œuvres est morte.

Une simple conviction, à la façon d'un savoir scientifique, n'est pas la foi qui sauve. Les démons savent qu'il n'existe qu'un seul Dieu, ils ne l'aiment pas plus pour cela, littéralement « ils se hérissent contre Lui ». On appelle « foi morte » une adhésion purement intellectuelle aux vérités que Dieu nous propose et, comme le dit saint Thomas d'Aquin, le mot « foi » *ne convient guère dans ce cas. Pourtant, une telle foi n'est pas sans avantage pour l'homme, elle lui permet de comprendre la parole évangélique et peut-être d'y adhérer.*

La vraie foi, celle qui sauve, se montre par les œuvres. Abraham commença par la foi, pour continuer par l'obéissance (n° 100).

*L'exemple de Rahab, la prostituée de Jéricho, montre que les pécheurs peuvent croire en Dieu qui les sauve, la moralité vient ensuite (v. 25). Saint Jacques rejoint saint Paul. Il serait sans doute d'accord avec ce que nous lisons dans l'épître aux Éphésiens : « Vous êtes sauvés par la foi... cela ne vient pas des œuvres... c'est pour les bonnes œuvres que Dieu a préparées pour nous » (**2**,8-10 ; n° 142).*

166 Toute injustice sera punie
(Jacques **5**,1-6)

1 A vous maintenant, les riches !
Pleurez, lamentez-vous sur les malheurs qui vous menacent. 2 Votre
richesse est pourrie, vos vêtements sont rongés des mites ; 3 votre or et
votre argent sont rouillés ; leur rouille portera témoignage contre vous
et dévorera vos chairs comme le feu. Vous avez amassé de l'argent dans
les derniers jours ! 4 Voici que le salaire dont vous avez frustré les
ouvriers qui ont fauché vos champs crie contre vous ; et les cris des
moissonneurs sont parvenus aux oreilles du Seigneur des armées.
5 Vous avez vécu sur terre dans la sensualité et la mollesse, vous vous
êtes repus au jour de la tuerie. 6 Vous avez condamné et tué le juste,
sans qu'il vous résiste.

*L'honneur des pauvres est une idée maîtresse de notre épître (**1**,9-11 ; **2**,1-9).*

167 Priez en toute occasion
(Jacques **5**,13-20)

13 L'un d'entre vous souffre-t-il ? Qu'il prie. Est-il joyeux ? Qu'il
chante des hymnes. 14 L'un d'entre vous est-il malade ? Qu'il appelle les
presbytres de l'Église, et que ceux-ci prient sur lui en l'oignant d'huile
au nom du Seigneur. 15 La prière faite avec foi sauvera le malade, et le
Seigneur le rétablira ; s'il a commis des péchés, ils lui seront pardonnés.
16 Confessez-vous donc mutuellement vos péchés et priez les uns pour
les autres afin d'être guéris.

La prière du juste agit avec une singulière puissance. 17Élie n'était
qu'un homme soumis aux mêmes misères que nous ; il pria instamment
pour qu'il ne tombât pas de pluie, et il ne plut pas sur la terre pendant
trois ans et demi. 18Puis il pria de nouveau, et le ciel donna de la pluie
et la terre produisit ses fruits.
19Mes frères, si l'un d'entre vous s'est égaré loin de la vérité, et qu'un
autre l'y ramène, 20sachez que celui qui ramène un pécheur de la voie
où il s'égarait sauvera son âme de la mort et fera disparaître une
multitude de péchés.

On soignait les malades en les massant avec de l'huile aromatique. Joints à la prière et à la charité fraternelle, les soins deviennent un signe efficace de la bonté divine. Jésus les avait recommandés à ses disciples (Marc **6,***13). Et puisque Dieu guérit aussi bien l'âme de ses péchés que le corps de ses maladies, cette lettre ne fait pas de distinction entre la guérison spirituelle et la guérison physique.*

Le sacrement de l'onction des malades s'enracine dans cette foi et dans ces pratiques.

La charité fraternelle touche les égarés et profite en retour à celui qui l'exerce. Heureux qui ramène une brebis perdue (voir Matthieu **18,***12-18).*

Une cuve baptismale ornée de symboles judéo-chrétiens, trouvée à Tékoa, en Palestine.

L'ancienne basilique Saint-Pierre du Vatican, d'après les documents. Sous le baldaquin aux colonnes torses, le petit monument de marbre signalait la tombe de saint Pierre aujourd'hui redécouverte. La mosaïque représentait le Christ enseignant, entre saint Pierre (à droite) et saint Paul (à gauche), dont les noms étaient écrits en grec et en latin.

Extraits de la première Lettre de saint Pierre

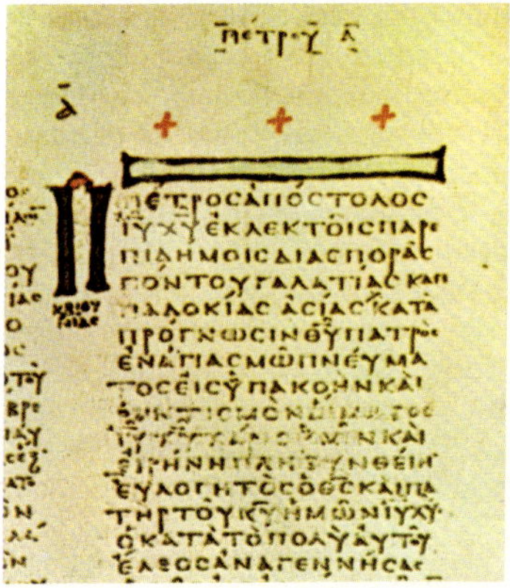

Début de la première Lettre de saint Pierre dans le Codex du Vatican (IVe siècle).

Pierre a dû arriver à Rome après le premier procès de Paul, en fin 63 ou début 64. La capitale est désignée sous le nom de Babylone, type de toute domination païenne depuis l'Ancien Testament (n° 204). L'apôtre est entouré de Marc et de Sylvain, ou Silas, un ancien de Jérusalem et compagnon du 2e voyage de Paul (nos 43 et 54).

C'est lui qui écrit sous l'autorité de Pierre, comme un autre l'a fait sous celle de Jacques (p. 363). Il le peut, car l'épître est une circulaire impersonnelle comme les lettres aux Éphésiens et aux Hébreux.

Pierre est-il libre ou déjà emprisonné ? La prison n'empêchait pas alors tout contact avec l'extérieur. L'antipathie pour les chrétiens s'était clairement manifestée, une persécution générale était en vue, et il se pouvait qu'elle commence à Rome (n° 171).

Les destinataires de la lettre sont des églises d'Asie Mineure, les unes fondées par saint Paul (Asie, Galatie), d'autres par des inconnus (Cappadoce, Pont, Bithynie). Peut-être Pierre les a-t-il visitées personnellement, ou d'autres chrétiens de Syrie couverts de son autorité ? Raison de plus pour envoyer de sa part un document sûr, surtout si l'apôtre est en danger.

L'épître a de nombreux rapports avec celles de Paul, et ne les contredit en rien. Elle n'en est cependant pas tributaire, et certains thèmes y manquent. On y trouve également des ressemblances avec l'œuvre de saint Jean et avec les évangiles. Il s'agit d'un christianisme moyen, représentant le foyer syro-palestinien des premières années, et fraternel, et ouvert à toutes les écoles.

168 Régénérés pour le salut
(1 Pierre 1,1-12)

1 Pierre, apôtre de Jésus-Christ, aux élus qui séjournent en étrangers
dans la dispersion, dans le Pont, la Galatie, la Cappadoce, l'Asie et la
Bithynie, 2 élus selon la prescience de Dieu le Père, sanctifiés par
l'Esprit, pour obéir à Jésus-Christ et avoir part à l'aspersion de son
sang. Que la grâce et la paix vous soient données en abondance.
3 Béni soit Dieu, le Père de notre Seigneur Jésus-Christ : dans sa
grande miséricorde, il nous a fait renaître pour une vivante espérance,
par la résurrection de Jésus-Christ d'entre les morts, 4 pour un héritage
incorruptible, sans souillure ni flétrissure. Cet héritage vous est réservé
dans les cieux, 5 à vous que, par la foi, la puissance divine garde pour le
salut prêt à se manifester dans les derniers temps.
6 Vous en tressaillez de joie, même s'il faut que pendant quelque
temps vous soyez affligés par diverses épreuves, 7 afin que la valeur
éprouvée de votre foi — bien plus précieuse que l'or périssable affiné
cependant par le feu — tourne à votre louange, à votre gloire et à votre
honneur lors de la révélation de Jésus-Christ. 8 Vous l'aimez sans l'avoir
vu ; vous croyez en lui sans le voir encore ; et vous tressaillez d'une joie

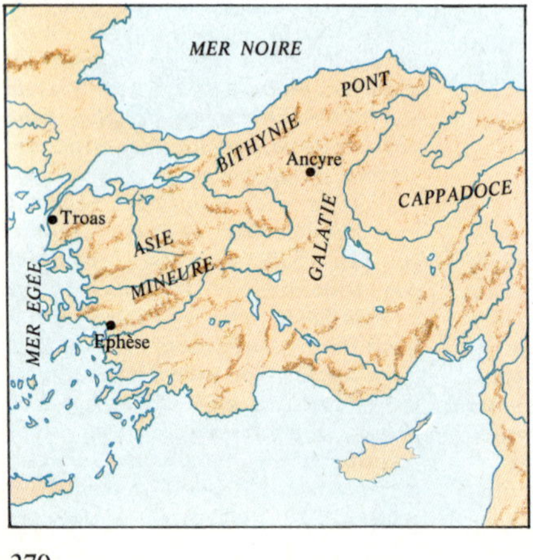

Les Églises d'Asie Mineure auxquelles est adressée la première lettre de saint Pierre.

indicible et glorieuse, 9assurés d'obtenir le prix de votre foi, le salut de vos âmes.

10Ce salut a été l'objet des recherches et investigations des prophètes qui ont prophétisé la grâce qui vous était destinée. 11Ils s'efforçaient de découvrir quels étaient le temps et les circonstances indiqués par l'Esprit du Christ, qui, déjà présent dans leur cœur, prédisait les souffrances du Christ et sa gloire future. 12Ils savaient par révélation qu'ils parlaient pour vous et non pour eux, annonçant ce message sur lequel les anges désirent plonger leurs regards. Et maintenant vous l'avez entendu de ceux qui vous ont évangélisés sous l'action de l'Esprit Saint, envoyé du ciel.

*Les chrétiens se considèrent comme le véritable Israël dispersé parmi les nations. La plupart étaient pourtant d'origine païenne (**1**,14-18 et **4**,3). Tel est l'effet de la miséricorde divine, annoncée par les prophètes.*

169 **Un nouveau peuple de Dieu**
(1 Pierre **2**,1-10)

1Défaites-vous donc de toute méchanceté, de toute espèce de ruse, d'hypocrisie, d'envie, de toute sorte de médisance. 2Comme des enfants nouveaux-nés, soyez avides du pur lait spirituel, afin qu'il vous fasse grandir pour le salut, 3si toutefois vous avez *goûté combien le Seigneur est bon.* Allez à lui : 4il est la pierre vivante, rejetée par les hommes, mais choisie et précieuse aux yeux de Dieu. 5Vous aussi, comme des pierres vivantes, devenez les matériaux de l'édifice spirituel, pour former un sacerdoce saint et offrir des sacrifices spirituels, agréables à Dieu par Jésus-Christ. 6Il est dit en effet dans l'Écriture :

Voici que je place en Sion une pierre angulaire,
choisie et précieuse ;
et celui qui met sa confiance en elle ne sera pas déçu.
7Honneur donc à vous qui croyez ! Mais pour les incrédules,
la pierre rejetée par les maçons est devenue la pierre d'angle,
8*pierre d'achoppement et rocher contre lequel on trébuche* (1).

Ils s'y heurtent parce qu'ils n'obéissent pas à la Parole, ce à quoi d'ailleurs ils étaient destinés. 9Mais vous, vous êtes *la race élue, le*

Troupeaux et bergers en Palestine.
La Lettre de saint Pierre est proche des évangiles. L'apôtre à qui Jésus avait dit : conduis mes agneaux, conduis mes brebis, **remet ses frères à l'Agneau de Dieu, le berger de leurs âmes (Jean 21,15-18).**
Vous étiez comme des brebis errantes, mais vous êtes maintenant revenus au pasteur et gardien de vos âmes (1 Pierre 2,25).

sacerdoce royal, la nation sainte, le peuple que Dieu s'est acquis afin que vous proclamiez les merveilles de Celui qui vous a appelés des ténèbres à son admirable lumière : 10 vous qui jadis n'étiez *pas son peuple* et êtes maintenant le *peuple de Dieu,* vous qui jadis n'aviez *pas obtenu miséricorde* et qui maintenant *avez obtenu miséricorde.*

(1) Isaïe **28**,16 ; Psaume **118**,22 ; Isaïe **8**,14.

*Les baptisés sont nés d'une nouvelle naissance (***1***,2 et* **1***,23). Il faut qu'ils grandissent comme des enfants, et se nourrissent du lait le plus pur, c'est-à-dire de la doctrine authentique (n° 71 et Hébreux* **5***,12-13). Déjà, ils prennent pour eux la loi fondamentale d'Israël :* soyez saints comme je suis saint *(***1***,16 citant Lévitique* **19***,2). Rachetés par le sang de l'Agneau, ils peuvent prier Dieu comme leur Père (***1***,17-19). Cette intimité fait de l'Église un temple de Dieu fondé sur Jésus-Christ. Lui qui avait été rejeté par ses compatriotes, il est devenu la pierre d'angle sur laquelle tout s'appuie (vv. 4-7). Les titres d'honneur de l'ancien Israël prennent donc un sens plus beau (vv. 9-10 citant Exode* **19***,5-6 et Osée* **1***,6 à* **2***,3).*

170 Suivez votre chef, le Christ
(1 Pierre **2**,19-25)

19 C'est une grâce d'endurer, par égard pour Dieu, des peines que
l'on souffre injustement. 20 Quel mérite y a-t-il en effet à supporter
d'être battu après avoir commis une faute ? Mais si, au contraire, vous
souffrez avec patience après avoir fait le bien, voilà qui est une grâce
auprès de Dieu. 21 C'est bien là votre vocation : aussi bien le Christ a
souffert pour vous, vous laissant un exemple, afin que vous suiviez ses
traces : 22 il n'a pas commis de péché et dans sa *bouche il ne s'est pas
trouvé de mensonge* ; 23 lui qui, insulté, ne rendait pas l'insulte ;
maltraité, ne menaçait pas, mais s'en remettait à Celui qui juge avec
justice. 24 Sur le gibet, il a porté nos péchés dans son corps, afin que,
morts à nos péchés, nous vivions pour la justice. *Par ses meurtrissures
vous avez été guéris.* 25 Vous étiez comme des brebis errantes, mais vous
êtes maintenant revenus au pasteur et gardien de vos âmes.

La prison Mamertine, à Rome, où Pierre et Paul auraient été détenus. Selon la légende chrétienne, ils auraient converti leurs geôliers Processus et Martinianus, ainsi que 47 de leurs codétenus qui devinrent martyrs à leur tour.

Comme Jacques, Pierre demande aux chrétiens de supporter patiemment les épreuves, même injustes (n° 163). Le Christ a agi de la sorte le premier, lui, juste, pour nous injustes *(***3,***18). Vous reconnaissez le célèbre passage d'Isaïe chap.* **53,** *rencontré dans les souvenirs du diacre Philippe (n° 23; voir Isaïe* **53,***5. 6. 9. 12).*

171 Et si les choses tournent très mal ?

(1 Pierre **4,**12-19)

12Bien-aimés, ne vous étonnez pas comme d'un événement anormal
de vous trouver dans la fournaise de l'épreuve ; 13réjouissez-vous au
contraire dans la mesure où vous êtes associés aux souffrances du
Christ, afin que, lors de sa Révélation glorieuse, vous soyez aussi dans
la joie et l'allégresse. 14Si on vous insulte pour le nom du Christ,
heureux êtes-vous ; alors en effet l'Esprit de gloire, qui est aussi l'Esprit
de Dieu, repose sur vous. 15Que nul d'entre vous n'ait à subir un
châtiment comme meurtrier, voleur, malfaiteur ou comme s'ingérant
dans les affaires d'autrui ; 16mais si c'est comme chrétien, qu'il n'ait
pas honte, qu'il glorifie plutôt Dieu de porter ce nom-là. 17Car voici le
moment où le jugement va commencer par la maison de Dieu ; et s'il
commence par nous, quelle sera la fin de ceux qui refusent de croire à
l'Évangile de Dieu ? 18Et *si le juste ne se sauve qu'avec peine,*
qu'adviendra-t-il de l'impie et du pécheur ? 19Ceux donc qui ont à
souffrir selon la volonté de Dieu, qu'ils confient leur âme à ce Créateur
fidèle, en faisant le bien.

« Subir un châtiment comme meurtrier... comme chrétien » c'est être puni pour ce motif par les autorités de l'État. Une persécution était proche, comme Jésus l'avait annoncé (Marc **13,***9). Mais la « fournaise », allusion au livre de Daniel, ne signifie pas forcément que le pire se produisait au moment de la rédaction de cette lettre (Daniel* **3,***19 etc.).*

Cette manière d'écrire avec des allusions aux livres plus anciens ne facilite pas la tâche des historiens modernes. Mais elle permet à tout chrétien de puiser ce dont il a besoin et de penser à ses frères qui souffrent vraiment pour le nom du Christ.

172 Conclusion
(1 Pierre 5,8-14)

8 Soyez sobres et veillez ! Votre adversaire, le diable, comme un lion
rugissant, rôde, cherchant qui dévorer. 9 Résistez-lui dans la fermeté de
votre foi, car vous savez que vos frères, dans le monde, supportent les
mêmes souffrances. 10 Le Dieu de toute grâce, qui vous a appelés dans
le Christ à sa gloire éternelle, vous relèvera lui-même après une courte
épreuve ; il vous affermira, vous fortifiera, vous rendra inébranlables.
11 A lui la puissance pour les siècles des siècles ! Amen.
12 Je vous écris ces quelques mots par Silvain, que je considère comme
un frère fidèle, afin de vous exhorter et vous assurer que telle est la
véritable grâce de Dieu ; demeurez-y.
13 L'église de Babylone, élue comme vous, vous salue, ainsi que Marc,
mon fils. 14 Saluez-vous mutuellement par un baiser fraternel. La paix
soit avec vous tous qui êtes dans le Christ.

Troupeaux à l'abreuvoir dans la plaine de Haute-Syrie, à l'est de l'Euphrate.

Extraits de la Lettre de Jude

Début de l'épître de Jude dans le Codex du Vatican (IVe siècle).

Jude frère de Jacques est nommé dans les évangiles (Marc **6,***3 et sans doute Luc* **6,***16 ; voir n° 2). Il était de la famille du Seigneur et, sans avoir remplacé son frère à l'Église de Jérusalem, il devait avoir une certaine autorité.*

D'après l'histoire de l'Église, ses petits-enfants étaient de pauvres laboureurs qui travaillaient de leurs mains en attendant le règne céleste et angélique du Christ, venant juger les vivants et les morts (voir nos 2 et 30).

C'est justement la pensée dominante de cette courte circulaire, même s'il faut admettre, avec bon nombre d'anciens et de modernes, qu'elle n'a pas été rédigée par Jude lui-même. Elle vient du même milieu.

L'auteur est un familier de la Bible, et même d'ouvrages juifs moins anciens sur les anges et sur les premiers hommes (vv. 9 et 14). Mais il n'en retient que ce qui peut servir de leçon aux hommes de tous les temps. Il veut mettre ses lecteurs en garde contre les erreurs des faux maîtres à la conduite immorale.

La génération apostolique appartient au passé (vv. 3 et 17). Les églises vivent en paix, et risquent d'abuser de la liberté chrétienne. Telle était la situation qui suivit les secousses de 64 à 70 et dura jusqu'en 95.

173 **Gardez-vous dans l'amour de Dieu**

(Jude **1**,1-10. 17-25)

1Jude, serviteur de Jésus-Christ, frère de Jacques, à ceux qui sont
appelés, aimés en Dieu le Père et gardés pour Jésus-Christ. 2Que la
miséricorde, la paix et l'amour vous soient donnés en abondance.
3Mes bien-aimés, j'avais à cœur de vous écrire au sujet de notre salut
commun, et je me suis vu dans la nécessité de le faire, afin de vous
exhorter à la lutte pour la foi qui a été transmise aux saints une fois

pour toutes. [4]Il s'est glissé en effet parmi vous des individus, depuis longtemps désignés d'avance pour cette condamnation, des impies qui changent en débauche la grâce de notre Dieu et qui renient notre seul Maître et Seigneur Jésus-Christ.

[5]Je veux vous rappeler, bien que vous ayez déjà appris tout cela une fois pour toutes, que le Seigneur, après avoir fait sortir son peuple du pays d'Égypte, a fait périr ensuite ceux qui s'étaient montrés incrédules. [6]Quant aux anges qui n'ont pas gardé leur rang et ont abandonné leur propre demeure, il les garde enchaînés éternellement dans les ténèbres pour le jugement du grand Jour. [7]Pareillement Sodome et Gomorrhe et les villes voisines, qui avaient pratiqué la même sorte de prostitution par leurs péchés contre nature, gisent en exemple, subissant la peine d'un feu éternel.

[8]De la même façon ces gens-là, dans leur délire, souillent la chair, méprisent la Souveraineté et blasphèment les Gloires. [9]Pourtant l'archange Michel lorsqu'il contestait avec le diable et discutait au sujet du corps de Moïse, n'osa pas porter contre lui un jugement blasphématoire, il dit seulement : « Que le Seigneur te condamne ! » [10]Mais ces individus blasphèment ce qu'ils ignorent ; et ce qu'ils connaissent par les sens, à la façon des animaux sans raison, ne sert qu'à les perdre.

[17]Mais vous, mes bien-aimés, souvenez-vous de ce qui vous a été prédit par les apôtres de notre Seigneur Jésus-Christ. [18]Ils vous disaient : « A la fin des temps, il y aura des railleurs qui vivront au gré de leurs convoitises. » [19]Les voilà, ces fauteurs de discorde, ces êtres sensuels qui ne possèdent pas l'Esprit.

[20]Mais vous, mes bien-aimés, édifiez-vous sur le fondement de votre foi très sainte, priez dans l'Esprit Saint, [21]gardez-vous dans l'amour de Dieu, dans l'attente de la miséricorde de notre Seigneur Jésus-Christ pour la vie éternelle. [22]Ayez pitié de ceux qui hésitent ; [23]sauvez-les en les arrachant au feu. Pour les autres, ayez une pitié mêlée de crainte, haïssant jusqu'au vêtement souillé par leur chair.

[24]A celui qui peut vous préserver de toute chute et vous faire paraître devant sa gloire sans tache et dans l'allégresse, [25]au Dieu unique, notre Sauveur par Jésus-Christ notre Seigneur, gloire, majesté, force et puissance avant tous les temps, maintenant et dans tous les siècles ! Amen.

Extraits de la deuxième Lettre de Pierre

Début de la deuxième Lettre de saint Pierre dans le Codex du Vatican (IVe siècle).

*Cette lettre se présente comme le testament du vieil apôtre, fait appel à son témoignage sur la transfiguration de Jésus, et se réfère à la première épître (**3**,1). Il est pourtant difficile d'admettre qu'elle ait été écrite sous la dictée d'un prisonnier, en plein feu de la persécution.*

La situation des églises y est la même que dans la lettre de Jude, développée au chapitre 2. L'auteur supprime les allusions à des livres non canoniques (Jude vv. 9-10 et 14-15) de peur de leur donner autorité. Dans l'Antiquité chrétienne et le Moyen Âge, il y eut une spéculation sur les anges, abstraite ou touchant au merveilleux, mais qui n'était pas toujours saine !

L'épître réfléchit aussi sur les écritures saintes : la révélation du Christ donne une force nouvelle aux paroles des prophètes (n° 175); ses fidèles ne doivent pas les croire périmés, mais s'en éclairer, car le temps des illuminations est passé (v. 19).

Une collection des lettres de Paul fait partie du trésor des églises (n° 177). Mais il n'est pas question des livres des évangiles ; s'ils existent, ils ne sont pas encore officiellement répandus. Ceci permet de situer la rédaction de l'épître entre les années 70 à 80.

Il faut donc admettre qu'un ami de Pierre, connaissant par cœur beaucoup de ses paroles, s'est senti autorisé à écrire sous son nom. On pense à l'entourage de saint Marc qui d'après la tradition devint évêque d'Alexandrie en Égypte, et justement l'épître s'est répandue à partir de cette ville. C'est au moins la base d'une hypothèse intéressante.

Plus que les autres, cette Lettre a pour nous valeur de testament de l'âge apostolique.

Le mont Thabor dominant la plaine de Yizréel, en Galilée. On le voit de tous les côtés et à grande distance, aussi les pèlerins y ont-ils situé la montagne sainte de la Transfiguration.

174 **Le testament d'un apôtre**
(2 Pierre **1**,1-15)

[1]Siméon Pierre, serviteur et apôtre de Jésus-Christ, à ceux qui ont
reçu comme nous le don précieux de la foi, par la justice de notre Dieu
et Sauveur Jésus-Christ. [2]Que la grâce et la paix vous soient données en
abondance par la connaissance de Dieu et de Jésus notre Seigneur.
[3]En effet, sa puissance divine nous a fait don de tout ce qui contribue
à la vie et à la piété, en nous faisant connaître Celui qui nous a appelés
par sa propre gloire et sa puissance. [4]Par elles nous avons été gratifiés
des précieuses et grandes promesses, afin que par ce moyen vous
deveniez participants de la nature divine, en échappant à la corruption
que la convoitise a introduite dans le monde. [5]En conséquence, faites
tous vos efforts pour joindre à votre foi la vertu, à la vertu la science, [6]à
la science la tempérance, à la tempérance la persévérance, à la
persévérance la piété, [7]à la piété l'amour fraternel, à l'amour fraternel
la charité. [8]Si ces vertus se trouvent en vous et y abondent, elles ne vous
laisseront pas inactifs ni sans fruit pour la connaissance de notre
Seigneur Jésus-Christ. [9]Celui à qui elles font défaut est un aveugle, un
myope ; il oublie qu'il a été purifié de ses péchés passés. [10]C'est
pourquoi, frères, appliquez-vous d'autant plus à affermir votre
vocation et votre élection ; car, ce faisant, vous ne trébucherez jamais.
[11]Ainsi vous sera largement ouvert l'accès au Royaume éternel de notre
Seigneur et Sauveur Jésus-Christ.
[12]Voilà pourquoi j'aurai à cœur de vous rappeler constamment ces
choses, bien que vous les connaissiez et que vous soyez affermis dans la
vérité présente. [13]Mais je crois de mon devoir, aussi longtemps que je
suis dans ce monde, de vous tenir en éveil par mes avertissements,
[14]sachant que je devrai bientôt le quitter, ainsi que notre Seigneur
Jésus-Christ me l'a fait connaître. [15]Je prendrai soin qu'après mon
départ vous puissiez toujours vous remettre ces choses en mémoire.

175 **Evangile et prophéties**
(2 Pierre **1**,16-21)

[16]Ce n'est pas, en effet, sur la foi de fables habilement imaginées que
nous vous avons fait connaître la puissance et la venue de notre

Seigneur Jésus-Christ ; c'est pour avoir vu de nos propres yeux sa
grandeur. 17Car il a reçu de Dieu le Père honneur et gloire, lorsque du
sein de la gloire magnifique cette voix se fit entendre : *Celui-ci est mon*
Fils bien-aimé, en qui j'ai mis mes complaisances. 18Nous-mêmes avons
entendu cette voix venant du ciel, quand nous étions avec lui sur la
montagne sainte.
19Ainsi la parole des prophètes a pris pour nous une force nouvelle ;
vous faites bien de fixer sur elle vos regards comme sur une lampe qui
brille dans un lieu obscur, jusqu'à ce que le jour vienne à poindre et que
l'étoile du matin se lève dans vos cœurs.
20Avant tout, sachez-le bien : aucune prophétie de l'Écriture ne
procède d'une interprétation personnelle ; 21car aucune prophétie n'a
jamais été proférée par la volonté de l'homme ; mais c'est sous
l'impulsion de l'Esprit Saint que des hommes ont parlé de la part de
Dieu.

Ce passage est l'une des premières affirmations de notre foi en l'inspiration de la Bible (n° 154). Les hommes qui ont prononcé et rédigé les paroles de Dieu n'agissaient pas de leur propre initiative. Ils étaient poussés par l'Esprit de Dieu qui les conduisait comme des instruments. Ce n'est pas qu'ils aient été en état d'extase ni que chaque mot leur ait été dicté, mais ce qu'ils disaient les dépassait. Leur parole doit être reçue par nous de la même façon, comme plus grande que nous et toujours riche de leçons salutaires. Elle passe par-dessus les siècles et les différences de civilisations.

L'étoile du matin *annonce le jour.* Elle se lève dans nos cœurs *quand la lumière du Christ s'intériorise (voir 2 Corinthiens* 3,*17). Mais il ne nous appartient pas de conquérir cette grâce, nous devons l'attendre en renonçant à mettre en avant notre personne, il faut lire la Bible en Église.*

176 **Patientez jusqu'à la fin**
(2 Pierre **3**,1-13)

1Mes bien-aimés, voici déjà la seconde lettre que je vous écris ; dans
l'une et l'autre je fais appel à vos souvenirs pour éveiller en vous une
sainte intelligence. 2Souvenez-vous des prédictions des saints prophètes
et du commandement de notre Seigneur et Sauveur, enseigné par vos
apôtres. 3Sachez avant tout que dans les derniers jours, des moqueurs,

guidés par leurs passions, viendront avec leurs railleries
4 et diront : « Où est la promesse de son avènement ? Car depuis que nos pères sont morts, tout demeure dans le même état qu'au commencement du monde. »
5 Ils ignorent volontairement qu'il y eut, à l'origine, des cieux et aussi une terre qui à la parole de Dieu avait émergé de l'eau et par l'eau,
6 et que par ces mêmes causes le monde d'alors périt submergé par l'eau.
7 Quant aux cieux et à la terre d'à présent, la même Parole les tient en réserve et les garde pour le feu, en vue du jour du jugement et de l'anéantissement des impies.

8 Mais il y a une chose qui ne doit pas vous échapper, mes bien-aimés : pour le Seigneur un jour est comme mille ans, et mille ans sont comme un jour.
9 Le Seigneur ne retarde pas l'accomplissement de sa promesse, comme certains se le figurent ; mais il use de patience envers vous, voulant que personne ne périsse, mais que tous viennent au repentir.
10 Cependant le jour du Seigneur viendra comme un voleur ; alors les cieux disparaîtront avec fracas, les éléments embrasés se dissoudront et la terre sera consumée avec tout ce qu'elle contient.

11 Puisque tout doit ainsi se dissoudre, quelles ne doivent pas être la sainteté de votre conduite et votre piété,
12 tandis que vous attendez et hâtez l'avènement du Jour de Dieu, où les cieux enflammés se dissoudront et où les éléments embrasés se fondront !
13 Nous attendons, selon sa promesse, *des cieux nouveaux et une terre nouvelle* où habitera la justice.

Beaucoup de chrétiens de la première génération s'étaient imaginé que le monde finirait très vite, Paul s'était efforcé de rectifier leur espérance (nos 57 à 59). Pour la génération suivante, ce sont doutes et déceptions (v. 4). Une mise au point est nécessaire, et elle l'est encore pour nous...

1° Il n'est pas exact que l'univers soit éternel comme le pensaient les païens. La Bible le dit, à sa manière imagée, dans les chapitres de la Création et du Déluge. De nos jours, les sciences naturelles rejettent formellement l'idée d'un monde éternellement stable.

2° La durée de notre vie n'est rien par rapport aux durées de l'univers. Déjà un psaume l'avait dit : pour Dieu, mille ans sont comme un jour *(Psaume* **89**,*4).*

Ces faits troublent encore certains de nos contemporains ; devant eux la foi apostolique a trois réactions :

a) Long ou court, le temps est donné à chacun de nous pour se repentir de ses fautes, et à tous

Sculpture chrétienne du IVe siècle. Le Christ monte entre deux anges et laisse un livre aux apôtres : Pierre à droite et Paul à gauche. Sous ses pieds, l'homme enveloppé d'un voile représente le monde et le ciel étoilé (Hébreux 2,8 et 1 Corinthiens 15,25-27). Les colonnes représentent le Temple, figure du ciel de Dieu (Hébreux 9,24).

ensemble pour transformer nos mauvaises manières de vivre.

*b) Au terme de la mort des individus, il y aura le jugement. Pour les impies, l'anéantissement (v. 7), et pour ceux qui ont reçu le don de la foi, la participation à la nature divine (***1***,1.4) s'ils ont « porté du fruit, affermi leur vocation et leur élection » (***1***,8.10 ; n° 174).*

*c) Au terme de la désintégration du monde présent, il y aura les cieux nouveaux et la terre nouvelle, annoncés au livre d'Isaïe (***65***,17 et* ***66***,*22), et promis dans l'Apocalypse (n° 208).*

177 Grandissez dans la grâce

(2 Pierre **3**,14-18)

14 C'est pourquoi, dans cette attente, mes bien-aimés, faites tous vos
efforts pour qu'il vous trouve sans tache et sans reproche dans la paix.
15 Reconnaissez dans la longue patience de notre Seigneur un moyen de
salut, ainsi que vous l'a écrit Paul, notre frère bien-aimé, avec la
sagesse qui lui a été donnée. 16 Il le fait dans toutes les lettres où il
aborde ces questions. Il s'y trouve des passages difficiles à comprendre,
que des gens ignorants et mal affermis détournent de leur sens pour
leur perdition, comme ils font d'ailleurs avec les autres Écritures.
17 Vous voilà prévenus, mes bien-aimés ; tenez-vous sur vos gardes, de
peur qu'entraînés par l'égarement de ces hommes iniques, vous ne
perdiez ce qui fait votre fermeté. 18 Progressez donc dans la grâce et la
connaissance de notre Seigneur et Sauveur Jésus-Christ. A lui la gloire,
dès maintenant et éternellement ! Amen.

Ruines de la basilique Saint-Jean, à Éphèse. Depuis le IIe siècle, on vénérait dans cette ville le tombeau de l'apôtre Jean. Au VIe siècle, l'empereur chrétien Justinien ordonna de bâtir un grand sanctuaire autour de ce tombeau vénérable.

Les Lettres de saint Jean

Début de la deuxième épître de saint Jean dans le Codex du Vatican (IVe siècle).

Selon la tradition des Grecs et des Latins, l'apôtre Jean se fixa à Éphèse, attiré par cette très grande ville comme Paul et Pierre par Rome. Il dut y venir entre 70 et 80 ap. J.-C., bien après les épîtres pauliniennes qui, évidemment, n'en parlent pas. Et Jean est peut-être arrivé là également avec un groupe de disciples.

Le milieu intellectuel était alors très actif à Éphèse. Les écrits de l'école johannique sont marqués par la pensée gréco-orientale, dans laquelle ils font entrer la foi au Christ. L'idée de présenter Jésus-Christ comme le Verbe incarné ne pouvait guère naître que dans un milieu de ce genre (n° 180).

Mais ce n'était pas tellement facile à admettre. En effet, une tendance dominante chez les Grecs était d'opposer la parole et la chair, le ciel et la terre. Des chrétiens s'y laissaient prendre. Ils voyaient le Christ comme un être céleste qui aurait, pour ainsi dire, effleuré un homme, Jésus, sans s'identifier à lui. Le Christ ne serait né et mort qu'en apparence, juste assez pour nous instruire de loin. Mais, alors, comment se serait-il sacrifié pour nous ? Au siècle suivant, on appela cette erreur le docétisme, du grec « dokè *: apparence* ».

Les trois épîtres combattent vigoureusement ce genre de pensée ; nous le verrons mieux en commençant par la deuxième et la troisième, plus simples, et en réservant la première, plus longue et plus complexe, pour la fin.

Deuxième Lettre de saint Jean

178 Une Eglise en difficulté
(2 Jean 1-13)

1 L'Ancien à la Dame élue et à ses enfants que j'aime en vérité — non
pas moi seulement, mais aussi tous ceux qui connaissent la vérité — 2 en
raison même de la vérité qui demeure en nous et sera avec nous
éternellement. 3 Avec nous seront la grâce, la miséricorde et la paix, de
la part de Dieu le Père et de Jésus-Christ, Fils du Père, dans la vérité et
l'amour.
4 J'ai eu beaucoup de joie à rencontrer ceux de tes enfants qui se
conduisent selon la vérité, d'après le commandement que nous avons
reçu du Père. Maintenant, Dame, je t'en prie — et ce n'est pas un
commandement nouveau que je t'écris, mais celui que nous avons reçu
depuis le commencement — aimons-nous les uns les autres. 6 Or voici
en quoi consiste l'amour : à vivre selon ses commandements. Tel est le
commandement que vous avez appris dès l'origine, pour que vous viviez
dans l'amour.
7 Beaucoup de séducteurs se sont répandus dans le monde, qui ne
reconnaissent pas Jésus-Christ venu dans la chair. C'est bien là le
séducteur et l'antichrist ! 8 Prenez garde à vous, pour ne pas perdre le
fruit de vos travaux, mais bien pour recevoir une récompense complète.
9 Quiconque va plus avant et ne demeure pas dans la doctrine du Christ
ne possède pas Dieu ; celui qui demeure dans cette doctrine possède,
lui, le Père et le Fils. 10 Si quelqu'un vient à vous sans apporter cette
doctrine, ne l'accueillez pas chez vous et ne le saluez pas, 11 car celui qui
le salue s'associe à ses œuvres mauvaises.
12 J'aurais beaucoup de choses à vous écrire, mais je n'ai pas voulu le
faire avec du papier et de l'encre. J'espère aller chez vous et vous
entretenir de vive voix, afin que notre joie soit complète. 13 Les enfants
de ta sœur l'élue te saluent.

Chez les chrétiens d'Asie, un Ancien *n'était pas seulement ce que nous avons vu plus haut dans le milieu gréco-romain (n° 147). Ce titre d'honneur était réservé à ceux qui tenaient de près au groupe apostolique ou du moins à l'église de Jérusalem.*

La Dame élue, *et sa* Sœur, *sont deux églises. L'enseignement de saint Paul a été implanté en Asie; chaque église s'honore d'être épouse du Christ et considère les baptisés comme ses enfants (n° 143). Ceux-ci doivent donc s'aimer comme des frères, c'est le commandement toujours nouveau (vv. 4-6).*

Mais des trompeurs nient que Jésus soit le Christ venu dans la chair. Ce sont des antichrists, des contre-Christ. Ils prétendent aller plus avant, approfondir un enseignement dans lequel il faut, au contraire, demeurer stable.

A ceux-là, « il ne faut même pas dire bonjour », le commandement de l'amour a trouvé sa limite...

Troisième Lettre de saint Jean

Début de la troisième épître de saint Jean dans le Codex du Vatican (IVe siècle).

179 A un disciple fidèle et courageux
(3 Jean 1-15)

1L'Ancien, à Gaïus, le bien-aimé, que j'aime en vérité. 2Bien-aimé, je
souhaite que tu ailles bien à tous égards, et que ton corps se porte aussi
bien que ton âme.
3J'ai eu bien de la joie à la venue des frères qui ont témoigné de ton
attachement à la vérité, disant combien ta conduite lui est conforme.
4Ma plus grande joie, la voici : apprendre que mes enfants se
conduisent selon la vérité. 5Bien-aimé, tu agis en vrai fidèle quand tu

fais du bien à nos frères, bien que ce soient des étrangers ; 6 aussi ont-ils
rendu témoignage à ta charité devant l'Église. Tu agiras bien en
pourvoyant à leur voyage d'une manière digne de Dieu. 7 Car c'est pour
le Nom qu'ils se sont mis en route, sans rien recevoir des païens. 8 Notre
devoir est donc d'accueillir de tels hommes, afin de collaborer avec eux
pour la vérité.
9 J'ai écrit un mot à l'Église, mais Diotréphès, avide d'y occuper la
première place, ne veut pas nous recevoir. 10 C'est pourquoi, si je viens,
je ne manquerai pas de dénoncer sa manière d'agir. Il se répand en
méchants propos contre nous, et, non content de cela, il refuse de
recevoir nos frères, en empêche ceux qui le voudraient et les chasse de
l'Église. 11 Bien-aimé, n'imite pas le mal, mais le bien. Celui qui fait le
bien vient de Dieu ; celui qui fait le mal n'a pas vu Dieu.
12 Quant à Démétrius, tout le monde lui rend bon témoignage, y
compris la vérité elle-même. Nous aussi, nous lui rendons témoignage,
et tu sais que notre témoignage est vrai.
13 J'aurais bien des choses à t'écrire, mais je ne veux pas le faire avec
l'encre et la plume. 14 J'espère te voir bientôt, et nous nous
entretiendrons de vive voix.
15 Paix à toi. Les amis te saluent. Salue les amis, chacun en
particulier.

Diotréphès a pris le parti de l'erreur. Chef de l'église locale, il écarte les envoyés de l'Ancien qui est obligé de conspirer pour la vérité. Heureusement que Gaïus et Démétrius sont des disciples sûrs et des organisateurs capables. Ils sauront faire circuler les envoyés de l'Ancien, en leur fournissant toute l'aide nécessaire. Lui-même viendra plus tard, et il usera de son pouvoir charismatique, comme autrefois Pierre et Paul (nos 12 et 72).

Les églises antiques n'étaient certes pas des modèles de perfection. De fait, l'erreur que combattait saint Jean a foisonné pendant tout le siècle suivant, changeant seulement de nom. Ce furent les différentes formes de gnose ou de gnosticisme. Et jusque de nos jours, n'a-t-on pas proposé de « distinguer le Christ de la foi du Jésus de l'histoire » ?

Extraits de la première Lettre de saint Jean

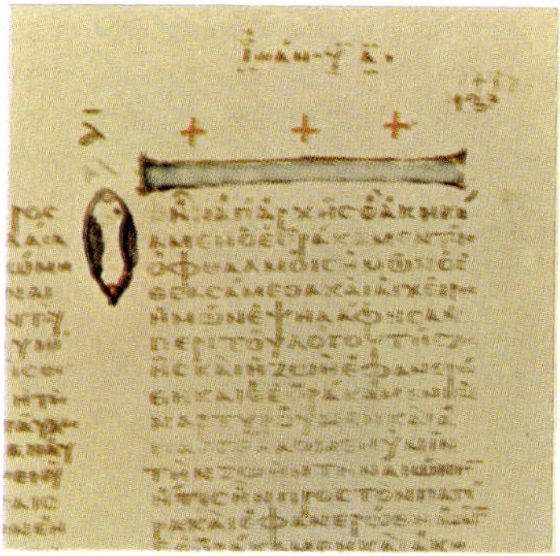

Début de la première épître de saint Jean dans le Codex du Vatican (IVe siècle).

Comme l'épître aux Hébreux, la première de saint Jean n'a pas d'adresse et elle n'a pas non plus de conclusion. C'est un abrégé de la vraie foi chrétienne, adressé à tous. On peut supposer que les envoyés de l'Ancien le portaient dans leur sac et le diffusaient parmi les églises.

Nous retrouvons donc ici la lutte contre les antichrists (1 Jean **2**,*22). Si leur conviction passionnée leur donne l'air de prophètes, il ne faut pas s'y laisser prendre; tout inspiré authentique déclare, au contraire, que Jésus est le Christ venu dans la chair (***4**,*1-3). Celui-là est né de Dieu et vainqueur du monde (***5**,*1-5).*

*Une erreur de jugement moral suit l'erreur de doctrine. Les mêmes adversaires s'imaginent être unis à Dieu, alors qu'ils vont dans la nuit (n° 180); ils se disent impeccables (***1**,*8-10), croient connaître le Christ et lui être unis; en réalité ils ne lui obéissent pas et ne l'imitent pas (***2**,*4-9). Ils s'éloignent de l'unité à laquelle d'ailleurs ils n'ont jamais appartenu (***2**,*18-19). Ils prétendent aimer Dieu et n'aiment pas leurs frères (n° 183).*

Mais pour nous il est davantage profitable de lire les affirmations, conseils, et consolations que l'Ancien donne largement à ceux qui partagent la vraie foi.

180 Nous avons vu la Parole de vie
(1 Jean **1**,1-9)

1 Ce qui était dès le commencement, ce que nous avons entendu, vu
de nos yeux, contemplé et touché de nos mains concernant le Verbe de
vie — 2 car la vie s'est manifestée et nous l'avons vue, nous en rendons
témoignage, et nous vous annonçons la vie éternelle, qui était auprès du
Père et qui s'est manifestée à nous — 3 ce que nous avons vu et entendu,
nous vous l'annonçons à vous aussi, afin qu'à votre tour vous soyez en
communion avec nous. Nous sommes, nous, en communion avec le
Père et avec son Fils Jésus-Christ. 4 Tout cela, nous vous l'écrivons pour
que notre joie soit complète.
5 Voici le message que nous avons entendu de lui et que nous vous
annonçons : Dieu est lumière et il n'y a en lui aucune ténèbre. 6 Si nous
disons que nous sommes en communion avec lui alors que nous
marchons dans les ténèbres, nous sommes des menteurs, nous ne
pratiquons pas la vérité. 7 Mais si nous marchons dans la lumière,
comme il est lui-même dans la lumière, nous sommes en communion
les uns avec les autres, et le sang de Jésus, son Fils, nous purifie de tout
péché. 8 Si nous prétendons être sans péché, nous nous trompons nous-
mêmes, la vérité n'est pas en nous. 9 Mais si nous confessons nos péchés,
Dieu, qui est fidèle et juste, nous pardonnera nos péchés et nous
purifiera de toute iniquité.

*On reconnaît les mots du prologue de saint Jean (***1***,1-18). Jésus-Christ est la Parole ou Verbe du Père. Cela veut dire d'abord qu'il est le dernier mot de la révélation; Dieu nous a fait connaître tout ce que nous pouvons recevoir en cette vie (n° 157). Nous sommes éclairés et orientés. On pourrait traduire le mot grec,* logos *par « parole, raison, sens ». Notre vie a-t-elle un sens ? — Oui ! c'est Jésus Fils de Dieu.*

Il est Verbe de vie, créateur. Toute chose reçoit de lui ce qu'elle a de compréhensible, d'admirable, tout ce qui appelle de notre part un effort d'amour constructif (voir n° 136). Cette vie qui est sens, une fois manifestée *aux hommes, les élève au-dessus de la mort. S'ils l'acceptent par la foi, elle est vie éternelle. L'auteur de l'épître a vu, touché, entendu cette Parole de Vie, et il l'annonce aux hommes pour les faire entrer, avec lui, dans la communion de Dieu (voir n° 174).*

Attention ! La vie dont il s'agit doit être vécue, et pas seulement pensée, la lumière éclaire un chemin sur lequel il faut marcher. L'homme qui parle sans vivre n'est qu'un menteur.

Mais celui qui marche vit dans la communion de Dieu avec les hommes. Et s'il commet des fautes, le sang de Jésus l'en purifie (n° 159).

181 Gardez-vous bien !
(1 Jean **2**,12-17)

12Je vous écris, mes petits enfants, parce que vos péchés vous sont remis par la puissance du nom de Jésus. 13Je vous écris, pères, parce que vous connaissez Celui qui est dès le commencement. Je vous écris, jeunes gens, parce que vous avez vaincu le Mauvais. 14Je vous ai écrit, mes enfants, parce que vous connaissez le Père. Je vous ai écrit, pères, parce que vous connaissez celui qui est dès le commencement. Je vous ai écrit, jeunes gens, parce que vous êtes forts, que la parole de Dieu demeure en vous et que vous avez vaincu le Mauvais.

15N'aimez pas le monde, ni ce qui est dans le monde. Si quelqu'un aime le monde, l'amour du Père n'est pas en lui. 16Tout ce qui est, en effet, dans le monde, à savoir la convoitise de la chair, la convoitise des yeux et l'orgueil vital, ne vient pas du Père, mais du monde. 17Or le monde passe avec ses convoitises, mais celui qui fait la volonté de Dieu demeure éternellement.

*La puissance du Nom de Jésus guérit les péchés, comme elle l'a fait pour le paralytique de Jérusalem (n° 7). Cela veut dire qu'une prière dans la foi en Jésus-Christ obtient de Dieu tout secours (**5**,14-16).*

*Le Mauvais, c'est le diable. En grec, c'est celui qui provoque au mal et accuse ensuite les coupables. Il est menteur et homicide (Jean **8**,44). Il tient le monde en son pouvoir (**5**,19). Le monde a été créé par le Verbe divin, mais il lui est très inférieur, il ne le connaît pas (Jean **1**,10). Il ne connaît ni Dieu ni ses fidèles (**3**,1). C'est comme un esclave qui obéit sans rien comprendre, et qu'un ennemi peut détourner par ruse. Le diable se sert du monde contre les amis de Dieu.*

Les Grecs et les Romains rangeaient sous le même terme « monde » l'univers physique et la société. Nous savons que cette dernière est organisée par les hommes pécheurs et incrédules, et pour leurs égoïsmes. Ainsi compris, le « monde » (nous dirions : « le système ») est une tentation pour les hommes. Il excite la convoitise de la chair (le goût du plaisir sensuel), celle des yeux (le désir de posséder les choses dont on ne se sert pas), et l'orgueil vital, (la volonté de dominer par la force).

182 Aimons-nous les uns les autres
(1 Jean **3**,11-24)

11 Tel est en effet le message que vous avez entendu dès l'origine : que
nous nous aimions les uns les autres. 12 Ne faisons pas comme Caïn qui
venait du Mauvais : il a égorgé son frère. Et pourquoi l'a-t-il égorgé ?
Parce que ses œuvres étaient mauvaises, tandis que celles de son frère
étaient justes.
13 Ne vous étonnez pas, mes frères, si le monde vous hait. 14 Nous,
nous savons que nous sommes passés de la mort à la vie, parce que nous
aimons nos frères ; celui qui n'aime pas demeure dans la mort.
15 Quiconque hait son frère est un homicide, et vous savez qu'aucun
homicide n'a la vie éternelle demeurant en lui.
16 Voici à quoi nous avons connu l'amour : Jésus a livré sa vie pour
nous, et nous devons, nous aussi, livrer notre vie pour nos frères. 17 Si
quelqu'un, possédant les biens de ce monde, voit son frère dans le
besoin et lui ferme son cœur, comment l'amour de Dieu pourrait-il
demeurer en lui ! 18 Mes petits enfants, n'aimons pas en paroles ni des
lèvres, mais en actes et en vérité. 19 A cela nous reconnaîtrons que nous
venons de la vérité et devant Lui nous rassurerons notre cœur ; 20 car si
notre cœur nous fait quelque reproche, Dieu est plus grand que notre
cœur, et il connaît toutes choses.
21 Mes bien-aimés, si notre cœur ne nous condamne pas, nous avons
pleine assurance devant Dieu, 22 et quoi que nous demandions, nous le
recevons de lui, parce que nous gardons ses commandements et faisons
ce qui lui est agréable. 23 Or voici son commandement : croire au nom
de son Fils Jésus-Christ et nous aimer les uns les autres comme il nous
l'a ordonné. 24 Celui qui garde ses commandements demeure en Dieu,
et Dieu en lui. A ceci nous connaissons qu'il demeure en nous : grâce à
l'Esprit qu'il nous a donné.

Jean développe le commandement du Seigneur, tel qu'il l'a entendu : Aimez-vous les uns les autres comme je vous ai aimés *(Jean* **13**,*34). Il convient de suivre cette invitation jusqu'au bout, à l'exemple de Jésus (Jean* **13**,*1), et déjà ne pas fermer son cœur à un frère qui est dans le besoin ; saint Jacques l'avait dit d'une autre manière (n° 164).*

Il existe cependant des péchés qui vont à la mort *et pour lesquels l'Ancien* ne demande pas *que l'on prie (***5***,14-17). Il ne l'interdit pas non plus il est vrai, mais certaines prières ne peuvent être faites que sous l'action de l'Esprit de Dieu.*

Le « monde » déteste ceux qui lui signalent que ses manières sont mauvaises (Jean **7***,7), il n'est pas capable de recevoir l'Esprit de vérité qui demeure en eux (Jean* **14***,17). Rien d'étonnant à ce que les disciples de Jésus soient traités comme il l'a été (Jean* **15***,18-20 et* **17***,14-16).*

Mais ils connaissent l'amour (v. 16), ils ne doutent pas d'être du côté de la vérité (v. 19). Quand ils se trouvent en faute, ils ne tremblent pas, car Dieu qui les aime est plus grand que leur cœur qui les condamne (vv. 19-20).

Ils peuvent prier en toute confiance : la présence de l'Esprit en eux atteste que Dieu leur répondra (v. 24 ; voir nos 94 et 105).

183 Dieu est amour
(1 Jean **4**,7-21)

7Mes bien-aimés, aimons-nous les uns les autres, parce que l'amour
vient de Dieu, et quiconque aime est né de Dieu et connaît Dieu. 8Celui
qui n'aime pas n'a pas connu Dieu, car Dieu est amour. 9Voici
comment s'est manifesté l'amour de Dieu parmi nous : Dieu a envoyé
son Fils unique dans le monde, afin que nous vivions par lui. 10Voici en
quoi consiste l'amour : ce n'est pas nous qui avons aimé Dieu, c'est lui
qui nous a aimés et qui a envoyé son Fils comme victime expiatoire
pour nos péchés.
11Mes bien-aimés, si Dieu nous a aimés à ce point, nous devons, nous
aussi, nous aimer les uns les autres. 12Personne n'a jamais contemplé
Dieu. Si nous nous aimons les uns les autres, Dieu demeure en nous et
son amour atteint en nous sa perfection. 13Nous reconnaissons que
nous demeurons en lui et lui en nous, à ce qu'il nous a donné de son
Esprit. 14Et nous, nous avons vu et nous attestons que le Père a envoyé
son Fils comme Sauveur du monde. 15Quiconque confesse que Jésus est
le Fils de Dieu, Dieu demeure en lui, et lui en Dieu. 16Et nous, nous
avons reconnu l'amour de Dieu pour nous, et nous y avons cru. Dieu est
amour, et celui qui demeure dans l'amour demeure en Dieu, et Dieu
demeure en lui.
17Voici en quoi cet amour atteint en nous sa perfection : que nous

ayons pleine assurance pour le jour du jugement, car tel Il est, lui, tels nous sommes, nous aussi, en ce monde. Il n'y a pas de crainte dans l'amour ; 18 au contraire, l'amour parfait bannit la crainte, car la crainte implique un châtiment, et celui qui craint n'a pas atteint la perfection de l'amour.

19 Pour nous, nous devons aimer parce qu'Il nous a aimés le premier.
20 Si quelqu'un dit : « J'aime Dieu », et a de la haine pour son frère, c'est un menteur. Celui qui n'aime pas son frère qu'il voit ne saurait aimer Dieu qu'il ne voit pas. 21 Et voici le commandement que nous tenons de lui : que celui qui aime Dieu aime aussi son frère.

Ce merveilleux passage nous rappelle des réalités (de foi) déjà rencontrées. Point n'est besoin de les expliquer à nouveau mais laissons-les pénétrer profondément en nous pour qu'elles informent notre vie quotidienne.

L'amour chrétien porte un nom propre : c'est la Charité (n° 80). Elle touche de près à la foi dans les grands mystères : la Trinité, l'Incarnation, la Rédemption. Le Père est amour, source de tout amour, divin ou créé. Le Fils, victime expiatoire pour nos péchés, est le médiateur qui nous réconcilie (n° 159), et l'amour divin s'est totalement révélé en lui. L'Esprit Saint du Père et du Fils nous est donné pour que nous croyions et aimions à notre tour. Alors nous demeurons en Dieu et Dieu en nous.

*Quant au « monde », il est déjà vaincu par la foi (***2***,14 et* **5***,4-5) ; Jésus en est le premier vainqueur (Jean* **16***,33), lui que Dieu a envoyé comme son Sauveur (v. 14). Le monde finira par le croire et le savoir (Jean* **17***,21-33).*

Une rue à boutiques dans les ruines d'Éphèse.

IV. L'Apocalypse

L'île de Patmos et les sept Églises d'Asie.

Apocalypse signifie : Révélation. L'Apocalypse de Jésus-Christ lève le voile *sur son œuvre à travers le temps : passé, présent, avenir, éternité. C'est donc une prophétie (n° 210). Comme toutes les prophéties, elle veut encourager les contemporains de l'auteur, c'est à eux qu'il pense en premier lieu. Mais le livre nous parle à nous aussi, à travers les siècles écoulés, si nous nous donnons la peine de l'écouter.*

Il y a d'autres prophéties dans le Nouveau Testament, celles de Jésus (Matthieu **24***; Marc* **13***; Luc* **21***) et celles de Paul (n°s 57 à 59 et 106). L'Apocalypse est au sommet, comme le livre de Daniel pour les prophéties de l'Ancien Testament. Les deux livres se ressemblent : on y trouve le même genre de visions, d'apparitions angéliques, le même emploi d'images symboliques tirées de livres plus anciens. Les deux auteurs sont également des lettrés, des prophètes, des mystiques.*

Celui de l'Apocalypse s'appelle Jean : de Patmos il écrit en Asie occidentale, à Éphèse et aux églises voisines. Est-ce le même Jean de l'Évangile et des trois épîtres ? La tradition dominante l'affirme. Mais depuis très longtemps, on a reconnu la grande différence de style. Les savants hésitent. Ils constatent seulement une réelle unité de base, suffisante pour reconnaître que les cinq livres johanniques viennent d'une même école de pensée sinon d'un même homme.

Un événement peut expliquer l'adoption d'un nouveau genre littéraire ou l'intervention d'un nouveau prophète à cette époque : en 95 ap. J.-C. la persécution s'étendait aux provinces. Même si quelques passages de l'Apocalypse ont été rédigés à Rome, sous Néron, ils ont été refondus ensuite, sous Domitien, pour entrer dans le livre actuel.

Nous allons voir l'influence du diable sur l'Empire romain qui se divinise lui-même, croyant trouver là un avantage politique. Il martyrise les chrétiens. Mais sa chute et leur triomphe sont déjà inscrits dans les décrets divins.

Rome païenne devient alors le type, l'image symbolique de tous les pouvoirs persécuteurs qui s'élèveront contre la chrétienté. Le message de l'Apocalypse est toujours actuel, il accompagne l'Église errante ou persécutée. Il l'exhorte à rester fidèle jusqu'au témoignage du sang s'il le faut.

On peut diviser le livre en quatre grandes parties :

1) Le temps du prophète : une vision du Christ-Roi précède sept lettres envoyées de sa part aux églises d'Asie, sept est un nombre parfait et sacré choisi ici pour représenter toute l'Église (nos 184 à 192).

2) L'histoire : une deuxième vision montre le Christ auprès de son Père, il est désigné comme le révélateur des desseins divins et leur principal exécutant (nos 193; 194). Les choses futures *sont représentées par une suite d'épisodes, rangés en groupes de sept : sept sceaux à ouvrir (chapitres* **6** *et* **7***) ; sept trompettes à faire sonner (***8** *à* **11***). Beaucoup de ces faits servent seulement à donner le sentiment d'une longue durée, quelques-uns établissent l'une après l'autre les bases d'une humanité sauvée : nous les citerons (nos 195; 196; 197). Alors le mystère de Dieu est révélé sur terre (n° 198) : naissance du Christ et fondation de l'Église (nos 199 à 203).*

3) L'histoire recommence avec sept coupes à renverser (n° 204). Enfin, après une très longue période, Rome apparaît sous son vrai visage, puis elle sera détruite (n° 205). C'est alors le Règne du Christ sur terre avec les saints (nos 206 et 207).

4) L'éternité : ce premier règne n'est pas encore le dernier mot de Dieu, le diable est lâché pour y mettre fin (n° 208). Il y a un dernier combat victorieux (n° 209) et le livre s'achève sur la vision de la Jérusalem éternelle (n° 210) et un épilogue (n° 211).

A. Au temps du prophète

184 Prologue
(Apocalypse **1**,1-8)

1 Révélation de Jésus-Christ : Dieu la lui a confiée pour montrer à ses
serviteurs ce qui doit arriver bientôt. Il l'a fait connaître par l'envoi de
son ange à son serviteur Jean, 2 lequel atteste comme parole de Dieu et
témoignage de Jésus-Christ tout ce qu'il a vu. 3 Heureux le lecteur et les
auditeurs des paroles de cette prophétie, s'ils gardent ce qui s'y trouve
écrit, car le temps est proche !
4 Jean aux sept Églises d'Asie. A vous grâce et paix de la part de Celui
qui est, qui était et qui vient, et de la part des sept Esprits qui sont
devant son trône, 5 et de la part de Jésus-Christ, le témoin fidèle, le
premier-né d'entre les morts et le prince des rois de la terre.
A celui qui nous aime, qui nous a lavés de nos péchés par son sang,
6 et qui a fait de nous un royaume, des prêtres pour son Dieu et Père, à
lui gloire et puissance pour les siècles des siècles ! Amen.
7 Le voici qui vient sur les nuées ; tout œil le verra, même ceux qui
l'ont transpercé, et toutes les tribus de la terre se lamenteront sur lui.
Oui. Amen !
8 Je suis l'Alpha et l'Oméga, dit le Seigneur Dieu, Celui qui est, qui
était et qui vient, le Tout-Puissant.

Celui qui est, qui était, qui vient, *c'est l'Éternel révélé à Moïse (Exode* **3**,*14). Le nombre sacré sept suggère l'unité secrète sous la diversité visible, les Sept esprits ne sont qu'un seul Esprit Saint (voir n° 79). Mais le mystère de la Trinité ne sera clairement révélé qu'à la fin du livre.*

Jésus est le témoin fidèle parce qu'il dit la vérité jusqu'à en mourir (Jean **5**,*31) ; le mot grec « témoin » a donné en français le mot « martyr ». Par sa résurrection, le Christ est le premier-né d'entre les morts (voir n° 136). C'est ainsi qu'il délivre les hommes (n°s 99 ; 158 ; 159) et les rapproche de Dieu (n° 169).*

L'île de Patmos où fut écrite l'Apocalypse, vue du haut du monastère grec.

185 Vision du Christ Roi
(Apocalypse **1**,9-20)

9 Moi, Jean, votre frère et votre compagnon dans l'épreuve, la royauté
et la persévérance en Jésus, je me trouvais dans l'île de Patmos à cause
de la parole de Dieu et du témoignage de Jésus. 10 J'entrai en extase le
jour du Seigneur, et j'entendis derrière moi une voix puissante, telle
une trompette.

11 Elle disait : « Ce que tu vois, écris-le dans un livre, et envoie-le aux
sept Églises : Éphèse, Smyrne, Pergame, Thyatire, Sardes, Philadelphie
et Laodicée. » 12 Je me retournai pour regarder la voix qui me parlait. Je
vis alors sept candélabres d'or et au milieu d'eux quelqu'un,
13 *semblable à un fils d'homme.* Il portait une longue tunique et à
hauteur de poitrine une ceinture d'or. 14 *Sa tête* et *ses cheveux étaient
comme de la laine blanche, comme de la neige ; ses yeux étaient comme
une flamme ardente* 15 *et ses pieds comme du bronze incandescent* dans
une fournaise ; *sa voix était comme la voix des grandes eaux ;* 16 dans sa
main droite il tenait sept étoiles, et de sa bouche sortait un glaive affilé
à deux tranchants. Son visage ressemblait au soleil quand il brille dans
toute sa force.

17 A sa vue, je tombai comme mort à ses pieds. Mais il posa sur moi sa
droite, en disant : « Ne crains rien ; je suis le Premier et le Dernier, et
18 le Vivant ; j'étais mort, et me voici vivant pour les siècles des siècles,

Le début de l'Apocalypse, dans un manuscrit grec du XVe siècle, à la Bibliothèque vaticane.

Autre vue des ruines de la basilique Saint-Jean, à Éphèse. Au souvenir de l'apôtre a été associé de bonne heure celui de la Vierge Marie dont il était devenu le fils spirituel. C'est à Éphèse qu'elle a été proclamée *Theotokos* **(Mère de Dieu), au Concile qui définit le dogme de l'Incarnation, en 431.**

et je détiens les clefs de la mort et de l'abîme. 19Écris donc ce que tu as
vu, ce qui est maintenant et ce qui doit arriver dans la suite. 20Voici le
sens mystérieux des sept étoiles que tu as vues dans ma main droite et
des sept candélabres d'or : les sept étoiles sont les anges des sept
Églises, et les sept candélabres sont les sept Églises.

Cette vision s'inspire du chapitre **10** *de Daniel. Jésus, qui aimait l'humble nom de « fils d'homme », apparaît comme* le Fils de l'homme, *roi-prêtre céleste. Sa parole tranche (Hébreux* **4,***12). Il est au milieu des églises et tient à sa disposition des anges qu'il leur envoie à volonté. Le mot même,* ange, *veut dire « messager » et peut s'étendre à des humains (n° 211). Jean sera appelé un ange, les* sept anges *sont peut-être les évêques des églises.*

186 A l'Eglise de la capitale, Ephèse
(Apocalypse **2,**1-7)

1« A l'ange de l'Église d'Éphèse, écris :
Ainsi parle Celui qui tient les sept étoiles dans sa droite et qui
marche au milieu des sept candélabres d'or. 2Je connais tes œuvres, ton
labeur et ta persévérance; je sais que tu ne peux supporter les
méchants et que tu as mis à l'épreuve ceux qui se prétendent apôtres et
ne le sont pas ; tu les as reconnus menteurs. 3Tu as de la persévérance
et tu as souffert pour mon nom sans te décourager. 4Mais j'ai contre toi
que tu t'es relâché de ton premier amour. 5Souviens-toi donc de quelle
hauteur tu es tombé; repens-toi et reviens à tes œuvres d'autrefois.
Sinon, je vais venir à toi, et, si tu ne te repens pas, j'enlèverai ton
candélabre de sa place. 6Tu as cependant en ta faveur que tu détestes
les agissements des Nicolaïtes, comme je les déteste moi-même. 7Que
celui qui a des oreilles entende ce que l'Esprit dit aux Églises : Au
vainqueur je donnerai à manger du fruit de l'arbre de vie qui est dans le
paradis de Dieu.

Sur Éphèse, voir nos 63 et 140. Les lettres aux églises *s'adressent en premier lieu à cette ville principale : l'Église s'y relâche de son amour,*

Ruines antiques de Smyrne, la seule des sept villes qui soit restée vivante au cours des siècles.

comme une fiancée oublieuse (voir n° 143). Elle pourrait perdre sa primauté. Ce qui compte, ce n'est pas d'être église d'une grande ville, mais une grande église, *où que ce soit.*

On ne sait pas exactement quelle était l'erreur des Nicolaïtes, probablement celle à laquelle on a fait allusion à propos des trois épîtres (n° 178).

Le fruit de l'arbre de vie, c'est la vie éternelle.

187 A l'Eglise de Smyrne
(Apocalypse **2,**8-11)

8« A l'ange de l'Église qui est à Smyrne, écris :
Ainsi parle le Premier et le Dernier, Celui qui était mort et qui a
repris vie. 9Je connais tes épreuves et ta pauvreté — encore que tu sois
riche — et les calomnies de ceux qui se disent Juifs sans l'être alors
qu'ils sont une synagogue de Satan. 10Ne redoute pas les souffrances
qui t'attendent ; voici que le diable va jeter quelques-uns des vôtres en
prison pour vous mettre à l'épreuve, et vous subirez dix jours d'épreuve.
Sois fidèle jusqu'à la mort, et je te donnerai la couronne de vie. 11Que
celui qui a des oreilles entende ce que l'Esprit dit aux Églises : Le
vainqueur ne sera pas atteint par la seconde mort.

On prétend souvent que les faux juifs se sont désolidarisés des chrétiens et les ont livrés aux autorités païennes. Mais en fait, les sept lettres n'envisagent pas encore la grande persécution. On pourrait imaginer que ces juifs sont tombés dans le désespoir après la ruine du Temple de Jérusalem, et se sont livrés à une forme de culte satanique. Ils ont adoré le diable, parce qu'il paraissait le plus fort. Mais céder de la sorte, c'est risquer la « seconde mort », la damnation éternelle (n° 207). Celui qui tient ferme y échappera.

188 A l'Eglise de Pergame
(Apocalypse **2,**12-17)

12« A l'ange de l'Église de Pergame, écris :
Ainsi parle celui qui tient le glaive affilé à deux tranchants. 13Je sais
où tu habites : là même où est le trône de Satan. Cependant tu restes
attaché à mon nom et tu n'as pas renié ma foi, même aux jours où

Le village d'Akhissar, à l'emplacement de Thyatire.

Antipas, mon témoin fidèle, a été mis à mort chez vous, là où Satan
habite. 14Mais j'ai contre toi un léger grief : tu as là des partisans de la
doctrine de Balaam, qui enseigna à Balac à tendre un piège aux enfants
d'Israël, en les poussant à manger des viandes sacrifiées aux idoles et à
s'adonner à la fornication. 15De plus, tu as, toi aussi, des partisans de la
doctrine des Nicolaïtes. 16Repens-toi donc ; sinon je viens à toi sans
tarder, et je combattrai contre eux avec le glaive de ma bouche. 17Que
celui qui a des oreilles entende ce que l'Esprit dit aux Églises : Au
vainqueur je donnerai la manne cachée ; je lui donnerai aussi une
pierre blanche, sur laquelle est gravé un nom nouveau que personne ne
connaît, sauf celui qui le reçoit.

Pergame avait été la capitale d'un royaume, un centre artistique et intellectuel. Elle était fière de son temple d'Auguste et de son autel de Jupiter, sur l'Acropole, tous deux spécialement grands et beaux. C'est probablement ce que Jean appelle « le trône de Satan ».

Le prophète païen Balaam avait conseillé au roi Bala de corrompre Israël par la débauche sexuelle et l'idolâtrie. (Nombres **25** *et* **31**,*16 ; voir nos 43 ; 73 ; 76). On peut y voir une allusion aux gens qui abusent des paroles de saint Paul sans l'avoir lu (1 Corinthiens* **6**,*12-20).*

La manne cachée est l'énergie secrète qui permet au fidèle de vaincre les difficultés, comme Israël dans sa traversée du désert (n° 76). La pierre blanche était un jeton sur lequel était inscrit le nom du porteur, et qui servait de carte d'entrée aux réunions.

189 A l'Eglise de Thyatire
(Apocalypse **2**,18-29)

18« A l'ange de l'Église de Thyatire, écris :
Ainsi parle le Fils de Dieu, Celui qui a les yeux comme une flamme
ardente et les pieds semblables à du bronze. 19Je connais tes œuvres,
ton amour, ta foi, ton service, ta persévérance et tes dernières œuvres
plus nombreuses que les premières. 20Mais j'ai contre toi que tu laisses
faire Jézabel, cette femme qui se dit prophétesse, et qui égare mes
serviteurs en leur enseignant à pratiquer la fornication et manger des
viandes sacrifiées aux idoles. 21Je lui ai laissé du temps pour se repentir,
mais elle ne veut pas se repentir de sa fornication. 22Voici que je vais la
jeter sur un lit, ainsi que ses complices d'adultère, pour y endurer de

Ruines de Sardes, antique capitale du royaume de Crésus, qui avait été, disait-on, l'homme le plus riche de la terre.

grandes souffrances, à moins qu'ils ne se repentent de leurs œuvres.
23 « Je frapperai de mort ses enfants : toutes les Églises sauront ainsi
que je sonde les reins et les cœurs, et je rendrai à chacun de vous selon
vos œuvres. 24 Quant à vous, les autres fidèles de Thyatire, qui ne
partagez pas cette doctrine et n'avez pas fait connaissance avec les
" profondeurs de Satan ", comme ils disent, je déclare ne pas vous
imposer d'autre fardeau ; 25 tenez ferme seulement ce que vous
possédez, jusqu'à ce que je vienne. 26 Au vainqueur, à celui qui garde
mes œuvres jusqu'à la fin, je donnerai pouvoir sur les nations ; 27 *il les
mènera paître avec une houlette de fer, comme on fracasse les vases
d'argile,* 28 ainsi que j'ai moi-même reçu pouvoir de mon Père. Et je lui
donnerai l'étoile du matin. 29 Que celui qui a des oreilles entende ce que
l'Esprit dit aux Églises !

La reine Jézabel, adoratrice du faux dieu Baal, avait persécuté Élie et ses compagnons (1 Rois **19**,*1-13). Elle représente une fausse prophétesse, pire que le Balaam de Pergame : elle prétend être initiée à des rites diaboliques, qui lui donneraient la connaissance du bien et du mal, et lui permettraient de mépriser la Loi et l'enseignement de l'Église (Genèse* **3**). *Le Seigneur exercera contre elle sa puissance, peut-être par l'intermédiaire d'un héritier du pouvoir apostolique (nos 12; 72; 179).*

Le vainqueur, le fidèle qui aura surmonté l'épreuve, héritera de ce pouvoir qui vient du Christ (Psaume **2**,*8-9). Il recevra bien plus encore : l'étoile du matin qui est le Christ lui-même (n° 211).*

190 A l'Eglise de Sardes
(Apocalypse **3**,1-6)

1 « A l'ange de l'Église de Sardes, écris :
Ainsi parle Celui qui possède les sept Esprits de Dieu et les sept
étoiles. Je connais tes œuvres : tu passes pour vivant, alors que tu es
mort ! 2 Montre-toi vigilant, et affermis ce qui reste, et qui est sur le
point de mourir, car je n'ai pas trouvé tes œuvres parfaites aux yeux de
mon Dieu. 3 Rappelle-toi donc comment tu as reçu et entendu la parole,
garde-la et repens-toi ! Si tu ne veilles pas, je viendrai comme un voleur,
sans que tu saches à quelle heure je te surprendrai. 4 Tu as pourtant à
Sardes quelques fidèles qui n'ont pas souillé leurs vêtements ; ils

Ruines de Philadelphie, aujourd'hui Alasehir.

m'escorteront vêtus de blanc, car ils en sont dignes. 5Le vainqueur sera
pareillement habillé de blanc ; je n'effacerai pas son nom du livre de
vie ; je proclamerai son nom devant mon Père et devant ses anges. 6Que
celui qui a des oreilles entende ce que l'Esprit dit aux Églises !

Peut-on être plus tristement sévère ? Mais tout n'est pas perdu à Sardes, il y a un reste *(Isaïe* **1**,*9). Un* vêtement propre *symbolise la conscience nette de toute souillure de la chair ou de l'esprit (1 Corinthiens* **8**,*7; 2 Corinthiens* **7**,*1). Le blanc éblouissant est la tenue du roi céleste et de sa cour. Le livre de vie enregistre le jugement des hommes au fur et à mesure de leurs actes : ne pas y effacer un nom, c'est promettre la grâce de la persévérance finale que beaucoup de saints ont demandée.*

191 A l'Eglise de Philadelphie
(Apocalypse **3**,7-13)

7« A l'ange de l'Église de Philadelphie, écris :
Ainsi parle le Saint, le Véridique, Celui qui *détient la clef de David,*
qui ouvre et personne ne peut fermer, qui ferme et personne ne peut
ouvrir. 8Je connais tes œuvres ; voici que je tiens ouverte devant toi une
porte que nul ne peut fermer, car, malgré tes forces limitées, tu as
gardé ma parole et n'as pas renié mon nom. 9Voici que je te livre des
membres de la synagogue de Satan, qui se disent Juifs, mais ne le sont
pas, menteurs qu'ils sont. Je les ferai venir se prosterner à tes pieds, et
reconnaître que je t'ai aimé. 10Parce que tu as gardé ma consigne de
persévérance, moi aussi je te garderai de l'heure de l'épreuve qui va
venir sur le monde entier pour éprouver les habitants de la terre. 11Je
viens bientôt ; tiens ferme ce que tu as, pour que personne ne te ravisse
ta couronne. 12Du vainqueur, je ferai une colonne dans le temple de
mon Dieu, et il n'en sortira jamais plus. Je graverai sur lui le nom de
mon Dieu et le nom de la cité de mon Dieu, la nouvelle Jérusalem qui
descend du ciel d'auprès de mon Dieu, ainsi que mon nom nouveau.
13Que celui qui a des oreilles entende ce que l'Esprit dit aux Églises !

Ruines romaines de Laodicée, l'une des sept grandes Églises d'Asie à la fin du Ier siècle. Elle était voisine de Colosses, et on pense souvent que l'épître à Laodicée, mentionnée par saint Paul, a fini par arriver dans le trésor de l'Église d'Éphèse (n° 139).

Le nom de Philadelphie veut dire en grec : « amitié fraternelle »; c'est pourquoi cette lettre symbolique ne contient aucun reproche. Une église qui mérite ce nom a une porte ouverte devant elle, la possibilité de convertir les païens (2 Corinthiens **2**,*12). C'est le Christ qui ouvre, et nul ne peut fermer. La promesse au vainqueur est particulièrement belle.*

192 A l'Eglise de Laodicée
(Apocalypse **3**,14-22)

14 « A l'ange de l'Église de Laodicée, écris :
Ainsi parle l'Amen, le Témoin fidèle et véridique, le Principe de la
création de Dieu. 15 Je connais tes œuvres : tu n'es ni froid ni chaud.
16 Mais puisque tu es tiède, et ni chaud ni froid, je vais te vomir de ma
bouche ! 17 Tu dis : Je suis riche, j'ai acquis de grands biens, je ne
manque de rien, et tu ne sais pas que c'est toi le malheureux, pitoyable,
pauvre, aveugle et nu. 18 Je te conseille d'acheter chez moi de l'or
éprouvé au feu pour t'enrichir et des vêtements blancs pour t'en couvrir
et cacher ta honteuse nudité, et un collyre pour oindre tes yeux et voir
clair. 19 Tous ceux que j'aime, je les reprends et les corrige ; ranime
donc ton zèle et repens-toi. 20 Voici que je me tiens à la porte et je
frappe ; si quelqu'un écoute ma voix et ouvre la porte, j'entrerai chez
lui ; je dînerai avec lui et lui avec moi. 21 Au vainqueur, je donnerai de
s'asseoir avec moi sur mon trône, comme moi-même, après ma victoire,
je me suis assis avec mon Père sur son trône. 22 Que celui qui a des
oreilles entende ce que l'Esprit dit aux Églises ! »

Laodicée était spécialement dans le tissage de la laine blanche et la fabrication de collyres pour les yeux. Mais cette église est-elle chaudement vêtue d'amitié, ornée de beauté spirituelle, clairvoyante dans la vérité divine ? La sévérité apparente du Seigneur est en réalité de la tendresse. Les maîtres de la vie spirituelle ont pris très au sérieux le reproche de tiédeur *qui consiste à s'imaginer qu'on en fait assez parce qu'on ne commet pas de péchés graves, et à s'endormir dans une médiocrité dangereuse.*

B. L'histoire jusqu'à Jean

193 Le Dieu de l'univers
(Apocalypse **4,**1-11 ; **5,**1-2)

1 J'eus ensuite cette vision : cette porte était ouverte dans le ciel, et la
voix que j'avais entendue me parler auparavant, semblable au son
d'une trompette, me disait : « Monte ici, et je vais te montrer ce qui doit
arriver dans la suite. » 2 Aussitôt j'entrai en extase. Et voici qu'un trône
était dressé dans le ciel, et sur ce trône quelqu'un était assis. 3 Celui qui
était assis avait l'aspect d'une pierre de jaspe et de sardoine, et un
arc-en-ciel d'un ton d'émeraude entourait le trône. 4 Autour du trône,
vingt-quatre trônes, et sur ces trônes étaient assis vingt-quatre anciens,
vêtus de blanc, des couronnes d'or sur la tête. 5 Du trône partent des
éclairs, des voix et des coups de tonnerre ; sept lampes ardentes brûlent
devant le trône : ce sont les sept Esprits de Dieu ; 6 devant le trône
s'étend comme une mer de verre, semblable à du cristal ; face au trône
et tout autour quatre Vivants constellés d'yeux devant et derrière ; 7 le
premier Vivant ressemble à un lion, le second à un taureau, le troisième
a comme un visage d'homme, le quatrième est semblable à un aigle en
plein vol.

8 Les quatre Vivants ont chacun six ailes, constellées d'yeux tout
autour et à l'intérieur. Ils ne cessent de proclamer jour et nuit : « *Saint,
saint, saint est le Seigneur Dieu, le Tout-Puissant,* Celui qui était, qui
est et qui vient. » 9 Et chaque fois que les Vivants rendent gloire,
honneur et action de grâce à Celui qui est assis sur le trône et qui vit
pour les siècles des siècles, 10 les vingt-quatre anciens se prosternent
devant Celui qui est assis sur le trône, ils adorent Celui qui vit aux
siècles des siècles et lancent leurs couronnes devant le trône, en disant :
11 « Tu es digne, Seigneur notre Dieu, de recevoir la gloire, l'honneur et
la puissance, car c'est toi qui as créé toutes choses ; c'est par ta volonté
qu'elles existent et qu'elles ont été créées. »

1 Et je vis dans la main droite de Celui qui était assis sur le trône un
livre écrit au-dedans et au-dehors, scellé de sept sceaux. 2 Et je vis un
ange très fort qui proclamait d'une voix puissante : « Qui est digne
d'ouvrir le livre et d'en briser les sceaux ? »

Cette vision inaugure la deuxième partie du livre. Nous avons déjà rencontré les Sept esprits. Des images viennent des apparitions de Dieu à Ézéchiel (chap. **1***), aux douze tribus (Exode* **19***,16), à Isaïe (chap.* **6***). Les vingt-quatre anciens vêtus comme des rois-prêtres, s'occupent des affaires des hommes. Ils sont tout proches du trône de Dieu. Les quatre Vivants ou quatre Animaux représentent plutôt les forces cosmiques (on peut penser ici aux quatre points cardinaux). Entre le trône et eux s'étend une « mer de verre » (matière précieuse autrefois) transparente, mais dure.*

Le livre est un rouleau, son titre est lisible à l'extérieur, on voit qu'il contient le mystère des volontés de Dieu (n° 140). Mais il est cacheté d'un sceau, et personne n'a le droit de l'ouvrir.

194 L'Agneau révélateur

(Apocalypse **5**,6-14)

6 Je vis alors, au milieu, entre le trône aux quatre Vivants et les anciens, un Agneau debout en même temps qu'égorgé. Il avait sept cornes et sept yeux, qui sont les sept Esprits de Dieu envoyés par toute la terre. 7 Il s'approcha et reçut le livre de la main droite de Celui qui était assis sur le trône. 8 Quand il eut reçu le livre, les quatre Vivants et les vingt-quatre anciens se prosternèrent devant l'Agneau. Chacun tenait une harpe et des coupes d'or remplies de parfums, qui sont les prières des saints. 9 Et ils chantaient ce cantique nouveau :

« Tu es digne de recevoir le livre et d'en briser les sceaux, car tu as été égorgé, et tu as racheté pour Dieu par ton sang, des hommes de toute tribu, langue, peuple et nation. 10 Tu as fait d'eux, pour notre Dieu, un royaume et des prêtres, et ils régneront sur la terre. » 11 Puis, dans ma vision, j'entendis la voix d'une multitude d'anges qui entouraient le trône, les Vivants et les anciens. Leur nombre était myriades de myriades et milliers de milliers. 12 Ils disaient d'une voix forte : « Il est digne, l'Agneau qui a été égorgé, de recevoir puissance, richesse, sagesse, force, honneur, gloire et louange. » 13 Et toutes les créatures qui sont au ciel, sur terre, sous terre et sur mer, tous les êtres qui s'y trouvent, je les entendis proclamer : « A Celui qui est assis sur le trône et à l'Agneau, louange, honneur, gloire et domination pour les siècles des siècles ! » 14 Et les quatre Vivants disaient : « Amen. » Et les anciens se prosternèrent et adorèrent.

L'Agneau est le Christ (Jean **1,***29. 36;* **19,***36; 1 Corinthiens* **5,***7-8; 1 Pierre* **1,***19). Ressuscité, et donc debout, il porte les blessures du sacrifice éternel (Jean* **20,***24-29 et n° 159). Il apparaît entre le trône et les anciens, médiateur entre Dieu et les hommes (1 Timothée* **2,***5) qu'il rachète tous pour en faire un royaume de prêtres (n° 169). Il ouvre le livre, il va en révéler le contenu et en accomplir les instructions.*

Miniature de l'Apocalypse de Gérone, en Espagne (Xe siècle). L'Agneau est en marche, portant sa croix comme un étendard. Selon l'interprétation médiévale, les quatre Animaux représentent les quatre évangélistes tenant leurs livres respectifs. Au-dessous, les fidèles du Christ portant des palmes (n° 196).

195 Cinquième sceau : le sacrifice
(Apocalypse **6**,9-11)

9 Quand l'Agneau brisa le cinquième sceau, je vis sous l'autel les
âmes de ceux qui avaient été égorgés à cause de la parole de Dieu et du
témoignage qu'ils avaient rendu. 10 Ils crièrent d'une voix forte :
« Jusques à quand, Maître saint et véridique, tarderas-tu à faire justice
et à venger notre sang sur les habitants de la terre ? » 11 On leur donna à
chacun une robe blanche et on leur dit de patienter encore un peu de
temps, jusqu'à ce que le nombre de leurs compagnons de service et de
leurs frères qui doivent être mis à mort comme eux soit complété.

Le décor a changé, c'est maintenant un sanctuaire en plein air comme ceux des premiers hommes de la Bible. Ce qui compte dans leurs sacrifices, c'est la volonté d'obéir jusqu'au bout à la parole de Dieu prononcée dans leur cœur ou révélée par la Loi (Romains **2**,*14-15). Combattants des guerres saintes, prophètes maltraités, martyrs juifs et chrétiens demandent justice à Dieu comme Abel (n° 160).*

196 Sixième sceau : Dieu se donne un peuple
(Apocalypse **6**,12-14 et **7**,2-17)

12 Puis je vis l'Agneau briser le sixième sceau. Il se fit un violent
tremblement de terre. Le soleil devint noir comme une étoffe de crin, la
lune entière devint comme du sang. 13 Les étoiles du ciel s'abattirent
sur la terre comme les fruits verts que laisse tomber un figuier secoué
par une bourrasque. 14 Le ciel se retira comme un livre qu'on roule,
toutes les montagnes et les îles furent arrachées de leur place.

2 Je vis encore un autre ange qui montait du levant ; il tenait le sceau
du Dieu vivant, et d'une voix puissante il cria aux quatre anges qui
avaient pouvoir de nuire à la terre et à la mer : 3 « Ne nuisez pas à la
terre, ni à la mer, ni aux arbres, jusqu'à ce que nous ayons marqué du
sceau le front des serviteurs de notre Dieu. » 4 J'entendis alors énoncer
le nombre de ceux qui étaient marqués : cent quarante-quatre mille
ainsi marqués de toutes les tribus des fils d'Israël :

5 de la tribu de Juda, douze mille ;
de la tribu de Ruben, douze mille ;
de la tribu de Gad, douze mille ;
6 de la tribu d'Aser, douze mille ;
de la tribu de Nephtali, douze mille ;
de la tribu de Manassé, douze mille ;
7 de la tribu de Siméon, douze mille ;
de la tribu de Lévi, douze mille ;
de la tribu d'Issachar, douze mille ;
8 de la tribu de Zabulon, douze mille ;
de la tribu de Joseph, douze mille ;
de la tribu de Benjamin, douze mille.

9 Après cela, je vis paraître une foule immense, innombrable, de
toutes nations, tribus, peuples et langues ; ils se tenaient debout face au
trône et à l'Agneau, vêtus de robes blanches et des palmes à la main.
10 Ils proclamaient d'une voix puissante : « Le salut est à notre Dieu qui
siège sur le trône, et à l'Agneau. » 11 Et tous les anges, se tenant en
cercle autour du trône, des anciens et des quatre Vivants, tombèrent
devant le trône, la face contre terre, pour adorer Dieu. 12 Ils disaient :
« Amen ! Louange, gloire, sagesse, action de grâce, honneur,
puissance et force à notre Dieu pour les siècles des siècles. Amen ! »
13 Alors l'un des anciens prit la parole et me dit : « Ceux qui sont
vêtus de robes blanches, qui sont-ils et d'où viennent-ils ? » 14 Je lui
répondis : « Mon Seigneur, tu le sais, toi ». Il me dit : « Ceux-là
viennent de la grande épreuve ; ils ont lavé leurs robes et les ont
blanchies dans le sang de l'Agneau. 15 Voilà pourquoi ils se tiennent
devant le trône de Dieu et lui rendent un culte jour et nuit dans son
temple. Et celui qui est assis sur le trône les abritera sous sa tente. 16 Ils
n'auront plus faim, ils n'auront plus soif ; jamais plus le soleil ni la
chaleur brûlante ne les accableront, 17 car l'Agneau qui se tient au
milieu du trône les fera paître ; il les mènera aux sources d'eaux vives.
Et Dieu essuiera toute larme de leurs yeux. »

Nouveau progrès de l'œuvre divine : Israël est fondé avec ses tribus marquées du chiffre douze. Un peuple immense est recruté dans toutes les nations : ce sont les chrétiens qui acceptent d'être purifiés de leurs péchés par le sang du Christ (nos 99 ; 106 ; 158 ; 159). La grande tribulation dont il s'agit est la persécution.

197 Septième sceau : la prière
(Apocalypse **8**,1-6)

1 Lorsque l'Agneau brisa le septième sceau, il se fit au ciel un silence
d'une demi-heure environ.
2 Je vis alors les sept anges qui se tiennent devant Dieu ; on leur
donna sept trompettes. 3 Puis un autre ange vint se placer près de
l'autel, tenant un encensoir d'or ; on lui donna quantité de parfums
pour les offrir avec les prières de tous les saints sur l'autel d'or placé
devant le trône. 4 Et, de la main de l'ange, la fumée des parfums monta
devant Dieu, avec la prière des saints. 5 Puis l'ange saisit l'encensoir, le
remplit du feu de l'autel et le jeta sur la terre ; et il y eut des coups de
tonnerre, des voix, des éclairs et un tremblement de terre. 6 Et les sept
anges qui tenaient les sept trompettes s'apprêtèrent à en sonner.

En plus de l'autel des sacrifices, voici l'autel d'or où brûlait l'encens dans le sanctuaire (Exode **30**,*1-10). C'est le symbole de la prière (Psaume* **141**,*2). On pourrait croire que la révélation est achevée. Mais non, il faut que les sept trompettes retentissent, et l'histoire recommence.*

Anges portant le signe de la Croix (Mosaïque du VIe siècle, Ravenne).

Miniature du XIIe siècle. En haut et à droite, le Ciel figuré comme un temple ouvert, au milieu l'Arche (un coffre). Il est au-delà du ciel physique (un cercle étoilé). A gauche, la Femme réfugiée au désert et son Enfant enlevé au ciel. En bas, le Dragon tombé du ciel attaque la Femme, munie d'ailes d'aigle, qui protège ses autres enfants dans ses bras.

198 Septième trompette : révélation finale
(Apocalypse **11**,15-19)

[15]Le septième ange sonna de la trompette, et dans le ciel retentirent
des voix puissantes qui disaient : « L'empire du monde est acquis à
notre Seigneur et à son Christ ; il régnera pour les siècles des siècles. »
[16]Alors les vingt-quatre anciens qui sont assis devant Dieu sur leurs
trônes tombèrent la face contre terre pour adorer Dieu [17]en disant :
« Nous te rendons grâce, Seigneur, Dieu tout-puissant, qui es et qui
étais, car tu es entré en possession de ton immense puissance et tu as
établi ton règne. [18]Les nations s'étaient mises en fureur ; mais ta fureur
à toi est survenue, ainsi que le temps de juger les morts et de donner
leur récompense à tes serviteurs les prophètes, aux saints, à ceux qui
craignent ton nom, petits et grands, et le temps de détruire les
destructeurs de la terre. »
[19]Alors le temple de Dieu, celui du ciel, s'ouvrit ; et l'arche de son
alliance apparut dans le temple. Il se produisit des éclairs, des voix, des
coups de tonnerre, un tremblement de terre et une forte grêle.

*Le mystère s'accomplit (***10***,15). Dans le Temple de Salomon, l'Arche d'Alliance était cachée derrière deux rideaux. Son apparition, c'est la révélation des secrets, la nouvelle Alliance établie dans les cœurs (Jérémie* **31***,31-34). Plusieurs signes et visions vont la définir. On ne peut parler de chiffres car cela dépasse tout calcul.*

199 Vision : la Femme et le Dragon
(Apocalypse **12**,1-12. 17-18)

[1]Un signe grandiose parut dans le ciel : une Femme revêtue du soleil,
la lune sous les pieds et une couronne de douze étoiles sur la tête. [2]Elle
était enceinte, et elle criait dans le travail et les douleurs de
l'enfantement. [3]Puis un autre signe parut dans le ciel : un énorme
Dragon couleur de feu, avec sept têtes et dix cornes, et sur ses têtes sept
diadèmes. [4]Sa queue balaya le tiers des étoiles du ciel, et les précipita
sur la terre. Le Dragon se posta devant la Femme sur le point
d'enfanter, afin de dévorer l'enfant dès qu'elle l'aurait mis au monde.
[5]Elle donna le jour à un enfant mâle, qui doit *mener paître toutes les*
nations avec une houlette de fer. Mais l'enfant fut enlevé auprès de

Dieu et de son trône, 6 et la Femme s'enfuit au désert, où Dieu lui a
préparé un refuge, pour y être nourrie douze cent soixante jours.
7 Alors se livra un combat dans le ciel : Michel et ses anges luttaient
contre le Dragon, et le Dragon riposta avec ses anges ; 8 mais ils ne
furent pas les plus forts et il ne se trouva plus de place pour eux dans le
ciel. 9 Ainsi fut précipité l'énorme Dragon, l'antique serpent, celui
qu'on appelle Diable et Satan, le séducteur du monde entier ; il fut
précipité sur la terre et ses anges avec lui.
10 J'entendis alors dans le ciel une voix puissante qui disait :
« Maintenant sont acquis à notre Dieu le salut, la puissance et la
royauté, et à son Christ le pouvoir ; car il a été précipité, l'accusateur de
nos frères, celui qui les accusait jour et nuit devant notre Dieu. 11 Mais
eux, ils l'ont vaincu par le sang de l'Agneau et la parole de leur
témoignage, eux qui n'ont pas aimé la vie jusqu'à reculer devant la
mort. 12 C'est pourquoi, réjouissez-vous, cieux et vous qui les habitez.
Mais malheur à vous, la terre et la mer, car le diable est descendu chez
vous en grande fureur, sachant qu'il ne lui reste que peu de temps. »
17 Le Dragon, rempli de fureur contre la Femme, s'en alla faire la
guerre au reste de sa descendance, à ceux qui gardent les
commandements de Dieu et possèdent le témoignage de Jésus. 18 Et il
s'établit sur le sable de la mer.

L'Enfant est le Christ, destiné à régner sur terre (Psaume **2**,*8-9). Il est né d'une femme (n° 94), attaqué par l'ennemi et enlevé au ciel (n° 2).*

La Femme représente la Vierge Marie unie à la Passion de Jésus-Christ qui est pour elle douleur d'enfantement (Jean **16**,*21 et* **19**,*25-27).*

Les douze étoiles symbolisent les douze tribus d'Israël. Marie en est solidaire, réalise leur idéal de foi et de pureté, et en assume toute l'espérance (Luc **1**).

Elle s'enfuit au désert, refuge des persécutés (n° 160).

Le Dragon, c'est le Serpent du jardin d'Eden, reconnu maintenant dans toute son horreur (Genèse **3**). *N'ayant pu tromper la nouvelle Eve, il l'attaque mais il est précipité du ciel par l'archange Michel, protecteur du peuple de Dieu (Daniel* **10**,*21). Les anges, amis des hommes, applaudissent (vv. 10-12; voir Luc* **10**,*18).*

Que veut dire cette image? Le diable n'est pas l'agent secret d'un Dieu juge, comme on l'avait pensé quelquefois (Job **1**,*6 etc. et Zacharie* **3**,*1). Satan est un serviteur révolté du vrai Dieu, père des hommes.* Dieu ne tente personne, chacun est tenté par sa propre convoitise *(Jacques* **1**,*13-14). Le Nouveau Testament règle ainsi une question que l'Ancien avait laissée en suspens.*

*Après la mort et l'Ascension de Jésus, sa Mère s'était installée chez le disciple préféré (Jean **19**,27) et nous l'avons vue dans l'Église comme une mère parmi ses fils (n° 2). Dans la vision, la Femme représente maintenant l'Église. Elle se réfugie au désert, portée sur des ailes d'aigle, comme Israël sorti d'Égypte (v. 14; Exode **19**,4 et Deutéronome **32**,11). Devant les attaques, l'Église trouve refuge dans la solitude et la pauvreté.*

Cela durera « un temps, et des temps et la moitié d'un temps », trois ans et demi, à peu près mille deux cent soixante jours. Le nombre sacré sept aurait évoqué la durée totale de l'univers, la fuite de l'Église ne sera pas aussi longue.

200 Vision : la Bête de la mer
(Apocalypse **13**,1-2. 5-10)

1Je vis alors monter de la mer une Bête à dix cornes et sept têtes, avec
sur ses cornes dix diadèmes et sur ses têtes des noms blasphématoires.
2La Bête que je vis était semblable à une panthère ; ses pattes étaient
comme celles d'un ours et sa gueule comme celle d'un lion. Le Dragon
lui donna sa puissance, son trône et un pouvoir immense.
5Il lui fut donné une bouche pour proférer des paroles arrogantes et
blasphématoires, ainsi que le pouvoir de sévir pendant quarante-deux
mois. 6Elle ouvrit donc la bouche pour blasphémer contre Dieu, pour
blasphémer contre son nom, sa demeure et les habitants du ciel. 7Il lui
fut donné de faire la guerre aux saints et de les vaincre, et elle reçut
pouvoir sur toute tribu, peuple, langue et nation. 8Tous les habitants de
la terre l'adoreront, ceux dont le nom n'est pas inscrit, depuis la
création du monde, dans le livre de vie de l'Agneau égorgé.
9Que celui qui a des oreilles entende ! 10Si quelqu'un est destiné à la
captivité, il ira en captivité, et si quelqu'un doit périr par l'épée, il
périra par l'épée. Ainsi se manifestent la persévérance et la foi des
saints.

Les persécuteurs grecs, et plus tard les romains étaient arrivés du côté de la mer. La Bête représente l'empire de Néron et de Domitien, comme le montrent ses diadèmes royaux et son trône. Elle se fait adorer partout. Un petit nombre de saints cependant lui résistent malgré la prison et la mort.

Ces symboles s'appliquent aussi bien à des pouvoirs policiers et militaires qui réclameraient l'adhésion sans réserve des consciences.

201 Vision : la Bête de la terre
(Apocalypse **13,**11. 14. 16-18)

11Je vis monter de la terre une autre Bête ; elle avait deux cornes comme celles d'un agneau, mais elle parlait comme un dragon.
14Elle séduit les habitants de la terre par les prodiges qu'il lui a été donné d'accomplir au service de la Bête. Elle persuade les habitants de la terre de dresser une image en l'honneur de cette Bête qui a été blessée par l'épée, et a repris vie.
16Elle réussit à faire mettre à tous, petits et grands, riches et pauvres, hommes libres et esclaves, une marque sur la main droite ou sur le
front ; 17et personne ne pourra acheter ni vendre s'il n'est marqué au
nom de la Bête ou au chiffre de son nom. 18C'est ici qu'il faut faire preuve d'intelligence ! Que celui qui a l'esprit avisé calcule le chiffre de la Bête ! Car c'est un chiffre d'homme ; son chiffre est six cent soixante-six.

Par la voie de terre étaient venus les magiciens d'Égypte, les astrologues de Chaldée, le faux prophète Balaam (n° 188), la reine Jézabel (n° 189). Cette Bête représente donc les faux prophètes (n° 208). Ils cédaient à l'immoralité et à l'idolâtrie ambiantes, maintenant ils céderont aussi au culte de l'empereur, toujours sous prétexte que « cela n'a pas d'importance ».

Le chiffre de six cent soixante-six est celui de César Néron, suivant le calcul des lettres et des nombres très en vogue dans l'antiquité. La Bête porte le chiffre de son maître. Ce symbole peut s'appliquer à toutes les idéologies qui posent l'État en absolu, comme source unique de la vie et de la culture.

202 Vision : les compagnons de l'Agneau
(Apocalypse **14,**1-5)

1J'eus encore une vision : l'Agneau était debout sur la montagne de Sion, et avec lui cent quarante-quatre mille personnes portant son nom
et le nom de son Père écrits sur leur front. 2Et j'entendis une voix venant du ciel, semblable à la voix des grandes eaux et au grondement d'un fort coup de tonnerre, mais elle rappelait aussi un concert de
cithariste jouant de leurs cithares. 3Ils chantaient un cantique nouveau, devant le trône, devant les quatre Vivants et les anciens. Personne ne pouvait apprendre ce cantique, excepté les cent quarante-quatre mille qui ont été rachetés de la terre ; 4eux ne se sont

pas souillés avec des femmes, car ils sont vierges ; ils suivent l'Agneau
partout où il va. Ils ont été rachetés d'entre les hommes comme
prémices pour Dieu et pour l'Agneau. 5 Dans leur bouche, il n'a pas été
trouvé de mensonge : ils sont sans tache.

Les cent quarante-quatre mille sont les judéo-chrétiens, rassemblés autour de Jésus, sur la montagne de Sion ou de Jérusalem (n° 196). Jean est l'un des derniers et son autorité est grande. Leurs vrais privilèges sont spirituels : une foi intacte dont la virginité est le symbole (2 Corinthiens **11,***2), un Cantique que, seuls, ils apprennent et chantent tout près du trône divin. La voix céleste qui le leur enseigne évoque la Pentecôte (n° 4). Ils sont de la maison du Père et de l'Agneau ; ils en portent le nom. Plusieurs ont déjà suivi l'Agneau partout où il est allé, jusqu'à la mort.*

Ces symboles invitent à projeter le passé dans l'avenir. Les anciens de Jérusalem mourront, mais l'Église ne sera pas privée de successeurs dignes d'eux. Nous les appelons les saints. Tout chrétien qui garde les commandements de Dieu et témoigne de Jésus peut espérer les rejoindre.

203 La promesse qui donne du courage
(Apocalypse **14,**6-7. 12-13)

6 Je vis alors un autre ange qui volait au zénith. Il avait un Évangile
éternel à annoncer aux habitants de la terre, à toute nation, tribu,
langue et peuple. 7 Il disait d'une voix puissante : « Craignez Dieu et
rendez-lui gloire, car l'heure de son jugement est venue ; adorez Celui
qui a fait le ciel, la terre, la mer et les sources. » 12 Voilà ce qui fonde la
persévérance des saints, ceux qui gardent les commandements de Dieu
et la foi en Jésus. 13 Et j'entendis une voix venant du ciel qui disait :
« Écris : Heureux dès maintenant les morts qui meurent dans le
Seigneur. Oui, dit l'Esprit, qu'ils se reposent de leurs fatigues, car leurs
œuvres les suivent. »

C'est une bonne nouvelle, *un* évangile, *de savoir que Dieu juge les hommes. Chacun d'eux, chacun de leurs actes a de l'importance à ses yeux. Une telle certitude fonde la persévérance des saints, beaucoup plus que la punition promise aux méchants (vv. 8-11).*

La vision suivante développe ces paroles en un style imagé ; le Fils de l'Homme, le roi céleste du début (n° 185), moissonnera les justes pour les faire entrer dans ses greniers (Matthieu **9,***37-38 et* **13,***30). Il laisse à un ange subalterne le soin de vendanger les méchants pour les écraser par la colère, comme on foule le raisin (vv. 14-20).*

204 Dernière vision : les sept coupes
(Apocalypse **15**,1. 5-7)

1 Je vis encore dans le ciel un autre signe, grand et merveilleux : sept
anges tenant sept fléaux, les derniers, car par eux doit se consommer la
colère de Dieu.
5 Je vis ensuite s'ouvrir dans le ciel le temple qui renferme la tente du
Témoin. 6 Il en sortit les sept anges qui tenaient les sept fléaux ; ils
étaient vêtus de lin pur et éblouissant, avec des ceintures d'or autour de
la poitrine. 7 L'un des quatre Vivants donna aux sept anges sept coupes
d'or, remplies de la colère du Dieu qui vit aux siècles des siècles.

La révélation est achevée. Mais l'histoire continue en ce monde, tous ses acteurs désormais bien en place. Sept coupes à verser suggèrent une durée indéfinie. A la septième, Dieu se souvient de la grande Babylone pour l'abattre.

Ce nom détesté désigne alors Rome qui emprisonne les chrétiens et veut détruire l'Église, mais il s'appliquera par la suite à d'autres États persécuteurs (voir p. 335).

De nouvelles visions se succèdent sans être comptées : le prophète n'essaie même plus de représenter la durée du temps.

205 Elle est tombée, la grande Babylone !
(Apocalypse **17**,1-6 et **18**,1-5. 21)

1 Alors l'un des sept anges qui tenaient les sept coupes vint me parler
en ces termes : « Viens, que je te montre le jugement de la grande
Prostituée qui est assise au bord des grandes eaux ; 2 avec elle se sont
souillés les rois de la terre, et les habitants de la terre se sont enivrés du
vin de son impudicité. » 3 Et il me transporta en esprit au désert. Là je
vis une Femme montée sur une Bête écarlate, couverte de noms
blasphématoires, qui avait sept têtes et dix cornes. 4 Cette Femme était
vêtue de pourpre et d'écarlate, étincelante d'or, de pierres précieuses et
de perles ; elle tenait en main une coupe d'or pleine de ses
abominations et des souillures de sa prostitution. 5 Sur son front était
inscrit un nom mystérieux : « Babylone la grande, mère des
impudiques et des abominations de la terre. » 6 Je vis cette Femme
s'enivrer du sang des saints et du sang des témoins de Jésus. A ce
spectacle, je fus saisi d'un étonnement extrême.
1 Je vis ensuite un autre ange descendre du ciel ; il avait une grande

puissance, et la terre fut illuminée de sa splendeur. 2 Et il cria d'une
voix forte : « Elle est tombée, elle est tombée, Babylone la grande ! La
voilà devenue une demeure de démons, un repaire pour toutes sortes
d'esprits impurs, pour toutes sortes d'oiseaux impurs et répugnants,
3 parce que toutes les nations ont bu du vin de sa fornication effrénée,
que les rois de la terre ont forniqué avec elle et que les marchands de la
terre se sont enrichis de son luxe excessif. »
4 Puis j'entendis une autre voix du ciel qui disait : « Sors du milieu
d'elle, ô mon peuple, de peur d'être solidaire de ses péchés et de
partager les fléaux qui vont l'atteindre ; 5 car ses péchés se sont
amoncelés jusqu'au ciel, et Dieu s'est souvenu de ses iniquités.
21 Alors un ange très fort saisit une pierre pareille à une grosse meule
et la jeta dans la mer en disant : « C'est ainsi que, d'un coup, sera
précipitée Babylone, la grande ville, et jamais plus on ne la retrouvera. »

Jean est transporté au désert où les ermites attendaient des visions de la part de Dieu. La Bête de la mer porte une seconde femme, ennemie de la première. Elle est assise sur sept collines, comme la Rome d'autrefois (v. 9). Elle persécute les fidèles de Dieu, sa méchanceté est dévoilée jusqu'au fond. Dans la Bible, la prostitution symbolise l'idolâtrie.

La chute de Rome n'est pas décrite en termes réalistes comme si le prophète s'attendait à la voir imminente. Au contraire, dix rois doivent encore régner auparavant (v. 12). Jean n'est pas guidé par un raisonnement politique, mais par un jugement spirituel.

206 Le premier règne du Christ

(Apocalypse **19,**6-16)

6 Là-dessus j'entendis comme la voix d'une foule immense, comme le
mugissement des grandes eaux, comme le grondement de puissants
tonnerres, qui disaient :
« Alleluia ! Le Seigneur notre Dieu, le Tout-Puissant, a pris
possession de son règne ! 7 Réjouissons-nous, exultons et glorifions-le,
car les noces de l'Agneau sont arrivées ! Son épouse s'est parée ; 8 il lui a
été donné de se vêtir de lin fin, éclatant et pur. Ce lin fin, ce sont les
bonnes œuvres des saints. »
9 Un ange me dit : « Écris : Heureux ceux qui sont invités au festin
des noces de l'Agneau ! » Il ajouta : « Ce sont là les paroles véridiques

de Dieu. » 10 Alors je tombai à ses pieds pour l'adorer, mais il me dit :
« Garde-t'en bien ! Je suis un serviteur comme toi et tes frères qui
possèdent le témoignage de Jésus. C'est Dieu que tu dois adorer ! » Or
le témoignage de Jésus, c'est l'esprit de prophétie.
11 Puis je vis le ciel ouvert : parut un cheval blanc. Celui qui le monte
s'appelle Fidèle et Véridique ; il juge et combat avec justice. 12 Ses yeux
sont une flamme de feu ; il a sur la tête plusieurs diadèmes. Il porte,
inscrit sur lui, un nom que nul ne connaît, sinon lui seul. 13 Il est vêtu
d'un manteau teint de sang, et son nom est : le Verbe de Dieu. 14 Les
armées célestes le suivent, montées sur des chevaux blancs, vêtues de
lin fin, d'une blancheur éclatante. 15 De sa bouche sort un glaive aiguisé
pour en frapper les nations ; c'est lui qui les *mènera paître avec une
houlette de fer ;* c'est lui qui foule la cuve du vin de la terrible colère du
Dieu tout-puissant. 16 Sur son manteau et sur son cuissard, il porte ce
nom écrit : *Roi des rois et Seigneur des seigneurs.*

L'épreuve de l'Église prendra fin, le règne de Dieu se réalisera sur terre (Matthieu **22**,*1-14). L'Agneau fera reconnaître sa valeur guerrière, comme le héros messianique d'un psaume (Psaume* **45**). *Le roi céleste n'est plus assis sur un trône, mais à cheval (voir n° 185). Son nom est écrit en toutes lettres :* Verbe de Dieu *(n° 180). Il est fidèle et véridique, il ne peut ni se tromper ni nous tromper. Son manteau est teint de son propre sang. Mais sa colère est redoutable (***6**,*16;* **14**,*10;* **17**,*14). Tous les auxiliaires terrestres du Dragon sont vaincus.*

207 **Un millénaire de royauté**
(Apocalypse **20**,1-6)

1 Je vis encore un ange descendre du ciel. Il tenait à la main la clef de
l'Abîme et une énorme chaîne. 2 Il maîtrisa le Dragon, l'antique
Serpent qui n'est autre que le Diable et Satan, et l'enchaîna pour mille
ans. 3 Puis il le précipita dans l'abîme, qu'il verrouilla et scella sur lui,
pour qu'il ne séduise plus les nations jusqu'au terme des mille ans ;
après quoi, il doit être relâché pour un peu de temps.
4 Je vis aussi des trônes, où prirent place ceux à qui fut donné le
pouvoir de juger ; et je vis les âmes de ceux qui avaient été décapités à
cause du témoignage de Jésus et de la parole de Dieu, ainsi que tous
ceux qui n'avaient pas adoré la Bête ni son image et n'avaient pas

accepté sa marque au front et à la main. Ils reprirent vie et régnèrent
avec le Christ pendant mille ans. 5 Le reste des morts ne revint pas à la
vie jusqu'au terme des mille ans. C'est la première résurrection.
6 Heureux et saint celui qui a part à la première résurrection ! Sur de
tels hommes la seconde mort n'a pas de pouvoir, mais ils seront prêtres
de Dieu et du Christ et régneront avec lui pendant les mille ans.

On a beaucoup discuté sur ce millénaire. Le nombre n'a qu'une valeur symbolique, la durée sera longue quoique limitée. Mais quand commence-t-il ?

Au temps des persécutions, tout près du prophète, les chrétiens ont attendu ce règne avec un immense espoir. Mais ils ont souvent oublié que Jean n'annonçait pas une transformation du monde, une vie facile, une sainteté sans effort. D'où les nombreuses hésitations sur l'époque du millénaire.

Un siècle après l'établissement de l'empire chrétien (312 ap. J.-C.), saint Augustin croyait qu'il était déjà commencé : il ne se faisait pourtant aucune illusion sur son temps. On peut penser que la conversion de l'Empire romain en marque le début, au moins pour notre partie du monde. Rien ne permet d'affirmer, en effet, que cet âge commence ou finisse partout en même temps.

Pendant cette période, Satan est enchaîné, assez étroitement pour ne plus tromper les nations. La politique et la culture ne s'opposent plus à l'amour du vrai Dieu et de son Fils.

Les martyrs d'autrefois règnent

Un ange chasse le diable de la terre et l'enferme dans l'abîme souterrain. Miniature du Ménologe de Basile II, empereur de Constantinople surnommé le Tueur de Bulgares. Pas plus en Orient qu'en Occident, les rois consacrés du Moyen Âge chrétien ne furent tous dignes du Roi céleste qu'ils disaient représenter.

avec le Christ : chaque pays, chaque personne s'honore d'avoir un saint patron qui intercède pour lui. Jean a pu représenter cet état de chose (lointain pour lui) comme une « Première résurrection » *puisque le sens littéral du mot employé est* « se relever ». *Il parlera plus loin de la résurrection des morts au sens habituel.*

Le Christ juge les brebis et les boucs (Matthieu **25,**31-46). Mosaïque du VIe siècle, Ravenne).

208 Dernier combat et victoire finale
(Apocalypse **20,**7-15)

7 Quand les mille ans seront achevés, Satan sera relâché de sa prison.
8 Il en sortira pour séduire les nations qui sont aux quatre coins de la
terre — Gog et Magog. Ils les rassemblera pour le combat, en aussi
grand nombre que le sable de la mer. 9 Ils montèrent à l'intérieur du

pays et cernèrent le camp des saints et la ville bien-aimée, mais un feu
descendit du ciel et les dévora. 10 Le Diable, leur séducteur, fut jeté dans
l'étang de feu et de soufre, où étaient déjà la Bête et le faux prophète.
Ils y seront torturés jour et nuit aux siècles des siècles.
11 Je vis ensuite un grand trône blanc et Celui qui y était assis. La
terre et le ciel s'enfuirent loin de sa face, sans laisser de traces. 12 Je vis
aussi les morts, grands et petits, debout devant le trône. Des livres
furent ouverts, puis encore un autre livre : le livre de vie. Les morts
furent jugés selon leurs œuvres, d'après ce qui était écrit dans ces livres.
13 La mer rendit les morts qu'elle gardait ; la mort et l'abîme rendirent
les leurs, et chacun fut jugé selon ses œuvres. 14 Enfin la mort et l'abîme
furent jetés dans l'étang de feu. C'est cela la seconde mort, l'étang de
feu. 15 Quiconque ne fut pas trouvé inscrit dans le livre de vie fut
précipité dans l'étang de feu.

L'image du Christ-Roi ne le révèle pas aussi profondément que celle de l'Agneau. Sous cette forme, son règne n'est pas encore parfait. C'est pourquoi sa durée est limitée, et il ne recouvre pas toute la terre. La puissance séductrice de Satan n'est pas abolie pour toujours.

Dans un dernier combat, l'Église sera comme un pays envahi, une forteresse assiégée, et sa délivrance viendra de Dieu seul.

Aucune précision sur la durée de ces luttes, leurs déplacements à la surface de la terre, les siècles de rémission possible... Quand on croit que c'est fini, tout recommence. Le tracé de l'Apocalypse est si synthétique qu'il serait impossible de nous y situer.

Après la dernière victoire, ce sera la résurrection de la chair et le jugement dernier. La mer qui garde les noyés est censée communiquer avec l'abîme souterrain : l'univers matériel dissout les corps morts. Tout cela disparaîtra dans l'étang de feu, symbole d'anéantissement ou même de damnation : c'est la seconde mort que les fidèles n'ont pas à craindre. Pour eux désormais, rien ne s'oppose plus à la reconstitution totale de leur personnalité. Telle est la promesse de Dieu.

209 Jérusalem descend du ciel
(Apocalypse **21**,1-7)

1 Je vis alors un ciel nouveau et une terre nouvelle, car le premier ciel
et la première terre avaient disparu, et la mer n'existe plus. 2 Et je vis la
Cité sainte, la Jérusalem nouvelle, descendre du ciel, d'auprès de Dieu,

apprêtée comme une fiancée parée pour son époux. [3]Et j'entendis une
voix puissante venant du trône, qui disait : « Voici la demeure de Dieu
parmi les hommes ! *Il demeurera avec eux, et eux seront son peuple.*
Dieu lui-même sera avec eux. [4]*Il essuiera toute larme de leurs yeux,* et il
n'y aura plus de mort ; il n'y aura plus de deuil, de gémissement ni de
souffrance, car le premier monde a disparu. »
[5]Alors Celui qui est assis sur le trône dit : « Voici que je renouvelle

Le phénix, symbole de résurrection (Mosaïque de la basilique San Vitale, Ravenne).

toutes choses. » Il ajouta : « Écris, car ces paroles sont certaines et
véridiques. » 6 Puis il me dit : « C'en est fait ! Je suis l'Alpha et l'Oméga,
le commencement et la fin. A celui qui a soif, je donnerai de la source
d'eau vive, gratuitement. 7 Tel sera l'héritage du vainqueur : *je serai son
Dieu et il sera mon fils.* »

Saint Paul avait écrit : La Jérusalem d'en haut est libre, elle est notre mère *(Galates* **4**,*26). Jean la voit descendue du ciel. L'univers est totalement renouvelé selon l'espérance des prophètes (n° 176).* Il n'y a plus de mort *(Isaïe* **25**,*8). Dieu est intime aux hommes (Ézéchiel* **37**,*27). La promesse au vainqueur fait écho à celles des sept lettres, mais combien plus lumineuse.*

210 L'épouse du Christ
(Apocalypse **21**,9-14. 22-27 ; **22**,1-5)

9 Alors l'un des sept anges qui tenaient les sept coupes pleines des
derniers fléaux vint et me parla ainsi : « Viens, je vais te montrer la
Fiancée, l'épouse de l'Agneau. » 10 Il me transporta en esprit sur une
grande et haute montagne, et il me montra la Cité sainte, Jérusalem,
qui descendait du ciel, d'auprès de Dieu, 11 resplendissante de la gloire
de Dieu. Son éclat était semblable à celui d'une pierre très précieuse,
comme du jaspe cristallin. 12 Elle avait une grande et haute muraille.
Elle avait douze portes ; sur ces portes douze anges, et des noms
inscrits, ceux des douze tribus des enfants d'Israël. 13 A l'orient trois
portes, au nord trois portes, au midi trois portes et à l'occident trois
portes. 14 Le mur de la ville avait douze assises portant douze noms,
ceux des douze apôtres de l'Agneau.

22 Je n'y vis pas de temple, car le Seigneur, le Dieu tout-puissant, en
est le temple, ainsi que l'Agneau. 23 La ville n'a besoin ni du soleil ni de
la lune pour l'éclairer, car la gloire de Dieu l'illumine, et son flambeau,
c'est l'Agneau. 24 *Les nations marcheront à sa lumière,* et les rois de la
terre y apporteront leurs trésors. 25 *Ses portes ne se fermeront jamais le
jour,* car il n'y aura pas de nuit pour elle. 26 On y apportera ce qui fait la
gloire et l'honneur des nations. 27 Il n'y entrera rien d'impur, ni
personne qui commette l'abomination et le mensonge, mais ceux-là
seuls qui sont inscrits au livre de vie de l'Agneau.

Mosaïque de la cathédrale de Cèfalù, en Sicile, XIIe siècle. Jésus nous fait lire en grec et en latin : « Je suis la lumière du monde. Qui me suit ne marche pas dans les ténèbres ; il aura la lumière de la vie » (Jean 8,12). Les trois doigts unis de sa main droite évoquent la Trinité, deux autres croisés signifient les deux natures du Christ et sa croix.

1Puis l'ange me montra un fleuve d'eau vive brillant comme du
cristal, qui jaillissait du trône de Dieu et de l'Agneau. 2 Au milieu de la
place de la ville, de part et d'autre du fleuve, il y a l'arbre de vie qui
fructifie douze fois, une fois par mois, et dont les feuilles servent à la
guérison des nations. 3 Il n'y aura plus de malédiction. Le trône de Dieu
et de l'Agneau sera dressé dans la ville, et ses serviteurs l'adoreront ;
4 ils verront son visage et son Nom sera sur leur front. 5 Il n'y aura plus
de nuit ; ils n'auront plus besoin de la lumière d'un flambeau ni de celle
du soleil, car le Seigneur Dieu répandra sur eux sa lumière, et ils
régneront aux siècles des siècles.

La figure de l'église-épouse se réalise enfin dans sa perfection (n° 143). Elle resplendit de la gloire divine. Plus besoin de temple là où Dieu est tout en tous.

Tous voient l'Agneau sous son vrai visage. Après avoir exercé la royauté jusqu'à se soumettre toutes choses, il a repris sa place auprès de son Père (1 Corinthiens **15**,*28).*

L'Esprit est révélé, c'est le fleuve d'eau vive qui jaillit du trône du Père et du Fils et qui fait fructifier des arbres de vie (Jean **7**,*37-39).*

Comment y a-t-il des nations étrangères à guérir ? L'espérance de l'autre monde se mêle à l'espoir d'une Église parfaite en ce monde-ci. Nous pouvons donc demander à faire quelques progrès, aujourd'hui ou demain : connaître le Christ Agneau de Dieu, faire l'expérience de son Esprit source d'eau vive, comprendre son Père lumière invisible qui fait briller toutes choses.

211 Jésus garantit le message de Jean
(Apocalypse **22**,16-21)

16« Moi, Jésus, j'ai envoyé mon ange vous apporter ce témoignage au
sujet des Églises. Je suis le rejeton et la postérité de David, l'étoile
brillante du matin. »

17L'Esprit et l'épouse disent : « Viens ! » Que celui qui écoute dise
aussi : « Viens ! » Que celui qui a soif s'approche ! Que celui qui le
désire prenne de l'eau vive, gratuitement !

18Je l'atteste, moi, à quiconque écoute les paroles prophétiques de ce
livre : Si quelqu'un ose y ajouter, Dieu lui fera subir les fléaux décrits
dans ce livre ; 19et si quelqu'un ose retrancher aux paroles de ce livre

prophétique, Dieu lui retranchera sa part de l'arbre de vie et de la Cité
sainte, qui sont décrits dans ce livre.
20 Celui qui atteste ces choses le déclare : « Oui, je viens bientôt. »
Amen. Viens, Seigneur Jésus !
21 La râce du Seigneur Jésus soit avec vous tous. Amen !

Le Christ donne sa garantie à son « ange » c'est-à-dire à son messager. Mais comment peut-on dire qu'Il vient bientôt, *quand le livre est fait pour encourager à une très longue patience? C'est qu'il existe deux sortes de durées, différentes et difficiles à mettre en parallèle :*

Selon le temps du calendrier en effet, la distance entre la naissance du Christ et son avènement final sera extrêmement longue. Deux mille ans n'y sont pas grand-chose! Mais selon la dimension spirituelle, Jésus est tout proche, il frappe à la porte *(n° 191).*

Il nous a appris à demander à son Père : Que ton règne vienne! *Or ce règne vient dans l'histoire intérieure de notre âme quand le Christ et l'Esprit en prennent possession. Il s'étend au fur et à mesure que leur œuvre se développe en nous jusqu'à la rencontre finale au terme de notre vie.*

Mais ce règne vient aussi dans l'histoire collective des hommes. Parfois c'est un jugement qui jette à bas la Jérusalem des mauvais prêtres, ou la Rome des empereurs païens, ou d'autres institutions humaines. D'autres fois, ce règne se présente comme une influence douce, mais profonde et féconde, que l'évangile exerce sur les peuples et les cultures.

L'Église participe des deux dimensions, collective et individuelle, elle marche à la charnière. Il lui est essentiel d'être toujours tendue vers l'avenir, au-delà du temps. Elle est elle-même dans l'attente de l'union, déjà commencée, avec Jésus, son Seigneur : Viens, Seigneur Jésus *(Apocalypse* **22**,*20).*

INDEX

Index théologique

On suit dans cet index un ordre catéchétique. Les thèmes sont distribués en dix chapitres : I. La religion chrétienne, II. Dieu, III. Jésus-Christ, IV. L'Esprit Saint, V. La Rédemption des hommes par Dieu, VI. La justification reçue par les hommes, VII. La vie morale des justes selon Dieu, VIII. L'Église, IX. Les Sacrements, X. L'Écriture Sainte.

I. La religion chrétienne

II. Dieu

III. Jésus-Christ

IV. L'Esprit Saint

SON CARACTÈRE PERSONNEL

SES MANIFESTATIONS VISIBLES

SON RÔLE DANS L'ÉGLISE

SON RÔLE EN FAVEUR DU FIDÈLE

V. Le Salut : Rédemption ou Rachat des hommes par Dieu

IL LA RÉALISE PAR JÉSUS-CHRIST SON FILS

LA RÉDEMPTION S'ACHÈVERA A LA FIN DES TEMPS

VI. La Justification et la Sanctification reçues par les hommes

LE MAL ET LE MALHEUR DES HOMMES

LA GRÂCE DE DIEU

VII. La vie théologale et morale

VIII. L'Église

FONCTIONS ET POUVOIRS

ORDRE

MARIAGE

X. L'Écriture Sainte